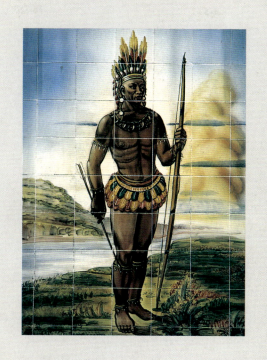

Kreation und Leitung Hans Höfer

APA GUIDES
BRASILIEN

Herausgegeben von Edwin Taylor
Fotografiert von Vautier de Nanxe,
H. John Maier jr. u.a.

Redaktion Dieter Vogel

APA PUBLICATIONS

Apa Guides

Ägypten
Alaska
Amazonas Erlebnis Natur
Amsterdam
Andalusien/Costa del Sol
Argentinien
Athen
Atlanta *
Australien
Bahamas
Bali
Baltische Staaten
Bangkok
Barbados
Barcelona
Beijing/Peking
Belgien
Belize *
Berlin
Bermuda
Boston
Brasilien
Bretagne
Brüssel
Budapest
Buenos Aires
Burgund
Birma/Myanmar
Chicago
Chile
China
Costa Rica
Côte d'Azur
Dänemark
Delhi/Jaipur/Agra
Deutschland
Dresden
Dublin
Düsseldorf
Ecuador/Galapagos
Edinburgh
Elsaß
Finnland
Florenz
Florida
Frankfurt
Frankreich
Gambia/Senegal
Glasgow
Gran Canaria
Griechenland
Griechische Inseln
Great Barrier Reef
Großbritannien
Hamburg
Hawaii
Hongkong
Indianerreservate USA
Indien
Indien Erlebnis Natur
Indonesien
Irland
Island
Israel
Istanbul
Italien
Jamaika
Japan
Java
Jemen
Jerusalem
Jordanien
Kairo
Kalifornien
Kanada
Kanalinseln
Karibik
Katalonien
Katmandu
Kenia
Köln
Korea
Korsika
Kreta
Kuba *
Lissabon
Loiretal
London
Los Angeles
Madeira
Madrid
Malaysia
Mallorca und Ibiza
Malta
Marokko
Melbourne
Mexico City
Mexiko
Miami
Montreal
Moskau
München
Namibia
Neapel, der Golf von
Neuengland
Neuseeland
New Orleans
New York City
New York State
Niederlande
Nil
Nordkalifornien
Norwegen
Ostafrika
Ostasien
Österreich
Oxford
Pakistan
Paris
Peking/Beijing
Peru
Philippinen
Polen
Portugal
Prag
Provence
Puerto Rico
Rajasthan
Rhein
Rio de Janeiro
Rocky Mountains
Rom
Rußland
San Francisco
Sardinien
Schottland
Schweden
Schweiz
Seattle
Singapur
Sizilien
Spanien
Sri Lanka
St. Petersburg
Südamerika
Südindien
Südkalifornien
Südafrika
Südasien
Südostasien
Südostasien Erlebnis Natur
Südtirol
Sydney
Taiwan
Teneriffa
Texas
Thailand
Tokio
Toskana
Trinidad und Tobago
Tschechische & Slowakische
   Republik
Tunesien
Türkei
Türkische Küste
Umbrien
Ungarn
Unterwasserwelt Südostasiens
USA
USA Pazifischer Nordwesten
Vancouver
Venedig
Venezuela
Vietnam
Wales
Washington D.C.
Wasserwege in Westeuropa
West-Himalaya
Wien
Zypern

Apa Pocket Guides

Ägäische Inseln
Algarve
Athen
Atlanta
Bahamas
Baja Peninsula
Bali
Bangkok
Barcelona
Bayern
Beijing/Peking
Berlin
Bermuda
Boston
Bretagne
British Columbia
Brüssel
Budapest
Chiang Mai
Costa Blanca
Costa Brava
Côte d'Azur
Dänemark
Elsaß
Fijiinseln
Florenz
Florida
Gran Canaria
Hawaii
Hongkong
Ibiza
Irland
Istanbul
Jakarta
Jamaika *
Kanton *
Kenia
Korsika
Kreta
Kuala Lumpur
Lissabon
Loiretal
London
Macao
Madrid
Malakka
Malediven
Mallorca
Malta
Mailand
Marbella
Marokko
Mexico City *
Miami
Montreal *
Moskau
München
Nepal
Neu Delhi
New York City
Neuseeland
Nordkalifornien
Oslo/Bergen
Paris
Peking/Beijing
Penang
Phuket
Prag
Provence
Puerto Rico *
Quebec *
Rhodos
Rom
Sabah
San Francisco
Sardinien
Schottland
Sevilla
Seychellen
Singapur
Sizilien
Sri Lanka
St. Petersburg
Südkalifornien
Südostengland
Sydney
Teneriffa
Thailand
Tibet
Tunesien
Toronto
Toskana
Türkische Riviera
Ungarn
Venedig
Wien
Yogyakarta
Yucatan *

* erscheinen demnächst

BRASILIEN

ISBN 3-8268-1342-1
© 1995 APA PUBLICATIONS (HK) LTD
Alle Rechte vorbehalten
Druck: Höfer Press (Pte) Ltd
Fax: 65-8616438

Dieses Buch, einschließlich aller seiner Teile, ist urheberrechtlich geschützt. Vervielfältigungen, Übersetzungen, Mikroverfilmungen sowie die Einspeicherung und Verarbeitung in elektronischen Systemen bedürfen der schriftlichen Zustimmung von Apa Publications. Die Informationen stammen aus zuverlässigen Quellen; für ihre Vollständigkeit und Richtigkeit können wir jedoch keine Haftung übernehmen.

ZU DIESEM BUCH

Der Welt fünftgrößte Nation, Brasilien, besitzt eine magische Anziehungskraft. Ihr Inbegriff ist der weltberühmte Karneval. Die explosiven Farben dieses dynamischen Landes, seine einzigartige Kultur und Geschichte, die spontane, fröhliche Natur seiner Menschen und die Vielfalt an Reisemöglichkeiten, die seine Besucher erwartet – das alles wird hier eindrucksvoll dargeboten. Auch der Brasilien-Führer folgt dem phantasievollen Konzept und innovativen Stil der *APA Guides*.

Die Autoren

Der Herausgeber **Edwin Taylor** lebt seit Jahren in Brasilien. Der amerikanische Journalist und Schriftsteller ist Autor zahlreicher Publikationen über die verschiedensten Aspekte des Landes: Politik und Wirtschaft, Geschichte, Kultur und Reisen. Taylor ist Herausgeber und Verleger von *Brasilinform Newsletter*, einem der angesehensten und einflußreichsten Publikationen zu Politik und Wirtschaft Brasiliens. Taylor hat Dutzende von Artikeln für Reisemagazine in den Vereinigten Staaten, Europa und Brasilien verfaßt. Er ist Herausgeber und Mitautor des *Fodor's Guide to Brazil* sowie des *Fodor's South American Guide*. 1988 hat Taylor eine englischsprachige Reisezeitung über Brasilien herausgebracht: *Brazil Travel Update*.

Für den *APA Guide Brasilien* hat Taylor ein Team erfahrener Autoren und Journalisten zusammengestellt, die alle in Brasilien leben. **Tom Murphy**, Journalist aus New Jersey, hat sein profundes Wissen über Brasiliens Metropole São Paulo in ein fesselndes Kapitel über die drittgrößte Stadt der Welt umgesetzt. Er reiste ins Landesinnere, in den Bundesstaat Minas Gerais, und erforschte die Amazonas-Legenden. In dem Kapitel „Iß, trink und sei fröhlich" beschreibt er das größte Spektakel der Welt, den Karneval von Brasilien. Auch der Artikel „Die Farben Brasiliens" stammt aus der Feder Murphys, der als ehemaliger UPI-Korrespondent für zahlreiche Zeitungen arbeitete. Daneben hat er am *Berlitz Guidebook to Rio* mitgearbeitet und schreibt regelmäßig für *Brasilinform* und *Knight-Ridder Financial News Service*.

Die Aufgabe, Brasiliens abenteuerliche Regionen zu beschreiben, fiel dem Briten **Richard House** zu, der dafür den Amazonas und Brasiliens immer noch kaum erschlossene Westgrenze sowie den nordöstlichen Bundesstaat Ceará bereiste. Der Journalist House war gut vorbereitet, hat er doch eine beeindruckende Liste gefährlicher Touren aufzuweisen, zu denen auch eine fast 2000 km lange Fahrt auf dem Indus von der Gegend des Khyberpasses bis nach Hyderabad zählt. Für den *APA Guide Brasilien* zu schreiben, war für House eine Art Heimkehr, da er Ende der 70er Jahre während eines Aufenthaltes im Orient bereits für Apa Publications gearbeitet hat. Neben seinen Beiträgen zum Reiseteil hat er den Bericht über Brasiliens Indianer verfaßt. House schreibt für *The Washington Post*, *The Independent*, *Macleans Magazine*, *South Magazine* und *Institutional Investor*.

Eine weitere Auslandsbritin, die Journalistin **Moyra Ashford**, hat aus ihrer Liebe zu den exotischen Rhythmen Brasiliens einen umfassenden Artikel über „Lieder und Tänze" gemacht. Die ehemalige Kunststudentin aus London kam per Zufall zum Journalismus, doch ihr offensichtliches Talent führte dazu, daß sie heute Korrespondentin des Londoner *Daily Telegraph* ist. Früher schrieb sie auch

Taylor

Murphy

House

Ashford

für *Euromoney, London Sunday Times* und *The Chicago Sunday Times*.

Wenn Brasilien sich stark von allen anderen Ländern Südamerikas unterscheidet, so wird dies in keinem Bundesstaat deutlicher als in Bahia, wie **Elizabeth Herrington** zeigt. Die amerikanische Journalistin reiste für ihren Beitrag über den Nordosten quer durch dieses legendäre Gebiet. Elizabeth ist eine Veteranin unter den Reisejournalisten, die ausführlich über die zahllosen Attraktionen Brasiliens geschrieben hat.

Der amerikanische Romanautor und Stückeschreiber **Sol Biderman** hat die Abschnitte über die brasilianische Kunstszene und die vielfältigen Ausrucksformen religiösen Lebens beigesteuert. Für beide Themen ist er besonders qualifiziert: Der anerkannte Kunstexperte Biderman hat intensive Studien über Religion und Spiritualität in Brasilien betrieben und für seine Beiträge aktuelle Recherchen angestellt.

Michael Ball, der Erste Sekretär der Kanadischen Botschaft in Brasília, nahm die Herausforderung an, Brasiliens Hauptstadt vorzustellen. „Wenn die Leute hierher kommen, wollen sie zuerst wissen, warum diese Stadt existiert und dann, ob sie auch funktioniert. Um beide Fragen zu beantworten, habe ich versucht, den Blick eines Anthropologen für verborgene Zusammenhänge mit dem Gespür eines Diplomaten für bedeutungsvolles Understatement zu kombinieren."

Brasilien ohne Fußball wäre nicht Brasilien – eine Tatsache, die **Steve Yolen** in seinem Kapitel über diese nationale Passion beweist. Yolen, der ehemalige Chef der Nachrichtenagentur UPI in Brasilien, ist gegenwärtig Verleger und Herausgeber von *Rio Life,* dem Blatt der ausländischen Einwohner von Rio de Janeiro.

Die Fotografen

Um das Bildmaterial für diesen Reiseführer zusammenzustellen, wandte sich der Verlag an eine talentierte Gruppe internationaler Fotografen. **Vautier de Nanxe** aus Paris lieferte exzellente Fotos vom Nordosten, von Bahia und dem Amazonas. Der Amerikaner **John Maier** fotografierte Rio de Janeiro, wo er auch für das Büro des *Time-Life News Service* tätig ist. Die Aufnahmen von São Paulo stammen von dem Brasilianer **Vange Milliet,** der auch den Großteil der historischen Fotos beisteuerte. Und schließlich stellte eine der besten Fotoagenturen Brasiliens, die **F-4 Photo Agency,** Fotomaterial zur Verfügung.

Kein guter Reiseführer ohne genaue und aktuelle Angaben über das Reisen im Land, eine Verantwortung die **Kirsten Christensen** zufiel. Die Amerikanerin aus Minnesota floh 1971 vor dem kalten Winter ihrer Heimatstadt Duluth in die tropische Wärme Rio de Janeiros. Sie arbeitete als Journalistin, Übersetzerin und Englischlehrerin. Für den *APA Guide Brasilien* sammelte sie das Material für den Kurzführer und schrieb das Kapitel über die *feijoada*, das brasilianische Nationalgericht. Kirsten assistierte Edwin Taylor und war ihm in allen Stadien der Arbeit an diesem Reiseführer eine große Hilfe.

Unser besonderer Dank gilt auch den Mitarbeitern des brasilianischen Fremdenverkehrsamtes **EMBRATUR** sowie den staatlichen Touristen-Informationen im ganzen Land.

Die Übersetzung ins Deutsche organisierte **Eva Ambros.** Die vorliegende Neuauflage der deutschen Ausgabe von 1995 aktualisierte der Diplom-Geograph **Stefan Mühleisen,** den Satz brachte **Alois Gastager** auf den neuesten APA-Standard.

Small

Maier

Christensen

INHALT

Geschichte und Kultur

23 Schätze zu entdecken
—von Edwin Taylor

27 Funkelnde Strände bis zum Amazonas
—von Edwin Taylor

41 Eine ruhige Vergangenheit
—von Edwin Taylor

57 Land der Zukunft
—von Edwin Taylor

67 Die Farben Brasiliens
—von Tom Murphy

75 Die Indianer: Eine verlorene Rasse
—von Richard House

83 Armer Mann, reicher Mann
—von Edwin Taylor

91 Die Kunst des Kompromisses
—von Edwin Taylor

95 Von Götzen und Heiligen
—von Sol Biderman

Karten

30-31 Brasilien
106-107 Rio de Janeiro
142 Bundesstaat Rio
159 Der Bundesstaat São Paulo
161 São Paulo
178 Minas Gerais
189 Brasília
200 Der Süden
213 Der wilde Westen
225 Bahia
246 Der Nordosten

Orte und Plätze

109 Brasiliens Geschenk
—von Edwin Taylor

113 Rio de Janeiro
—von Edwin Taylor

128 *Feijoada*
—von Kristen Christensen

141 Der Bundesstaat Rio
—von Edwin Taylor

157 São Paulo
—von Tom Murphy

164 *Liberdade – ein Hauch von Tokio*
—von Tom Murphy

177 Minas Gerais
—von Tom Murphy

184 Der brasilianische Barock
—von Tom Murphy

188 Brasília
—von Michael Small

194 *Abenteuerliche Busfahrten*
—von Richard House

199 Die südlichen Staaten
—von Edwin Taylor

204 *Land des Weines*
—von Edwin Taylor

210 Der wilde Westen
—von Richard House

INHALT

Orte und Plätze

223 Bahia
—von Elizabeth Herrington

236 *Die Küche von Bahia*
—von Elizabeth Herrington

245 Der Nordosten
—von Elizabeth Herrington/Richard House

252 *Der São Francisco*
—von Elizabeth Herrington

271 Der Amazonas
—von Richard House

278 *Flußboote*
—von Richard House

289 Iß, trink und sei fröhlich
—von Tom Murphy

299 Lieder und Tänze
—von Moyra Ashford

307 Fußball
—von Steve Yolen

311 Kunst und Künstler
—von Sol Biderman

314 *Moderne Architektur*
—von Tom Murphy

321 Amazonas-Träume
—von Tom Murphy

KURZFÜHRER

330 *Anreise*

330 *Reiseinformationen*

333 *Kleine Landeskunde*

337 *Kommunikation*

338 *Für den Notfall*

339 *Unterwegs*

341 *Unterkunft*

350 *Essen & Trinken*

353 *Kulturelles*

358 *Fotografieren*

358 *Sport*

360 *Einkaufen*

361 *Sprache*

361 *Nützliche Adressen*

364 *Literaturhinweise*

Ausführlicher Überblick siehe Seite 329

SCHÄTZE ZU ENTDECKEN

Seit seiner Besiedlung durch die Portugiesen im 16. Jahrhundert übt Brasilien einen magischen Reiz auf Fremde aus. Erst war es das Gold, dann der Kautschuk und der Kaffee, und in neuerer Zeit sind es die exotischen Rhythmen und die verwirrend bunte Vielfalt, mit der sich die fünftgrößte Nation der Welt dem Besucher präsentiert. Nicht weniger fasziniert von ihrem Land sind die Brasilianer selbst. Aufregend an Brasilien ist, daß irgendwo in einer abgelegenen Ecke des Landes ein immenser Schatz vielleicht nur darauf wartet, entdeckt zu werden. Das Problem ist allein, in welcher Ecke des Riesenlandes.

Während der letzten 400 Jahre haben Brasilianer und Fremde danach gesucht und dabei allmählich die riesigen leeren Flächen dieses Landes von der Größe eines Kontinents besiedelt: mit 155 Millionen Menschen, die eine der heterogensten Populationen der Welt bilden. Brasilianer sind schwarz, braun, weiß und gelb oder eine Mischung davon. Sie leben im Luxus moderner Großstädte und in Schmutz und Armut in der tiefsten Provinz. Sie arbeiten in hochtechnisierten Betrieben, die sich auf das 21. Jahrhundert vorbereiten, und andere schieben Holzpflüge hinter Zugtieren her. Innerhalb der Grenzen desselben Landes leben nebeneinander Indianer fast wie in der Steinzeit, Feudalherren, Pioniere, die Dschungelsiedlungen zerstören, und Yuppie-Prinzen und -Prinzessinnen.

Und all dies ist in ständiger Bewegung. Vielleicht nirgendwo sonst auf der Welt ist der Entwicklungsprozeß so greifbar wie in Brasilien. Die Dynamik des Landes ist seine größte Leistung. Selbst während einer Periode wirtschaftlicher Stagnation in den 80er Jahren führten die Brasilianer den Aufbau fort. Der einst unüberwindliche Amazonas wird schnell, für manche zu schnell, immer weiter zurückgedrängt. Er ist der letzte große Grenzbereich einer Nation, deren Territorium nach 400jährigem Bestehen noch immer nicht gänzlich erforscht ist.

Was die Gegensätze Brasiliens vereint, sind: eine gemeinsame Sprache – Portugiesisch; eine gemeinsame Religionszugehörigkeit – katholisch (über 90% der Brasilianer sind römisch-katholisch) und ein gemeinsamer Traum – daß Brasilien irgendwann, irgendwie eine große Nation sein wird. Eine Begleiterscheinung dieses Traumes ist jedoch die gemeinsame Frustration über die gemächliche Gangart auf Brasiliens Weg zur Größe. Nichtsdestoweniger sind die Brasilianer, trotz enormer sozialer und ökonomischer Probleme, ein ungewöhnlich fröhlicher Menschenschlag: Spontan, begeisterungsfähig und lebenslustig, ist der Brasilianer ein Geschöpf des Augenblicks. Nichts ist so real oder so wichtig wie das, was er in eben dieser Sekunde macht und fühlt. Vorsichtige, weit vorausplanende Menschen macht es verrückt, wenn sie mit dem temperamentvollen Lebensstil der Brasilianer konfrontiert werden. Für Brasilianer jedoch könnte nichts natürlicher sein. Im Land des Karnevals gilt es, den Augenblick zu nutzen. Schließlich könnte man ja jederzeit den Schatz finden.

Vorherige Seiten: Junge Mädchen transportieren Kochtöpfe auf landesübliche Weise. Badefreuden bei Morro de São Paulo, Bahia. Innenraum der Kathedrale von Brasília. Bei Serra Pelada wird Kohle im Tagbau gefördert. Eine typische Landschaft entlang des Amazonas. Links: Hier entsteht ein Kunstwerk aus gefärbtem Sand.

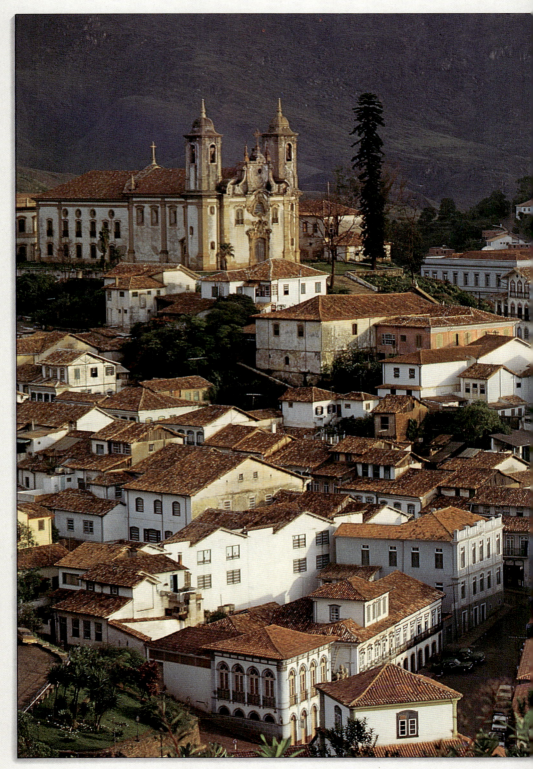

FUNKELNDE STRÄNDE BIS ZUM AMAZONAS

Brasilien ist das kleinste große Land der Erde. Obwohl es die fünftgrößte Nation auf diesem Planeten ist, obwohl es viermal größer als Mexiko, mehr als doppelt so groß wie Indien und größer als das Festlandgebiet der Vereinigten Staaten ist, nimmt das Brasilien, in dem die meisten Brasilianer leben und arbeiten, nur einen Bruchteil der gesamten Fläche ein. Ganze 25 % der Bevölkerung verteilen sich auf nur fünf Metropolen im Süden Brasiliens. Insgesamt umfassen die südlichen und südöstlichen Staaten 58 % der Gesamtbevölkerung, beanspruchen jedoch nur 16 % der Landesfläche. In der Tat leben 78 Millionen Brasilianer auf einer Fläche etwa von der Größe Alaskas, während weitere 57 Millionen ein Gebiet bewohnen, das fast so groß ist wie die Vereinigten Staaten. Was Brasilien besitzt, ist Land, weites, unbebautes, leeres Land.

Die zwei größten Regionen des Landes sind zugleich die am dünnsten besiedelten. Der Norden, das Gebiet des riesigen Amazonas-Regenwaldes, beansprucht 42 % des brasilianischen Territoriums – eine Fläche, auf der ganz Westeuropa Platz haben würde. Dort leben jedoch weniger Menschen als in New York.

Direkt südlich des Amazonas liegt, beherrscht von einem weiten Hochplateau, der Mittelwesten, der 22 % der Fläche Brasiliens bedeckt. Dort leben jedoch nur 7 % der Gesamtbevölkerung. Diese beiden großen Gebiete, zusammen größer als die meisten Nationen der Erde, sind sowohl Versprechen als auch Herausforderung der Zukunft Brasiliens.

Ungelöste Rätsel: Das legendäre Amazonasgebiet ist eines der letzten ungelösten Rätsel unserer Zeit. Es ist der größte tropische Regenwald der Erde, in dem sich ein Fünftel der Frischwasser-Reserven der Welt befinden und der ein Drittel des Sauerstoffs der Erde erzeugt. Aus der Luft betrachtet, ist er ein endlos grüner Teppich, vom Wasser aus gesehen eine undurchdringliche Mauer aus riesigen Bäumen. Man betritt ein Land ewiger Dunkelheit, da das Sonnenlicht vom Geäst der hohen Baumkronen abgehalten wird.

<u>Vorherige Seiten</u>: Futuristische Regierungsgebäude in Brasília. <u>Links</u>: Erinnerungen an die Kolonialzeit in Minas Gerais.

Diese unwirtliche Umgebung hat die Besiedlung des Amazonasgebietes wirksam verhindert, obwohl die großen Flüsse gute Transportwege für Handel und Menschen sind. Diese Flüsse sind wie die Straßen einer Stadt, nur sind die Blocks dazwischen voller Regenwald. Die Städte, die sich an den Ufern entwickelt haben, sind umklammert von Wasser und Dschungel.

Der sagenumwobene Fluß: Der Amazonas selbst, der zweitlängste Fluß der Erde, durchfließt den Norden Brasiliens von West nach Ost und trennt das Bergland von Guayana im Norden von den hügeligen Plateaus des brasilianischen Berglandes im Süden. Von den 17 größten Nebenflüssen des Amazonas, von denen jeder über 1500 Kilometer lang ist, entspringen der Tocantins-Araguaia, der Xingu, der Tapajos und der Madeira im Süden, im brasilianischen Bergland, und bilden eines der drei größten Flußsysteme des Landes.

Trotz der Größe und Vielschichtigkeit dieses Gebietes ist die Versuchung, den Amazonas zu erobern, heute so groß wie früher. Schnellstraßen haben inzwischen den Westrand des Waldes durchdrungen, und Siedler strömten in Scharen auf der Suche nach Land und Gold in den westlichen Amazonasstaat Rondônia. Die Mischung aus Bauern und forschen Goldsuchern schaffte es, den Regenwald zurückzudrängen. Auf Satellitenbildern sind Tausende kleiner Brände am offenen Waldrand auszumachen, dort wo die Neuankömmlinge das Land roden. Am Ostrand attackieren Milliardenprojekte des Bergbaus ebenfalls die Waldfläche. Hier und entlang der Flüsse des Amazonasgebietes laufen zahlreiche Kraftwerke auf vollen Touren oder sind bereits in Planung.

In der Zwischenzeit hat Brasiliens staatliche Ölgesellschaft Petrobras im Herzen dieser Region größere Öl- und Erdgasfunde gemacht. Umweltschützer warnen davor, daß der Regenwald bei dem jetzigen Tempo der Zerstörung in hundert Jahren verschwunden sein wird. Langjährige Beobachter des Amazonasgebietes spotten jedoch darüber. Sie verweisen auf ein Projekt der 70er Jahre, den Bau einer Trans-Amazonas-Schnellstraße, die in den Dschungel gehauen wurde, um das Amazonasgebiet zu erschließen. Doch diese nie geteerte Straße ist nur noch ein schmutziger,

Links: Sie macht gerade eine kleine Verschnaufpause unterwegs.

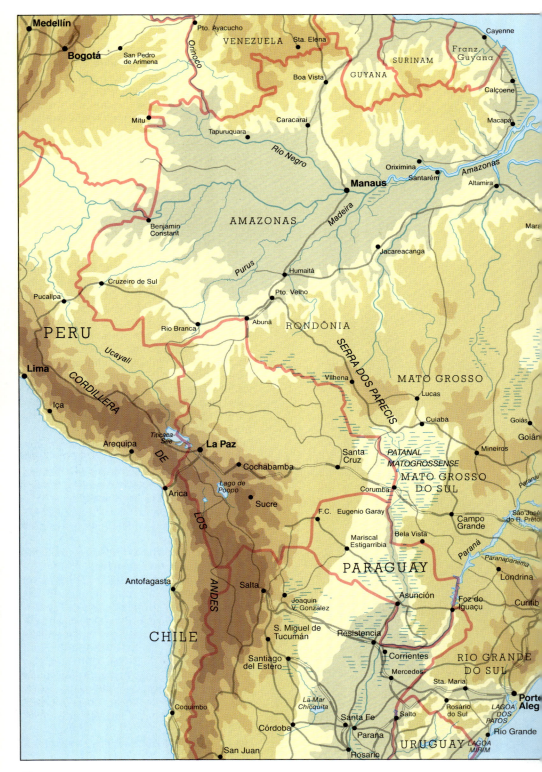

breiter Pfad, der allmählich in Vergessenheit gerät und den der Dschungel bereits zu einem Drittel zurückgewonnen hat.

Dennoch gehen die Anschläge auf das Amazonasgebiet weiter. Was Ökologen als Zerstörung ansehen, ist für Brasilien angeblich Fortschritt – der Drang eines Volkes, diesen gigantischen Wald freizulegen und seine Schätze zu entdecken – und dann den leeren Raum zu füllen.

Der Mittelwesten: In Brasiliens anderer großen „Lücke", dem Mittelwesten, hat der Fortschritt nach einem schnellen Sprung nach vorne wieder eine etwas langsamere Gangart eingelegt. Die Hauptstadt Brasília wurde im Zentralplateau gebaut, um neue Siedler anzulocken und diese Gegend an die Küstengebiete anzuschließen. Aber wenn sich Brasília auch zu einer Stadt mit über einer Million Einwohner entwickelt hat, so hat es doch nicht die Größe erreicht, die ihre Planer erhofft hatten. Aufgrund seiner geographischen Lage hat der Mittelwesten keine natürlichen Grenzen wie das Amazonasgebiet. Die Hochebene des Planalto Central wird von Wäldern und Savannen, den *Cerrados*, durchzogen. Der Wald erstreckt sich vor allem im Norden und wird zu einem Ausläufer des Amazonas-Regenwaldes, während die *Cerrados* fast die ganze Hochebene bedecken.

Auf den ersten Blick erscheint das Grasland der *Cerrados* mit seinem niedrigen Baumbestand wie wertloses Buschwerk. Die Erfahrung hat jedoch gezeigt, daß dieses Land, ist es erst einmal gerodet, äußerst fruchtbar ist. Nach anfänglicher Finanzierung durch reiche Geschäftsleute aus São Paulo haben Bauern aus Südbrasilien Teile der *Cerrados* zu blühenden Gütern und Höfen mit u.a. der größten Soyabohnenfarm der Welt gemacht. Die Grasflächen im Süden der Region wurden zu Weideflächen, und nun grasen dort einige der größten Viehherden des Landes. Was die Nutzbarmachung der *Cerrados* angeht, muß jedoch noch viel getan werden.

Der Nordosten: Brasiliens drittgrößte Region, der Nordosten, der 18 Prozent der Fläche bedeckt, ist das Stiefkind der Nation. Obwohl die Zuckerrohrplantagen den Nordosten in der Kolonialzeit zum wirtschaftlichen und politischen Zentrum des Landes machten, konnte er mit der schnellen Industrialisierung der Süd- und Südoststaaten nicht Schritt halten. Anders als der Norden und Mittelwesten ist der Nordosten jedoch weder isoliert noch unterbevölkert. Er scheiterte an seinem Klima.

Diese Region umfaßt vier Zonen: Ihr nördlichster Staat Maranhao verbindet Merkmale des Nordostens mit denen des Amazonasgebietes. Vom Staat Rio Grande do Norte nach Bahia verläuft an der Küste ein zehn bis 200 Kilometer breiter, fruchtbarer Landstrich – die *Zona da mata*; daran schließt sich östlich davon eine Übergangszone mit halbwegs ertragreichem Boden an – der *Agreste*; zuletzt kommt der *Sertão*, ein trockenes, dürres Gebiet im Inneren der Nordost-Staaten.

Im *Sertão* herrscht Brasiliens größte Armut. Das ist eine Landschaft, die von Dürreperioden heimgesucht wird, mit ausgetrockneter Erde, temporär wasserführenden Flüssen, die zur Regenzeit das Gebiet überfluten, von dornigem Busch, der *Caatinga*, bewachsen. Die letzte Dürre, die schlimmste des Jahrhunderts, fand 1984 nach fünf Jahren ein Ende. In Notzeiten wie dieser wanderten Tausende verarmter Bauern in die Küstenstädte des Nordostens ab, und viele blieben dort. Die Gewißheit, daß immer wieder Dürreperioden kommen werden, trieb Millionen Bewohner des *Sertão* in den Südosten, hauptsächlich nach São Paulo und Rio de Janeiro.

Funkelnde Strände: Die Ironie des Nordostens besteht darin, daß nur wenige Stunden von der Verzweiflung des *Sertão* entfernt die Küstenzone liegt, wo weiße Sandstrände in der tropischen Sonne funkeln und Kokospalmen sich im Wind wiegen. Genau hier beginnen Brasiliens Traumstrände, die sich von Maranhao bis hinunter zum südlichsten Staat Rio Grande do Sul erstrecken. Insgesamt umfaßt Brasiliens Küste 7400 Kilometer und ist somit die längste der Welt. Die mit reichlich Niederschlägen gesegnete Nordostküste ist das Zentrum der landwirtschaftlichen Produktion dieser Region, die sich auf Zucker und Kakao konzentriert. Außerdem zeigen ihre Bevölkerungszahlen rasch steigende Tendenz. Da das Kapital für Investitionen fehlt, ist die Landwirtschaft heute noch der wichtigste Wirtschaftszweig des Nordostens, abgesehen von einigen wenigen Einnahmen aus der Industrie. Der Tourismus könnte dem Nordosten jedoch die Rettung bringen. Die ausgezeichneten

Slumbehausungen in modernen Pfahlbauten.

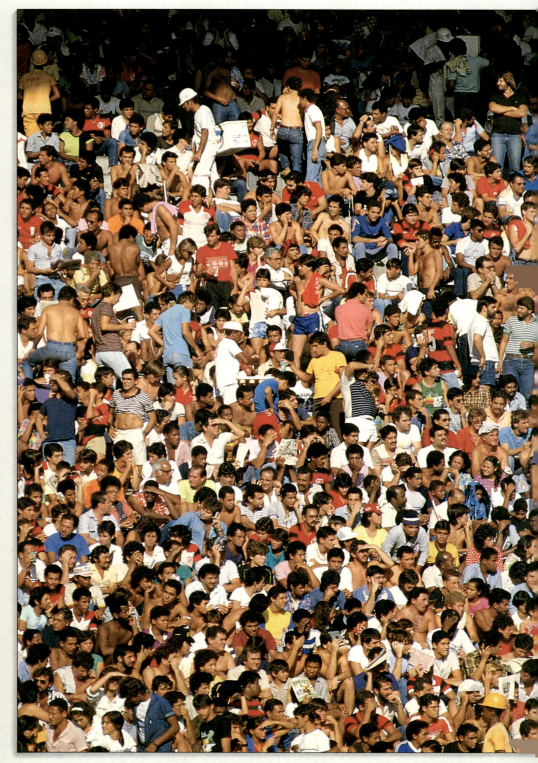

Strände und das ganzjährig tropische Klima haben dem Nordosten einen internationalen Ruf verschafft, der bereits zu einem Boom beim Hotelbau geführt hat.

Der São Francisco: Entlang der Südgrenze des Nordostens fließt der São Francisco, das zweitwichtigste Flußsystem Brasiliens. Er entspringt im zentralen Hochland, fließt über 1600 Kilometer ostwärts, erreicht schließlich den Nordosten im Bundesstaat Bahia und stellt damit ein historisches Bindeglied zwischen dem Nordosten und Zentralbrasilien dar. Zusätzlich ist der São Francisco eine weitere verläßliche Wasserreserve für das Landesinnere. An seinen Ufern entstand ein schmaler Gürtel ertragreichen Ackerbaus für ein Gebiet, das sich nie selbst ernähren konnte.

Der Südosten: Der Gegenpol zum Nordosten in puncto Fortschritt ist der Südosten, der nur 11 % des Staatsgebietes umfaßt, jedoch die drei größten Städte Brasiliens beherbergt – São Paulo, Rio de Janeiro und Belo Horizonte – und 45 % der Bevölkerung. Diese Region ist unterteilt in einen schmalen Küstenstreifen und eine Hochebene, die zum Meer hin steil abfällt. Der Gebirgszug verläuft an der Küste von Bahia bis nach Rio Grande do Sul.

Das dichte tropische Blätterwerk der *Mata atlântica* überzieht das Küstengebirge mit einem üppig grünen Mantel. Doch gerade der Fortschritt, durch den der Südosten reich wurde, bedroht nun das Überleben dieser tropischen Vegetation. In vielen Teilen des Staates São Paulo wurde der Wald durch die Luftverschmutzung zerstört, ein Nebenprodukt des Industriegebiets von São Paulo, dem größten Lateinamerikas. Das am besten erhaltene Beispiel eines brasilianischen tropischen Küstenwaldes ist im südlichen Staat Paraná zu finden.

Mit Ausnahme von Rio und Santos (die zwei größten Häfen Brasiliens) konzentriert sich die Bevölkerung des Südostens vor allem auf die Hochebene mit einer Durchschnittshöhe von 700 Metern. Dieses sanfte Hügelland mit seinem gemäßigten Klima, das klar zwischen Winter und Sommer unterscheidet, ist seit dem 19. Jahrhundert das Zentrum des Wirtschaftswachstums.

Minas Gerais, das einzige Bundesland im Süden ohne direkten Zugang zum Meer, verdankt seine frühe Erschließung seinem außer-

Ob jung oder alt: Fußballfans sind sie alle.

Das Land 35

gewöhnlichen Reichtum an Bodenschätzen. Die rote Erde von Minas Gerais ist der Beweis für seine Eisenerzvorkommen. Teil von Brasiliens riesigem präkambrischen Schild, war Minas im 18. Jahrhundert der weltweit führende Goldproduzent. In moderner Zeit entwickelte es sich zum führenden Eisenerz- und Edelsteinproduzenten Brasiliens.

Der Süden: Der Süden zählt mit nur 7 % der gesamten Landesfläche zu den kleinsten Regionen des Landes. Wie auch der Südosten wurde der Süden in der zweiten Hälfte des 19. Jahrhunderts schnell erschlossen und besitzt nun 16 % der Gesamtbevölkerung. Jenseits des Wendekreises des Steinbocks gelegen, ist der Süden die einzige Gegend Brasiliens mit subtropischem Klima, mit vier Jahreszeiten, wozu im Winter auch Frost und gelegentlich Schnee gehören. Teilweise wegen des Klimas zogen die drei Staaten des Südens zu Beginn des Jahrhunderts Scharen von Einwanderern aus Italien, Deutschland, Polen und Rußland an, die der Gegend das für sie so typische Völkergemisch gaben.

Das weite Ackerland von Paraná und Rio Grande do Sul machten diese Staaten zusammen mit São Paulo zum „Brotkorb" Brasiliens, in dem hauptsächlich Weizen, Mais, Sojabohnen und Reis angebaut werden. Dies ist auch Brasiliens traditionelles Viehzuchtgebiet, obwohl es im Vergleich zum Mittelwesten an Bedeutung verloren hat. In der westlichen Hälfte von Rio Grande sind inmitten von Pampas- und Präriegegenden Brasiliens größte Bauernhöfe und Güter zu finden. Den Ostteil kennzeichnen Berglandschaften mit tiefen, bewaldeten Tälern, in denen italienische und deutsche Einwanderer Brasiliens Wein- und Traubenindustrie begründet haben.

Neben seinen reichen Ackerflächen besitzt der Staat Paraná auch riesige Pinienwälder, von deren Holzvorräten die brasilianische Bauindustrie profitierte. Heute sind sie jedoch fast erschöpft. Die Westgrenze des Staates beschreibt der Fluß Paraná, der mit dem Paraguay zusammen das drittgrößte Flußsystem des Landes bildet. Die Kraft dieser Flüsse wird zur Energiegewinnung für die Industrien des Südens und Südostens genutzt. Dies gilt vor allem für Paraná, wo Brasilien das größte Wasserkraftwerk der Erde, den Itaipu-Damm, erbaut hat.

Leckerbissen, direkt am Strand zubereitet.

EINE RUHIGE VERGANGENHEIT

Trotz seiner Größe spielte Brasilien bei der Gestaltung der heutigen Welt eher eine Nebenrolle. Anders als Mexiko und Peru besitzt es keine vieltausendjährige Kultur, deren Wurzeln auf eine stolze indianische Vergangenheit zurückreichen. In der modernen Zeit war es eher Zuschauer als Beteiligter. Dank der Fähigkeit der Brasilianer, Auseinandersetzungen im Kompromiß zu lösen, gingen Veränderungen in diesem Land in der Regel friedlich, wenn auch nicht immer problemlos vonstatten. Die Brasilianer betrachten ihren Mangel an heroischer Geschichte als ein Versehen, das die Zukunft korrigieren wird. Brasilien ist ein Land, das fest in der Gegenwart steht, auf die Zukunft ausgerichtet ist und wenig Sinn für die Vergangenheit hat.

Dennoch hebt sich Brasilien von allen anderen südamerikanischen Staaten gerade durch seine Vergangenheit ab. Brasilien unterscheidet sich nicht nur durch seine gewaltigen Ausmaße, die alle Nachbarländer zu Zwergen degradieren, sondern auch durch seine Sprache, Portugiesisch, die Tatsache, daß es während der Kolonialzeit zum Regierungssitz des Mutterlandes wurde, den fast unblutig vollzogenen Schritt in die Unabhängigkeit und die größtenteils friedlichen Beziehungen zu seinen Nachbarn.

Cabral: Brasiliens Erstentdeckung durch den Portugiesen Pedro Alvares Cabral im Jahre 1500 geschah auf einer jener Forschungsreisen, wie sie die großen portugiesischen Seefahrer im 15. und 16. Jahrhundert unternahmen. Cabral wollte auf seiner Fahrt um das Kap der Guten Hoffnung herum Indien ansteuern, doch nach der offiziellen Version kam er dabei vom Kurs ab. Allerdings sind die meisten Historiker der Meinung, daß Cabral bewußt seinen Kurs änderte, weil auch er ein Stück von der acht Jahre zuvor von Kolumbus entdeckten neuen Welt finden wollte.

Zu Anfang glaubte der portugiesische Seefahrer, er habe eine Insel entdeckt, und er nannte sie Vera Cruz. Als später offenbar wurde, daß es sich bei dieser Insel um die Ostküste eines Kontinents handelte, änderte man den Namen in Santa Cruz. Schließlich nannte man die neue Kolonie Brasilien: nach einem ihrer wesentlichen Produkte, dem *pau brasil* oder Brasilholz, dessen roter Farbstoff in Europa hochgeschätzt war.

Kolonisation: 1533 machte die portugiesische Krone die erste entschlossene Anstrengung, Brasilien zu kolonisieren. Der Küstenstreifen, das einzige Gebiet der Kolonie, das zu dieser Zeit bereits erforscht war, wurde in 15 Bereiche, *capitanias*, aufgeteilt und als Erblehen an portugiesische Adelige vergeben, die dort eine Art Feudalherrschaft errichteten. Man erwartete von den Besitzern der *Capitanias*, daß sie ihr Land auf eigene Kosten kultivierter und der portugiesischen Krone diese Aufgabe ersparten. Die bedeutendsten *Capitanias* waren São Vicente im Süden (heute der Staat São Paulo) und Pernambuco im Norden, das sich wegen seiner Zuckerrohrplantagen schnell zum wirtschaftlichen Zentrum der Kolonie entwickelte.

Die *Capitanias* erfüllten jedoch weder die Erwartungen des Mutterlandes noch die der Kolonisten. Völlig abhängig von den Launen und den finanziellen Mitteln ihrer Lehnsherren, verwahrlosten einige. Brasiliens Küste wurde außerdem unablässig von französischen Piraten angegriffen. 1549 setzte der portugiesische König Joao III. eine koloniale Generalregierung an die Spitze der bestehenden Gebiete. Die im Nordosten gelegene Stadt Salvador, heute die Hauptstadt des Staates Bahia, wurde die erste Hauptstadt Brasiliens, und sie behielt diesen Status 214 Jahre lang. Der portugiesische Adelige Tomé de Souza wurde als Vertreter der Krone zum ersten Generalgouverneur der Kolonie ernannt.

Die Kolonisation erlebte mit dieser Verwaltungsreform einen neuen Aufschwung. Von 1550 bis zum Ende des Jahrhunderts trafen äußerst gemischte Einwanderergruppen ein – häufig Adelige, Abenteurer oder jesuitische Missionare, die die Indianer bekehren sollten. Einige führende Jesuiten, wie Pater José de Anchieta in São Paulo, stellten das unumstößliche Prinzip auf, daß die Indianer zu schützen und nicht zu versklaven seien – ein moralischer Standpunkt, der sie in direkten Konflikt mit den Interessen der Kolonisten brachte. Die Jesuiten bauten auch Schulen und Missionen,

Vorherige Seiten: Cidale Mauricia und Recife, wie es Frans Post 1657 sah. **Links:** Der Sommerpalast von Pedro II. in Petrópolis.

um die herum Indianerdörfer als Schutz gegen Sklavenhändler entstanden. Aufgrund der hartnäckigen Haltung der Jesuiten beschafften sich die Kolonisten Arbeitskräfte aus Afrika.

Besetzung durch die Franzosen: Während des restlichen 16. Jahrhunderts konsolidierte sich die Kolonie entlang der Atlantikküste. 1555 besetzten die Franzosen die Bucht, in der heute Rio de Janeiro liegt: Eigentlich sollte dies der erste Schritt zu einer großen französischen Kolonie in Südamerika sein. Doch gelang es den Franzosen nicht, genügend Kolonisten aus Europa dorthin zu bewegen, und schließlich wurden sie wieder aus der Bucht vertrieben. Zwei Jahre später begründeten die Portugiesen dort die Stadt Rio.

Die Bandeirantes: Zur gleichen Zeit brachen im brasilianischen Süden von ihrer Basis São Paulo aus Banden von Abenteurern auf, die man *Bandeirantes* oder Fahnenträger nannte. Ihr Ziel war die Suche nach Gold und nach indianischen Sklaven. Die großen Marschtrupps (*Bandeiras*) der *Bandeirantes*, die jeweils aus bis zu 3000 Kolonisten und Mestizen bestanden, zogen nach Westen, Süden und Norden ins Hinterland, wobei einige dieser Trecks Jahre dauerten. Mit Hilfe der *Bandeirantes* unternahm die Kolonie zum erstenmal eine bewußte Anstrengung, ihre Grenzen zu entdecken und zu definieren. Die *Bandeirantes* standen im absoluten Widerstreit mit den Jesuiten, den

Dies blieb der vorerst letzte Angriff auf die portugiesische Vorherrschaft in Brasilien, bis 1630 die Holländische Westindische Kompanie eine Flotte aussandte, die das wirtschaftlich wichtige Zuckeranbaugebiet von Pernambuco im Norden eroberte. Diese Eroberung war die unmittelbare Konsequenz aus der Vereinigung von Portugal mit dem spanischen Reich (1580). Diese Verbindung sollte bis 1640 andauern und Brasilien in die Schußlinie der Feinde Spaniens bringen. Die Holländer etablierten eine gut funktionierende Kolonie in Pernambuco, die sie unter Kontrolle behielten, bis sie im Jahre 1654 durch einen Aufstand vertrieben wurden.

Beschützern der Indianer, doch konnten die Missionare nichts tun, um die großen *Bandeiras* aufzuhalten, die im Süden bis Uruguay und Argentinien vordrangen, im Westen bis Peru und Bolivien und im Nordwesten bis Bogota in Kolumbien. Die *Bandeirantes* überquerten dabei auch die imaginäre Grenzlinie des Vertrages von Tordesillas, den Spanien und Portugal unterzeichnet hatten und der die Einflußgebiete dieser beiden Reiche in Südamerika gegeneinander abgrenzte. Damals war dies nur von geringer Bedeutung, da die beiden Nationen miteinander vereint waren, aber als Portugal nach 1640 wieder seine Unabhängigkeit erlangt hatte, wurden die von den *Bandeirantes* eroberten Gebiete gegen den Protest der Spanier Brasilien einverleibt.

Zu dieser Zeit begaben sich jesuitische Missionare in das Amazonasgebiet, und die Großgrundbesitzer im Nordosten dehnten ihren Einflußbereich aus und stellten auch das dürre Hinterland der Region unter ihre Herrschaft. Zusammengehalten wurde die riesige Kolonie durch die gemeinsame portugiesische Sprache und Kultur, ein Faktor, der Brasilien von den spanisch sprechenden Ländern Südamerikas unterschied. Der Vertrag von Madrid mit Spanien (1750) und weitere darauffolgende Verträge erkannten die Eroberungszüge der *Bandeirantes* ausdrücklich an und sprachen diese Gebiete formell der Kolonie Brasilien zu.

gen, die indianische Bevölkerung durch Versklavung, Krankheiten und gnadenlose Massaker drastisch zu reduzieren. Dagegen war der Anteil an schwarzen Sklaven erheblich gestiegen. Die Kolonie war auf den Handel mit Portugal beschränkt, und abgesehen von den Märschen der *Bandeirantes* bestand wenig Kontakt zwischen Brasilien und seinen Nachbarstaaten. Doch sollte sich diese Situation grundlegend ändern.

In den Bergen des Zentralplateaus fanden die *Bandeirantes* endlich, was sie von Anfang an gesucht hatten – Gold. Der Goldrausch, der Tausende von Siedlern in das Gebiet des heutigen Staates Minas Gerais brachte, löste die erste große Besiedlung des Binnenlandes aus.

Agrargesellschaft: Die Kolonie hatte sich im 18. Jahrhundert zu einer vorwiegend landwirtschaftlich ausgerichteten Gesellschaft entwickelt, die sich immer noch im wesentlichen auf den Küstenbereich konzentrierte. Der Reichtum lag in den Händen einiger weniger Großgrundbesitzer, und die wichtigsten Produkte waren Zucker, Tabak und Rinder, wobei Kaffee und Baumwolle zunehmend an Bedeutung gewannen. Gegen alle Bemühungen der Jesuiten war es den *Bandeirantes* gelungen,

In den Bergen von Minas entstanden Städte, und Ouro Preto hatte 1750 bereits 80 000 Einwohner. Der Goldfund von Minas Gerais machte Brasilien im 18. Jahrhundert zum weltgrößten Produzenten des Edelmetalls. Doch ging der ganze Reichtum an Portugal, und den Kolonisten, die sich bereits mehr als Brasilianer denn als Portugiesen fühlten, war dies sehr wohl bewußt.

Das Gold brachte auch noch andere Konsequenzen mit sich: Der Reichtum der Kolonie verlagerte sich plötzlich von den zuckerproduzierenden Regionen im Nordosten auf den Südosten. Dies war im Jahr 1763 der ausschlaggebende Grund für die Entscheidung,

Links: *Die Gründung São Paulos.* Gemälde von Oscar Pereira da Silva (1554). **Oben:** *Freiheit oder Tod.* Gemälde von Pedro Americo (1880).

Rio de Janeiro anstelle von Salvador zu Brasiliens Hauptstadt zu machen. Gleichzeitig wurden die verbliebenen *Capitanias* von der Krone übernommen und die Jesuiten des Landes verwiesen.

Liberale Ideen: Trotz seiner Isolation war Brasilien nicht völlig von der Außenwelt abgetrennt, und in der zweiten Hälfte des 18. Jahrhunderts begannen die liberalen Ideen aus Europa in das nationale Bewußtsein einzudringen. 1789 erlebte das Land seine erste Unabhängigkeitsbewegung, die sich auf die Goldrausch-Stadt Ouro Preto konzentrierte. Auslöser war der Beschluß der Portugiesen, die Gold-Steuer zu erhöhen, aber der Aufstand der „Inconfidencia Mineira", wie sie sich nannte, fand ein schlimmes Ende: Ihre Anführer wurden verhaftet, und einer von ihnen, Joaquim José da Silva Xavier, ein Zahnarzt, besser bekannt als Tiradetes oder Zahnzieher, wurde gehängt und geviertelt. Wahrscheinlich hätte diese Bewegung noch weitere nach sich gezogen, wäre die Entwicklung in Europa anders verlaufen. 1807 eroberte Napoleon Portugal und zwang die königliche Familie ins Exil. König João VI. floh nach Brasilien und machte die Kolonie zum Regierungssitz für das Mutterland.

Als König João 1821 endlich nach Portugal zurückkehrte, ernannte er seinen Sohn, Dom Pedro, zum Regenten und übertrug ihm damit die Herrschaft über Brasilien. Das portugiesische Parlament weigerte sich jedoch, Brasiliens neuen Status anzuerkennen, und versuchte, eine Rückkehr zu den Tagen kolonialer Abhängigkeit zu erzwingen. Da Pedro erkannt hatte, daß die Brasilianer dies niemals akzeptieren würden, erklärte er am 7. September 1822 Brasiliens Unabhängigkeit von Portugal und schuf damit das brasilianische Kaiserreich.

Da sich Portugal noch von den napoleonischen Kriegen erholte, hatte Brasilien nur mit geringem Widerstand des Mutterlandes zu kämpfen. Mit Hilfe von Lord Alexander Cochrane, einem britischen Glücksritter, vertrieben die Brasilianer die verbliebenen portugiesischen Garnisonen schnell aus dem Land. Ende 1823 hatten die Portugiesen das Land verlassen, und die Unabhängigkeit des neuen Staates war gesichert. Die Vereinigten Staaten erkannten im darauffolgenden Jahr als erste Nation Brasilien an, und schon 1825 waren die Beziehungen zu Portugal wiederhergestellt.

Interne Differenzen: Während der ersten 18 Jahre hatte Brasilien hart zu kämpfen, um die massiven internen Konflikte zu überwinden, die gelegentlich in offene Revolten ausarteten. Die größte Enttäuschung in dieser ersten Zeit der Unabhängigkeit war der Kaiser selbst. Anstatt die liberale Politik zu vertreten, die seine Untertanen sich wünschten, beharrte Pedro auf den Privilegien und der Macht eines absoluten Monarchen. Als in der Debatte über die neue Verfassung ein liberales Papier auf den Tisch gebracht wurde, das seine Macht beschränken und parlamentarische Regeln einführen sollte, würgte Pedro die Versammlung ab und schrieb eine Verfassung nach eigenem Gefallen. Endlich stimmte der Kaiser der Bildung eines Parlaments zu, doch befand er sich in ständiger Auseinandersetzung da-

mit. Bereits überaus unbeliebt, trieb Pedro Brasilien in einen leichtfertigen und unpopulären Krieg mit Argentinien um Cisplatina, den damals südlichsten Bundesstaat Brasiliens. Der kostspielige Krieg endete mit der Niederlage Brasiliens und dem Verlust Cisplatinas, das zum Staat Uruguay wurde.

Der endlosen politischen Machtkämpfe müde, dankte Pedro 1831 schließlich ab und ernannte seinen fünfjährigen Sohn zum Prinzregenten Pedro II. Von 1831 bis 1840 wurde Brasilien von einem Dreierrat von Politikern regiert. Mit Revolten und Militäraufständen im Nordosten, im Amazonasgebiet, in Minas Gerais und im Süden waren diese zehn Jahre die turbulentesten der brasilianischen Geschichte. Brasilien war während dieser Zeit ständig von einem Bürgerkrieg bedroht, da regionale Gruppierungen um Autonomie kämpften. Eine der ernsthaftesten Gefahren war eine Unabhängigkeitsbewegung im Süden. Dieser Konflikt, bekannt als der Krieg der Farrapos, dauerte zehn Jahre.

Das goldene Zeitalter: In ihrer Verzweiflung erklärte sich die politische Führung des Landes 1840 einverstanden, Pedro für volljährig zu erklären und dem 15jährigen Monarchen die Regierung zu übergeben. Während der folgenden 48 Jahre regierte Pedro II. als Kaiser von Brasilien und gab dem Land inneren Frieden und politische Stabilität. Pedro war

ein bescheidener Mann, die selbstherrlichen Verhaltensweisen seines Vaters waren ihm fremd, doch verfügte er über eine enorme persönliche Autorität, die er sich zunutze machte, um die Geschicke des Landes zu lenken. Er verstand es, die regionalen Rivalitäten in Schach zu halten, und dehnte die Macht der Zentralregierung über die ganze Nation aus. Mitten im amerikanischen Bürgerkrieg tat Abraham Lincoln den Ausspruch, Pedro II. von Brasilien sei der einzige Mann,

Links: Die einstige Avenida Beira Mar in Botafogo.
Oben: Die einstige Rua do Ouvidor im Herzen Rio de Janeiros.

dem er es zutrauen würde, zwischen Norden und Süden zu vermitteln.

Aber während es Pedro gelang, den inneren Frieden des Landes wiederherzustellen, brachte seine Außenpolitik Brasilien in bewaffneten Konflikt mit den Nachbarn im Süden. Entschlossen, die regionale Parität aufrechtzuerhalten, mischte sich Pedro in politische Entwicklungen in Uruguay, Argentinien und Paraguay ein. Das hatte zur Folge, daß Brasilien zwischen 1851 und 1870 in drei Kriege verwickelt war, die bisher letzten in seiner Geschichte (nach 1870 kämpfte Brasilien nur während des Zweiten Weltkriegs und nur in begrenztem Ausmaß auf seiten der Alliierten). Es ging darum, freie Schiffahrt auf dem lebenswichtigen Rio de la Plata und seinen Nebenflüssen zu garantieren, eine Politik, in der sich Brasilien mit England einig war. 1851 sandte Pedro seine Truppen nach Uruguay und errang einen schnellen Sieg. Im Anschluß daran griffen die Streitkräfte Brasiliens und Uruguays vereint Argentinien an und stürzten den argentinischen Diktator Juan Manuel Rosas. Ende des Jahres 1852 waren in Uruguay und in Argentinien brasilienfreundliche Regierungen an der Macht.

Der Krieg mit Paraguay: Ein zweiter Angriff auf Uruguay im Jahre 1864 löste jedoch einen Krieg mit Paraguay aus. Paraguays Regierungschef Francisco Solanao Lopez war mit dem Verlierer Uruguay verbündet und schlug sowohl gegen Brasilien als auch gegen Argentinien zurück. 1865 wurde die sogenannte Dreierallianz gebildet, in der sich die scheinbar unbesiegbaren Streitkräfte Brasiliens, Argentiniens und Uruguays gegen Paraguay zusammenschlossen. Aber nach anfänglichen Erfolgen der Alliierten brachten ihnen die an Zahl und Waffen unterlegenen Paraguayaner eine Reihe von Niederlagen bei. Der Kampf ging keineswegs bald zu Ende, sondern zog sich bis 1870 hin. Brasilien trug die Hauptlast in diesem Konflikt, in dem Paraguay schließlich besiegt wurde, nachdem die Hälfte der männlichen Bevölkerung gefallen war. Auch Brasilien hatte in diesem Kampf schwere Verluste erlitten, nur die militärischen Befehlshaber des Landes waren zu Ehren gelangt.

Vielleicht war es in erster Linie der wachsende Einfluß des Militärs, der zu Pedros Sturz führte. Angesichts seiner Leistungen und seiner Popularität ist auf Anhieb schwer zu begreifen, wieso er gestürzt wurde. Auf jeden Fall befand sich der Kaiser gegen Ende seiner

Geschichte 45

Regierungszeit in Konflikt mit starken oppositionellen Kräften und Ideen. Zwar machte sich in der zweiten Hälfte des 19. Jahrhunderts die industrielle Revolution auch in Brasilien bemerkbar, doch war Brasilien noch immer in erster Linie ein Agrarland. Sklaven waren vor allem für den Nordosten noch von elementarer Bedeutung, und bis 1853 legten Sklavenschiffe aus Afrika in Brasilien an. Um 1860 entstand eine Bewegung zur Sklavenbefreiung, die immer mehr an politischem Boden gewann, bis die Sklaverei 1888 endgültig abgeschafft wurde. Diese Maßnahme brachte die Großgrundbesitzer gegen den Kaiser auf. Allein vermochten sie Pedro nicht zu stürzen, aber sie fanden Unterstützung bei den Militärs.

Pedro konnte diesen Kräften nicht standhalten. Ohne die Hilfe der Großgrundbesitzer gelang es ihm nicht, am 15. November 1889 eine Militärrevolte niederzuschlagen, und er mußte ins Exil gehen.

Das Militär: Mit dem Ende der Monarchie verstärkte das Militär, das sich zu Brasiliens mächtigster Institution entwickeln sollte, seinen Einfluß. Von 1889 bis Mitte der 80er Jahre befanden sich die Militärs ohne Ausnahme stets im Zentrum jeder politischen Entwicklung in Brasilien. Die ersten zwei Regierungen der Republik wurden von Militärs geführt, die fähiger im Geldausgeben als im Regieren waren. Als endlich ein ziviler Präsident das Amt übernahm, war das Land hochverschuldet, ein Problem, das der zweite zivile Präsident des Landes, Manuel Ferraz de Campos Salles (1898-1902), in Angriff nahm. Er handelte das erste Moratorium für brasilianische Auslandsschulden aus und rettete das Land damit vor dem finanziellen Zusammenbruch. Campos Salles und sein Nachfolger, Francisco de Paula Rodrigues Alves (1902-1906), brachten Brasilien wieder auf die Beine, aber nur wenige ihrer Nachfolger waren fähig, diesem Beispiel zu folgen.

In einem Wechsel von guten und schlechten Präsidenten machte Brasilien zwischen 1900 und 1930 eine Periode dramatischer sozialer Veränderungen durch. Aus Europa trafen zahllose Einwanderer ein, die meisten aus Italien. Sie siedelten sich vor allem in São Paulo an und lieferten diesem Gebiet mit seinen vielen Farmen und seiner aufstrebenden Industrie eine stete Quelle billiger Arbeitskräfte. Inzwischen dominierte der Anbau von Kaffee, und damit war die wirtschaftliche Vormachtstellung von Sao Paulo, wo sich die größten Kaffeeplantagen des Landes befanden, praktisch unangefochten. An zweiter Stelle kam Minas Gerais, das über reiche Mineralvorkommen und fruchtbares Ackerland verfügte. Gegen diese beiden Riesen im Südosten befanden sich Bahia und Pernambuco im Nordosten, die früher beherrschend gewesen waren, auf verlorenem Posten. So wie sich die wirtschaftliche Macht nach Südosten verlagerte, so geschah es auch mit der politischen Macht.

Daran wurde ein weiteres Problem der brasilianischen Republik deutlich. Während einige Staaten viel Macht und Einfluß besaßen, hatte die Bundesregierung nur sehr wenig von beidem, da sie unter zunehmendem Druck regionaler wirtschaftlicher Interessen stand, die die politischen Entscheidungen des Tages, einschließlich der Präsidentenwahl, bestimmten.

Wirtschaftliche Probleme: Nach dem Ersten Weltkrieg, in dem Brasilien Deutschland zwar den Krieg erklärt, aber nicht aktiv teilgenommen hatte, stand das Land erneut vor ökonomischen Problemen, Vetternwirtschaft und Korruption führten zu Unruhen. Erneut machten sich die Militärs mit Meutereien bemerkbar: mit einem Umsturzversuch im Jahre 1922 und mit einer auf São Paulo begrenzten Revolte im Jahre 1924, die enorme Zerstörungen bewirkte, da die Bundesregierung die Stadt São Paulo bombardieren ließ. Wortführer der

Unzufriedenheit in den Kasernen war eine Gruppe junger Offiziere, die als die *Tenentes* (die Leutnants) bekannt wurden. Diese Offiziere standen in enger Verbindung zum städtischen Mittelstand, der nach politischer Unterstützung gegen die reichen Großgrundbesitzer von São Paulo und Minas suchte. Die Krise erreichte ihren Höhepunkt, als 1930 Júlio Prestes, der Kandidat des Establishments, gegen den Kandidaten der Opposition, Getúlio Vargas, Gouverneur von Rio Grande do Sul, die Wahl gewann. Doch weigerte die Opposition sich diesmal, das Wahlergebnis anzunehmen. In Minas Gerais, Rio Grande do Sul und im Nordosten brachen Aufstände aus. Innerhalb von zwei Wochen hatten die Militärs die Kontrolle über das Land, stürzten den Präsidenten und setzten Vargas als vorläufigen Präsidenten ein.

Die Ära Vargas: Der schnelle Aufstieg von Getúlio Vargas kündigte den Beginn einer neuen Ära in der brasilianischen Politik an. Vargas stand den mittleren und unteren Schichten der Großstädte nahe. Die Kaffeebarone von São Paulo und die reichen Großgrundbesitzer waren plötzlich kaltgestellt. Von der Hinterzimmer-Politik, die von einer mächtigen Elite bestimmt worden war, ging der politische Einfluß in Brasilien nun von den Massen in den schnell wachsenden Städten aus.

Dieser Aufstand brachte dem Land jedoch keineswegs größere Demokratie. Vargas, bestrebt, die Macht zu behalten, vertrat eine Politik, die sich auf Sozialismus und Nationalismus stützte und die ihn 25 Jahre lang an der Spitze Brasiliens hielt. Er prägte während dieser Zeit das Muster für die brasilianische Politik des weiteren 20. Jahrhunderts.

Vargas machte sich die wachsende Industrialisierung des Landes zunutze und erkor die Sozialgesetzgebung zu seiner Hauptwaffe: Er erließ Gesetze, die einen Mindestlohn garantierten, richtete eine Sozialversicherung, bezahlten Urlaub, Mutterschaftsurlaub und eine Krankenversicherung ein. Vargas legalisierte die Gewerkschaften, machte sie aber auch von der Bundesregierung abhängig. In der neuen Verfassung, die erst 1934 und auch dann nach einer Revolte gegen Vargas in São Paulo erlassen wurde, steigerte Vargas die Macht der Zentralregierung noch weiter.

Links: Der große Salon im Catete-Palast in Rio de Janeiro. **Oben:** Praça Visconde de Rio Branco in Pará.

Diktatur: Mit Verabschiedung der Verfassung endete Vargas' „Interimspräsidentschaft", und er wurde 1934 vom Kongreß zum Präsidenten gewählt. Die Verfassung beschränkte seine Regierungszeit auf vier Jahre und setzte die Wahl eines neuen Präsidenten für 1938 an, aber Vargas weigerte sich, die Macht abzugeben. 1937 bediente er sich der erfundenen Gefahr eines kommunistischen Umsturzversuches, um mit Unterstützung der Militärs den Kongreß nach Hause zu schikken. Er verwarf die Verfassung von 1934 und ersetzte sie durch eine neue, die ihm diktatorische Macht gewährte. Vargas' zweite Regierungsperiode erwies sich als ungleich turbulenter als seine ersten sieben Jahre. Wachsen-

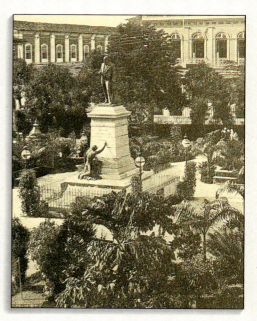

der politischer Widerstand gegen seine repressiven Methoden drohte ihn zu stürzen, aber er rettete sich, indem er sich im Zweiten Weltkrieg auf die Seite der Alliierten stellte und 1942 Deutschland den Krieg erklärte. Vargas sandte eine 25 000 Mann starke brasilianische Expeditionsstreitkraft nach Europa, die sich in Italien der alliierten Fünften Armee anschloß. Brasilien war damit das einzige lateinamerikanische Land, das aktiv am Krieg teilnahm. Der Kriegseinsatz lenkte die Öffentlichkeit ab und verringerte den Druck auf Vargas.

Nach Ende des Krieges befand sich Vargas jedoch wieder sehr schnell im Brennpunkt der nationalen Aufmerksamkeit. Unter dem

Druck der gleichen Militärs, die ihn an die Macht gebracht hatten, mußte er Beschlüssen zustimmen, die wieder oppositionelle Parteien zuließen und für Ende des Jahres 1945 neue Präsidentenwahlen forderten. Aber während er mit der Opposition verhandelte, um einen Staatsstreich zu verhindern, trieb er zugleich seine Hintermänner in der Arbeiterbewegung an, sich mit den Kommunisten zu einer Volkspartei zu vereinigen, die ihn im Amt halten sollte. Da die Militärs fürchteten, Vargas könnte dies gelingen, zwangen sie ihn am 29. Oktober 1945 zum Rücktritt. Bei der Wahl im Jahre 1945 wurde Vargas' ehemaliger Kriegsminister, General Eurico Gaspar Dutra, für eine fünfjährige Regierungsperiode zum

Anschlag auf einen seiner wichtigsten politischen Gegner, der angeblich von einem seiner Mitarbeiter geplant worden war, beendete schließlich die Ära Vargas. Vor die Wahl gestellt zwischen Rücktritt oder Sturz, nahm sich Vargas am 24. August 1954 im Regierungspalast das Leben.

Vargas' Abtritt von der politischen Bühne öffnete den Weg für neue Gesichter. Die ersten, die auftauchten, kamen wiederum aus den politischen Zentren des 20. Jahrhunderts São Paulo und Minas Gerais. Juscelino Kubitschek aus Minas und Jânio Quadros aus São Paulo nahmen beide den gleichen Weg zur Präsidentschaft: Sie wurden zuerst Bürgermeister der Hauptstädte und dann Gouverneur

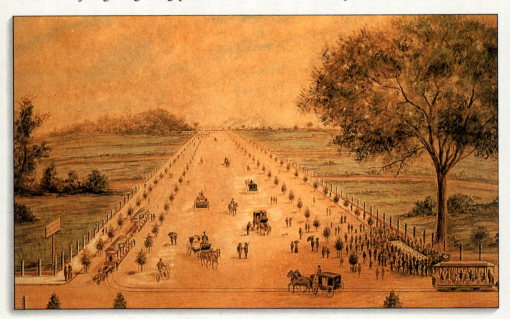

Präsidenten gewählt. Während dieser Zeit wurde eine neue, liberale Verfassung in Kraft gesetzt. 1950 kam Vargas zurück an die Macht, und diesmal wurde er vom Volk gewählt.

Ende der Ära Vargas: Dem ehemaligen Diktator, der sich einem ihm feindlich gesinnten Kongreß und aktiven oppositionellen Parteien gegenübersah, gelang es nicht, die wirtschaftlichen und politischen Kräfte des Landes unter Kontrolle zu bekommen. Vargas versuchte seine Regierung mit populären Maßnahmen zu retten, etwa mit der Verstaatlichung der Erdölförderung und -verarbeitung, doch verlor er kontinuierlich an Terrain. Eine politische Krise, ausgelöst durch einen versuchten

ihrer Staaten. Sozialismus, Nationalismus und die Beteiligung der Militärs, die drei Hauptthemen der modernen brasilianischen Politik, spielten in der Karriere von Juscelino Kubitschek wie in der von Jânio Quadros eine gleichermaßen wichtige Rolle. Doch kamen noch zwei neue Faktoren hinzu: die wachsende Verflechtung der politischen Entwicklung mit dem wirtschaftlichen Wachstum und Brasiliens zunehmende wirtschaftliche und politische Beziehung zu anderen Staaten.

Ein dynamischer Führer: Als Kubitschek, ein weitblickender, dynamischer Politiker, der Brasilien auf den Stand einer Weltmacht zu bringen gedachte, 1955 zum Präsidenten gewählt wurde, gab er das Versprechen, dem Land „in fünf Jahren 50 Jahre Fortschritt" zu verschaffen. Zum ersten Mal hatte das Land einen Regierungschef, dessen primäres Anliegen das Wirtschaftswachstum war. Unter Kubitscheks Führung ging die Industrialisierung mit gewaltigen Schritten voran. Ausländische Automobilhersteller wurden nach Brasilien geholt und gaben den Anstoß für das explosionsartige Wachstum der Stadt und des Staates São Paulo. Autobahnen, Stahlwerke und Wasserkraftwerke wurden mit Staatsgeldern oder staatlichen Zuschüssen erbaut. Damit beteiligte sich die Regierung erstmals direkt an Projekten zur Verbesserung der Infrastruktur.

Kubitscheks ehrgeizigstes Projekt aber war Brasília. Der Bau einer neuen Bundeshauptstadt im Herzen des Landes wurde für Kubitschek zur Obsession. Bei seiner Amtsübernahme ordnete er den Entwurf der Pläne an, und Brasilien sollte vor Beendigung seiner Amtszeit eine neue Hauptstadt haben. Die Grundidee war, die Entwicklung der öden Zentralebene des Landes zu fördern, indem man Tausende von Beamten von Rio nach Brasília übersiedelte. Da es in diesem Gebiet des Landes schlicht gar nichts gab, sah sich Kubitschek mit dem Widerstand der Bürokraten konfrontiert, die wenig Lust zeigten, den Komfort und die Annehmlichkeiten Rio de Janeiros gegen ein Leben in der Wildnis des Binnenlandes einzutauschen. Von 1957 bis 1960 wurde der Bau mit voller Kraft vorangetrieben, so daß Kubitschek am 21. April 1960 stolz die Hauptstadt einweihen konnte. Aber war Brasília auf der einen Seite ein Symbol für Kubitscheks Dynamik, wurde es auf der anderen zur Dauerbelastung für den Staatshaushalt. Brasília und andere grandiose staatliche Projekte waren der Grund dafür, daß die Kubitschek-Regierung in ihrer Amtszeit zwar ein starkes Wirtschaftswachstum, aber auch eine gewaltige Staatsverschuldung, eine hohe Inflationsrate und weitverbreitete Korruption verursachte.

Reformer eigener Machart: Diese Situation erschien wie geschaffen für Quadros, einen Reformer eigenen Stils. Er wählte sich einen Besen zum Emblem seiner Wahlkampagne und versprach, das Land von der Korruption zu säubern. Doch kulminierte Quadros' kurze Amtszeit in einer Krise, die Brasiliens Experiment mit der Demokratie schließlich ein vorzeitiges Ende setzte. Quadros erwies sich als ein eher unfähiger Regierungschef: Er war ungeduldig, unberechenbar und selbstherrlich. Er versuchte, den Kongreß zu übergehen, und löste damit eine offene Konfrontation mit der Legislative aus. Er verblüffte seine Anhänger, indem er Kontakte mit den Ostblockländern aufnahm, und schockierte die Militärs, indem er dem kubanischen Revolutionär Che Guevara einen Orden verlieh. In einer für ihn typischen Geste legte er am 25. August 1961, sieben Monate nach seiner Amtsübernahme, unvermittelt die Präsidentschaft nieder und erklärte, „furchtbare Kräfte" hätten sich gegen ihn verbündet.

Quadros Rücktritt löste eine Krise aus und stellte die Militärs erneut ins Zentrum der politischen Entwicklung. Führende Offiziere der Armee drohten, Quadros' Vizepräsident João Goulart, einen linksgerichteten Politiker, an der Amtsübernahme zu hindern. Doch gelang es Goulart, sich die Unterstützung militärischer Kräfte in seinem Heimatstaat Rio Grande do Sul zu sichern. Da sie die Gefahr eines Bürgerkrieges fürchteten, erklärten sich die Militärs zu Verhandlungen bereit. Sie erlaubten Goulart, die Präsidentschaft anzutreten, aber sie führten zugleich eine neue parla-

Links: *Die Avenida Paulista am Tag ihrer Eröffnung.* **Aquarell von J.V.A. Martin (1891).** **Oben:** Getúlio Vargas in Reitstiefeln (Mitte).

Geschichte 49

mentarische Regierungsform ein, die die Machtbefugnisse des Präsidenten erheblich einschränkte.

Sozialistische Politik: Diese Kompromißlösung versagte jedoch in der Praxis, und 1963 gestand Brasilien durch Volksentscheid dem Präsidenten erneut größere Befugnisse zu. Goulart machte sich diesen Machtzuwachs zunutze und forcierte nun eine sozialistische und nationalistisch ausgerichtete Politik, die das Land in eine deutlich linke Position trieb. Er kündete eine grundlegende Landreform an, versprach weitreichende soziale Reformen und drohte, ausländische Firmen zu verstaatlichen. Seine Wirtschaftspolitik konnte jedoch die Inflation nicht aufhalten, die er von

Schon zum vierten Mal seit 1945 hatten sich die Militärs in die Regierung eingemischt, doch zum ersten Mal blieben die Generäle jetzt auch an der Macht. Während der folgenden 21 Jahre wurde Brasilien von einem Militärregime beherrscht, das sich bemühte, die Korruption zu bekämpfen, den Einfluß der Linken einzudämmen und das politische System zu reformieren. Fünf Armeegeneräle hatten in dieser Zeit die Präsidentschaft inne. Der erste war Humberto de Alencar Castello Branco, der sich darauf konzentrierte, die schwierigen wirtschaftlichen Probleme des Landes zu lösen. Er leitete Sparmaßnahmen zur Bekämpfung der Inflation ein und drosselte die Ausgaben des Staates ganz erheblich.

seinen Vorgängern übernommen hatte. Die Lebensunterhaltungskosten stiegen enorm an und bewirkten eine Streikwelle, die von Goularts Anhängern in der Arbeiterschaft unterstützt wurde. Die Opposition verstärkte sich: Sie konzentrierte sich im wesentlichen auf den Mittelstand von São Paulo und Minas Gerais, und ihre politischen Führer baten die Militärs schließlich um Intervention. Am 31. März 1964 gingen die Militärs mit der Behauptung, Goulart plane eine Machtübernahme durch die Kommunisten, gegen den Präsidenten vor. Der Machtwechsel ging ohne Blutvergießen vor sich. Am 2. April floh Goulart ins Exil nach Uruguay.

Mit Hilfe dieser und weiterer Wirtschaftsreformen stellte die Regierung Brancos die ökonomische Stabilität wieder her und schuf die Grundlage für die folgenden Jahre starken Wachstums. Während seiner Regierungszeit wurden jedoch auch Maßnahmen zur Einschränkung der politischen Freiheit ergriffen. Die bestehenden politischen Parteien wurden verboten und durch ein Zwei-Parteien-System ersetzt, wobei die eine Partei (Arena) die Regierung und die andere (MDB) die Opposition repräsentierte. Bürgermeister und Gouverneure wurden von den Militärs ernannt, und alle Präsidenten des Militärregimes wurden in geheimer Wahl von der Armee bestimmt.

Die neue Verfassung: Während der Präsidentschaft des Generals Arthur da Costa e Silva, des Nachfolgers von Castello Branco, erließen die Militärs eine neue Verfassung und ordneten den Kongreß damit eindeutig der Exekutive unter. Eine Welle des Widerstandes gegen die Militärs mit öffentlichen Demonstrationen und Terroranschlägen veranlaßte Costa e Silva im Jahr 1968 zu einem sehr scharfen Vorgehen. Er löste den Kongreß auf und schränkte die Persönlichkeitsrechte extrem ein. Dies war der Beginn einer äußerst repressiven Politik. Unter Berufung auf die Doktrin von der nationalen Sicherheit, die der Regierung das Recht gab, Leute ohne Haftbefehl unter Arrest zu nehmen und festzuhalten, wachstums, das Brasilien während dieser Zeit erlebte. Beginnend mit Medici und weiter während der Regierungszeit seines Nachfolgers General Ernesto Geisel (1974-79) erlebte die brasilianische Wirtschaft einen starken Aufschwung. Das brasilianische Wunder, wie die Hochkonjunktur der 70er Jahre genannt wurde, brachte das Land ins internationale Rampenlicht und schien den Traum von Brasiliens Weltmachtstellung Wirklichkeit werden zu lassen. Diese Jahre des Booms brachten dem Land bis dahin unbekannten Wohlstand, garantierten den Massen in den Städten Vollbeschäftigung und verschafften Facharbeitern und Angestellten hohe Löhne. Die Folge davon war, daß bei weitem die Mehrheit

begannen die Militärs einen Krieg gegen die oppositionellen Kräfte. Organisierte Guerilla-Truppen wurden zerschlagen, Regierungskritiker festgenommen und häufig gefoltert, und die Pressezensur wurde eingeführt. Dieser politische Kurs erreichte seinen Höhepunkt unter General Emílio Garrastazu Medici, der an die Macht kam, als Costa e Silva starb.

Die Jahre Medicis waren die dramatischsten des Militärregimes, nicht allein wegen der schweren Verletzungen der Menschenrechte, sondern auch wegen des Wirtschafts-

Links: Juscelino Kubitscheck bei der Eröffnungsfeier Brasílias. **Oben:** João Goulart (mit Schärpe).

der Brasilianer die Militärs unterstützte und die Einschränkung ihrer politischen Rechte hinnahm. Der anhaltende wirtschaftliche Boom veranlaßte die Militärs wiederum, eine unabhängigere Außenpolitik zu betreiben und mit der Tradition zu brechen, um jeden Preis amerikafreundliche Positionen zu vertreten.

Harte Zeiten: Mit Beginn der 80er Jahre erlebte das Militärregime allerdings harte Zeiten. Das wirtschaftliche Wachstum verlangsamte sich zuerst und flaute schließlich ganz ab. Ein Schuldenmoratorium Mexikos brachte die lateinamerikanische Schuldenkrise auch in Brasilien zur Explosion. Neue Auslandskredite blieben aus, während die Zinsbelastung durch frühere Anleihen die Reserven der Regierung erschöpften. General João Figueiredo, der letzte der Militärpräsidenten, sollte zugleich der am wenigsten populäre werden. Als Figueiredo 1979 sein Amt antrat, versprach er, Brasilien zur Demokratie zurückzuführen, und verkündete eine Amnestie für alle politischen Häftlinge und Exilanten. Sodann unternahm die Regierung weitere Schritte der Liberalisierung: Die Pressezensur wurde aufgehoben, neue politische Parteien wurden gegründet, und es wurden Wahlen abgehalten, bei denen die Gouverneure und die Mitglieder des Kongresses bestimmt wurden. Diese wachsende politische Freiheit vermochte jedoch die gedrückte Stimmung nicht

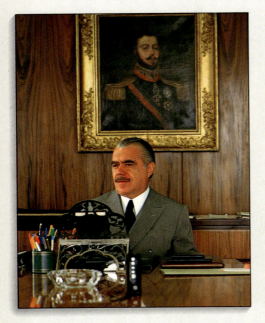

zu beseitigen, die das Land während der von 1981 bis 1983 andauernden wirtschaftlichen Rezession ergriffen hatte. Das frühere Vertrauen der brasilianischen Bevölkerung in die geschickte Wirtschaftspolitik der Militärs wandelte sich schnell in offene Feindseligkeit. Obwohl sich die Vertreter des harten Kurses in der Armee der Rückkehr zur Demokratie widersetzten, war die Mehrzahl des militärischen Establishments der ständigen Kritik müde, der sie während Figueiredos Regierung ausgesetzt gewesen war.

Zivilregierung: Im Januar 1985 wählte ein aus Kongreß und Delegierten der Staaten bestehender Wahlausschuß Tancredo Neves nach 21 Jahren zu Brasiliens erstem zivilen Präsidenten. Neves war zu dieser Zeit Gouverneur von Minas Gerais und galt als der klügste der oppositionellen Politiker. Als ein Mann der Mitte, der gegen das Militär opponiert hatte, war er für die Konservativen wie für die Liberalen akzeptabel. Doch stand Brasiliens Übergang zur Demokratie unter einem unglücklichen Stern, denn Neves erkrankte in der Nacht, bevor er seinen Eid ablegen sollte. Nachdem er monatelang mit einer inneren Infektion gekämpft hatte, erlag Neves schließlich seiner Krankheit und stürzte Brasilien damit in eine neue politische Krise. José Sarney, Neves' Vizepräsident, übernahm das Präsidentenamt, aber als Konservativer fand Sarney wenig Unterstützung bei den Liberalen, die nun wieder die Macht in den Händen hielten.

Sarney versuchte nach Amtsantritt sozialistische Maßnahmen wie eine Landreform, um sich die Unterstützung der Liberalen zu sichern, die die Mehrheit im Kongreß hatten. Die ökonomischen Schwierigkeiten des Landes nahmen jedoch zu. Die Regierung, die unter dem Druck der Auslandsschulden stand und nicht über die notwendigen Investitionsgelder verfügte, konnte der Wirtschaft keine effektive Führung bieten. Anfang 1986 betrug die jährliche Inflationsrate 300 Prozent. Die Linken drängten auf die sofortige Wahl eines neuen Präsidenten. Sarneys Popularität stieg durch seinen *Plano Cruzado* wieder kräftig an. Er fror die Preise ein, ließ jedoch weitere Erhöhungen der Gehälter mit dem Ergebnis eines Konsum-Booms zu. Bei den Kongreß- und Länderparlamentswahlen errang die Regierungspartei überwältigende Siege. Doch schon bald verschlechterte sich die wirtschaftliche Situation erneut.

Die Aufspaltung von Regierungspartei und Verwaltung in Konservative, Linke und Gemäßigte verhinderte eine einheitliche Politik. Als Sarney versuchte, die Unterstützung der Linken zu bekommen, wuchs der nationalistische Einfluß. Die konstituierende Versammlung beschloß Maßnahmen gegen die Einflußnahme des ausländischen Kapitals.

Ende der achtziger Jahre fand sich das Land ohne effektive politische Führung. Auch das dritte wirtschaftliche Sanierungsprogramm Sarneys scheiterte mit einer jährlichen Inflationsrate von über 1000 Prozent.

Nach drei Jahren Amtszeit sah sich die erste unter freien Parlamentswahlen entstandene

Zivilregierung den gleichen Schwierigkeiten gegenüber, von denen die ersten Demokratieversuche verhindert worden waren: eine höchst labile wirtschaftliche Situation und die wachsende Konfrontation zwischen Links und Rechts. Im Herbst 1990 wird bei Sao Paulo ein Massengrab mit etwa 1700 „Vermißten" und „Verschollenen" aus der Zeit der Militärdiktatur entdeckt.

Im März 1990 übernahm der konservative Fernando Collor de Mello als erster direkt vom Volk gewählter Präsident die Regierung. Mit seinem drastischen Sanierungsprogramm, dem *Plano Brasil Novo*, sollten die Staatsfinanzen neu geordnet werden. 85 Milliarden Dollar des Privatvermögens der Bevölkerung wurden für 18 Monate auf Eis gelegt. Collor wollte das Land durch die schwerste Rezession seit einem halben Jahrhundert steuern. Während der kämpferische junge Präsident energisch für eine freie Marktwirtschaft eintrat, forderte das Parlament im Gegensatz dazu die Rückkehr zu gesetzlich festgeschriebenem Inflationsausgleich bei Löhnen und Gehältern.

Im Juni 1992 steht Brasilien als Gastgeberland der zweiten Internationalen Konferenz für Umwelt und Entwicklung im Rampenlicht der Weltöffentlichkeit.

Der Präsident wird an seiner eigenen Meßlatte im Kampf gegen Korruption gemessen. Nach mehreren Skandalen und Amtsmißbrauch wird Collor aus dem Amt gejagt. Im Dezember 1992 übernimmt Vize Itamar Franco das Präsidentenamt.

Bei immer noch galoppierender Inflation trat im Juli 1994 der *Plano Real* in Kraft. Der frühere Finanzminister unter Franco, Fernando Henrique Cardoso, gestaltete als Präsidentschaftskandidat den Plan maßgeblich mit. Eine neue Währung wurde eingeführt: der an den US-Dollar gebundene *Real*. Der neue Wirtschaftsplan verringerte das inflationstreibende Haushaltsdefizit deutlich und beschränkte die Geldmenge.

Als zweiter vom Volk frei gewählter Präsident gewann Fernando Henrique Cardoso nicht zuletzt durch die populären Erfolge des neuen Wirtschaftsplanes die Mehrheit der Stimmen über den volksnahen Gewerkschaftsführer Luis Inácio Lula da Silva.

Der Stabilitätsplan reicht bis in die nächste Legislaturperiode, bindet also auch den neuen Präsidenten Fernando Henrique Cardoso. Doch die Staatsausgaben steigen mittlerweile schneller als geplant. Wirtschaftler befürchten eine Rezession, Gewerkschaften steigende Arbeitslosigkeit und sinkende Löhne.

Links: Ex-Präsident José Sarney, einer der Wegbereiter der Demokratie. Oben: Fernando Collor während des Wahlkampfs zur Präsidentschaft.

LAND DER ZUKUNFT

Brasilien ist das Land der Zukunft und wird es immer bleiben.
– Brasilianische Redensart

Kraft, gepaart mit einer ungeheuren Lebensfreude, ist Brasiliens herausragendste Eigenschaft. Schon bei seiner Geburt als fünftgrößtes Land der Erde voll erwachsen, hat Brasilien seit damals seine leeren Räume mit Menschen bevölkert. Heute ist es nach seiner Einwohnerzahl nicht nur die fünftgrößte Nation der Welt, sondern gehört auch zu einem der größten Konsummärkte der Erde. Obendrein besitzt Brasilien gewaltige Rohstoffvorkommen, von denen viele noch gar nicht erschlossen sind, und zudem eines der riesigsten Industriegebiete der Welt.

Am meisten an Brasilien erstaunt, daß es ihm gelungen ist, so vieles so schnell und ohne Aufhebens zu schaffen. Die geographische Position des Landes, so weit entfernt von den Nachrichtenzentren der Welt, seine Tendenz zur Isolation und seine Neigung, die eigenen Leistungen unterzubewerten, sind der Grund dafür, daß vieles von seiner Geschichte weitgehend verborgen blieb. Hier nur einige Glanzpunkte: Mit einem Bruttosozialprodukt von 376 Milliarden Dollar ist Brasilien heute die achtgrößte Wirtschaftsmacht der westlichen Welt. Der Haushalt ist doppelt so groß wie in Mexiko und Saudi-Arabien, viermal so groß wie in Südafrika und Nigeria, liegt 50 Milliarden Dollar vor Spanien, 80 Milliarden Dollar vor Indien und 100 Milliarden Dollar vor Australien.

– Unter den Entwicklungsländern ist Brasilien bei weitem das am stärksten industrialisierte, und es hat den höchstentwickelten inländischen Verbrauchermarkt.

– Brasilien ist der siebtgrößte Stahlproduzent der Welt.

– Seine Automobilindustrie steht in der Welt an neunter Stelle.

– Brasiliens Wasserkraftreserven sind größer als die aller anderen Nationen, und das größte Kraftwerk der Welt steht in Brasilien.

– Mit seinen Eisenerzlagerstätten rangiert das Land an zweiter Stelle in der Welt, mit Aluminium an achter, mit Mangan und Bauxit an dritter Stelle, und mit seinen Zinnvorkommen ist das Land die Nummer Zwei in der Welt. Es verfügt auch über beträchtliche Ressourcen von Beryllium, Kobalt, Chrom, Uran, Nickel und Diamanten. Man schätzt, daß seine Goldvorkommen weit größer sind als die Südafrikas, und es ist der führende Produzent von Quartz wie auch von einer ganzen Anzahl anderer Mineralien, die für die hochtechnisierten Industrien der heutigen Zeit von grundlegender Bedeutung sind.

– Brasilien ist nicht nur der größte Kaffee-Exporteur, es ist auch der führende Zuckerproduzent in der Welt. Mit der Produktion von Sojabohnen und Kakao steht es gegenwärtig an zweiter Stelle, mit der von Getreide an dritter, und seine Rinderherden sind die zweitgrößten der Welt.

– Die Landwirtschaft, die früher für die brasilianische Wirtschaft bestimmend war, erbringt heute nur noch 10 % des Bruttosozialprodukts, die Industrie hingegen erwirtschaftet 35 % und das Dienstleistungsgewerbe 58 %.

– Zwischen 1973 und 1984 gab der Verbraucher in Brasilien im Durchschnitt 4,9 % im Jahr mehr aus, in den Industrieländern hingegen nur 2,6 % pro Jahr.

– Die brasilianischen Exporte stiegen zwischen 1979 und 1985 dreimal so schnell an wie die der hochentwickelten Länder.

– Kaffee ist heute nicht mehr die Nummer Eins des Exports. 67 % des Gesamtexports machen Industriegüter aus. Brasilien exportiert Autos, Stahlprodukte, Schuhe, Flugzeuge, und es ist der fünftgrößte Waffenexporteur der Welt.

All dies hat Brasilien eine vielseitige, moderne Wirtschaft eingebracht und ihm den Weg zu den Rängen der großen Wirtschaftsmächte eröffnet. Für Volkswirtschaftler ist dies nur eine Frage der Zeit. Mit seiner breiten industriellen Basis, den anwachsenden in- und ausländischen Märkten und seinen gewaltigen natürlichen Ressourcen scheint Brasiliens kontinuierlicher Aufstieg gesichert. Der Fortschritt ging für das Land jedoch keineswegs schmerzlos vonstatten. Seit Kolonialzeiten hat Brasilien wechselnde Phasen von Hoch-

Vorherige Seiten: Petrochemische Fabrik bei Salvador. Links: Stahlarbeiter bei der Arbeit am Hochofen.

konjunktur und Flauten erlebt, phantastische Booms, die sich plötzlich wieder verflüchtigten wie die Fata Morgana in der Wüste.

Das Land wurde erst spät industrialisiert. Von der Kolonialzeit bis zur Mitte unseres Jahrhunderts war Brasilien in erster Linie eine Argrargesellschaft mit Monokultur: zuerst Holz, dann Zucker. Im 18. Jahrhundert verlagerte sich das Gewicht auf Gold, und schließlich wurde der Kaffee zum Paradepferd der Wirtschaft. Bis in die 50er Jahre erbrachte er über die Hälfte der Exporteinkünfte, 65 % der Arbeitskräfte waren in der Landwirtschaft beschäftigt, und die wesentliche Aufgabe der Banken bestand darin, den Farmern Kredite zu verschaffen.

Kubitschek finanzierte mit staatlichen Mitteln Projekte zur Verbesserung der Infrastruktur (Autobahnen und Kraftwerke) und forderte ausländische Automobilhersteller auf, Fabriken in São Paulo zu errichten. Staatskredite gingen auch in den privaten Sektor, mit dem Erfolg, daß die brasilianische Wirtschaft in der Zeit von 1948 bis 1961 eine durchschnittliche jährliche Zuwachsrate von 7 % aufwies. Doch die beiden großen Grundübel der brasilianischen Geschichte des 20. Jahrhunderts – hohe Inflation und mangelnde politische Stabilität – beendeten diese erste Periode wirtschaftlichen Aufschwungs.

1964 löste ein Militärputsch die politischen Probleme. Kaum waren die Generäle an der

Modernisierung: Den ersten Anstoß lieferte der Zweite Weltkrieg, da er Brasilien von der Versorgung mit Grauchsgütern abschnitt und den Aufbau eigener Fabriken vorantrieb. Für eine weitergehende Expansion bedurften Brasiliens junge Industriebetriebe jedoch eines stärkeren Antriebs. Als Kubitschek 1955 das Amt übernahm, gelobte er, das Wirtschaftswachstum zum obersten Ziel seiner Amtsführung zu machen. Kubitschek schuf ein Entwicklungsmodell, das mit Modifikationen von seinen Nachfolgern übernommen wurde: aktive Beteiligung der Regierung am Wirtschaftsmanagement und eine bedeutende Rolle für das ausländische Kapital.

Macht, dämmten sie mit tiefgreifenden Maßnahmen die Inflation ein. 1968 hatte man die Inflation wieder unter Kontrolle, und die Wirtschaft hob zu einem historischen Höhenflug ab. Beginnend mit dem Jahr 1970 erlebte Brasilien vier Jahre enormen wirtschaftlichen Erfolgs, der im Jahre 1973 mit einer Zuwachsrate von 14 % seinen Höhepunkt erreichte. Obwohl das Wachstum in der zweiten Hälfte des Jahrzehnts abnahm, sank es doch nie unter 4,6 % und lag in den Jahren von 1968 bis 1980 bei einem jährlichen Durchschnitt von 8,9 %.

Diese Jahre des Booms veränderten die brasilianische Geschichte auf immer und ewig. Die Großstädte des Landes, mit São Paulo an der Spitze, erlebten eine rasante Industrialisierung und zogen damit Scharen von Bauern an, die ihre unsichere Existenz in den ländlichen Gebieten aufgaben, um in den Städten Arbeit zu finden. Zwischen 1960 und 1980 entwickelte sich Brasilien von einem Agrarland (55 % der Bevölkerung) zu einem vorwiegend urbanen Land (67 % der Bevölkerung), vielleicht die tiefgreifendste friedliche Veränderung, die ein so großes Land je durchgemacht hat.

Nirgends wurde dies deutlicher als im Staat São Paulo. Da die Stadt São Paulo den Löwenanteil an neuen Investitionen im privaten Sektor erhielt, entwickelte sich dieser nationale Industriepark explosionsartig, wurde zum größten in Lateinamerika und einem der modernsten der Welt. São Paulos ganz eigenes Wunder hält an bis auf den heutigen Tag, da der Staat ein Bruttosozialprodukt von 75 Milliarden Dollar aufzuweisen hat, höher als der aller anderen Staaten Lateinamerikas mit Ausnahme von Mexiko.

Nationale Psyche: Doch brachten die Jahre des Wirtschaftswunders nicht nur dramatische soziale und wirtschaftliche Umwälzungen mit sich. Sie prägten sich auch tief im Nationalcharakter ein. Gewohnt, sowohl den Wert als auch die Leistungskraft ihres Landes zu unterschätzen, sahen die Brasilianer in den 70er Jahren, wie der schlafende Riese sich plötzlich bewegte und auf die Beine kam. Der Nationalstolz erwachte, da die Brasilianer zu glauben begannen, daß ihrem Land tatsächlich ein ruhmvoller Platz bestimmt sei. Und niemand glaubte stärker daran als die Militärs.

Begeistert vom Erfolg ihrer Wirtschaftsprogramme, vergaßen die Generäle ihr ursprüngliches Ziel, die Grundvoraussetzungen für die Aufwärtsentwicklung zu schaffen, und bissen sich an dem ehrgeizigen Plan fest, Brasilien bis zum Ende des Jahrhunderts zu einer Welt-

macht zu machen. Mäßigung schien nicht mehr das Gebot der Stunde; die Militärs entwarfen gewaltige Entwicklungsprojekte für die Wirtschaft. Wie jedoch sollten diese Träume finanziert werden sollten. Weder der Staat noch der Privatsektor noch das ausländische Kapital noch alle drei zusammen verfügten über die erforderlichen Mittel. Man benötigte also unbedingt einen neuen Partner.

Und im Jahr 1974 war dieser Partner da. Nach der Ölkrise von 1973 wurden die internationalen Banken mit Petrodollars überflutet, die aus den reichen arabischen Ländern kamen. Auf der Suche nach attraktiven Investitionsmöglichkeiten wandten die Bankleute ihr Interesse

Links: Frauen bei der Arbeit an elektronischen Geräten in einer Philips-Fabrik. **Oben:** Industrieroboter im VW-Werk Brasilien.

Land der Zukunft 59

den Ländern der Dritten Welt zu. Keiner dieser Staaten hatte den Wachstumsrekord Brasiliens aufzuweisen, von seinen Kraftreserven ganz abgesehen.

Bald flogen Bankleute in Nadelstreifenanzügen aus New York und London nach Rio, Brasília und São Paulo, und wenig später folgten ihnen Kollegen aus Frankfurt, Tokio und Paris. Die Spielregeln waren einfach. Die Generäle präsentierten ihre gigantomanischen Entwürfe, und die Bankleute lieferten ihre Dollars ab. Die einzige Gegenleistung Brasiliens war sein offensichtliches Potential. In diesem Land konnte einfach nichts danebengehen. Um die Sache zu erleichtern, wurden die Anleihen zu niedrigen Zinssätzen vergeben, und in der Regel räumte man Zahlungsvergünstigungen ein, die den Beginn der Rückzahlungen erheblich aufschoben.

Kredit-Euphorie: 1974 lieh Brasilien sich mehr Geld, als es in den vorangegangenen 150 Jahren selbst aufgebracht hatte. Als das Jahrzehnt seinem Ende zuging, waren insgesamt 40 Milliarden Dollar von den arabischen Staaten über die Banken nach Brasilien transferiert worden. Während dieser Jahre floß das Geld nicht, es strömte. Es strömte ins Transportwesen (neue Autobahnen, Brücken, Eisenbahnen und U-Bahnen für Rio und São Paulo), in die Industrie (Stahlwerke, ein petrochemischer Komplex und Fabriken für Gebrauchsgüter), in den Energie-Sektor (Kraftwerke, Atomreaktoren, Programme zur Erforschung von Alternativenergien und Erdölgewinnung), in die Nachrichtenübermittlung (ein modernisiertes Telefonnetz und ein Fernmeldesystem) und auch in die Taschen der Generäle und Technokraten.

1979 platzte die Seifenblase. Die zweite Ölkrise verdoppelte den Preis von Brasiliens Ölimporten. Zugleich schossen die Zinssätze in die Höhe, und auf den internationalen Märkten brachen die Warenpreise ein. Brasiliens Handelsbilanz wies 1979 ein Defizit auf, das fast dreimal so groß war wie das von 1978. Zu Anfang wollten sich jedoch weder Generäle noch Bankmanager eingestehen, daß die

Party vorbei war. Man lieh weiterhin Geld, nur finanzierte man mit den hereinfließenden Dollars jetzt die Ölimporte und zahlte die fällig gewordenen Kredite zurück. 1981 verschlechterte sich die Situation noch zusätzlich aufgrund einer Rezession in den Vereinigten Staaten, die in Brasilien unmittelbar spürbar wurde. Das Wachstum ging seitdem dramatisch zurück.

Drei Jahre der Rezession: Die drei Jahre der Rezession hatten für Brasilien die Wirkung einer langanhaltenden Wirtschaftskrise. Die Arbeitslosigkeit nahm zu, viele Geschäfte gingen pleite, und das große Brasilien, von dem die Generäle geträumt hatten, verschwand unter den Horizont. Wieder sah es so aus, als habe Brasilien seine Zukunft verloren. Diese Situation gipfelte in einer nationalen Katastrophe, als Mexiko 1982 ein Moratorium seiner Auslandsschulden verlangte, damit die Schuldenkrise auslöste und zugleich die Sperrung aller Entwicklungsgelder für Brasilien.

Trotz aller Widrigkeiten hat sich Brasilien bemüht, sein Schicksal wieder unter Kontrolle zu bekommen. Neben Rezession und Schuldenkrise mußte sich das Land mit der Inflation auseinandersetzen (die 1987 auf 365% anstieg), einer politischen Krise (die Generäle wurden durch eine zivile Regierung abgelöst, die ihrerseits in Mißkredit geriet) und einem Mangel an Investitionen. Viele der Megapro-

jekte der 70er Jahre lieferten dem Land die Möglichkeit, sich von Importen unabhängig zu machen und damit zugleich vom Ausland zu lösen. Ein Projekt zur Erdölgewinnung vor der Küste hat Brasiliens Tagesproduktion auf über 600 000 t ansteigen lassen, rund 60 % des nationalen Verbrauchs.

Exportaufschwung: Vor der Schuldenkrise exportierte Brasilien in erster Linie Rohstoffe und Agrarprodukte und bezahlte mit den Einnahmen den notwendigen Import von Öl und Produktionsgütern. Ohne ausländische Geldan-

Links: Erdöl-Bohrinsel vor der brasilianischen Küste. **Oben:** Arbeiter bei der Zigarettenpause.

leihen war das Land gezwungen, seine Exporte zu steigern, um mit den Handelsüberschüssen seine Schulden abzuzahlen. Brasilien hat sich in der darauffolgenden Export-Hausse Überseemärkte für seine Produkte erobert und der brasilianischen Industrie obendrein neue Möglichkeiten auf dem einheimischen Markt eröffnet. Brasiliens Verkaufserfolge im Ausland machten das Land zum Japan Lateinamerikas, da seine Handelsbilanz von einem Defizit von 2,8 Milliarden Dollar im Jahr 1980 zu einem durchschnittlichen jährlichen Überschuß von 11 Milliarden Dollar in den Jahren zwischen 1984 und 1987 hochschnellte.

Im Augenblick fehlen die notwendigen Investitionen, um das Land in das neue Jahrtausend zu führen, doch ist zu hoffen, daß Brasilien seinen neu eroberten Platz im Ausland zu halten vermag und gleichzeitig frischen Aufschwung auf dem Binnenmarkt nimmt. Die Wirtschaftskrise zu Beginn der 80er Jahre fror Brasiliens Produktionskapazität auf dem 1980 erreichten Höhepunkt ein. Erst 1986 erlangten die Industrieerträge wieder das Niveau von 1980. Soll die Produktion über diesen Stand hinausgelangen, werden neue Investitionen zur Steigerung der industriellen Kapazität notwendig sein.

Zum Glück haben diese Schwierigkeiten zugleich den Weg zur Lösung gewiesen. Das Wachstumsmodell, das von der Kubitschek-Ära an durch 21 Jahre Militärregime hindurch angewandt wurde, legte die wesentliche Betonung auf ein starkes Engagement des Staates, was nicht nur Vergabe von billigen Investitionskrediten bedeutete, sondern auch direkte Beteiligung. Staatliche Firmen entwickelten sich auf praktisch jedem Sektor, so daß sich Brasilien 1987 in der widersinnigen Situation eines kapitalistischen Landes befand, in dem 60 Prozent der gesamten Wirtschaft vom Staat kontrolliert wurden. Wie alle staatlich bestimmten Wirtschaftssysteme ist auch das brasilianische Modell ineffizient. Die Defizite werden routinemäßig aus der Staatskasse gedeckt, eine sehr bequeme Situation, die den Direktoren der staatlichen Firmen wenig Anreiz bietet, Profite zu erwirtschaften.

Expansion: Während der Jahre der Hochkonjunktur wurden diese Mängel von den beträchtlichen wirtschaftlichen Erfolgen überdeckt. Seit 1980 gestehen selbst Regierungsvertreter ein, daß Modernisierung und Expansion der brasilianischen Wirtschaft nur möglich sind, wenn man das staatliche Engagement reduziert. Es wurden Pläne für ein längst fälliges Privatisierungsprogramm aufgestellt. Unrationelle staatliche Firmen sollen geschlossen oder in Privathand gegeben werden.

Die hohen Haushaltsdefizite haben in beträchtlichem Maße zu Brasiliens Inflation beigetragen. Seit der glanzvollen Zeit der 70er Jahre, als die Inflationsrate bei rund 20 % pro Jahr lag, sind die Lebenshaltungskosten in den 80er und 90er Jahren im Extrem bis zu 200 % pro Jahr angestiegen. Brasilien hat versucht, dieser hohen Inflation Herr zu werden, indem es praktisch alle Faktoren in der Wirtschaft darauf ausrichtete und damit die Marktkräfte abhängig von der Regierungspolitik machte.

zurichten vermocht, sondern lediglich dynamisch denkenden Geschäftsleuten das Leben erschwert. Planungen gehen selten über ein Vierteljahr hinaus und dann nur mit einer ganzen Reihe von Variablen. Abhängig von der monatlichen Inflationsrate werden die Pläne überarbeitet und revidiert.

Multinationale Firmen: Mit besonderer Besorgnis werden Brasiliens Wirtschaftsprobleme von den Multis gesehen, für die die 80er Jahre besonders schwierig waren. Die ausländischen Firmen waren nicht nur mit Preisbindungen und gelegentlichen Preiseinfrierungen konfrontiert, sondern auch mit einer Welle von Nationalismus, die auf das Ende der Militärherrschaft folgte. In den letz-

Gehälter, Anleihen, Steuerrückstände, Pachtverträge, Sparkonten, Gewinn- und Verlustrechnungen, Festgelder und jede Art von Finanzverträgen wurden in Relation zur Inflation monatlich neu bestimmt. Die Preise wurden angeglichen, kontrolliert, eingefroren und wieder kontrolliert, ständig tauchten neue Index-Spezialisten auf, und die Regierung probierte regelmäßig neue Kombinationen von Kontrolle und Index-Mechanismen aus. Bei jedem Gerücht von neuen wirtschaftlichen Grundsatzprogrammen überläuft die Geschäftsleute eine Gänsehaut.

Dieser ständige Wechsel der Spielregeln hat im Grunde nichts gegen die Inflation aus-

ten Jahren der Militärherrschaft hatte der Nationalismus in Brasilien zugenommen, nicht zuletzt bestärkt durch die Überzeugung der Generäle, daß Brasilien der Status einer Supermacht gebühre. Seit die Militärs nicht mehr an der Macht sind, ist der Einfluß der Linken gewachsen und damit die Feindseligkeit gegen die multinationalen Investitionen, die Brasilien in Abhängigkeit vom Ausland halten.

Mit dieser emotionalen Haltung negiert man jedoch den wesentlichen Beitrag, den die Investitionen des Auslands in der Nachkriegszeit für die brasilianische Wirtschaft geleistet haben. Die Industrialisierung Brasiliens ging vor allem deshalb so langsam voran, weil es an

Risikokapital mangelte. Als das Land in den 50er Jahren die Importe durch Eigenproduktion zu ersetzen suchte, erhöhten die ausländischen Firmen ihre Investitionen.

In den 60er Jahren nahmen vor allem die Multis und die brasilianische Regierung langfristige Investitionen im Industriebereich vor. Volkswagen, General Motors, Ford, Mercedes-Benz, Fiat, Volvo und Saab-Scania ließen Hunderte Millionen von Dollar nach Brasilien strömen, begründeten damit die größte Automobilindustrie in der dritten Welt und schufen Tausende von qualifizierten Arbeitsplätzen für brasilianische Arbeiter. Wiederum konzentriert auf São Paulo, entstand um die Automobilindustrie herum eine rein brasilianische Ersatzteileindustrie, die den brasilianischen Stahlwerken, die in den 60er und 70er Jahren entstanden waren, einen festen Absatzmarkt garantierte.

In den 70er Jahren erhöhten die Multinationalen ihre Investitionen; sie trugen zum wirtschaftlichen Aufschwung bei, indem sie neue Technologien einbrachten und Exportmärkte für brasilianische Produkte eröffneten. Ende 1987 betrug die Gesamtsumme multinationaler Investitionen und Reinvestitionen 23 Milliarden Dollar, angeführt von den Vereinigten Staaten (33 %), der Bundesrepublik Deutschland (13 %), Japan (9 %), der Schweiz (8 %), Großbritannien (6 %) und Kanada (4,5 %).

Heute verantworten die Multis 23 % der Industrieproduktion, 28 % der exportierten Fertigwaren und bringen 35 % der gesamten von der Industrie in Brasilien gezahlten Körperschaftssteuern auf. Sie beschäftigen 18,5 % der Arbeitskräfte in der Industrie und zahlen im Durchschnitt 39 % mehr als brasilianische Firmen. Ihre Rentabilität liegt 60 % über der privater brasilianischer Firmen und ist fünfmal so groß wie die der staatlichen Gesellschaften.

Neues Wachstum: Für seinen nächsten Wachstumszyklus muß Brasilien auf aus-

**Links: Beim Harken in einem Zuckerrohrfeld.
Oben: Bei der Kaffee-Ernte.**

ländisches Kapital zählen können, und wahrscheinlich ist das Element, das diese Investitionen ankurbeln könnte, bereits vorhanden. Die Schuldenkonvertierung bietet die erste positive Antwort auf die zahllosen durch die Schuldenkrise heraufbeschworenen Probleme. Für die heutige brasilianische Zivilregierung erwies sich die von den Militärs hinterlassene Rechnung als eine schwere Last. Allein in den Jahren 1982 bis 1987 schickte Brasilien insgesamt 55 Milliarden Dollar an Schuldrückzahlungen ins Ausland: Das Land wurde damit zu einem Kapitalexporteur. Das verärgerte die Regierenden, die der Meinung sind, daß sie diese

Schuld nicht zu verantworten haben, die ihre Möglichkeit zur Investition blockiert.

Brasilien forderte deshalb unter Präsident José Sarney, dem ersten zivilen Regierungschef seit 1963, zunehmend deutlich Zahlungserleichterungen und nahm dabei manchmal radikale Positionen ein. So verlangte es im Februar 1987 ein teilweises Schuldenmoratorium. Die Botschaft ist deutlich: Entweder die Karten werden neu gemischt und Brasilien kann neue Abkommen treffen, oder die Banken müssen 80 Milliarden Dollar unbezahlter Schulden schlucken (Brasilien hat auch 15 Milliarden Dollar Kurzzeit-Kredite an Banken zurückzuzahlen und 15 Milliarden Dollar an ausländische Regierungen und Organisationen wie die Weltbank).

Als Antwort darauf haben die Banken vorgeschlagen, einen Teil der brasilianischen Schulden in direkte Wirtschaftsinvestitionen umzuwandeln. Die Banken bekommen Geschäftsanteile anstelle von Schuldpapieren, die schnell an Wert verlieren. Auf diese Weise würde zumindest ein Teil der Schulden des Landes getilgt und neues Geld in die Wirtschaft gepumpt. Mit der Schuldenkonvertierung sind bis zum Ende der 80er Jahre rund vier bis sieben Milliarden Dollar pro Jahr in die Wirtschaft eingeflossen. Dieser Konvertierungsplan kann Lösungen für Brasiliens Investitionsprobleme eröffnen, aber er wird sie nicht vollkommen aus der Welt schaffen.

So kompliziert Brasiliens unmittelbare Zukunft auch aussehen mag, so positiv sind die Langzeitperspektiven. Niemand glaubt, daß die wirtschaftlichen und politischen Krisen, von denen die 80er Jahre betroffen waren, über dieses Jahrzehnt hinausreichen werden. Sobald die Inflation eingedämmt ist, die Investitionen wieder fließen und die Schuldenkrise überwunden ist, wird Brasilien ein neues Wirtschaftswachstum erleben.

Das Land wird im nächsten Jahrhundert seine industrielle Basis erweitern, seine Position als bedeutende Exportnation konsolidieren und auch die Nachfrage einer Bevölkerung befriedigen müssen, die sich bis zum Jahr 2020 voraussichtlich auf 270 Millionen verdoppelt haben wird. Seine gewaltigen Rohstoffvorkommen sichern Brasilien eine privilegierte Position für das nächste Jahrhundert, wenn die hochentwickelten Industrieländer auf der Suche nach der Vielzahl wichtiger Mineralien und anderer Rohstoffe bei Brasilien anklopfen werden.

Herausforderungen: Will Brasilien seiner wachsenden Bedeutung als Wirtschaftsmacht gerecht werden, hat es noch ernst zu nehmende Aufgaben zu bewältigen. Man darf davon ausgehen, daß der Staat São Paulo und seine Nachbarstaaten im Südosten und Süden die brasilianische Wirtschaft im kommenden Jahrhundert weiter in die Expansion führen werden, da sie aufgrund ihrer Industrieproduktion den Großteil der Verbrauchernachfrage befriedigen. Die Frage ist, was mit dem Rest Brasiliens geschehen wird.

Die regionalen Unterschiede haben den Fortschritt des Landes im 20. Jahrhundert sehr ungleich verteilt, und manch einer spricht von großen Ungerechtigkeiten. Während zum Beispiel der Mittelstand in São Paulo und Rio de Janeiro einen modernen, hohen Lebensstandard hält, leiden die Bewohner des Hinterlandes im Nordosten unter Hunger und Unterernährung. Kleincomputer sind im Leben vieler Südbrasilianer heute schon ganz selbstverständlich, aber der Norden und der Nordosten sind immer noch auf primitive landwirtschaftliche Techniken angewiesen. Brasilien wird im 21. Jahrhundert den Reichtum konsequent umverteilen müssen, der sich im Süden und Südosten konzentriert.

Damit seine Produkte auf dem Weltmarkt konkurrenzfähig bleiben, muß sich Brasilien auch auf dem neuesten Stand der schnellen technologischen Entwicklung halten. Bisher hat das Land eine streng nationalistische Linie verfolgt und protektionistische Handelsschranken aufgerichtet, um ausländische Importe abzuhalten und das Wachstum der einheimischen High-Tech-Firmen zu fördern.

Diese Politik, die ausländische Konkurrenz auszuschalten, hat die brasilianischen Produkte jedoch technologisch veralten lassen. So wie der junge Riese gelernt hat, all seine Kräfte zusammenzunehmen, muß er auch lernen, daß er nicht alle Probleme alleine lösen kann. Zunehmende Handelsbeziehungen und neuerliche ausländische Investitionen können der brasilianischen Wirtschaft internationales Gewicht geben, damit die Nationalisten zum Schweigen bringen, Brasiliens Neigung zur Isolation ein Ende setzen und dem Land die Möglichkeit eröffnen, seinen Platz als achtgrößte Wirtschaftsmacht der westlichen Welt auszubauen.

Modernes Bankgebäude in São Paulo.

DIE FARBEN BRASILIENS

Brasilien ist ein sehr vielfältiges Land. Seine Menschen haben nur die Sprache gemeinsam und eine vage Vorstellung von der geographischen und kulturellen Bedeutung ihres Staates. Sie verehren ein Dutzend verschiedener Götter, und ihre Vorfahren kamen von der anderen Seite des Erdballs. Brasilianer wissen nicht genau, welcher Hautfarbe sie sind, und vielen von ihnen ist es auch egal.

Daß der „Schmelztiegel" Brasilien weiter vor sich hinbrodelt, hat viel mit seiner kolonialen Vergangenheit zu tun. Während die spanisch-amerikanischen Kolonien von starren Bürokraten regiert wurden und die späteren Vereinigten Staaten von Amerika von einem gleichgültigen England, verfolgte Brasiliens Kolonialgesellschaft einen flexiblen Mittelkurs. Die Portugiesen glichen in keiner Weise den Puritanern Neuenglands, die Ausgestoßene aus ihrem eigenen Land waren. Und sie waren auch keine habgierigen Höflinge, denen es nur darum ging, in den wenigen Jahren ihres „Kolonialdienstes" so viel wie möglich aus dem Land herauszusaugen, bevor sie wieder nach Europa zurückkehrten. Sie waren Männer – und jahrzehntelang waren es ausschließlich Männer –, die die Bindung an ihr Heimatland aufrechterhielten, aber sie identifizierten sich sehr schnell mit dem Neuen und lebten sich bestens ein.

Die spanischen Granden hatten eine tiefe Abneigung gegen die Neue Welt. Die Puritaner fanden sich damit ab, aber die Portugiesen kamen und blieben, weil sie Brasilien liebten – und vor allem die eingeborenen Frauen. Ein Satz aus dem 18. Jahrhundert verdeutlicht diesen Unterschied: „Der Engländer schoß im Namen seines Gottes auf die Indianer. Der Portugiese zwinkerte seinem Gott zu und schlief mit ihnen." Aus dem Begehren der Kolonisten und dem Reiz der eingeborenen Frauen entstand eine neue Rasse.

Die ersten Angehörigen dieser Rasse, die Nachkommen der weißen portugiesischen Männer und der eingeborenen Frauen – die ersten echten Brasilianer –, wurden *Mamelucos* genannt. Später entstanden weitere Rassen aus der Vermischung: der *Cafuzo* aus der Verbindung zwischen Indianern und Schwarzen und der *Mulatto* mit schwarzem und weißem Blut.

Octávio Paz weist in *Das Labyrinth der Einsamkeit*, seinem tiefgründigen Essay über den mexikanischen Charakter, auf das ambivalente Verhältnis des Mexikaners zu seiner Mestizen-Vergangenheit hin. Es gibt in ganz Mexiko nicht ein einziges Denkmal zu Ehren der Conquistadores, bemerkt er, doch die meisten Mexikaner warten nur auf den Zeitpunkt, wenn ihr Blut endlich „rein" sein wird und ihre Nachkommen als echte Weiße gelten werden.

In Brasilien sind Weiß und Rot auf vollkommenere Weise miteinander verschmolzen. Alle Brasilianer verehren Pedro Alvares Cabral als den Entdecker ihres Landes, doch verleugnen sie ihre indianische Vergangenheit nicht. Der Diplomat William Schurz bemerkte 1961 in seinem Buch *Brasilien*, daß zahlreiche indianische Familiennamen von Kolonialzeiten bis in die Gegenwart überkommen sind. Er zählt Ypiranga, Araripe, Peryassu und andere auf und fügt hinzu, daß einige davon sehr vornehmen Familien in Pernambuco und Bahia gehören.

Der Einfluß der indianischen Sprachen ist ebenfalls sehr groß. Schurz hat eine lange Liste von Worten aus der Tupi-Guaraní-Sprache aufgestellt, die in das moderne Portugiesisch und ins Englische eingedrungen sind: *abacaxi*, *urubu* und *caatinga* gehören zu den 20 000 Worten der Eingeborenensprache, die Teil des modernen Portugiesisch geworden sind, während *tobacco, hammock, tapioca, manioc* und *jaguar* Tupi-Guaraní-Worte sind, die Eingang in das englische Vokabular gefunden haben.

Im heutigen Brasilien, so wollte Schurz vielleicht ebenfalls sagen, führen die Indianer nur ein Schattendasein neben den anderen Rassen. Historiker glauben, daß 1500, zur Zeit der Entdeckung durch die Europäer, rund vier Millionen Indianer in diesem Land lebten. Nach Aussage des Indianerführers Ailton Krenak, dem Vorsitzenden der brasilianischen Liga indianischer Völker, sind seit der Entdeckung rund 700 Stämme vom brasilianischen Boden verschwunden: Sie fielen Krankheiten zum Opfer, wurden ausgerottet oder vermischten sich allmählich mit anderen Rassen. Krenak ist der Ansicht, daß etwa 180

Dieses weiße Kind fühlt sich wohl im Arm seiner schwarzen Amme.

Stämme, die 120 verschiedene Sprachen oder Dialekte sprechen, überlebt haben – in der Mehrzahl in staatlich zugewiesenen Reservaten in Mato Grosso und Goiás oder in Dörfern tief im Amazonasgebiet. Er schätzt ihre Gesamtzahl auf höchstens 220 000.

Brasiliens *Mestico*-Bevölkerung geht indessen mehr und mehr in der weißen Bevölkerung auf. Nur etwa 3 bis 4 % der Brasilianer, vor allem im Amazonasgebiet oder in den angrenzenden Staaten (Maranhão, Piauí, Goiás und Mato Grosso), sehen sich selbst als *Mesticos*. Doch sind im Norden und Nordosten viele, die sich Europäer nennen, Mestizen.

Die afrikanische Kultur: Die Brasilianer haben ihrem schwarzen Erbe gegenüber eine ambivalente Haltung. In der Vergangenheit wurde der Rassismus schlicht geleugnet, aber in den letzten Jahren ist man sich sowohl des brasilianischen Rassismus als auch des reichen afrikanischen Erbes bewußt geworden.

Gilberto Freyre, der große Soziologe aus Pernambuco, hat sich mit diesem Thema auseinandergesetzt. In seinem 1936 erschienenen Werk *Herrenhaus und Sklavenhütte* konkretisiert er dieses Problem: „Jeder Brasilianer, selbst der hellhäutige mit blonden Haaren, trägt in seiner Seele – oder in Seele und Körper zugleich – den Schatten oder sogar das Mal des Eingeborenen oder des Schwarzen. Der direkte oder indirekte Einfluß des Afrikanischen stellt den aufrichtigsten Spiegel unseres Lebens dar. Wir, fast alle von uns, sind von diesem Einfluß geprägt."

Mit Beginn der Kolonialzeit gingen ganze Bereiche afrikanischer Kultur pauschal in das brasilianische Leben ein. Heutzutage sind sie noch spürbar in der rhythmischen Samba-Musik, der vielfältigen, scharf gewürzten Küche Bahias und dem selbst in den Städten zunehmenden Einfluß der magischen afrikanischen Kulte. Doch geht die „Prägung durch diesen Einfluß", wie Freyre bemerkte, weit über religiöse und kulinarische Traditionen hinaus. Der aus Bahia stammende Schriftsteller Jorge Amado erzählt in seiner meisterhaften Kurzgeschichte *Die Geheimnisse des*

Mulatten Pedro, wie der Mulatte Pedro Archanjo, medizinischer Assistent und Amateurgelehrter, sich in den 30er Jahren einer Welle von Rassismus entgegensetzte, indem er nachwies, daß die meisten der stolzen „ersten Familien Bahias" reichliche Beimischungen schwarzen Blutes in ihren Adern hatten.

In der Vergangenheit hätten jedoch viele Brasilianer „die Prägung durch diesen Einfluß" geleugnet. Ein um die Jahrhundertwende entstandenes Gemälde, *Die Erlösung des Ham* von Modesto Brocos, ist ein typisches Beispiel. Das Bild zeigt eine ältere schwarze Frau, die auf dem Sofa neben ihrer Mischlingstochter und ihrem weißen Schwiegersohn sitzt. Die Tochter hält voller Stolz ein strammes, rosiges Baby auf ihren Knien, während die alte Frau den Blick gen Himmel erhebt, als wollte sie sagen: „Gott sei Dank!"

Und doch ist Brasilien von einer faszinierenden Widersprüchlichkeit. Die herrschende weiße Klasse hat eine rassistische Einstellung und erlaubt ihren männlichen Erben dennoch, angeblich minderwertige Mulattinnen zu heiraten. Statistisch gesehen, war dies der Trend durch das ganze 20. Jahrhundert, ein Prozeß, den die Soziologen als die „Weißfärbung" Brasiliens bezeichnen. Offiziellen Erhebungen zufolge ist die schwarze Bevölkerung Brasiliens seit 1940 drastisch zurückgegangen: Damals waren 14,6 % der brasilianischen

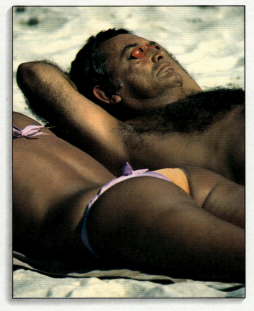

Bevölkerung schwarz, 1980 waren es noch 5,9 %. Der europäisch-stämmige Bevölkerungsanteil ging ebenfalls von 63,5 % auf 55 % zurück. Hingegen ist der Anteil der Mulatten von 21,2 % auf 38,5 % angestiegen. War Brasilien um 1940 eine teils weiße, teils schwarze Nation, ist es heute eine zunehmend braune.

Die Bastion der mehr und mehr zurückgehenden schwarzen Bevölkerung ist immer noch Bahia. Salvador, eine der ältesten und faszinierendsten brasilianischen Städte, ist die größte vorwiegend schwarze Hauptstadt Bra-

Links: Jugendliche Straßenhändler. **Oben:** Sonnenbräune will hart erarbeitet werden.

siliens. Mulatten sind besonders zahlreich in den Küstengebieten nördlich und südlich von Bahia und im Binnenstaat Minas Gerais, westlich von Rio de Janeiro, wo im Laufe des lange andauernden Goldrausches im 18. Jahrhundert die Sklaverei eingeführt wurde.

Verändertes Rassendenken: In den letzten Jahren wurde Brasiliens schwarze Vergangenheit wiederentdeckt und neu definiert. Man ist im Begriff, die rassistische Betrachtung der heutigen Welt wie auch die rassistische Sicht der Geschichte zu revidieren. Brasilianische Geschichtsbücher der Jahrhundertwende enthielten häufig rassistische Passagen. Ein Text besagt, daß Brasiliens frühere schwarze Sklaven „im allgemeinen die allergroteskesten Fetische anbeteten". Ein anderer vermerkt: „Schwarze untersten Ranges, in der Regel aus dem Kongo kommend, wurden auf die Felder und in die Minen geschickt." Die Präambel eines zu Anfang des 20. Jahrhunderts verfaßten Einwanderungsgesetzes stellt fest: „Die ethnische Zusammensetzung unserer Bevölkerung muß bewahrt und entwickelt werden, indem man den wünschenswerten europäischen Elementen den Vorrang gibt."

Seit Gilberto Freyre haben moderne Sozialwissenschaftler begonnen, die wahren Leistungen der frühen schwarzen Bewohner Brasiliens aufzulisten. Dabei stellten sie fest, daß die Afrikaner mehr als nur einen kräftigen Rücken in die Neue Welt mitbrachten.

Vor allem besaßen sie häufig hochentwickelte manuelle Fähigkeiten in der Bearbeitung von Holz und Stein und im Bergbau. Viele der besten barocken Schnitzarbeiten, die noch heute die Kolonialkirchen von Bahia zieren, sind das Werk afrikanischer Sklaven.

In Minas Gerais führte der Mulatto-Künstler Antônio Francisco Lisboa, wegen seines von der Arthritis deformierten Körpers Aleijadinho („der kleine Krüppel") genannt, die brasilianische Bildhauerei und Architektur in den Hochbarock. Er begann im späten 18. Jahrhundert mit seiner eleganten Igreja de São Francisco in Ouro Preto und der größeren, kunstvolleren São João del Rei. Er schuf außerdem 78 Skulpturen aus Speckstein und aus Zedernholz in der Igreja do Bom Jesús dos Matozinhous in Congonhas do Campo im östlichen Minas Gerais. Die Statuen, von denen 66 die Kreuzstationen darstellen, wirken über die Maßen lebendig, so als habe Aleijadinho die Kreuzigung persönlich miterlebt.

Aber am meisten erstaunt an Aleijadinho, dem illegitimen Sohn eines portugiesischen Baumeisters und einer schwarzen Sklavin, daß er eine sehr verfeinerte und zugleich innovative künstlerische Ausdrucksweise am Rande der westlichen Zivilisation fand. Im Laufe seines langen Lebens ging er nie zur Schule und sah niemals das Meer, doch gehören seine *Congonhas*-Statuen zu den großartigsten Werken barocker Kunst in der Welt.

Aber die Schwarzen hatten nicht nur ihre künstlerischen Fähigkeiten und ihre Geschäftstüchtigkeit aufzubieten. Viele Afrikaner, vor allem die Yoruba, die in Bahia bestimmend waren, brachten auch hoch entwickelte politische und religiöse Praktiken mit. Zeitgenössische Historiker merken an, daß sie den Islam praktizierten und des Arabischen kundig waren. Ihre Kultur war auch reich an Musik, Tanz, bildender Kunst und mündlich überlieferter Literatur. Gilberto Freyre schreibt: „In Bahia waren viele von ihnen, hochgebildet und von vollendeter Körperstatur, in jeder Hinsicht – abgesehen von ihrem politischen und sozialen Status – ihren Herren gleich oder überlegen."

Sklaverei in Brasilien: Diese stolzen schwarzen Männer und Frauen akzeptierten ihre Knechtschaft nicht immer mit Gleichmut. Die früher vorherrschende Meinung, die Behandlung der afrikanischen Sklaven sei in Brasilien weniger hart gewesen als anderswo, wurde von zeitgenössischen Historikern revidiert, die anmerken, daß die Provinz Bahia in den Jahren zwischen 1807 und 1835 von heftigen Sklavenaufständen erschüttert wurde.

Im 19. Jahrhundert schrieb ein deutscher Besucher der Plantagen von Bahia, Prinz Adalbert von Preußen: „Die Gewehre und Pistolen, die geladen im Schlafraum des Plantagenbesitzers hängen, machen deutlich, daß er kein Vertrauen in seine Sklaven hat und sich ihnen schon mehr als einmal mit geladenem Gewehr gegenüberstellen mußte."

Historiker gehen davon aus, daß in der Zeit zwischen 1532 und 1888, als der Sklavenhandel in Brasilien abgeschafft wurde, rund fünf Millionen Afrikaner gefangengenommen und nach Brasilien verschifft wurden. 20 % davon, eine Million Afrikaner, starben, bevor sie überhaupt in Brasilien ankamen.

Die weißen Herren in Brasilien behandelten ihre Sklaven häufig wie billige Investitionsgüter. Während der Kolonialzeit lag die durchschnittliche Lebenserwartung eines schwarzen Jugendlichen nach seiner Versklavung durch einen Zuckerplantagenbesitzer oder den Eigentümer einer Goldmine noch bei etwa acht Jahren. Man hielt es für billiger, neue Sklaven zu kaufen, als die Gesundheit derer, die da waren, zu erhalten. 1835, dem Jahr einer blutigen Sklavenrevolte im Hinterland von Bahia, dürften in Brasilien mehr Schwarze gelebt haben – Sklaven und Freie – als Weiße. Das wachsende schwarze Selbstbewußtsein und der Widerstand gegen die herrschende weiße Klasse hatten zur Folge, daß vier Provinzen Rassentrennungsgesetze erließen.

Wenn die Sklaven im Nordosten nicht gerade revoltierten, waren sie häufig auf der Flucht. Historiker wissen von mindestens

zehn riesigen *Quilombos* oder Zufluchtsorten für Sklaven, die sich während der Kolonialzeiten im tiefsten Hinterland des Nordostens bildeten. Der größte von ihnen, Palmares, hatte bis zu 30 000 Einwohner und existierte 67 Jahre lang, bis er 1664 von den kolonialen Streitkräften vernichtet wurde. Wie andere große *Quilombos* im 17. und 18. Jahrhundert wurde Palmares wie eine afrikanische Stammesherrschaft geführt: mit einem König, einem Kronrat, gemeinschaftlichem und privatem Eigentum, Stammeskriegern und einer Priesterklasse. Dennoch war die Sklaverei in Brasilien in gewisser Hinsicht liberaler als in anderen Kolonien der Neuen Welt. Es war den

Sklavenhaltern gesetzlich verboten, Sklavenfamilien zu trennen, und sie mußten einem Sklaven die Freiheit gewähren, wenn es im gelang, seinen beträchtlichen Marktpreis aufzubringen. Selbst in den frühesten Kolonialtagen gelang dies überraschend vielen Sklaven. Befreite Sklaven vereinten sich häufig mit Unterstützung und Ermutigung durch die römisch-katholische Kirche und insbesondere die jesuitischen Missionare zu religiösen Bruderschaften. Diese brachten Geld auf, um weitere Sklaven freizukaufen, von denen einige sehr reich wurden. In Ouro Preto erbaute eine dieser Bruderschaften die wunderbare Barockkirche Igreja da Nossa Senhora do Rosário dos Pretos, eine der schönsten Kirchen Brasiliens.

Am 13. Mai 1888 wurde die Sklaverei in Brasilien endgültig abgeschafft, als die Regentin Prinzessin Isabel von Orleans und Bragança das neue Gesetz unterzeichnete und nach Schätzungen 800 000 Sklaven befreite. Brasilien war das letzte Land der westlichen Heimisphäre, das der Sklaverei ein Ende setzte.

Rassendiskriminierung: Brasiliens schwarze und braune Bevölkerung war jedoch zum großen Teil noch nicht vorbereitet auf das heraufdämmernde 20. Jahrhundert. Das heutige Brasilien leidet unter sozialer und ökonomischer

Links: Landarbeiter aus Minas Gerais. **Oben:** Frau im typischen Bahia-Look.

Rückständigkeit der Schwarzen und Mulatten, die – ein Teufelskreis – noch immer zu Diskriminierungen führt. Dalmo Dallari, Anwalt für Menschenrechte in São Paulo, sagt: „Wir haben in unserer Konstitution und in unseren Gesetzen das ausdrückliche Verbot der Rassendiskriminierung. Aber es ist ebenso klar, daß solche Gesetze bloßer Ausdruck von guten Absichten mit sehr geringem praktischen Effekt sind." Dallari und andere Anwälte für Menschenrechte weisen auf die auch heute noch anhaltenden Diskriminierungen hin.

Die Rassendiskriminierung in Brasilien zeigt aber auch noch subtilere Auswirkungen. Percy da Silva, Koordinator für afrobrasilianische Angelegenheiten in der Regierung des Staates São Paulo, sagt: „Es mag stimmen, daß die Schwarzen keine Sklaven mehr sind, aber es ist Tatsache, daß die Schwarzen nicht die gleichen Möglichkeiten haben wie die Weißen. Wir sind in hohem Grad stigmatisiert, werden als minderwertig angesehen. Wir müssen vielerorts, vor allem am Arbeitsplatz, sowohl in intellektueller wie in persönlicher Hinsicht doppelt so hohe Qualitäten aufweisen, um akzeptiert zu werden." Die Folge ist, so meint da Silva, daß es in Brasilien keine schwarzen Kabinettsmitglieder gibt, keine schwarzen Diplomaten, wenige schwarze Firmendirektoren und nur eine Handvoll Schwarzer in der Legislative, obwohl Brasilien zu mehr als 40 % schwarz oder braun ist.

Statistisch wurde die ökonomische Situation der Schwarzen ausführlich in einem Bericht dokumentiert, der 1983 von dem offiziellen Geographischen und Statistischen Institut Brasiliens (IBGE) veöffentlicht wurde. Die Weißen stellen 56,6 % der Arbeitskräfte und verdienen 71,1 % des Gesamteinkommens. Die Mulatten auf der anderen Seite stellen 30,8 % der Arbeitskräfte, aber sie verdienen nur 19,8 % des Einkommens. Die Untersuchung ergab zudem, daß 8,5 % aller weißen brasilianischen Berufstätigen einen Hochschulabschluß hatten, hingegen nur 1,1 % der Schwarzen und 2,7 % der Mulatten. Unter den Analphabeten sind 15,5 % Weiße, 42,4 % Schwarze und 31,5 % Mulatten.

Doch das Überraschende in Brasilien ist der Mangel an schwarzem und braunem Bewußtsein. „Die Wahrheit ist", sagt der Sozialwissenschaftler João Baptista Pereira von der Universität São Paulo, „die Schwarzen in Brasilien wissen nicht, ob sie diskriminiert werden, weil sie schwarz oder weil sie arm sind."

Die Farben Brasiliens 71

Die Rassenspannungen mögen in Brasilien auch aus kulturellen Gründen gedämpft erscheinen. Der bekannte Schriftsteller Millôr Fernandes sagt: „Man hört in Brasilien nicht viel von Rassismus, und zwar aus einem sehr simplen Grund. Der schwarze Mann kennt seinen Platz. Hätten die Schwarzen in Brasilien einen Sprecher wie Martin Luther King, würde man den Rassismus erleben. Die Rassisten würden aus den Ecken kriechen."

Die Prognose, Brasilien entwickle sich zu einer „Rassen-Demokratie", ist vor dem Hintergrund der heutigen unterschwelligen Diskriminierung und der latenten Rassenspannungen ernsthaft in Frage zu stellen. Mag das „Gesicht", das Brasilien der Welt zeigt, auch

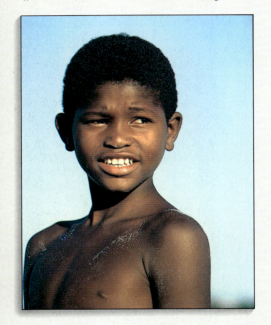

überwiegend weiß sein, so ist es doch keineswegs uniform. Ein brasilianisches Bild, das bisher noch nicht in Frage gestellt wurde, ist das des noch brodelnden „Schmelztiegels".

Brasilien ist wie die Vereinigten Staaten eine Nation von Einwanderern, und das nicht allein aus Portugal, dem ursprünglichen Kolonialland. In manchen brasilianischen Städten dominieren romanische Namen wie Rodrigues, Fernandes, De Souza im Telefonbuch. In anderen tauchen Namen wie Geisel, Tolentino, Kobayashi und sogar Mac Dowel auf.

Europäische Einwanderer: Die Gegenwart vieler verschiedener ethnischer Gruppen geht auf die zweite Hälfte des 19. Jahrhunderts zurück, als die kaiserliche Regierung um Einwanderer aus Europa warb, da es nach Abschaffung des Sklavenhandels an Arbeitskräften fehlte. Die ersten Einwanderer waren deutsche und Schweizer Bauern, die sich vorwiegend in den drei südlichen Staaten Rio Grande do Sul, Santa Catarina und Paraná ansiedelten, wo der Boden und das Klima den europäischen Bedingungen am ähnlichsten waren. Jahrzehntelang waren Ansiedlungen wie Novo Hamburgo in Rio Grande do Sul und Blumenau in Santa Catarina mehr deutsch als brasilianisch. Protestantische Gottesdienste waren ebenso häufig wie römisch-katholische, und die meisten Einwohner sprachen als erste Sprache nicht Portugiesisch, sondern Deutsch. Gegen Ende des 19. Jahrhunderts waren die italienischen Einwanderer, vor allem im Staat São Paulo, in der Überzahl. Die Italiener waren keineswegs alle Bauern wie die ersten Einwanderer. Viele waren geschulte Handwerker und Geistesarbeiter. Einige von ihnen arbeiteten auf den reichen Kaffeeplantagen im Hinterland. Sie stellten auch einen großen Teil der Arbeitskräfte in den wachsenden Industriezentren von São Paulo und anderen Staaten. Innerhalb einer Generation hatten sich die Italiener in ihren Berufen und in Handel und Wirtschaft etabliert. Nach zwei Generationen waren sie eine neue Elite, samt ihren neureichen Industriemillionären wie die Familien Martinelli und Matarrazzoa. Einer der ersten in Brasilien errichteten Wolkenkratzer, der immer noch São Paulos „altes" Geschäftsviertel beherrscht, war das Martinelli-Gebäude. Das 41stöckige Itália-Gebäude ist immer noch das höchste Gebäude Südamerikas.

Um die Jahrhundertwende lebten in Brasilien bereits Einwanderer aus der ganzen Welt. Nach den Unterlagen des Außenministeriums kamen im ganzen fünf Millionen Einwanderer zwischen 1884 und 1973, als eine restriktive Gesetzgebung erlassen wurde. Die größte Zahl stellten mit 1,4 Millionen die Italiener. Aus Portugal kamen 1,2 Millionen, aus Spanien 580 000, aus Deutschland 200 000, aus Rußland 110 000, einschließlich vieler Juden, die sich in São Paulo und Rio de Janeiro ansiedelten. Eine weitere halbe Million kam aus den unterschiedlichsten europäischen Ländern, wie Polen, Litauen und Griechenland. Doch erreichte der Ruf nach Einwanderern nicht allein Europa. Beginnend mit dem Jahr 1908, siedelten im Laufe der Zeit 250 000

Japaner aus ihrer Heimat in die „Wildnis" Brasiliens um. Die meisten leben in der Stadt São Paulo, vor allem im Stadtteil Liberdade, ein echtes „Japantown" nahe dem alten Geschäftsviertel. Die Kinos zeigen Filme in japanischer Sprache, und ein farbiger Straßenmarkt verkauft sonntags japanisches Kunsthandwerk und Speisen (siehe auch Kapitel „Liberdade: ein Hauch von Tokio").

Der Nahe Osten schickte in den ersten Jahrzehnten des 20. Jahrhunderts 700 000 Einwanderer, vorwiegend aus dem heutigen Syrien und Libanon. Zwei Geschäftsviertel – das eine hat die Rua do Ouvidor in Rio de Janeiro zum Zentrum, das andere erstreckt sich um die Rua 25 de Março in São Paulo herum – weisen Hunderte von Einzelhandelsgeschäften auf, die arabischen Einwanderern oder ihren Nachkommen gehören. Die Läden, die sich wie in einem Basar dicht an dicht in engen Straßen drängen, verkaufen von frischen Blumen bis zu Perserteppichen alles. In beiden Städten sind die Ladeninhaber stolz darauf, daß jüdische und arabische Händler in Harmonie nebeneinander arbeiten.

Regionale Verschiedenheiten: Und doch ist der Prozeß der Verschmelzung verschiedener Völker zu einer einzigen „brasilianischen Rasse" noch lange nicht vollzogen. Ein Ergebnis davon sind die immer noch lebendigen regionalen Unterschiede und Besonderheiten.

Das komplexe und komplizierte Muster des ethnischen Erbes enthält so ausgeprägte Gegensätze, daß Euclydes da Cunha, der Autor des epochemachenden Werkes *Os Sertões* (ein Roman über die Soldaten des Südens, die 1897 in die Canudos-Schlacht nach Bahia zogen), schrieb: „Sie befanden sich jetzt in einem seltsamen Land mit anderen Bräuchen, anderer Landschaft, einer anderen Art von Menschen und sogar einer anderen Sprache, die auf eine sehr ursprüngliche, schleppende, bildhafte Weise gesprochen wurde. Sie hatten, um es deutlicher zu sagen, das Gefühl, in ein anderes Land zu kommen." Trotz des großen Einflusses der Massenmedien und der traditionellen Neigung zur politischen Zentralisierung ist der Regionalismus in Brasilien noch immer stark ausgeprägt. Und eben gerade bei der Betrachtung des Regionalismus scheinen all die verschiedenen Facetten des Rassenmosaiks miteinander zu verschmelzen.

Links: Ein Junge aus Bahia. **Oben:** Kinder in einer *Favela*.

Der weiße *Gaucho* mit seinem stoischen Katholizismus und seinem hartnäckigen *Machismo* stolziert noch immer über die Ebenen des Südens. Der *Paulista*, der Religionen praktiziert, die vom Islam bis zum Schinto reichen, und vielfältige ethnische Wurzeln in sich trägt, sitzt in den Banken, Fabriken und Büros des Landes. Der *Carioca* scheint alle Religionen zu praktizieren, aber er ist in Wirklichkeit Agnostiker. Der gleichmütige, hart arbeitende *Mineiro*, dessen Familienmitglieder Weiße, Mulatten oder Schwarze sind, ist fast puritanisch in seiner Religiosität, von harter Männlichkeit und im politischen Leben unglaublich geduldig und pragmatisch. Der *Nordestino* ist von brauner oder schwarzer Hautfarbe, leb-

lebig und praktiziert eine phantastische Kombination von katholischer und afrikanischer Religion, wobei der Akzent auf afrikanisch liegt. Und schließlich ist da der *Sertanejo*, der Mann des Hinterlandes, dessen religiöse Anschauungen einen tiefen Respekt für die Werke des Teufels zu beinhalten vermögen. Der *Sertanejo*, dessen Wurzeln auf indianische, europäische und afrikanische Ursprünge zurückgehen, zieht noch immer über die staubigen Straßen des weiten *Sertão*, stets auf der Flucht vor Überschwemmungen und Dürrekatastrophen – und immer in der Hoffnung, eines Tages in das Land zurückzukehren, das er stolz seine Heimat nennt.

Die Farben Brasiliens

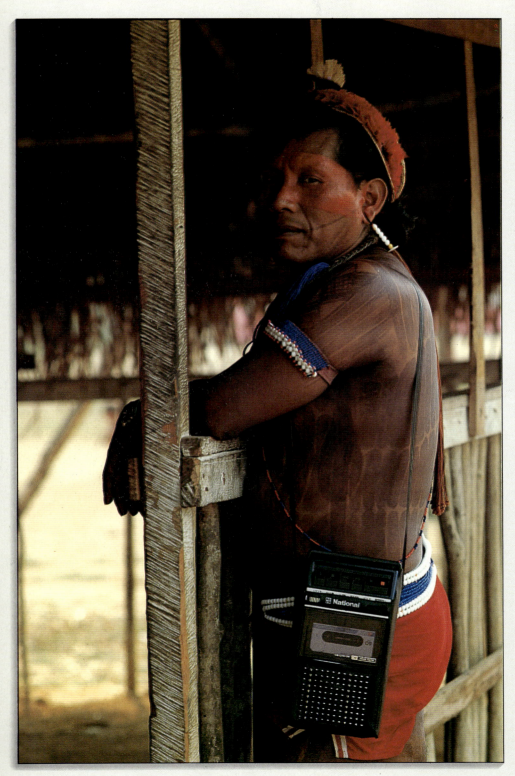

DIE INDIANER: EINE VERLORENE RASSE

„Vertrau nicht den Weißen. Das sind Leute, die über den Blitz bestimmen, die ohne Heimat leben, die umherwandern, um ihre Gier nach Gold zu stillen. Sie sind freundlich zu uns, wenn sie uns brauchen, denn das Land, das sie zertrampeln, und die Weiden und die Flüsse, über die sie herfallen, gehören uns. Haben sie einmal ihr Ziel erreicht, sind sie falsch und hinterhältig."

– Rosa Borõro, 1913

Brasiliens Indianer hatten ihren ersten Kontakt mit den künftigen Kolonisten im Jahre 1500, als Pedro Alvares Cabrals Schiff anlegte. Die Europäer waren beeindruckt von der Unschuld und der Großzügigkeit der Indianer, und einer von ihnen schrieb: „Ihre Körper sind über die Maßen sauber, kräftig und schön." Amerigo Vespucci, nach dem Amerika benannt wurde, schuf 1503 in einem Bericht über die Indianer die Vorstellung vom edlen Wilden. „Ich hatte das Gefühl, dem Paradies auf Erden nahe zu sein", heißt es darin.

Frühe Versklavung: Zu Beginn behandelte man die Indianer mit Respekt. Die an der Küste lebenden Stämme halfen den Portugiesen, ihre Karavellen mit Stämmen des überaus gewinnbringenden Brasilholzes zu beladen. Während der Bedarf der Indianer an den metallenen Schneidewerkzeugen, die sie im Austausch erhielten, sehr bald befriedigt war, hatten die Kolonisten weiterhin größtes Interesse, Leute für diese Schwerarbeiten zu finden. Also suchten die Portugiesen nach einem Vorwand, um die Indianer zu versklaven.

Sie fanden ihn, als die Tupi-Indianer den Fehler begingen, einen schiffbrüchigen portugiesischen Bischof zu verzehren. Trotz einer päpstlichen Entscheidung, daß die Brasilianer freie Söhne Adams seien und nicht versklavt werden dürften, wurden bald nach diesem Vorfall indianische Gefangene aus „gerechten Kriegen" gegen feindselige Stämme versklavt. Obgleich Hunderte anderer indianischer Stämme den Kannibalismus ablehnten, hatte man nun eine moralische Entschuldigung für die weiße Vorherrschaft.

Seltsame Mischung: Armbanduhr und Kassettenrekorder bei einem Indianer mit traditionellen Tätowierungen.

Die Ureinwohner: Man schätzt die Zahl der indianischen Ureinwohner zum Zeitpunkt der Entdeckung Brasiliens auf 2,5 bis 4 Millionen. Es gab vier Sprachgruppen. Zwei davon, die Arush und die Kariben, finden sich auch in Zentralamerika und im Karibischen Becken, was auf einen gemeinsamen Ursprung schließen läßt. Doch sind sich die Anthropologen seit einiger Zeit darüber einig, daß die Vorfahren der Indianer beider Amerikas über die Beringstraße aus Zentralasien einwanderten. Um 10 000 v. Chr. waren diese Völkerwanderungen abgeschlossen. Keramikfunde im mittleren Amazonasgebiet und die große Vielfalt der Indianerkulturen haben einige Experten zudem zu der Annahme veranlaßt, daß die Ursprünge der Ureinwohner Brasiliens noch weiter zurückliegen und geographisch vielleicht sogar jenseits des Pazifiks reichen. Die tropischen Wälder liefern reichlich Holz, aber kaum Stein, und das unstete Leben der Indianer hinterließ nur wenige dauerhafte Denkmäler. Auch noch heutzutage ist die indianische Kultur in vieler Hinsicht sehr vergänglich. Krieger verbringen ganze Tage damit, ihre Körper mit komplizierten Bemalungen aus *Urucúm*-Pflanzenfarben und mit Blumen- oder Federschmuck zu verzieren, der nach dem Tanz oder Ritual weggeworfen wird. Nur Beispiele des prächtigen *Cokar*, des Kopfschmucks aus Federn, haben in einigen westlichen Museen überlebt.

Die Einführung von Eisenwerkzeugen unterwanderte die Steinzeitkulturen sehr schnell, und westliche Medizinen ersetzten die magischen Heilmittel des *Page* oder Stammesheilers. Zwar waren einige Indianergruppen wie die Nambikuara in Rondônia scheinbar primitiv, doch die Caduveo im Mato Grosso, die der französische Anthropologe Claude Levi-Strauss in den 30er Jahren besuchte, hatten eine so unglaublich aristokratische Kultur, daß er sie mit dem Königreich aus *Alice im Wunderland* verglich.

Der Untergang der Indianer: Die Indianer gingen an den drei Geißeln zugrunde, die ihnen der weiße Mann brachte: Sklaverei, Religion und Krankheit. Jesuitische Missionare, die 1549 eintrafen, waren entsetzt über die Untaten der skrupellosen Banden von *Bandeirantes*, Sklavenjägern, die von der kleinen Siedlung São Paulo ausschwärmten. Die Missionare bemühten sich, die Indianer zu schützen und zu bekehren, und versuchten, die durch die Wälder streifenden Stämme in *Aldeias*, seßhafte Siedlungen, zu zwingen. Bald ergaben sich Konflikte mit den Kolonisten, deren Nachfrage nach Sklavenarbeit unersättlich war. Die Sklaverei wurde 1609 abgeschafft, aber da die Kolonie Bankrott zu gehen drohte, wurde sie zwei Jahre später wiedereingeführt. Da die Indianer keinerlei Abwehr gegen die ins Land gebrachten Krankheiten hatten und gezwungen waren, in überfüllten *Aldeias* zu leben, gingen viele Stämme an Influenza, Masern, Pocken und Beulenpest zugrunde.

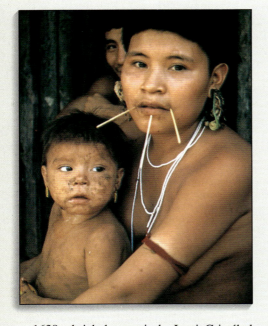

1639 schrieb der spanische Jesuit Cristóbal de Acuña über das Amazonasgebiet: „Die Indianersiedlungen liegen so dicht beieinander, daß man schon die nächste erblickt, wenn eine kaum dem Blick entschwunden ist... man kann sich vorstellen, wie viele Indianer es hier gibt." Er erzählte in seinen Aufzeichnungen von einer kraftvollen Zivilisation, die ihre Lebensgrundlage im Überfluß des Stroms und seiner fruchtbaren Ebene fand; sie züchteten Flußschildkröten und handelten mit Keramik und Baumwollwaren. Doch fand er keine Spur vom Stamm der Amazonen, den kriegerischen Frauen, von denen die Europäer fasziniert waren.

Nur wenige Jahrzehnte nach Acuñas Besuch konnte man tagelang den Fluß entlangreisen, ohne einen einzigen Indianer zu Gesicht zu bekommen. Staatsbeamte behaupteten stolz, sie hätten zwei Millionen Indianer im unteren Amazonasgebiet umgebracht. „Es ist schrecklich, die Zerstörung zu sehen, die diese wenigen Siedler angerichtet haben. Der mächtige Amazonas war so gut wie entvölkert, die Dörfer verschwunden, die Stämme waren geflohen oder durch Ausbeutung und die vom weißen Mann eingeschleppten Krankheiten vernichtet," schreibt der Historiker John Hemming.

Die Portugiesen sahen die Indianer als heidnische Seelen, die zu bekehren waren, als unfähige, aber gewinnbringende Arbeitskräfte oder als gefährliche Feinde, die der Bevölkerung in den jungen Kolonien immer noch an Zahl überlegen waren. Vor allem akzeptierten die Portugiesen die Indianer niemals als ein Volk, das ein Anrecht auf dieses Land hatte. Selbst heutzutage werden die Indianer noch vom Staat bevormundet und genießen nicht die volle Souveränität über ihre Reservate.

Ihr einziger Mentor war der Jesuit Antônio Vieira, der 1755 aus Brasilien ausgewiesen wurde, weil er die Indianer ermutigt hatte, sich der Sklaverei zu widersetzen. Die spanischen Jesuiten widersetzten sich 1750 einem Vertrag, der ihre sieben blühenden Ansiedlungen an Portugal übergab, und ermutigten die Indianer, sich der zwangsläufigen Sklaverei zu erwehren. Dieser historische Konflikt ist das Thema des 1986 gedrehten Films *The Mission*, und es besteht immer noch eine lebhafte Debatte darüber, ob die jesuitischen Missionare nicht eher dazu beitrugen, die Indianer auszurotten.

Das Ende der Sklaverei: 1755 befreite Portugal alle Indianer von der Sklaverei, aber der Effekt war unerheblich. Die Jesuiten wurden ausgewiesen und ihre Missionen in Südbrasilien und Paraguay Laien unterstellt, die die Indianer mit Zwangsarbeit ausbeuteten. Zur Zeit der Jesuiten gab es 30 000 Indianer in den sieben Guarani-Missionen, 1821 nur noch 3000.

Die indianischen Arbeitskräfte waren so knapp, daß man sie durch afrikanische Sklaven ergänzte. Die Indianer wurden gezwungen, Expeditionen die Flüsse hinaufzurudern, auf Plantagen, im Straßenbau oder in den Schiffswerften zu arbeiten. Gewöhnt an Ackerbau und das Leben in den Wäldern, entzogen sie sich diesem harten Leben, indem sie die Nebenflüsse des Xingu und des Madeira hinauf zu unerreichbaren Plätzen entwichen, wo einige bis heute überlebt haben. Weitere blutige Konflikte ergaben sich, als die Rinderzüchter in die nordöstlichen Ebenen und die Goldsucher gen Süden vordrangen.

Als die portugiesische Königsfamilie 1808 ins Exil nach Brasilien floh, waren die Weißen den Indianern bereits an Zahl überlegen. Zwar stellten sie nun keine Bedrohung mehr dar, doch wurde ein Edikt erlassen, das die Versklavung feindlicher Indianerstämme im Süden erlaubte.

Im 19. Jahrhundert drangen die ersten Wissenschaftler ins Innere Brasiliens vor und brachten schockierende Berichte von den Indianersiedlungen mit. „Sie gehen an einem ihnen unangemessenen, jämmerlichen Leben moralisch und physisch zugrunde", schrieben zwei Deutsche.

Sklaverei, Krankheit und Alkohol brachten die Indianer auf ein Niveau, wonach die weiße Gesellschaft sie als faul, unbrauchbar und unfähig zur Integration ansah. 1845 wurden die Indianer von der neuen brasilianischen Regierung wieder in die Mission zurückgeführt, gerade rechtzeitig, um sich ihrer Arbeitskraft mittels des Schuldsklavensystems zu bedienen, das man bei der Gummigewinnung im Amazonas-Urwald anwandte. Das Flußbecken war nunmehr zum Zentrum von Zukunftsträumen geworden, in denen die Indianer keinen Platz mehr hatten. Man bediente sich wissenschaftlicher Argumente, um die Ausrottung der Indios zu rechtfertigen, die man zu einer minderwertigen Rasse erklärte. „In dem Überlebenskampf, von dem Darwin spricht, wird die eingewanderte kraftvolle Rasse sie durch Assimilation auslöschen", schrieb ein brasilianischer Intellektueller.

Man darf jedoch den Portugiesen und ihren Nachfahren nicht die alleinige Schuld aufbürden. 1908 verteidigte Hermann von Ihering, der Direktor des Museums von São Paulo, die Ausrottung aller in den Südstaaten Santa Catarina und Paraná verbliebenen Indios, da sie eine Bedrohung für die deutschen und italienischen Einwanderer darstellten. Diplomaten aus diesen Ländern verlangten auch im Interesse ihrer Kolonisten energische Schritte gegen die Indianer, deren Territorium an Europäer verteilt worden war. Zu Anfang des 20. Jahrhunderts brüsteten sich die *Bugreiros*, von den Kolonisten angeheuerte Indianer-Jäger, sie hätten Kaináng-Indios getötet oder verschleppt, die versucht hatten, eine nach Westen vordringende Eisenbahnlinie zu stoppen. Bis zu diesem Zeitpunkt hatte weniger als eine Million Indianer überlebt.

Die Not der Indios findet Gehör: Unbeabsichtigt trug von Ihering dazu bei, die öffentliche Aufmerksamkeit in den Städten wieder auf das Problem der Indianer zu lenken. Eben zu dieser Zeit schickte Cândido Rondon aus Mato Grosso, wo er eine Telegraphenleitung verlegte, Berichte, in denen er seine Befriedung der Indios beschrieb. Rondos Anordnung an seine Truppen: „Sterbt, wenn es sein muß, aber schießt niemals!" Rondon, ein Hu-

manist, mißbilligte die Politik der Missionare und begriff, daß die Indios nur überleben konnten, wenn man ihnen den Besitz ihres Landes garantierte. 1910 begründete er den **Indianerschutzdienst** – ein Versuch, die Schuld der Nation an die Indianer zu tilgen.

Obwohl die Beamten in den ersten Jahren Befriedungskampagnen durchführten, die Dutzende von Leben kosteten, war der Untergang der Indianer nicht aufzuhalten. Der Anthropologe Darcy Ribeiro stellte 1969 fest, daß ein Drittel von den 230 im Jahre 1900 noch existierenden Stämmen ausgelöscht war. Man schätzt, daß bis heute nur noch etwa 200 000 Indios überlebt haben.

Links: Indianische Mutter mit ihrem Kind. Oben: Er ist stolz auf seinen leuchtenden Federschmuck.

Die Indianer

„Ganze Stämme weigerten sich hartnäckig, die eindringende Zivilisation anzunehmen... andere verteidigten heroisch ihr Land und ihre Lebensweise. Wieder andere versuchten erfolglos, die neuen Wertvorstellungen anzunehmen", schrieb der Historiker John Hemming.

Die Indios hatten in der Verteidigung ihrer Interessen leider selten Erfolg. Ihr wesentlichster ist die Errichtung des Xingu-Parks, eines natürlichen Zufluchtsortes, wo mehrere Stämme zusammenleben. Der Park ist das Werk dreier erfahrener Anthropologen, der Brüder Villas Boas, die drei Jahrzehnte ihres Lebens unter den Indianern verbracht haben.

Die Xingu-Indianer haben sich bis heute ihre Stammesorganisation bewahrt, weil ihr Kontakt mit der Zivilisation nur begrenzt ist. Noch immer pflegen sie alte Bräuche, aber viele haben geschäftliche Aktivitäten entwickelt, und 1982 wurde sogar einer ihrer Häuptlinge in den Nationalkongreß gewählt. Jahr für Jahr zahlen Fernsehteams stattliche Summen, um die farbenprächtigen Tänze des *Guarupa*-Festes zu filmen. Doch Orlândo Villas Boas bezweifelt, daß die Indios ihre kulturelle Identität bis zum Ende des Jahrhunderts bewahren können, selbst wenn sie vor dem Kontakt mit der Zivilisation schützt. „Die Menschen sind romantisch, aber die Indianer sind keine Exoten – sie sind Menschen, die Hilfe brauchen."

Die Überlebenden: Heute sorgt FUNAI, die Indianerbehörde der Regierung, für die Indios. Ihr obliegt zudem die bislang noch unerfüllte Aufgabe, das indianische Stammesland schützend gegen den Ansturm der Farmer, Goldsucher und Holzfäller-Gesellschaften abzugrenzen. Die Gesetzgebung zum Schutz der Indianer ist hervorragend, aber in entfernten Gegenden überwiegt oft das Faustrecht. Noch immer sind ausländische Missionare zuständig für das Wohlergehen vieler Amazonas-Stämme. Integrierte Indios haben sich zusammengeschlossen, um politische Macht zu gewinnen. Die Xavante sind großartige Kämpfer, die im Gerichtssaal ihnen angestammtes Land zurückgewannen, das ihnen moderne Farmer abgenommen hatten. Sie bewirtschaften heutzutage Gemeinschaftsfarmen, die mit Traktoren und Mähmaschinen ausgestattet sind. Im unteren Amazonasgebiet bescherten die Schürfrechte der Goldsucher den Stämmen unerwarteten Wohlstand. Ein Stamm hat ein Flugzeug, um frisches Brot einzufliegen, und eine Video-Kamera, um Rituale aufzuzeichnen, die vielleicht bald der Vergangenheit angehören werden. Noch immer existiert eine Handvoll unberührter Stämme, aber die Integration des Amazonasbeckens in die Weltwirtschaft mittels gewaltiger Entwicklungsprojekte, Dämme und Autostraßen hat viele der Überlebenden vertrieben – von denen die Brasilianer in den Städten hartnäckig glauben, sie stünden dem „Fortschritt" im Wege.

Der wahrscheinlich letzte und größte unassimilierte Stamm sind die Yanomami, ein Volk, das zu beiden Seiten der Grenze zwischen Brasilien und Venezuela im waldreichen Roraima lebt. Missionare nahmen erstmals in den 50er Jahren per Flugzeug Kontakt mit vielen der 8000 in der Region lebenden Yanomami auf, und Eisenwerkzeug lernten sie erst vor hundert Jahren kennen. „Yanomami" bedeutet ganz einfach „Menschheit", und die isoliert lebenden nomadischen Gruppen jagen und bekriegen sich untereinander immer noch mit Pfeil und Bogen. Roraima, wo frühe Entdecker El Dorado lokalisierten, erlebt einen Schürfboom, und die Regierung ist entschlossen, das nördliche Grenzgebiet zu besiedeln.

Die Indios mögen bald ausgestorben sein, aber die modernen Brasilianer werden tagtäglich durch die Namen von Plätzen oder Speisen an sie erinnert, durch die magischen *Umbanda*-Rituale und nicht zuletzt durch die nationale Leidenschaft für Sauberkeit. Die unglückliche Geschichte der Begegnung mit den Weißen hatte zur Folge, daß in den von der FUNAI verwalteten Reservaten Besucher heutzutage unwillkommen sind. Nur sehr ernsthaften Forschern, die bereit sind, sich auf monatelange Wartezeiten einzustellen, gelingt es, die bürokratische Mauer zu durchdringen, die von FUNAI und dem Museu do Indio in Rio aufgebaut wurde.

Will man abgelegene Reservate erreichen, muß man häufig ein teures Lufttaxi anmieten, da Regierungsflugzeuge knapp sind. Das Leben in den einsamen FUNAI-Gebieten ist spartanisch. Von Besuchern wird erwartet, daß sie sich selbst versorgen und bei bester Gesundheit sind. Viele Indianergruppen verlangen ohne Umschweife, daß man fürs Fotografieren oder für ihre Gesellschaft bezahlt, indem man Tauschgüter an den Einkaufsstellen der Regierung erwirbt.

Indianer im Xingu-Reservat mit ihren alphornartigen „Flöten".

ARMER MANN, REICHER MANN

Man findet sie auf keiner Landkarte eingezeichnet, doch gibt es zwei Brasilien, die am gleichen Platz, Seite an Seite existieren. Das eine ist ein Land von riesigem Potential, ein Land der unbegrenzten Möglichkeiten und unvorstellbaren Reichtums.

Das andere Land hingegen ist ein Land des Mangels, des menschlichen Elends und der Verzweiflung. Es gibt keine Möglichkeiten in diesem Land und nur eine einzige Hoffnung: die, in das andere Brasilien zu entkommen.

Seit seiner Staatsgründung ist Brasilien eine unvollkommene, in hohem Maße ungerechte Gesellschaft, getrennt in sehr unterschiedliche soziale Klassen, wobei eine winzige Minderheit das politische und wirtschaftliche Leben des Landes bestimmt. Im Gegensatz zu anderen amerikanischen Staaten gewann Brasilien seine Unabhängigkeit lediglich, um seine koloniale Vergangenheit fortzusetzen.

Eliteherrschaft: Das Land wurde von der Kolonie zum Kaiserreich, wechselte in diesem Entwicklungsprozeß die portugiesischen Adeligen gegen brasilianische Unterdrücker aus und machte das Konzept von der Eliteherrschaft zum Leitprinzip der brasilianischen Gesellschaft.

Seitdem hat sich die Elite verändert (die Adeligen wurden zu Großgrundbesitzern, dann zu Gummibaronen, Kaffeebaronen und heute in den südöstlichen Staaten zu den Herrschern über Industrie und Handel), aber die Grundstruktur der Gesellschaft ist geblieben: wenige an der Spitze, ein paar mehr auf der Ebene darunter und sehr viele an der breiten Basis der Pyramide.

Heute verdienen die oberen 10 Prozent der brasilianischen Gesellschaft 47,5 Prozent des nationalen Gesamteinkommens; die untere Hälfte der Gesellschaft erwirtschaftet 12 Prozent. In einem Land, das sich rühmt, die achtgrößte Wirtschaftsmacht der Welt zu sein, erhalten nur eineinhalb Prozent der Verdiener ein Jahreseinkommen von über 17 000 Dollar. Zwei Prozent verdienen zwischen 8300 und 17 000 Dollar im Jahr, 30 Prozent bringen zwischen 2000 und 8500 Dollar jährlich nach Hause, und 52 Prozent verdienen weniger als 2000 Dollar im Jahr. Weitere 12 Prozent bilden die unterste Klasse der Gelegenheitsarbeiter, die hin und wieder Autos waschen, verschiedenste Dinge an den Straßenecken verkaufen oder betteln gehen. Dieses Lohnniveau zwingt die Brasilianer, vor allem die an der Basis der Pyramide, seit eh und je nach einem Zusatzverdienst zu suchen. Bei den Armen ist es üblich, daß die Kinder mit zehn Jahren zu arbeiten beginnen. Zunehmend drängen auch die Frauen auf den Arbeitsmarkt, die heute 33,5 Prozent der Arbeitskräfte ausmachen. Was sie verdienen, treibt die Einkommen der Haushalte weiter nach oben: Somit verdienen 4,5 Prozent über 17 000 Dollar und 8,5 Prozent zwischen 8500 und 17 000 Dollar. Doch rangiert wiederum der größere Teil der Haushalte ganz unten: 68 Prozent haben ein Gesamteinkommen von weniger als 4300 Dollar im Jahr.

Weitere Diskrepanzen: Die Ungleichheit der Einkommensverteilung ist nur eine der Trennungslinien zwischen den beiden Brasilien. 13 Prozent der brasilianischen Haushalte, die einen Standard der Mittelklasse oder darüber genießen, haben Zugang zu guter medizinischer Versorgung, gesunder Ernährung, ordentlicher Schulausbildung für ihre Kinder und angemessenen Wohnungen. Ihr Brasilien ist ein Land der modernen Konsumgüter, der Einkaufszentren und Boutiquen, der Wohnhochhäuser, Kliniken, schicken Restaurants, der neuesten Automodelle, der Privatschulen und der Universitätsausbildung.

Für die zwei Drittel brasilianischer Haushalte auf der anderen Seite der Trennungslinie existiert nichts davon. Bildung gibt es, wenn überhaupt, in überfüllten öffentlichen Schulen, für die medizinische Versorgung ist ein eher fragwürdiges staatliches System zuständig, und die Wohungssituation ist erbärmlich: Millionen von Brasilianern leben in schäbigen Barackenstädten oder verslumten Wohnungen. Zwar sind Hungersnöte unbekannt, doch Unterernährung ist weit verbreitet.

Regionale Diskrepanzen: Beispiele für die beiden Brasilien findet man in jeder Stadt und in jedem Staat, doch gibt es auch enorme regionale Diskrepanzen. Während des größten Teils der Kolonialperiode war der Nordosten als das Zentrum der reichen Zuckerplan-

---

Vorherige Seiten: Dieser Zaun schütut eine reiche Familie. **Links:** So lebt man in den Favelas.

tagen die dominierende brasilianische Wirtschaftsmacht. Doch als der Zucker an Bedeutung verlor, ging es mit dieser Region bergab. Den Todesstoß versetzte ihr die industrielle Revolution, die in diesem Jahrhundert über Brasilien hinwegfegte und die wirtschaftliche Macht auf die Städte im Südosten und im Süden verlagerte, wo sich die Fabriken ballen. Die fehlende Industrie, Dürreperioden und ein überkommenes landwirtschaftliches Pachtsystem ließen den Nordosten zum Symbol des anderen Brasilien werden.

Nach offiziellen Zahlen leiden 86 Prozent der Kinder im Nordosten an Unterernährung. Die Mehrzahl der Opfer infektiöser Krankheiten lebt im Nordosten, und die Kindersterblichkeit beträgt 120 pro tausend Geburten, dagegen 87 im ganzen Land und 61 in den südlichen Staaten. Die Lebenserwartung liegt in dieser Region bei nur 55 Jahren gegenüber 64 Jahren in Brasilien und 67 im Südosten.

Fast 60 Prozent der Arbeiter in dieser Region verdienen unter 900 Dollar pro Jahr, im Südosten nur 26 Prozent. Der Anteil der Analphabeten beträgt im Nordosten 47 Prozent gegenüber 17 Prozent im Südosten und 26 Prozent im ganzen Land. Im Nordosten haben nur zwei Prozent eine höhere Schulbildung genossen, im Südosten sechs Prozent.

Die Versuche des Staates, diese Ungleichheit zu beseitigen und die Kluft zwischen den beiden Brasilien zu verringern, sind weitgehend mißlungen. In den siebziger Jahren zeigte sich ein vielversprechender Ansatz von Wirtschaftswachstum und ein stärkerer Zufluß von Auslandskrediten. Doch wurden mit diesen Finanzmitteln in erster Linie große Infrastruktur-Projekte wie Staudämme zur Stromerzeugung und Autobahnen finanziert. Die sozialen Probleme ignorierte man weitgehend, da die militärischen Machthaber des Landes vorwiegend am Wirtschaftswachstum interessiert waren.

Soziale Schuld: Mit den achtziger Jahren und der internationalen Schuldenkrise versiegte der Fluß der Auslandskredite, und Brasiliens neue Zivilregierung begriff, daß sie eine enor-

me soziale Schuld einzulösen hatte. Als das wirtschaftliche Wachstum sich erst verlangsamte und dann in die Flaute geriet, nahm die soziale Frage kritische Ausmaße an. Brasilien hat das fundamentale Problem, daß seine Wirtschaft um mindestens drei Prozent jährlich anwachsen muß, um die 1,5 Millionen Jugendlichen aufzunehmen, die jedes Jahr auf den Arbeitsmarkt drängen. Gleichzeitig muß massiv in den Bildungssektor, den Wohnungsbau und das Gesundheitswesen investiert werden, will man die Versäumnisse der siebziger Jahre wettmachen. Die Bemühungen der Regierung werden durch das labile Wirtschaftswachstum in den achtziger Jahren und eine schwerfällige Bürokratie behindert, die 1988 sage und schreibe über 80 Prozent der Steuereinnahmen allein für die Gehaltszahlungen schluckte.

Bevölkerungsexplosion: Dazu kommt das Problem des Bevölkerungswachstums. Selbst bei einer gleichmäßigen wirtschaftlichen Expansion wird sich jede Regierung der Welt schwertun, genügend Arbeitsplätze für eine Bevölkerung zu schaffen, die sich alle dreißig Jahre verdoppelt.

Zur Zeit hat Brasilien 155 Millionen Einwohner und eine jährliche Wachstumsrate von 1,9 Prozent. Mit dieser Rate wird sich die Bevölkerung bis zum Jahre 2020 verdoppeln. Verdoppeln wird sich auch die Zahl der Kinder, die in Armut leben (45 Millionen heute, 90 Millionen im Jahre 2020), die Zahl der Kinder, die an Unterernährung leiden (heute 15 Millionen, 30 Millionen im Jahre 2020), und die Zahl der streunenden Kinder (heute auf 12 Millionen geschätzt, 2020 werden es 24 Millionen sein). Die Armutsstatistik erklärt sich allerdings auch zu einem großen Teil durch die weit höhere Geburtenrate in den unteren sozialen Klassen (im Nordosten hat eine Familie in den ländlichen Gebieten im Durchschnitt fünf Kinder und vier in den Städten, während der Durchschnitt im Südosten bei 2,9 liegt).

Geburtenkontrolle: Sollte das Bevölkerungswachstum bei 1,9 Prozent jährlich bleiben, wird das Land im Jahr 2050 etwa 450 Millionen Einwohner haben. So gesehen erscheint es klar, daß Brasilien sofort Schritte unternehmen muß, um diese Entwicklung einzudämmen. Bisher hat jedoch die Opposition, bestehend aus Katholischer Kirche, Linkspolitikern und einem kleinen, aber einflußreichen Teil der Armee, alle Versuche blockiert, ein landesweites Programm zur Geburtenkontrolle zu entwickeln. Das Haupthindernis für eine effektive Bevölkerungspolitik ist der Mangel an Information. Die leitenden Beamten neigen dazu, das Problem als nebensächlich zu betrachten. Die Geburtenrate hat sich in den achtziger Jahren verringert und wird zweifellos weiter absinken. Einige sehr optimistische Prognosen meinen, daß die Wachstumsrate bis zum Ende des Jahrhunderts auf 1,7 Prozent abfallen wird. Man darf jedoch eher davon ausgehen, daß die Rate dieses Niveau ohne massive Intervention der Regierung nicht vor 2010 erreichen wird.

In den Jahren 1981 bis 1985 wies der unterentwickelte Nordosten eine Wachstumsrate auf, die unter der des Südostens lag: 2,1 Prozent im Vergleich zu 2,5 Prozent. Das heißt

Brasilien, ein Land der krassen sozialen Gegensätze. Links: So leben die Reichen, und (oben) so die Armen.

allerdings nicht, daß die armen *Nordestinos* ihren Landsleuten im Süden in der Empfängnisverhütung voraus wären. Die Differenz erklärt sich aus der hohen Kindersterblichkeit und der niedrigeren Lebenserwartung im Nordosten. Dazu kommt ein weiterer kritischer Faktor: die Abwanderung der arbeitssuchenden Nordestinos in den Süden.

Völkerwanderung: Die Wanderungsbewegung vom ländlichen Nordosten in den urbanen Südosten begann in den 60er Jahren und flaut noch immer nicht im mindesten ab. Das Ergebnis davon ist: Heute leben 25 Prozent der brasilianischen Bevölkerung in den Großräumen von São Paulo, Rio de Janeiro, Belo Horizonte, Curitiba und Porto Alegre, den und damit die Kriminalität. Heute leben fünf Millionen Einwohner von São Paulo, die Hälfte der Stadtbevölkerung, in Wohnungen, die weit unter dem Minimalstandard liegen. Über 800 000 leben in sogenannten *Favelas* oder Barackenstädten, und Experten schätzen, daß in São Paulo etwa eine Million Wohnungen fehlen.

Das unter den Armen langsam wachsende Wissen von den Verhütungsmitteln, von denen ihnen aufgrund der Kosten nicht alle zugänglich sind, hat die Bevölkerungszunahme bisher abgebremst. In den öffentlichen Schulen gibt es jedoch keinen Sexualunterricht, und obwohl die Regierung in den achtziger Jahren drei Programme angekündigt hat, die

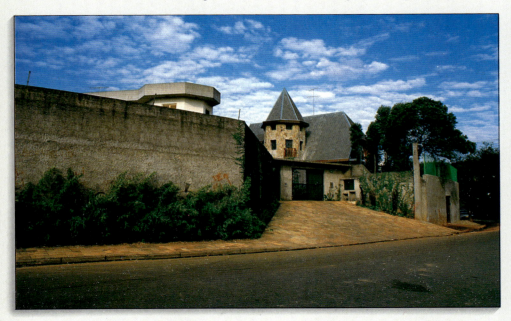

großen Städten des Südens und Südostens. Zwischen 1970 und 1980 wuchs die Bevölkerung im Stadtgebiet von São Paulo um drei Millionen Menschen, von denen die meisten aus dem verarmten Nordosten kamen.

Im Laufe dieser Entwicklung gelangten arme, ungelernte Bauern in die Industriezentren des Südens und Südostens, und sie lieferten beständig billige Arbeitskräfte, aber auch ein riesiges und wachsendes soziales Problem. Ganz davon abgesehen, daß die öffentlichen Versorgungsbetriebe dadurch bis an den Rand ihrer Möglichkeiten strapaziert werden, läßt diese Masse von armen Einwanderern die Slums in den Städten anwachsen freie Information und Möglichkeiten zur Empfängnisverhütung bieten sollten, ist bisher wenig passiert. Alle Anstrengungen wurden durch die Opposition der Kirche, unzureichende Mittel und bürokratische Unzulänglichkeit blockiert.

Undurchsichtige Politik: Hinter all diesen Faktoren steht jedoch die grundsätzlich undurchsichtige Haltung der Regierung. Leitende Minister haben die Notwendigkeit einer Geburtenkontrolle zugegeben, aber die offizielle Politik bleibt bei ihrer Nicheinmischung in die Familienplanung. Da es praktisch unmöglich ist, Mittel zur Empfängnisverhütung anzubieten, ohne die Bevölkerung zu ermutigen, sie auch zu gebrauchen, wird die Regierung ständig von der Linken und der Kirche beschuldigt, die Geburtenkontrolle zu propagieren. Das treibt wiederum die Regierung in die Defensive und blockiert die Durchführung der Programme. Trotz der unentschlossenen Haltung der Regierung ist es unverkennbar, daß die Armen Brasiliens die staatliche Hilfe brauchen und wollen. Der anschaulichste Beweis dafür ist die Tatsache, daß im größten katholischen Land der Welt, in dem Abtreibung streng verboten ist, die Zahl der Schwangerschaftsabbrüche ebenso hoch ist wie die Zahl der Geburten. 1987 ergab eine Gallup-Umfrage in Rio de Janeiro und São Paulo, daß 63 Prozent der Befragten dafür waren, daß die Regierung sich aktiv um die Bereitstellung von Verhütungsmitteln und die entsprechende Information kümmert.

Sichtbare Kontraste: Für Besucher werden die Kontraste zwischen den beiden Brasilien schnell deutlich. Bettler säumen die Gehsteige an den Stränden in Rio, während die Hausmädchen die Fenster der Luxusappartements auf der anderen Straßenseite putzen. In den Straßen São Paulos rasen Mercedes-Limousinen an zerlumpten Männern vorbei, die Handkarren mit Altpapier schieben. Prächtige Villen säumen die Straßen in Morumbi bei São Paulo, an Rios Strand Ipanema reihen sich die Millionen-Dollar-Wohnungen. Die Reichen dieser und anderer brasilianischer Städte besitzen zudem Ferienwohnungen in vielbesuchten Berg- oder Küstenorten. Da die Arbeitskraft billig ist, sind sie von ganzen Kompanien von Dienstboten umgeben: Hausmädchen, Köche, Putzfrauen, Kindermädchen, Chauffeure, Gärtner und zunehmend auch Leibwächter. Eine Villa in São Paulo hat in der Regel 10 bis 15 Dienstboten (Hausangestellte sind auch in Familien der Mittelklasse gang und gäbe, die in der Regel mindestens ein im Haushalt lebendes Mädchen haben).

Was jedoch die Reichen Brasiliens von denen anderer Länder unterscheidet, ist nicht ihr Besitz, sondern ihre Macht, die sie oftmals sogar der Strafverfolgung entzieht. In Brasiliens feinen Kreisen passieren Verbrechen, aber es finden sich keine Verbrecher. Die Oberschicht, die sich auf São Paulo konzentriert, wäscht ihre schmutzige Wäsche nicht in der Öffentlichkeit, eine Praxis, die auch die brasilianische Regierung pflegt. Fälle von Betrug oder Korruption werden im allgemeinen diskret und wenn möglich hinter verschlossenen Türen behandelt. Die Elite schützt ihre Mitglieder erfolgreich.

Für die Bewohner des anderen Brasilien gibt es keine schützenden Barrieren, die sie vor sozialen Härten bewahren. Sie leben im Gegenteil auf des Messers Schneide zum Elend. Am häufigsten bekommt man jene zu Gesicht, die in den Tausenden von Barrackenstädten leben, die man über das ganze Land verstreut findet – von den Holzhütten, die auf Pfählen über verschmutzten Wasserläufen stehen, bis hin zu den massiven Backstein- und Zementbauten, die heute in den Favelas von Rio und São Paulo dominieren.

Die Favelas von Rio: Rio war die erste große brasilianische Stadt, in der diese allgegenwärtigen Barackensiedlungen entstanden. Favelas gehören in Rio seit Beginn des Jahrhunderts zum Stadtbild: Bundestruppen, aus der Armee entlassen, nachdem sie im Nordosten eine Rebellion niedergeschlagen hatten, kamen in die Stadt und errichteten auf einem Hügel nahe dem Geschäftszentrum ihre Baracken. Nach ihrem Lagerort während des Kampfes in Bahia benannten sie ihre Siedlung Favela. Seitdem heißen alle Barackenstädte so. Sie werden ständig mehr und nehmen manchmal erschreckende Ausmaße an.

Nach Aussage der Regierung gibt es in Rio 545 Favelas mit einer Einwohnerzahl, die auf eine Million geschätzt wird, und das bei einer Gesamtbevölkerung von 5,6 Millionen. Sie wachsen pro Jahr um 5 Prozent, doppelt so schnell wie die Stadt selbst. Zuerst auf die Innenstadt beschränkt, dehnten sich die Favelas zusammen mit der Stadt weiter aus, immer der ständigen Südbewegung der Baustellen und damit der Arbeit folgend.

Reizvolles Mosaik: Noch immer sind die Favelas auf den Hügeln die auffallendsten, da sie mit ihren vielfarbigen Hütten ein seltsam reizvolles Mosaik inmitten der grauen Felsen und des grünen Waldes bilden, doch haben sich die Favelas in den letzten Jahren auch in den Flachgebieten der nördlichen und südlichen Vororte Rios ausgebreitet.

Ihre Existenz ist ein deutlicher Beweis für die drückende Bevölkerungszunahme einer Stadt, deren Topographie ihre räumliche Ausdehnung drastisch beschränkt. Seit den Kolonialzeiten haben sich die Bewohner Rios dafür entschieden, nahe am Meer mit den Bergen im

Die wachsende Kriminalität zwingt die Superreichen zum Bau derartiger „Festungsanlagen".

Rücken zu leben, eine ästhetisch richtige Wahl, die Rio zu einer Stadt mit klaren Grenzen zwischen den sozialen Klassen werden ließ und zugleich zu einem dauernden Alptraum für die Stadtplaner.

Da die Preise für die begrenzt verfügbaren Grundstücke nahe den Stränden und für die Geschäfte im Zentrum schwindelerregend anstiegen, waren die Armen gezwungen, sich beständig weiter fort zu bewegen, womit sich auch die Zeit und die Fahrtkosten, um zu den Arbeitsstellen zu gelangen, erhöhten. Dazu kam ein wachsender Wohnungsmangel in den Unterschicht-Siedlungen der Innenstadt. Als Lösung für beide Probleme bot sich zunehmend die Favela an.

Rocinha: Nirgends wird dieser Prozeß deutlicher als in der Rocinha in Rio – die größte Favela in Rio und wahrscheinlich in ganz Südamerika. In dem wimmelnden Ameisenhaufen aus engen Straßen und Gassen leben über 60 000 Menschen (manche Schätzungen liegen doppelt so hoch); die meisten von ihnen in provisorischen Backsteinbauten und Hütten, die sich hier dicht an dicht drängen. Rocinha entstand in den vierziger Jahren, als eine Schar von Obdachlosen brachliegendes Land auf einem Hügel im Süden der Stadt in Besitz nahm. In den sechziger Jahren gehörte diese Favela bereits unverwechselbar zum Stadtbild Rios, obwohl sie in ihren Ausmaßen noch sehr begrenzt war. Im Laufe dieser Zeit wurden einige von Rios größeren Favelas von der Stadtregierung wieder aufgelöst und die Bewohner zwangsweise in entfernte Siedlungen umquartiert.

Rocinha hingegen entrann diesem Schicksal. Seit den siebziger Jahren hat die Favela ihre eigene Bevölkerungsexplosion erlebt, angefangen mit einem Bauboom im nahegelegenen Barra da Tijuca. In jüngerer Zeit nahm es Zuwanderer aus den weitab, nördlich von Rio angesiedelten Slums auf, die näher an ihre Arbeitsplätze heranwollten, und obendrein Leute, die in den überfüllten Favelas im Süden keinen Platz mehr fanden. Rocinha, das sich über ein ganzes Hügelgebiet ausdehnt, ist heute eine Stadt in der Stadt, blickt auf Fünf-Sterne-Hotels herab, Luxus-Wohnanlagen und einen Golfplatz – seine widerwilligen Nachbarn in São Conrado, einem Strandviertel der oberen Einkommensklasse, über das Drachenflieger unbeschwert hinwegsegeln.

Roncinha, die bestentwickelte Favela von Rio, verfügt über Elektrizität, und nach Schätzungen haben etwa die Hälfte der Wohnungen zumindest fließendes Wasser. Die Slumstadt hat obendrein ein eigenes blühendes Geschäftsleben: Bekleidungsläden, Lebensmittelgeschäfte, Bars, Schnellimbisse, Drugstores, Metzgerläden, Bäcker und eine Bankfiliale, die alle miteinander den *Favelados* Arbeit geben (nach dem Gesetz geht das wild in Besitz genommene Land nach fünf Jahren in das Eigentum des Besitzers über; in Realität wurden wenige der Grundstücke in Rocinha legalisiert, doch macht die Größe der Barakkenstadt eine Verlagerung heutzutage völlig undenkbar). Zudem stellt Rocinha Pförtner, Wartungsleute und andere Hilfskräfte für die Hotels und Eigentumswohnanlagen von São Conrado sowie billige Arbeitskräfte für Ipanema und andere nahegelegene Stadtviertel.

Obwohl Rocinha verglichen mit anderen Slums in einer relativ guten Situation ist, kann man es nicht gerade als Paradies bezeichnen. Es gibt keine Abwasserkanäle, und die Müllabfuhr kommt bestenfalls sporadisch. Die Gesundheitsfürsorge ist erbärmlich (Rocinha, mit der Bevölkerung einer Großstadt, hat nur eine einzige ärmlich ausgestattete Klinik), und es besteht die beständige Gefahr von Erdrutschen während der Regenzeit. Obendrein bietet sich Rocinha in letzter Zeit als Drogenquelle an, vor allem für Kokain und Marihuana, und damit ist die Favela zu einem einträglichen Umschlagplatz für Rios Drogenhandel geworden.

Der Drogenhandel hat sich auch bis in andere Favelas hin ausgebreitet, und die Finanzkraft der Dealer ließ ihn zur beherrschenden Macht werden. Organisierte Banden von Drogendealern kontrollieren jetzt die Mehrzahl von Rios Hügelfavelas.

Für die unmittelbare Zukunft ist keine Möglichkeit für eine entscheidende Veränderung der gespaltenen brasilianischen Gesellschaft in Aussicht. Aus dem Brasilien der Armen in das der Betuchten überzuwechseln, ist praktisch unmöglich. Ein brasilianischer Wirtschaftswissenschaftler schrieb einst eine Parabel über ein Land, in dem eine kleine Minderheit den Lebensstandard Belgiens genoß, während die überwältigende Mehrheit in der Armut Indiens gefangen war. Er nannte dieses Land Belinda. Jeder weiß: sein wahrer Name ist Brasilien.

Dieses Mädchen in Rocinha macht gerade seinen Drachen flugfertig.

Armer Mann, reicher Mann

DIE KUNST DES KOMPROMISSES

Wie auch andere lateinamerikanische Länder ist Brasilien ein Land der Extreme, von großem Reichtum und deprimierender Armut, von ländlicher Rückständigkeit und städtischer Modernität.

Anders als seinen Nachbarn gelang es Brasilien jedoch, offene Konflikte zwischen seinen Extremen stets weitgehend zu vermeiden. Es gab in der Geschichte Brasiliens keine blutigen Revolutionen oder Bürgerkriege. Was dieses Land davor bewahrt hat, ist die unglaubliche Fähigkeit der Brasilianer, Kompromisse zu finden und die Dinge friedlich zu regeln. Das ist ein grundlegender Zug im Nationalcharakter, der nicht nur in der Politik, sondern auch in der moralischen Einstellung, in der Justiz, den Finanzen und allen anderen Aspekten zwischenmenschlichen Umgangs zum Tragen kommt. Es gibt Extreme in Brasilien, aber es gibt wenige – falls es überhaupt welche gibt –, über die sich nicht reden ließe.

Die Kunst der Interpretation: Einer der führenden brasilianischen Politiker des 20. Jahrhunderts, der verstorbene Präsident Tancredo Neves, pflegte zu sagen: „Nicht die Tatsache zählt, sondern die Interpretation." Denn wenn die Interpretation sich ändert, so ändert sich auch die Tatsache. Und Neves hatte recht damit: Brasilien ist ein Land der unablässigen Interpretationen und erstaunlich weniger Tatsachen – das letzte Königreich der Situationsmoral.

Man nehme zum Beispiel die Ampellichter. Wie in allen anderen Ländern sind sie in Brasilien rot, gelb und grün. Man könnte vermuten, daß die Fahrer wie in der übrigen Welt bei Rot stehenbleiben. Danebengetippt. Die Fahrer halten bei Rot an, wenn es absolut notwendig ist, aber wann ist es schon wirklich notwendig? Es gibt eindeutig Momente, in denen ein rotes Ampellicht lediglich ein unsinniges Ärgernis oder, schlimmer noch, eine potentielle Gefahr darstellt. Warum sollte man auf den Wechsel des Lichts warten, wenn niemand aus der Querstraße kommt? Und warum sollte man mitten in der Nacht anhalten und sich damit zum Ziel für jeden vorbeikommenden Gangster machen, nur weil die Ampel gerade die falsche Farbe anzeigt?

Worüber dieser schwarze Gentleman sich wohl gerade Gedanken macht?

Die Gesetze: Natürlich gibt es Gesetze in Brasilien – zu Tausenden. Aber in Brasilien sind Gesetze wie Impfstoffe: Einige schlagen an, andere nicht. Und warum sollte ein Bürger, der die Gesetze im allgemeinen befolgt, gezwungen sein, einem offensichtlich unsinnigen Gesetz zu gehorchen?

Es gibt auch einen Obersten Gerichtshof in Brasilien, aber er wird nur äußerst selten bemüht, um die Verfassungsmäßigkeit brasilianischer Gesetze zu überprüfen. Dieser Akt wird täglich von den 155 Millionen Einwohnern des Landes vollzogen, die mit Hilfe ihres angeborenen gesunden Menschenverstandes eklatante Ungerechtigkeiten korrigieren. So verändern und entwickeln Gesetze sich auf natürliche und menschliche Weise, ganz ohne Aufhebens, ohne ärgerliche Anfechtungen und lästige Auseinandersetzung im Gerichtssaal. Dem Kongreß erspart man damit die Arbeit, Gesetze neu fassen zu müssen. Schlechte Gesetze werden nicht abgeschafft, sie verflüchtigen sich einfach.

In manchen Fällen finden jedoch selbst unsinnige Gesetze ihre Fürsprecher und Lobbys. Zum Beispiel gibt es in Brasilien ein Gesetz, das den Beruf des Journalisten regelt. Dieses Gesetz schreibt vor, daß für jede Art von Publikation brasilianische Journalisten eingesetzt werden müssen, die eingeschriebene Mitglieder des Verbandes sind. Dieses Gesetz könnte jedoch ein gewaltiges Hindernis sein für Firmen, die Hauszeitschriften und Mitteilungsblätter für ihre Kunden erstellen, da die Arbeit professioneller Journalisten zu teuer wäre. Hier nun zeigt sich der brasilianische Einfallsreichtum. Um unangenehme Konflikte mit der Gewerkschaft zu vermeiden, heuern diese Firmen einen eingeschriebenen Journalisten an und setzen seinen Namen ins Impressum. Der Journalist bekommt dafür nur sehr wenig bezahlt, aber er braucht auch nicht zu arbeiten. Auf diese Weise ist die Gewerkschaft glücklich, der Journalist ist glücklich, und theoretisch befolgt man das Gesetz.

Solche einfallsreichen Lösungen fallen unter den generellen Begriff *Jeito*, ein portugiesisches Wort, mit dem sich Übersetzer und Lexikographen seit Jahrhunderten herumschlagen. Brasiliens führendes Lexikon opfert dem Versuch, das Wort zu definieren, fast eine

Drittelseite. Es hat eine ganze Reihe von Bedeutungen, doch wird *Jeito* am häufigsten in der Redensart *dar um jeito* gebraucht, vom Lexikon übersetzt als „eine Lösung oder einen Ausweg aus einer besonderen Situation zu finden". Da in Brasilien „besondere Situationen" ebenso wie Tatsachen für jegliche Interpretation offen sind, gibt es für jede von ihnen eine unendliche Vielzahl von möglichen Lösungen, woraus eine echt brasilianische Kunstform entstand: der *Jeito*.

Der Bürokratismus: Man könnte darüber diskutieren, was wohl zuerst da war, Bürokratie oder *Jeito* – gewiß ist, keines von beiden könnte lange ohne das andere existieren. In einem Land, das unter der Masse seiner Beamten ächzt und in seiner Bürokratie zu ersticken droht, ist der *Jeito* die nationale Lebensrettung. Im Jahre 1979 versuchte die Regierung, ihrem eigenen Amtsschimmel den Hahn zuzudrehen, indem sie ein nationales Entbürokratisierungsprogramm in die Wege leitete. Trotz des unaussprechlichen Namens war das Programm ein riesiger Erfolg, aber die Bürokratie schlug zurück, und heute, da das Programm weitgehend ad acta gelegt ist, muß sich wieder jeder einzelne seine Lösungen selber schaffen. Die Brasilianer sind jedoch zu Recht stolz auf ihre Fähigkeit, manchmal brillante Auswege aus unmöglichen Situationen zu finden. Die meisten der individuellen *Jeitos* ergeben sich aus der Konfrontation zwischen dem Durchschnittsbürger und einer bürokratischen Bestimmung. Die Bedeutung einer erstaunlich großen Anzahl dieser Bestimmungen besteht vor allem darin, daß sie existieren und deshalb befolgt werden müssen. Ein kanadischer Diplomat erhielt kürzlich die Erlaubnis, einen Indianerstamm im Amazonasgebiet zu besuchen, aber er erfuhr erst in letzter Minute, daß er dafür ein Röntgenbild seiner Lungen benötigte. Da jedoch keine Zeit mehr dafür war, schien damit auf den ersten Blick die Reise des Diplomaten vereitelt. Doch fand sich schnell eine Lösung: Er bekam das Röntgenbild einer anderen Person, und der Bestimmung war in der Theorie Genüge getan.

Die Mittelsmänner: Lösungen wie diese hängen für gewöhnlich von der Nachgiebigkeit der Bürokraten ab. Dafür empfiehlt sich ein hohes Maß an freundlicher Überzeugungskraft. Doch ist nicht jeder Mensch zu dieser Art von Überredung fähig, und die meisten haben keine Ahnung, wieviel sie dafür zahlen müssen. Deshalb schuf man einen neuen Beruf, den *Despachante*. Er ist ein Mittelsmann, ein trickreicher Künstler, der das bürokratische Labyrinth wie seine Westentasche kennt und seine Dienste als professioneller Führer anbietet. So wird sich jemand, der ein Geschäft eröffnen will, entschließen, einen *Despachante* zu bezahlen, der sich mit der Bürokratie herumschlägt. Der Geschäftsmann zahlt dem *Despachante* eine fixe Summe und stellt keine Fragen. Die Bürokraten stellen dem *Despachante* eine Pauschalgebühr in Rechnung, und er stellt keine Fragen. Am Ende hat der Geschäftsmann seine notwendigen Formulare und kann zu arbeiten beginnen, der *Despachante* hat seinen Verdienst, und die Bürokraten sind zufrieden.

Natürlich ist nicht jeder glücklich mit diesem System. Menschen, die auf Recht und Ordnung sehen, schmeckt der kreative *Jeito* zu sehr nach Zügellosigkeit und offener Korruption. Hin und wieder kündigt ein Beamter schärferes Durchgreifen an. So versucht man etwa in Rio in regelmäßigen Abständen, die Autofahrer zu zwingen, ihre Autos auf den Straßen und nicht auf den Gehsteigen zu parken. Die ersten zwei Wochen zeigt das Programm Erfolg, und die Gehsteige sind frei. Aber dann kommt erneut der gesunde Menschenverstand zum Tragen: Es sind ja tatsächlich nicht genügend Parkplätze da, und was soll ein Autofahrer denn mit seinem Auto machen?

Legale *Jeitos*: Ein klassisches Beispiel für die Macht des *Jeito* ergab sich zu Anfang dieses Jahrhunderts. Die katholische Kirche verbot die Scheidung, aber verheiratete Paare trennten sich trotzdem. Was war dann ihr legaler Status? Nach langem Nachdenken entschloß sich die Regierung zu einer durch und durch brasilianischen Lösung. Man erfand einen neuen Status namens Desquite, der für Paare galt, die getrennt lebten, aber nicht geschieden waren, weil es keine Scheidung gab. Der Desquite garantierte Unterhaltszahlung und Kindergeld, aber keiner der Partner konnte wieder heiraten (woran man sich natürlich nicht unbedingt hielt). Damit war die rechtliche Frage gelöst, und die Kirchenführer konn-

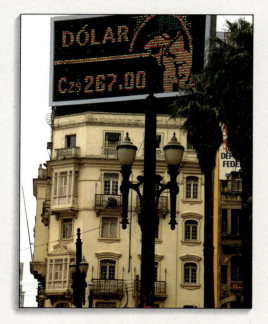

ten ruhig schlafen, weil sie wußten, daß die Scheidung immer noch verboten war.

Doch gehen nicht alle Arrangements glücklich aus. Vor allem die Kompromisse, die von den Politikern des Landes ausgehandelt wurden, führten manchmal zu katastrophalen Resultaten. 1961 trat der Präsident des Landes plötzlich zurück und löste damit eine gewaltige politische Krise aus. Nach der Verfassung hatte der Vizepräsident nun die Präsidentschaft anzutreten, aber der Vizepräsident war

Links: Gehsteige sind beliebte Parkplätze. Oben: Diese Tafel in São Paulo zeigt öffentlich den Schwarzmarkt-Dollarkurs.

ein Linker, der von der Armee abgelehnt wurde. Armeegeneräle drohten, die Regierung zu stürzen. Der Vizepräsident hatte jedoch ebenfalls Rückhalt in der Armee, und plötzlich schien sich das Land am Rande eines Bürgerkrieges zu befinden. Um diese mißliche Lage in den Griff zu bekommen, handelten der Kongreß und die Generäle einen Kompromiß brasilianischen Stils aus: Der Vizepräsident durfte Präsident werden, aber die Verfassung wurde zugunsten des Parlaments geändert, wobei der größte Teil der Macht bei einem Premierminister lag, der den Generälen genehm war. Der Präsident überredete jedoch den Kongreß, eine Volksabstimmung abzuhalten, in der das parlamentarische System wieder verworfen wurde. Mit der Macht, die er nun in Händen hielt, führte er Brasilien beständig nach links, bis die Militärs schließlich im Jahre 1964 putschten – eine Situation, für die es noch keinen *Jeito* gibt.

Schnelle Arrangements brachten die Regierung auch im wirtschaftlichen Bereich in Schwierigkeiten. In einem berühmten Fall im Jahre 1982 wurde die Regierung informiert, daß eine große Maklerfirma vor dem Konkurs stand. In der Befürchtung, dies könne zu weiteren Konflikten führen, ersannen die Minister eine „Lösung": Sie überzeugten eine andere Maklerfirma mit dem Versprechen zukünftiger Gewinne, die vor dem Zusammenbruch stehende Firma zu übernehmen. Zwei Jahre später flog auf, daß der inzwischen hochverschuldete Firmenzusammenschluß gefälschte Wechsel ausgegeben hatte. Gutgläubige Kunden hatten sie für einen Gesamtwert von rund 500 Millionen Dollar gekauft... der größte Finanzbetrug der brasilianischen Geschichte. Der Inhaber der Maklerfirma argumentierte jedoch, er habe all dies mit Wissen und Erlaubnis der Regierung getan. Bis auf den heutigen Tag ist niemand bestraft worden.

Trotz solcher Beispiele bleibt der *Jeito* eine feste und praktikable brasilianische Institution. Von der Basis bis zur Spitze der Gesellschaft halten alle Brasilianer instinktiv Ausschau nach einfachen Auswegen aus den schwierigen Situationen des täglichen Lebens. Mitten in der hitzigen Debatte über Brasiliens neue Verfassung im Jahre 1987 dachte ein Senator laut über die unüberwindbare Kluft zwischen Links und Rechts nach. „Und was tun wir jetzt?" fragte er. „Wir diskutieren, schreien und drohen. Und dann setzen wir uns zusammen und finden einen Kompromiß. So machen wir es doch immer."

VON GÖTZEN UND HEILIGEN

Besucher, die im Dezember, Januar oder Februar an die brasilianischen Strände kommen, finden dort häufig Blumen, noch in Papier verpackte Seifenstücke und Parfümflaschen, die mit abgebrannten Kerzen überstreut sind – Opfergaben der Anhänger der nach dem Katholizismus in Brasilien vielleicht verbreitetsten Religion, *Umanda*, für die afrikanische Meeresgöttin Iemanjá. Im Tal der Morgenröte unweit von Brasília haben Tausende von Gläubigen, die vom bevorstehenden Weltuntergang überzeugt sind, eine Gemeinschaft errichtet, die unter dem „Schutz" der Geister von Aluxá und Jaruá steht, mit Altären für Jesus Christus, den Indianer *Weißer Pfeil* und das Medium *Tante Neiva*.

Die Frauen in Juazeiro im Nordosten tragen jeden Freitag und am 20. Tag des Monats schwarze Kleider aus Trauer über den Tod von Padre Cícero, der der Legende nach nicht wirklich starb, sondern (wie Elija und die hl. Katharina) in den Himmel aufgenommen wurde und dessen abgeschnittenen Fingernägel angeblich Heilkraft besitzen. Ebenfalls im Nordosten ziehen die Farmer magische Kreise um ihre kranken Kühe und beten zur hl. Barbara oder der ihr im Afro-Kult entsprechenden Göttin Iansa. In der Nacht der hl. Lucia, am 12. Dezember, setzen sie sechs Klumpen Salz vor ihre Häuser. Wenn der Tau den ersten auflöst, wird es im Dezember regnen, beim zweiten im Januar und so weiter. Löst der Tau das Salz überhaupt nicht, wird eine Dürrekatastrophe den *Sertão* heimsuchen.

Spirituelle Energie: Je länger man sich in Brasilien aufhält, um so deutlicher stellt man fest, daß die Bewohner des Landes über eine spirituelle Energie verfügen, die nicht ins Muster der traditionellen Religionen paßt. Brasilien hat die größte katholische Gemeinde der Welt, aber Millionen von Gläubigen entzünden Kerzen vor mehr als einem Altar und empfinden das nicht als Widerspruch.

Brasilien ist eines der wenigen Länder in der Welt, in dem man sich das Jahrhundert aussuchen kann, in dem man leben will. Bevorzugt man die hektische Zivilisation des 20. Jahrhunderts, hat man São Paulo, Rio de Janeiro und mehrere andere große Städte zur Auswahl. Entscheidet man sich für das 19. Jahrhundert, bieten Kleinstädte und ländliche Gebiete ein Leben, das sich nur geringfügig von dem des letzten Jahrhunderts unterscheidet. Es gibt mittelalterliche Enklaven, wo in Gemeinschaften, die mit unterschiedlich großen Ängsten das Ende der Welt erwarten, seltsame religiöse Kulte gepflegt werden. Wer ins Steinzeitalter zurückkehren möchte, findet Indianer im Amazonasgebiet, die noch keine Eisenwerkzeuge kennen.

Zudem ist Brasilien eines der wenigen Länder der Welt, in dem man unter den verschiedensten Religionen wählen kann, von animistischen Ritualen über messianischen und Endzeitglauben bis hin zu den philosophischen Doktrinen des existentialistischen Protestantismus, der Befreiungstheologie rebellischer katholischer Priester oder modernem wie orthodoxem Judentum.

Indianischer Einfluß: Zum Teil ist das indianische Erbe verantwortlich für die tief verwurzelten mystischen Anschauungen. Die nicht völlig assimilierten indianischen Stämme stellen noch heute Kultobjekte her, die jedoch allmählich ihre religiöse Bedeutung verlieren.

Links: Gläubige in Vale da Aurora nahe Brasília.
Oben: Alte Frau mit einem Rosenkranz in Juazeiro.

Die Tonskulpturen der Carajás verkörpern Geburt und Tod. Der Mythos vom Ursprung der Heilpflanzen ist eng verbunden mit den rituellen Flöten der Nambikara. Die Aparai stellen auf ihren Körben ihre Mythen dar, und die Bororo, Macro, Je, Urubu und viele andere Stämme tragen Stirnbänder, Arm- oder Halsbänder aus Vogelfedern, die Magie, Gesundheit, Krankheit oder Tod symbolisieren. Die Indianer im Amazonasgebiet beschwören die Seelen ihrer toten Vorfahren auf den Totempfählen: Die Männer bemahlen ihre Körper mit symbolischen Farben, und dann kämpfen sie Tag und Nacht, tanzen, spielen ihre Riesenflöten und singen. Selbst die Indianerdörfer sind den Mythen gemäß angeordnischen Sprachen und frenetischen Tänzen, bis die Geweihten schließlich in Trance verfallen. *Quimbanda* beinhaltet neben afrikanischen auch noch andere Einflüsse: Es steht für das, was die Brasilianer „schwarze Magie" nennen – bösen Zauber, Opferungen von schwarzen Hühnern oder Ziegen. Bei einigen Ritualen werden den Gottheiten die Köpfe und die Füße von Tieren dargeboten, während die Priester die köstlicheren Teile für sich selbst behalten. Umbanda wird auch mit „weißer Magie" assoziiert, mit Beschwörungen von heilenden Kräften und Ritualen und Gebeten. *Umbanda* ist auch beeinflußt von nichtafrikanischen Kulten, obwohl es häufig unter *Macumba* eingeordnet wird, einem afro-brasi-

net. Die nördlichen und die südlichen Hütten der Bororo orientieren sich am Lauf der Sonne, und der westliche Bereich ist kreisförmig angelegt – der „Pfad der Seelen".

Afrikanische Kulte: Die afrikanischen Rituale bilden in Brasiliens religiöser Kultur den zweitstärksten Einfluß. Das vielleicht afrikanischste von allen ist *Candomblé*. Es wird vor allem im nordöstlichen Staat Bahia praktiziert, wo die Priesterinnen geweiht werden mit der zeremoniellen Kopfrasur, rituellen Bädern, dem Beschmieren mit Hühner- und Ziegenblut und Hühnerfedern auf der Stirn. Die Zeremonie wird vom Klang der Atabaque-Trommeln begleitet, von Gesängen in afrikalianischen Kult, der mit *Voodoo* vergleichbar ist. In Maranhão und an der nördlichen Grenze zu Guayana kultivierten die Nachkommen von Sklaven bis ins frühe 20. Jahrhundert ihre afrikanischen Kulte und Stammesstrukturen.

Schwarzes Erbe: Ein Nebenprodukt der in Brasilien so lebendigen afrikanischen Kulte ist die Bewahrung einer mündlich überlieferten Geschichte der Schwarzen. Es ist für schwarze Brasilianer weit einfacher, ihre Abstammung nach Afrika zurückzuverfolgen als für schwarze Amerikaner. Die Oberpriesterinnen des *Candomblé* sind fähig, die Namen ihrer Vorfahren und der Vorfahren der Mitglieder ihrer Stammesgemeinschaft bis weit zurück in ihre afrikanische Heimat zu zitieren. Sie beschreiben detailliert, wie ihre Vorfahren gefesselt und auf Sklavenschiffen nach Brasilien gebracht wurden. Bevor die Priesterinnen sterben, geben sie dieses Wissen an die neuen religiösen Führerinnen der Gemeinschaft weiter.

Religiöse Vermischung: Die Vermischung von indianischen, afrikanischen und europäischen Kulten hat in Brasilien zu einer einzigartigen Form von Synkretismus oder Religionsvermischung geführt: Die katholische hl. Barbara ist die Iansa der afro-brasilianischen Kulte, Iemanjá, die Meeresgöttin, nimmt oft die Gestalt der Jungfrau Maria an, und Xangô, der Donnergott, die des hl. Georg.

lan Kardec vermischt. Dann gibt es Chico Xavier, Führer einer religiösen brasilianischen Bewegung, dessen Bücher Botschaften aus dem Jenseits sein sollen und zu Millionen verkauft werden. Zu den beliebtesten Gestalten auf den Altären der *Umbanda* und der Spiritisten gehören die Heiligen Cosmas und Damian, der hl. Georg, der den Drachen erschlägt, Iemanjá in ihren weißen fließenden Gewändern und die zigarrenrauchende Onkel-Tom-Gestalt Pai João.

Iemanjá nimmt manchmal auch die Gestalt der Jungfrau Maria oder die einer Meeresgöttin oder Seejungfrau an. Ihre Anhänger bieten ihr am 13. Dezember in Praia Grande (São Paulo), am 31. Dezember in Rio de

Ein synkretistischer Kult wie *Umbanda* bezieht auch Ogú, den Kriegsgott, mit ein, die Oritás, gottähnliche Figuren, und Exús, dämonische Kräfte, die wiederum zu *Candomblé* und anderen afrikanischen Ritualen gehören. *Umbanda* ist eine mystische, spirituelle Bewegung, die religiöse Gestalten afrikanischer Inspiration mit rein brasilianischen Halbgöttern wie Pai João, Caboclo und Pomba Gira und obendrein den mystischen theologischen Konzepten des Europäers Al-

Von links nach rechts: Opfergabe am Strand. Hahnenblut heiligt dieses Ritual. Ein eher weltliches Fest. Kruzifix und Amulette.

Janeiro und am 2. Februar in Bahia an den Stränden Blumen, Parfüm und Gesichtspuder dar. Wenn die Opfergaben im Wasser versinken oder aufs Meer hinausgetragen werden, hat Iemanjá sie angenommen. Kehren sie an Land zurück, hat sie sie abgewiesen.

Religiöse Darstellungen aus Europa kamen mit den ersten Kolonisten, die ihre meistverehrten katholischen Heiligen und vor allem die Krippenszene mitbrachten. Geburtsszenen mußten in sieben aufeinanderfolgenden Jahren aufgebaut werden, sonst erlitt die Familie göttliche Strafe. Jedes Jahr war eine neue Figur hinzuzufügen, und die Kleider des Christkindes durften nicht gewechselt werden. An jedem

Weihnachten wurden neue Kleider über die alten gezogen. Manche Geburtsszenen zeigen vorwiegend brasilianische Tiere wie den Armadillo und heimische Schmetterlinge.

Schutzpatrone: Die Schutzpatronin Brasiliens ist Nossa Senhora de Aparecida, Unsere Liebe Frau der Erscheinung. Vor drei Jahrhunderten „erschien" in einem Fischernetz am Paraiba-Fluß zwischen Rio und São Paulo eine zerbrochene Terrakotta-Figur. In jener Zeit gab es den Brauch, ein zerbrochenes Heiligenbild im Haus aufzubewahren, da man glaubte, es würde Unglück bringen, Heiligenfiguren in den Fluß zu werfen. Dieser Brauch war bis ins 20. Jahrhundert üblich. Heute befindet sich die Figur in der Basilika Aparecida an der Autobahn zwischen Rio und São Paulo, und sie wird von über drei Millionen Pilgern im Jahr besucht. Einen größeren Zuspruch haben nur die Madonna von Guadalupe in Mexiko und die Madonna von Czechestowa in Polen aufzuweisen. Zahllose Legenden und Geschichten von angeblichen Wundern haben sich um dieses Bild gewoben. Zu Ende der 70er Jahre wurde es von einem Fanatiker zerstört und von Spezialisten des Kunstmuseums in São Paulo wieder restauriert. Jedes Jahr am 12. Oktober, am Jahrestag der Heiligen, strömen Hunderttausende von Gläubigen zu der Wallfahrtsstätte, einige auf blutigen Knien kriechend. Es existieren hier auch Orden von *Cavaleiro*-Reitern, die auf Wallfahrten Hunderte von Meilen zurücklegen; und man erzählt von einem Mann, der ein riesiges Kreuz tausend Meilen trug, um ein Gelübde zu erfüllen.

Eine weitere populäre Darstellung der Jungfrau ist Unsere Liebe Frau vom „O", eine Umschreibung für die schwangere Jungfrau. Die führende Priesterschaft versuchte diesen Kult zugunsten Unserer Lieben Frau von der Empfängnis zu unterdrücken. Einige Brasilianer nennen Unsere Liebe Frau vom „O" „Unsere Liebe Frau vom 25. März", was besagt, daß sie neun Monate vor Weihnachten empfing. Wegen der Risiken bei der Geburt wird Unsere Liebe Frau vom „O" vor allem von schwangeren Frauen verehrt.

Heilende Kräfte: Einigen Heiligen schreibt man Heilkräfte zu. Von der hl. Lucia glaubt man, sie sei für schlechte Augen und Blindheit zuständig. Die hl. Barbara schützt vor Blitzschlag. Manche Mädchen beten zum hl. Antonius, um einen Ehemann zu finden. Der hl. Antonius trägt für gewöhnlich das Jesuskind in den Armen, aber in einer Art Zauber nehmen ihm die heiratsfähigen Mädchen das Kind weg. Darüber regt sich der Heilige so auf, daß er bereit ist, alles in seiner Macht Stehende zu tun, um den kleinen Jesus wiederzubekommen – selbst wenn er den Mädchen einen Mann finden muß. Erst nach der Hochzeit legt die Braut das Jesuskind wieder in die Arme des hl. Antonius zurück. São Bras, der Bischof, bewahrt vor Halsschmerzen und Ersticken an Fischgräten. Ein anderer beliebter Heiliger ist der hl. Judas, der immer hohe Stiefel trägt. Es ist derselbe hl. Judas, der in Europa als der Patron der aussichtslosen Fälle verehrt wird.

Carrancas: Viele Darstellungen, die einst eine religiöse Bedeutung hatten, haben ihre mystische Aura inzwischen verloren. Die *Carrancas*, holzgeschnitzte Köpfe, waren am Bug der Schaufelraddampfer und anderer Schiffe befestigt, die von 1850 bis etwa 1950 den São-Francisco-Fluß befuhren. Am Strand von Nazaré in Portugal malen die Fischer Augen auf den Bug ihrer Schiffe, um die Unterwassergefahren „sehen" zu können. Ähnliche Bugfiguren dienten in Guinea und anderen Bereichen Afrikas dem gleichen Zweck.

Die brasilianischen *Carrancas* waren Monsterköpfe, denn sie sollten die Geister des Wassers abschrecken, die die Schiffahrt bedrohten. Die Carranca blickte nach unten und zeigte der Schiffsbesatzung nur ihre schön geschnitzte Mähne, um sie mit ihren Gesichtszügen nicht zu „erschrecken". Der São Francisco ist reich an Legenden von Wassergeistern: Da gibt es die „Wasserhexe", das „Wasserungeheuer" und den *Caboclo da Agua* („Hinterwäldler" des Wassers), der die Schiffe in ein feuchtes Grab schickt.

Die religiös inspirierte Holzschnitzkunst findet ihre Fortsetzung in der heutigen Zeit: Im São-Francisco-Tal und auf dem brasilianischen Zentralplateau arbeitet der brasilianische Künstler GTO, Geraldo Teles de Oliveira, der Skulpturen schafft, deren Glieder aus geflügelten Gestalten bestehen, die er wie die Speichen eines Rades zusammenmontiert, ähnlich den kreisförmigen mittelalterlichen Darstellungen der Engelshierarchien. GTOs Engel sehen sich alle ähnlich, sind nicht im mittelalterlichen Sinne in Cherubime, Seraphime, Erzengel, Thronengel, Oberengel, Vogtengel und Fürstenengel unterteilt. Ein beliebtes Thema der brasilianischen Künstler war durch die Jahrhunderte der trügerische

Engel. Einige der geschnitzten vergoldeten Engel in der São-Francisco-Kirche und in anderen Kirchen in Bahia haben bösartige Gesichtszüge – blicken kurzsichtig oder schielen. In einer ähnlichen Tradition steht Marino Araujo, ein zeitgenössischer Bildhauer aus Minas, der seine Engel, Priester, Mönche und die Zenturionen auf den Krippenszenen mit herausquellenden Augäpfeln darstellt, wobei ein Auge nach Nordosten und das andere nach Nordwesten blickt. Die Kunstgewerbe-Märkte überall in Brasilien quellen nicht nur von Engeln, sondern auch von hölzernen Heiligenfiguren buchstäblich über. Zu den originellsten gehören die halslosen Figuren der Santa Ana, die von Holzschnitzern im nordöstlichen Staat Ceará gefertigt werden.

Padre Cícero: Hunderte von Holzschnitzern haben auch Figuren von der berühmtesten religiösen Gestalt des Nordostens, Padre Cícero, gemacht; Millionen von Gipsfiguren wurden im ganzen Land verkauft. Einige von Padre Cíceros Anhängern ehren ihn, indem sie an seinem Todestag (20. Juni) Schwarz tragen. Padre Cícero galt als ein Messias, der das dürre Hinterland grün machen würde – zu einem Paradiesgarten, in dem Hunger und Armut ein Ende haben würden. Ein grünes Tal der Gegend erhielt den Namen „Horto" oder Garten von Gethsemane, und die Stadt Juazeiro wurde „Neu-Jerusalém" getauft. Von einigen seiner fanatischeren Anhänger heißt es, daß sie seine abgeschnittenen Fingernägel sammelten, weil sie, wie das Wasser zum Waschen seiner Soutane, angeblich magische Eigenschaften haben sollen.

Padre Cícero wurde berühmt, als eine ältere Frau, Maria Araújo, während der Messe die Hostie aus seiner Hand entgegennahm und dann unter Krämpfen zu Boden fiel. Es hieß, Blut in Form des heiligen Herzens habe sich auf der Hostie befunden. Balladensänger wanderten durch den *Sertão* und sangen Lobeshymnen auf den wundertätigen Priester und das „Wunder vom Heiligen Herzen". Etwas vorsichtigere Beobachter glaubten, Maria Araújo habe Tuberkulose gehabt und Blut gespuckt oder sie habe unter blutendem Zahnfleisch gelitten. Einer seiner Kritiker, Pedro Gomes aus dem nahegelegenen Crato, äußerte die Vermutung, die Hostie habe aus Lackmus-Papier bestanden und Padre Cíceros' „Wunder" sei nichts als ein simpler, jedem Chemiestudenten bekannter Säuretest gewesen. Padre Cíceros Ruhm verbreitete sich wie ein Lauffeuer, und ein Balladensänger sang gar: „Padre Cícero ist Teil der Heiligen Dreieinigkeit."

Links: Innenraum einer katholischen Kirche.
Rechts: Ein Mönch bei der Kontemplation.

Religiöse Kulte

Das „Wunder der Hostie" passierte im Jahre 1895, kurz vor Ausbruch des Canudos-Krieges. Die Truppen der neu gegründeten brasilianischen Republik wurden ausgesandt, um die Bewegung von Antônio Conselheiro zu zerschlagen, eines religiösen Fanatikers, der einen Sternenregen und das bevorstehende Ende der Welt prophezeite. Die brasilianische Regierung glaubte, Conselheiro repräsentiere die Kräfte des entthronten brasilianischen Kaisers. Conselheiro und seine Anhänger dachten, die neue Republik sei der Antichrist, da sie religiöse Eheschließungen nicht anerkannte.

Die Republik sandte Tausende von Truppen, um Conselheiros Gemeinschaft in Canudos zu vernichten. Conselheiros Männer schlugen vier Angriffe der Regierung zurück. Doch 1897 gewann die Armee die Oberhand und tötete Tausende von Conselheiros Anhängern, einschließlich Frauen und Kinder. Einige der Überlebenden wanderten nach Juazeiro und verstärkten Padre Cíceros Anhängerschaft.

Holzschnitzereien und Lieder und Verse, die in Balladenbüchlein veröffentlicht wurden, trugen die Legende von Padre Cícero weiter. In den 60er Jahren errichtete man dem Priester eine Statue in Horto, und seine Kirche wurde ein vielbesuchter Wallfahrtsort, der Jahr für Jahr Tausende von Gläubigen anzieht. Die Kirche in Juazeiro ist angefüllt mit Exvotos oder Votivgaben in Form von menschlichen Körperteilen. Ist jemand von einer Krankheit genesen, erfüllt er ein Gelübde, indem er das Abbild des verletzten Körperteils schnitzt, eine Pilgerfahrt nach Juazeiro macht und die Schnitzerei als Zeichen der Dankbarkeit im Exvoto-Raum der Kirche aufhängt.

Die Kirchen in Caminde und Salvador sind angefüllt mit Exvotos – die neueren sind aus Wachs, auf Anregung der Priester, die sie einschmelzen und später als Kerzen verkaufen. Da gibt es fein modellierte Oberschenkel, Hände, Ellenbogen, pockennarbige Köpfe, Augen, perforierte Mägen etc. Eine ältere Frau, die über den Exvoto-Raum in Juazeiro wachte, war berühmt für ihre Flüche, die sie jedem entgegenschrie, der die Votivgaben zu

stehlen versuchte: „Stiehl diese Augen, und Padre Cícero wird dich blenden. Stiehl diese Lungen, und Padre Cícero wird dir die Tuberkulose schicken. Stiehl dieses Bein, und Padre Cícero wird dich mit Lepra strafen."

Eine der berühmtesten Padre-Cícero-Schnitzereien: „Das Mädchen, das zu einer Hündin wurde, weil es Padre Cícero am Karfreitag verfluchte." Die Verwandlung eines Menschen in ein Tier ist in den volkstümlichen brasilianischen Geschichten eine geläufige Strafe für den, der Moral und die religiösen Regeln verletzt.

Seit dem Tod von Padre Cícero sind zahlreiche messianische Kulte aufgetaucht. Der berühmteste ist der des Frei Damião im Nordosten, eines vor 60 Jahren aus Kalabrien nach Brasilien eingewanderten Priesters, der wie Antônio Conselheiro, Padre Cícero und eine Unzahl anderer prophetischer Gestalten im Laufe der letzten drei Jahrhunderte in einer feurigen, bildhaften Sprache Hölle und Verdamnis beschwört...

Mystizismus: Unter der Benennung *Tal der Morgenröte* (Vale do Amanhecer) entstand eine religiöse Bewegung in der Nähe von Brasília: Tausende von Anhängern warten mit Spannung auf die Jahrtausendwende, da sie überzeugt sind, zu den wenigen Auserwählten zu gehören, die das Ende der Welt überleben werden. Sie haben sich einen riesigen Tempel erbaut, den sie mit Gottheiten und religiösen Figuren angefüllt haben wie Aluxá, Jaruá, dem indianischen Weißen Pfeil und dem Medium Tante Neiva, der Begründerin der Bewegung. Etwa 60 km von Brasília entfernt, hat sich das *Tal der Morgenröte* inzwischen zum größten mystischen Zentrum Brasiliens entwickelt. Die Bewegung wurde 1959 von Tante Neiva begründet und ließ sich 1969 in Brasílias Vorort Planatina nieder. Heute gibt es hier 4000 Einwohner, eine Schule für 300 Schüler, zwei Restaurants, eine Eisdiele, ein Hotel und zwei Polizisten, die von der Polizeidienststelle Brasílias abgeordnet wurden.

Bei der Ankunft im Tal der Morgenröte sieht man Dutzende von Frauen in langen Gewändern, die mit silbernen Sternen und Mondsicheln geschmückt sind. Sie tragen Schleier und Handschuhe, passend zu ihren Kleidern (meist schwarz, blau oder rot). Die Männer tragen braune Hosen, schwarze Hemden, ein Band quer über der Brust und einen Lederschild. Sie sind die „Medien", die Tausende von Sektenmitgliedern leiten. Tante Neiva glaubte, 100 000 Brasilianer besäßen die übernatürlichen Kräfte von Medien, und sie selbst registrierte ihrem Nachfolger Mario Sassi zufolge 80 000. „Zwei Drittel der Menschheit wird zu Ende dieses Jahrhunderts verschwinden, aber wir im *Tal der Morgenröte* werden überleben", predigte Tante Neiva.

Das Tal der Morgenröte ist die jüngste der messianischen Weltende-Bewegungen Brasiliens. Hundert Jahre früher glaubten die Anhänger von König Sebastião, der im Kampf gegen die Mauren in Marokko verschwand, er würde in Brasilien wieder auftauchen, das trockene Land grün machen und das Meer austrocknen. Brasilien war immer erfüllt mit mystischer Energie und religiöser Erwartung, und wenn das Jahrhundert zu Ende geht, werden sich Energie wie Erwartung zweifellos noch intensivieren.

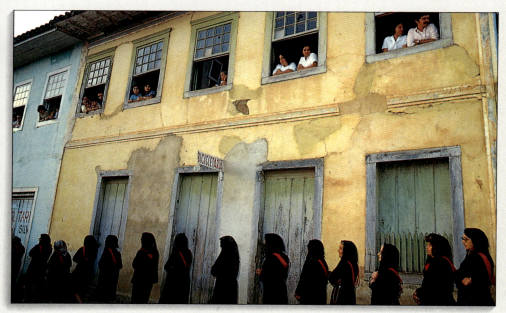

Links: Bei einer *Umbanda*-Feier. **Oben:** Katholische Prozession.

Religiöse Kulte 101

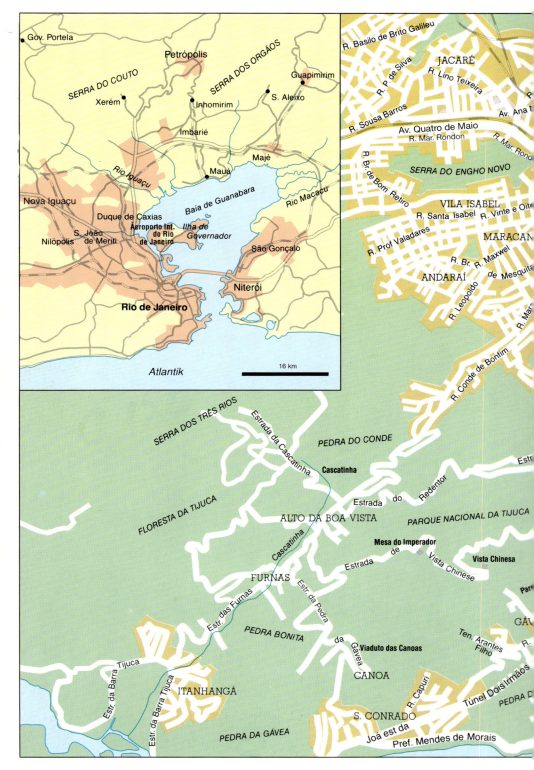

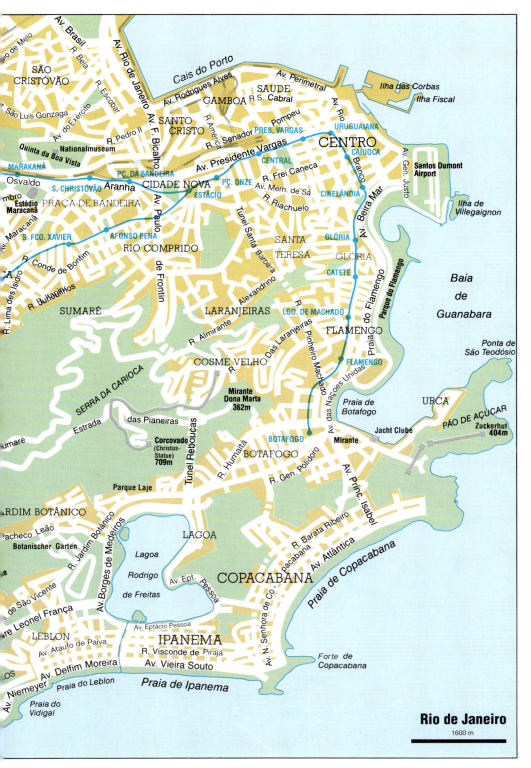

BRASILIENS GESCHENK

Wie seine Größe schon vermuten läßt, ist Brasilien ein riesiges Paket voller Geschenke. Reisende, die warmes Wasser, weißen Sand und die Schönheit der Tropen suchen, werden von der Küste Brasiliens, der längsten, wenn nicht gar der schönsten der Welt, überwältigt sein. Diese Küstenlinie, in die alle Strände der Riviera und Hawaiis passen würden und die immer noch Hunderte von Kilometern übrig hätte, bietet alles – von einsamen Palmenbuchten bis zu sanft geschwungenen Ufern oder kilometerlangen, kerzengeraden Stränden, gesäumt von Sanddünen. Ein ewiger Streitpunkt der Brasilianer ist die Frage, welcher der zahlreichen Strände nun der beste sei. Bisher hat noch niemand die Antwort gefunden.

Die Hauptstädte im Norden und Nordosten sind mit Monumenten aus der Kolonialzeit übersät, die meist am Wasser liegen. Salvador und Recife, ehemalige Kolonial-Hauptstädte, bieten die beste Mischung von Strand und Geschichte. Salvador besitzt darüber hinaus eine ganz eigene Kultur – eine einzigartige Kombination aus Schwarzafrika und dem portugiesisch geprägten Brasilien.

Die Aneinanderreihung schöner Strände setzt sich in Richtung Süden fort und erreicht in Rio, dem Inbegriff einer tropischen Küstenstadt, ihren Höhepunkt. Aber Rio de Janeiro ist mehr als die Summe seiner Strände. Es ist herrliche Landschaft (Berge und Meer), Samba, Karneval und ein entspanntes, sorgloses Leben. Die inzwischen sehr beliebten Urlaubsgebiete Búzios und Angra dos Reis, nur wenige Stunden von Rio entfernt, locken mit unberührten Stränden und tropischen Inseln, während die in den Bergen außerhalb Rios gelegenen ruhigen Hotels europäischen Stils Erholung von der oft drückenden Schwüle der Küstenebene versprechen.

In São Paulo ist Brasilien nicht mehr spielerisch, sondern wendet sich dem Ernst des Lebens zu. São Paulo, das Zentrum des größten Industriegebietes der dritten Welt, ist ein Schmelztiegel zahlreicher Nationalitäten und Rassen, was es zu einer wunderbaren brasilianischen Version von New York macht.

Je weiter südwärts man in Brasilien reist, desto stärker ist der europäische Einfluß zu spüren. Dies gilt besonders für die Staaten Paraná, Santa Catarina und Rio Grande do Sul, wo italienische, deutsche und polnische Siedler ihre Spuren hinterlassen haben. Auch hier liegt der Schwerpunkt auf Sand und Wasser, wobei die Strände von Santa Catarina die schönsten im Süden sind. Wer ins Binnenland reist, wird einige der bemerkenswertesten Naturwunder der Erde entdecken. Der Amazonas-Regenwald, der ein Drittel des Landes bedeckt, ist ebenso wie der mächtige Wasserlauf des Amazonas Schauplatz für Legenden und Märchen. Unterhalb des Amazonasgebietes breitet sich das Pantanal aus, eine riesige Sumpflandschaft – Schutzgebiet für Fische, Vögel und andere Tiere. Die wildromantischen Iguaçu-Wasserfälle im Süden gelten als das größte Naturschauspiel Brasiliens.

Vorherige Seiten: Der Zuckerhut von Rio bewacht die Einfahrt zur Guanabara-Bucht. Ein fauler Tag am Strand. Links: Die Christus-Statue von Rio im Scheinwerferlicht.

RIO DE JANEIRO

Rio de Janeiro, das sich in majestätischem Chaos über einen Streifen Land zwischen Gipfeln aus Granit und dem südlichen Atlantik erstreckt, ist der endgültige Sieg der Phantasie über die Vernunft.

Rios Straßen und Gehwege halten täglich ca. acht Millionen Menschen und eine Million Autos, Lastwagen, Busse, Motorräder und -roller aus, die alle um einen Platz kämpfen, wo höchstens für ein Drittel von ihnen Platz ist. Dieses spektakuläre Chaos kann jedoch die Begeisterung eines *Carioca*, Rios unerschütterlichem leiblichen Sohn, nicht schmälern. Für einen *Carioca* ist alles relativ, nur eines nicht – das Wunder und die Schönheit Rio de Janeiros.

Insgesamt gibt es 5,6 Millionen *Cariocas*, d.h. Bewohner des eigentlichen Rio, es leben aber weitere vier Millionen in den umliegenden Vororten. 70 % von ihnen sind – verglichen mit europäischem Standard – arm. Doch es gibt Samba, Karneval und die tröstende Anwesenheit von Rios ungewöhnlicher Schönheit. Nichts kann einen wirklich auf Rio vorbereiten – keine Ansichtskarten, keine Filme, Berichte, nichts, eigentlich nicht einmal, dort zu leben. Es gibt auch andere Städte, die hinter sich Berge und vor sich das Meer haben, aber keine andere, in der das Spiel von Licht und Schatten, die Mischung von Farben und Farbnuancen so vibrierend und fließend ist. Kein Tag ist in Rio wie der vorherige, und alle sind umwerfend schön.

Geschichte: Offiziell kamen die ersten Touristen am 1. Januar 1502 in Rio an. Sie gehörten zu einer portugiesischen Expedition unter Leitung von Amerigo Vespucci. Dieser fuhr – wie er glaubte – in eine Flußmündung ein; daher kommt der Name Rio de Janeiro, Fluß des Januar. Vespuccis Fluß war in Wirklichkeit eine 245 km große Bucht, die noch heute ihren indianischen Namen Guanabara, „Arm des Meeres", trägt.

Als die Portugiesen eine Kolonie gründeten, konzentrierten sie sich auf die Umgebung nördlich und südlich von Rio, ohne die Tamoio-Indianer zu stören, die das Land in der Umgebung der Bucht bewohnten. Dieser Friede wurde häufig durch Überfälle französischer und portugiesischer Piraten gestört. 1555 traf eine französische Flotte mit der Absicht ein, die erste französische Kolonie im Süden Lateinamerikas zu gründen. Diese Bemühungen, die Küste zu kolonialisieren, waren weitgehend erfolglos, und im Jahr 1560 griffen die Portugiesen schließlich an. Die letzten Bewohner der französischen Küste wurden 1565 vertrieben.

Von da an schenkten Brasiliens portugiesische Herren Rio immer mehr Beachtung. 1567 wurde die Stadt São Sebastiao de Rio de Janeiro gegründet. Die zunächst nach dem hl. Sebastian benannte Stadt, an dessen Namenstag die Gründung erfolgt war, nannte sich bald nur Rio de Janeiro. Ende des 16. Jahrhunderts gehörte Rio zu den vier größten Ansiedlungen der Kolonie, und von seinem Hafen aus wurde vor allem Zucker nach Europa exportiert. Rios Bedeutung wuchs im Laufe der nächsten zehn Jahre und stellte so die Vormachtstellung der Kolonialhauptstadt Salvador im nordöstlichen Bahia in Frage.

Im 18. Jahrhundert machte ein Goldrausch im Nachbarstaat Minas Gerais Rio zum Finanzzentrum der Kolonie. Gold wurde zum wichtigsten Exportgut, und das Gold Brasiliens ging über Rio nach Portugal. 1763 wurde als Anerkennung von Rios neuerworbener Stellung die Kolonialhauptstadt von Salvador nach Rio verlegt.

Bedeutendste Stadt: Bis etwa 1950 war Rio Brasiliens bedeutendste Stadt. 1808, als die portugiesische Königsfamilie vor Napoleons Armee floh, wurde Rio zur Hauptstadt des portugiesischen Imperiums. Mit der Unabhängigkeit Brasiliens im Jahre 1822 hieß Rio „Hauptstadt des Brasilianischen Reiches", und 1889 wurde es wieder umbenannt in „Hauptstadt der Republik Brasilien". Während all dieser Jahre war Rio das ökonomische und politische Zentrum Brasiliens, in dem sowohl königlicher Pomp als auch republikanische Intrigen zu Hause waren.

Im 20. Jahrhundert erfuhr der Staat São Paulo wirtschaftlichen Aufwind. 1950

<u>Vorherige Seiten</u>: Die Hügel hinauf ziehen sich **die Wohnsiedlungen der Armen von Rio.** Der berühmteste Strand der Welt: Copacobana. <u>Unten</u>: Clowns beim Karnevalsumzug.

hatte São Paulo Rio an Einwohnern und wirtschaftlicher Bedeutung überholt, was sich bis heute nicht geändert hat. 1960 war das Jahr Rios endgültiger Erniedrigung, als Präsident Juscelino Kubitschek die Landeshauptstadt in die im Zentrum des Landes neu erbaute Stadt Brasília verlegte.

Durch den Verlust seiner Vorrangstellung kam Rio aus dem Gleichgewicht. Das aufstrebende São Paulo raubte ihm obendrein seine führende Rolle als Industrie- und Finanzzentrum des Landes. Wenn die Oberschicht Rios es auch nicht zugibt, so wurde die Stadt dennoch immer mehr vom Tourismus als Haupteinnahmequelle abhängig. Aber auch in der unbehaglichen Rolle als Nummer zwei bleibt Rio das Herz der nie endenden politischen Intrigen. Entscheidungen mögen in Brasília und São Paulo fallen, aber Komplotte werden nach wie vor in Rio ausgeheckt.

Historische Innenstadt: Wer Rio besucht, bekommt die historische Vergangenheit der Stadt nur wenig zu spüren – Ergebnis sporadischen Baubooms und des unstillbaren Durstes der *Cariocas* nach allem Neuen und Modernen. Da Rio durch seine geographische Lage nur begrenzten Raum zur Verfügung hat, muß erst etwas abgerissen werden, bevor etwas gebaut werden kann. Ein Großteil des alten Rio fiel dem Abbruch zum Opfer, aber es gibt immer noch so manchen verborgenen Schatz entlang der alten Geschäftsstraßen. Auf einem Hügel thront das Kostbarste dieser Schmuckstücke: die **Kapelle Nossa Senhora da Glória do Outeiro**, allgemein nur Glória-Kirche genannt. Diese zierliche, um 1720 erbaute Kirche mit ihren strahlend weißen Mauern und klassischen Linien gehört zu den am besten erhaltenen Beispielen brasilianischen Barocks.

Im Herzen der Stadt, beim **Largo da Carioca**, liegt das **Kloster Santo Antônio**. Sein Bau begann 1608, die Hauptkirche wurde erst 1780 vollendet. Daneben steht die **Kapelle São Francisco da Penitància** aus dem Jahre 1739, deren Innenraum reich mit Blattgold und Holzschnitzereien verziert ist.

Direkt nördlich des Largo da Carioca befindet sich die **Praça Tiradentes**, ein

Eine überfüllte Straßenbahn überquert gerade das alte Aquädukt in Santa Teresa.

öffentlicher Platz, an dem Brasiliens berühmtester Revolutionär Tiradentes 1793 gehängt wurde, nachdem die Portugiesen seinem Komplott zur Unabhängigkeit der Kolonie auf die Spur gekommen waren. Der Verfall der Stadt hat dem Platz seine historische Aura genommen, ein Problem auch des dahinter liegenden **Largo de São Francisco**. Auf der Südseite des Largos, hinter den Reihen von Bussen, die den Platz einrahmen, liegt die **Igreja de São Francisco de Paula**. Die Rokokokirche ist berühmt wegen der Ausschmückung des Innenraumes durch den Barockkünstler Valentim da Fonseca e Silva.

Drei Häuserreihen entfernt vom Largo da Carioca und quer über die Hauptverkehrsstraße der Innenstadt, die Av. Rio Branco, zieht sich ein Netz kleiner Gäßchen, die von Geschäftsleuten, Einkaufenden und den endlos vielen Laufburschen nur so wimmeln. An der **Praça XV de Novembro** liegt der **Paço Imperial**, ein klassisches Bauwerk aus dem Jahre 1743, das erst Hauptgebäude für die Generalgouverneure Brasiliens und später Kaiserpalast war. Der Paço ist seit seiner Restaurierung Kulturzentrum.

In der Nähe, an der **Rua Primeiro de Marco**, liegt die **Kirche Nossa Senhora do Carmo**, die 1761 errichtet wurde und in der beide Kaiser Brasiliens, Pedro I. und Pedro II., gekrönt wurden. Daneben liegt, nur durch ein enges Gäßchen getrennt, die **Kirche Nossa Senhora do Monte do Carmo** aus dem Jahr 1770.

Vier Häuserreihen westlich der Praça XV befindet sich Rios auffallendste Kirche, die **Igreja da Candelária**. Dieser zwischen 1775 und 1877 erbaute Kuppelbau steht wie ein zeitloser Wächter am Beginn der Av. Presidente Vargas, die sich vor ihr erstreckt. Fünf Häuserreihen östlich der Av. Rio Branco steht an einem Hügel das **Kloster São Bento** aus dem Jahr 1633. Es liegt genau über der Bucht, doch viel beeindruckender als der Blick von dem Hügel sind die prachtvollen, mit Blattgold verzierten Schnitzereien des Klosters.

Erdaufschüttungen: Der Hügel, auf dem das Kloster steht, ist einer der wenigen, die im Zentrum Rios überlebt haben. Die

Diese Vogeldrachen kann man am Strand von Copacobana kaufen.

116

anderen, die es während der Kolonialzeit noch gab, fielen dem Fortschrittsglauben der *Cariocas* zum Opfer. Die Candelária-Kirche, die früher nahe am Wasser stand, ist heute aufgrund von Aufschüttungen mit der Erde abgetragener Hügel weit davon entfernt. Der tragischste Fall passierte 1921-22, als der im Zentrum gelegene Hügel von Castelo zusammen mit den verbliebenen Bauwerken aus dem 16. und 17. Jahrhundert abgetragen wurde.

Bevor der Hügel verschwand, bildete er eine Art räumliche Kulisse für Rios eleganteste Prachtstraße. Die 1905 eingeweihte Avenida Central entsprach der Vorstellung eines tropischen Paris von Präsident Rodrigues Alves. Leider übersah Alves die Tatsache, daß die Innenstadt Rios, anders als die von Paris, nur noch in die Höhe wachsen konnte. Im Laufe der Jahre wurden die drei- bis fünfstöckigen Gebäude der Avenida Central von 30stöckigen Hochhäusern abgelöst, und schließlich änderte sich auch der Name der Straße, die heute Av. Rio Branco heißt. Von den 115 Gebäuden, die die Av. Central 1905 säumten, sind nur zehn übrig. Die drei auffallendsten sind: das **Stadttheater**, fast eine Kopie der Pariser Oper mit einem der ungewöhnlichsten Restaurants der Welt in unvergeßlichem assyrischen Stil. Ferner die **Staatsbibliothek**, eine spannungsvolle Mischung von Neoklassizismus und Art nouveau, und zuletzt das **Museum der Schönen Künste** mit den Werken von Brasiliens größten Künstlern.

Museen: Die meisten von Rios wichtigen Museen liegen im Zentrum oder in seiner Nähe. Neben dem Kunstmuseum gibt es: das **Museum der Republik** im Stadtteil **Catete**, zehn Minuten vom Zentrum und der früheren Residenz der brasilianischen Präsidenten entfernt; das **Historische Museum**, das direkt südlich der Praça XV liegt und Brasiliens Nationalarchiv beherbergt; das **Marine- und Ozeanographiemuseum**, einen Block nördlich des Historischen Museums und berühmt für seine Schiffsmodelle; das **Museum für Moderne Kunst** an der Bucht neben dem Flughafen der Innenstadt (leider wurde die wertvolle Sammlung bei einem Feuer völlig zer-

An einer Bushaltestelle während der Fußballweltmeisterschaft 1986.

stört – eine neue Sammlung wird aufgebaut); das **Indianermuseum in Botafogo**, zehn Minuten von der Innenstadt entfernt, eine ausgezeichnete Informationsquelle über Brasiliens Indianerstämme; die **Casa Ruy Barbosa** beim Indianermuseum, das einstige Haus eines der berühmtesten brasilianischen Gelehrten und politischen Führer.

Fünfzehn Autominuten vom Zentrum entfernt liegt das **Nationalmuseum**, das im 19. Jahrhundert die Residenz der Kaiserfamilie war. Der beeindruckende, neben Rios Zoo gelegene Palast zeigt naturkundliche und archäologische Objekte sowie eine mineralogische Sammlung. Er befindet sich in der Quinta da Boa Vista.

Santa Teresa: Nur wenige Minuten von den belebten Straßen der Innenstadt entfernt liegt der Stadtteil **Santa Teresa** – hoch oben auf dem Bergkamm. Eine Legende erzählt, schwarze Sklaven seien im 18. Jahrhundert, als Rio Brasiliens wichtigster Sklavenhafen war, entlang der Bergwege von Santa Teresa vor ihren Besitzern geflohen. In Santa Teresa siedelten sich noch mehr Menschen an, als eine Gelbfieberepidemie die Stadtbevölkerung zwang, in die Berge zu fliehen, um den Moskitos, die die Krankheit übertragen, zu entkommen. Gegen Ende des 19. Jahrhunderts wurde Santa, wie es von den Bewohnern genannt wird, zu einer bevorzugten Adresse für die Reichen Rios, deren viktorianische Villen an den Hängen aus dem Boden zu schießen begannen. Auch Intellektuelle und Künstler zog es hinauf in diese kühle, ruhige Gegend, nahe an der Innenstadt.

Heutzutage ist das architektonische Durcheinander der Häuser, die die kurvigen, mit Kopfsteinen gepflasterten Straßen der Hänge von Santa Teresa flankieren, eine der typischsten Ansichten Rios. Villen mit Giebeldächern, schmiedeeisernen Gittern und bunten Glasfenstern stehen harmonisch neben eher gediegenen Gebäuden auf dem Berg, der einen phantastischen Blick auf die darunterliegende Bucht bietet.

Vom **Petrobras**-Gebäude (Brasiliens staatliche Ölgesellschaft) im Zentrum fahren offene Straßenbahnen den malerischen Weg bergauf und durch Santas

Abendlicher Bummel an der Lagune.

Straßen, die viele Überraschungen bergen. Der Höhepunkt des Ausflugs ist die Überquerung des **Carioca-Aquädukts**, der von den Einheimischen **Arcos da Lapa** genannt wird und das eindrucksvollste Wahrzeichen von Rios Zentrum ist.

Der Aquädukt, der im 18. Jahrhundert erbaut wurde, um Wasser von Santa Teresa in die Innenstadt zu befördern, wurde 1896 durch den Beginn des Straßenbahnverkehrs zum Viadukt. Seither tragen die riesigen Granitbögen die hinauf und hinunterfahrenden Straßenbahnen. (Obwohl dies einer der interessantesten Tagesausflüge in Rio ist, sollten Touristen davor gewarnt sein, daß die Straßenbahnen oft von Taschendieben heimgesucht werden.)

In Santa Teresa gibt es genauso viele Aussichtspunkte wie Blumen und Grünanlagen. Den schönsten Blick auf die Bucht hat man von der zweiten Haltestelle aus; andere schöne Plätze sind die Treppen, die von Santas Straßen in die Hunderte Meter tiefer liegenden Stadtteile **Glória** und **Flamengo** führen, und das Gelände des **Chácara do Céu-Museums** (Kleines Haus im Himmel-Museum), das einen herrlichen Blick über die Stadt, den Aquädukt und die Bucht bietet.

Das Museum gehört zu den Hauptattraktionen von Santa Teresa. Es befindet sich in der Rua Murtinho Nobre 93 und besitzt eine stolze Sammlung von Malern der Moderne, u.a. von Brasiliens größtem modernen Maler Candido Portinari sowie von europäischen Meistern wie Braque, Dalí, Matisse, Monet und Picasso.

Die Bucht: Seit ihrer Entdeckung im Jahr 1502 ist Rios Guanabara-Bucht ein Muß für Besucher der Stadt. Einer von ihnen, Charles Darwin, schrieb 1823: „Die Guanabara-Bucht übertrifft an Schönheit alles, was ein Europäer in seinem Heimatland gesehen hat." In moderner Zeit hat sich die Bucht jedoch zu einer riesigen Müllhalde der *Cariocas* entwickelt, die täglich etwa 1,5 Millionen Tonnen Abfall hineinschütten. Trotzdem ist die Szenerie der Bucht sehr schön, noch betont durch die beiden Forts, eines aus dem 17., das andere aus dem 19. Jahrhundert, die ihre Einfahrt bewachen.

Ausflüge auf die andere Seite der Bucht zur Stadt Niterói oder zu den Inseln in der Bucht lassen sich leicht organisieren. Vom Boot aus hat man einen traumhaften Blick zurück auf Rio und das satte Grün seiner Berge. Am billigsten sind die Fähren, aber bequemere Luftkissenfahrzeuge verkehren auch in der Bucht (beide fahren an der Praça XV de Novembre ab). Ein vornehmes Touristenboot fährt vom Sol e Mar-Restaurant beim Botafogo Yacht Club ab. Die beliebteste Haltestelle ist die **Insel Paqueta**, die größte der 84 Inseln der Bucht. Besucher können Fahrräder mieten oder eine Rundfahrt in einer Pferdekutsche machen. Paqueta hat Strände, aber man sollte dort nur sonnenbaden, da das Schwimmen in der Bucht nicht ratsam ist.

Obwohl *Cariocas* in der Regel auf Niterói herabblicken, hat die Stadt ihren eigenen Reiz. Vom **Parque da Cidade** aus, der am Ende einer kurvigen, bergauf führenden Straße inmitten eines Regenwaldes liegt, hat man einen wunderbaren Ausblick auf die Bucht und die Berge. Am Fuße des Hügels, auf dem dieser Aussichtspunkt liegt, ist der **Itaipu-Strand**, der ein ähnliches Panorama von Rio bietet.

Ein *Carioca* am Strand.

Zuckerhut: Das zweifellos berühmteste Wahrzeichen der Guanabara-Bucht ist der massive Granitblock, der an ihrer Einfahrt in den Himmel ragt, weltberühmt als **Zuckerhut**. Die Indianer nannten diesen so einzigartig geformten Monolithen *Pau-nd-Acuqua*, was hoher, spitzer, allein stehender Gipfel heißt. Für die Portugiesen klang das wie *Pão de Açúcar* (Zuckerhut), und seine Form erinnerte sie an die Lehmformen, die man braucht, um die sogenannten Zuckerhüte herzustellen.

1912 wurde die erste Seilbahnverbindung erbaut, die von der **Praia Vermelho** am Fuß des Zuckerhuts in zwei Teilabschnitten zum Gipfel führt. Der erste Halt ist an dem rundlichen Berg **Urca** am Fuß des Zuckerhuts. Die ursprüngliche, für 24 Personen gemachte, deutsche Seilbahn war 60 Jahre in Betrieb, bis sie schließlich 1972 von größeren Kabinen ersetzt wurde.

Heute werden die Besucher in italienischen, blasenförmigen Gondeln, die bis zu 75 Personen fassen und einen Blickwinkel von 360 Grad bieten, befördert. Für jeden Abschnitt braucht man nur drei Minuten, es fahren zwei Kabinen gleichzeitig von oben und unten los, die dann auf halber Höhe aneinander vorbeisurren. Abfahrt vom Fahrkartenschalter Praia Vermelho halbstündlich von 8.00 bis 22.00 Uhr.

Vom Morro da Urca wie auch vom Zuckerhut aus hat man überall einen ausgezeichneten Blick, und es führen Gehwege zu den Aussichtspunkten. Im Westen liegen die Strände von Leme, Copacabana, Ipanema und Leblon und dahinter die Berge. Direkt unter Ihnen sind die Stadtviertel Botafogo und Flamengo, dahinter der Corcovado mit der Christusstatue. Im Norden verbindet die hohe Brücke über die Bucht Rio de Janeiro mit Niterói, dessen Strände sich ostwärts erstrecken. Die Aussicht vom Zuckerhut ist zu jeder Tageszeit außergewöhnlich schön.

Die Strände: Während man in der Bucht heute nicht mehr schwimmen sollte, waren die umliegenden Strände einmal für die *Cariocas* die Hauptattraktion. Zu Beginn des Jahrhunderts wurden Tunnels erbaut, die Botafogo an der Bucht mit dem Ozeanstrand Copacabana verbinden, und somit hatte Rios Strandleben ein neues Zuhause. Seither führte die Suche der *Cariocas* immer weiter südlich, erst Copacabana, dann nach Ipanema und Leblon, dann São Conrado und heute bis Barra da Tijuca und weiter.

Im Laufe der Zeit entwickelte sich ein Tag am Strand von einem ruhigen Familienausflug zu einem allumfassenden Lebensstil für jung und alt. Heutzutage ist der Strand nicht Teil des Lebens in Rio, sondern das Leben schlechthin.

Der Strand ist gleichzeitig Kindergarten, Schulhof, Lesesaal, Fußball- und Volleyballfeld, Bar für Singles, Restaurant, Rockkonzerthalle, Fitness-Center und Büro. Manchmal geht einer ins Wasser, aber nur als Erfrischung vor wichtigeren Aktivitäten. Die *Cariocas* lesen, plaudern, denken nach und schließen Geschäfte am Strand ab. An einem Sommerwochenende verbringt fast ganz Rio eine gewisse Zeit am Strand, was aber nicht heißt, daß sie unter der Woche nicht auch dort sind. Eines der großen Geheimnisse Rios ist es, wie an einem Sonnentag überhaupt etwas funktioniert.

Unten: Er fühlt sich wohl in Rio... **Rechts:** Bei dieser Aussicht verständlich!

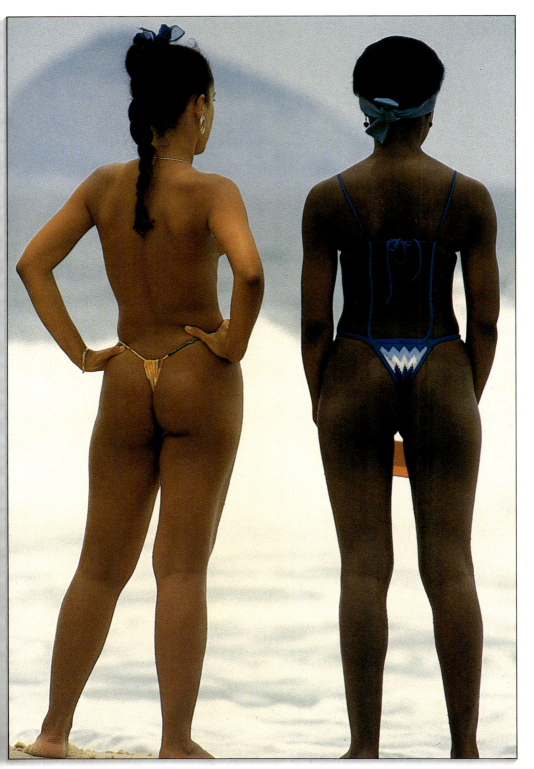

Soziologen in Rio behaupten, daß das Strandleben als wichtigstes Ventil den größten Ausgleich für die *Cariocas* schaffe. Nach dieser Theorie wäre also die arme Mehrheit der Stadtbevölkerung – die Bewohner der am Berg gelegenen **Favelas**, der Siedlungen und Slums im Norden der Stadt –, die ebenso Zutritt zum Strand hat, mit ihrer Armut zufrieden. Erstaunlicherweise ist in dieser romantischen Vorstellung ein Fünkchen Wahrheit enthalten, wenn auch die steigende Verbrechensrate seit den 80er Jahren das Gegenteil beweist. Die Strände aber sind für alle kostenlos.

Rios Strände sind zwar für alle da, aber nicht völlig klassenlos. Ein kurzer Spaziergang entlang der Copacabana führt Sie vorbei an kleinen Grüppchen von Badenden, die eine eigene gesellschaftliche Spezies oder Klasse vereinigen – Homosexuelle, Pärchen, Familien, Teenager, Yuppies, Berühmtheiten etc. Am nächsten Tag sitzt dieselbe Gruppe am selben Platz – eine „Strandgesellschaft", die zum festen Bestandteil von Rios Leben geworden ist.

Trotz ihres Alters und ihrer „Verschleißerscheinungen" bleibt die **Copacabana** die Zierde von Rios Stränden. Ihre klassische Halbmondform, an einem Ende verankert durch die imponierende Gestalt des Zuckerhuts, machte die Copacabana zu einem jahrzehntelangen Postkartenmotiv von Weltrang. Der Strand wurde bekannt in den 20er Jahren nach der Eröffnung des Copacabana-Palasthotels im Jahr 1923, des einzigen Luxushotels Südamerikas. Auch Anfang der 20er Jahre wurde das Glücksspiel legalisiert, und die Copacabana besaß bald die lebhaftesten Kasinos von Rio. Mit dem Glücksspiel und dem besten Hotel des Kontinents avancierte die Copacabana zum internationalen Treff weltbekannter Persönlichkeiten. Eine Nacht im Copacabana, wie das Hotel getauft wurde, wurde zu einem Muß für Leute wie Lana Turner, Eva Peron, Ali Khan, Orson Welles, Tyrone Power und sogar John F. Kennedy.

1946 wurden Glücksspiele in Kasinos zwar verboten, aber bis 1950 änderte sich eigentlich nicht viel. In den 60er Jahren

Links: Liebesidyll in der Hängematte. **Rechts**: „Meine Freundin ist der Fußball."

durchlief die Copacabana dann eine Krise, die aber in den 80er Jahren durch den Bau von drei größeren Hotels und die Renovierung anderer, das berühmte Copacabana-Palasthotel eingeschlossen, wieder überwunden war.

Heute ist sie dadurch, daß der Strand durch Landaufschüttungen verbreitert wurde, für Touristen wieder attraktiv. An heißen Sommertagen laufen buchstäblich Hunderttausende Sonnen- und Wasseranbeter durch ihren glühend heißen Sand. Verkäufer von Getränken, Essen, Sonnenschutzmitteln, Hüten, Sandalen und den für Rio typischen Vogeldrachen schleppen sich über den Strand und untermalen das Spiel der vielen Farben mit ihren eintönigen Stimmen und den schnellen Rhythmen kleiner Trommeln. Badende liegen unter bunten Strandschirmen oder Schutzdächern, tauchen kurz in den Ozean und schlendern dann über die **Avenida Atlântica**, die Strandpromenade, um in einem Straßencafé ein kühles Bier zu trinken.

An jedem beliebigen Wochenende im Sommer bummeln bis zu einer halben Million *Cariocas* und Touristen die Copacabana entlang. Das Gewimmel ist die Fortsetzung des jenseits des Strandes herrschenden Treibens. Die Copacabana besteht aus 109 Straßen, wo über 300 000 Menschen in Hochäusern zwischen den Bergen und dem Atlantik zusammengedrängt sind. Für sie ist der Strand so etwas wie ein Garten hinter dem Haus.

Corcovado: Beherrscht wird Rios Strandleben von der berühmten Erlöserstatue, die mit ausgestreckten Armen auf dem Gipfel des **Corcovado** (Buckelberg) liegt. Diesen 710 m hohen Hügel kann man im gemieteten Auto oder Taxi erreichen, am meisten zu empfehlen ist aber die 3,7 km lange Corcovado-Eisenbahn, die alle paar Minuten von einer Haltestelle im Stadtteil **Cosme Velho**, auf halbem Weg zwischen Zentrum und Copacabana, losfährt. Die malerische Fahrt geht bergauf durch tropisches Grün mit Blick auf den Berg und die Stadt. Ganz oben steht die **Christus-Statue**, die Tag und Nacht von beinahe ganz Rio aus sichtbar ist. Die 30 m hohe Granitstatue ist das Werk einer Gruppe von

In Rio findet man die knappsten Bikinis der Welt.

Handwerkern unter der Leitung des französischen Bildhauers Paul Landowsky und wurde 1931 vollendet. Seither buhlt sie mit dem Zuckerhut um die Titel „Wahrzeichen von Rio" und „bester Aussichtspunkt". Ein bedeutender Vorteil des Corcovado gegenüber dem Zuckerhut ist, daß man von ihm aus den besten Blick auf den Zuckerhut selbst hat. Der hoch über die Stadt ragende Corcovado sieht hinab auf die Bucht, Niterói auf der anderen Seite und nach rechts auf die im Süden gelegenen Atlantikstrände Copacabana und Ipanema und die schöne Rodrigo-de-Freitas-Lagune.

Der Tijuca-Wald: Eingerahmt wird der Corcovado von einer der unbekanntesten, doch bezauberndsten Naturschönheiten Rios, dem **Tijuca-Wald**, einem tropischen Reservat, durch dessen üppige, mit Wasserfällen durchsetzte Vegetation sich über 100 km lange, enge zweispurige Straßen schlängeln. Entlang des Wegs gibt es mehrere ausgezeichnete Aussichtspunkte: die **Mesa do Imperador**, einer Legende nach der Ort, an dem Brasiliens Kaiser Dom Pedro II. mit seiner Familie zu picknicken pflegte. Von dort aus sieht man direkt auf die Lagune und die südlichen Stadtteile; die **Vista Chinesa** (Chinesische Aussicht) mit Blick Richtung Süden und seitlich zum Corcovado; das **Dona Marta Belvedere** direkt unterhalb des Corcovado-Gipfels mit direktem Blick auf den Zuckerhut.

Ipanema: Fast überall entlang der Hauptstraße durch den Tijuca-Wald hat man einen herrlichen Blick auf den Strand und den Stadtteil **Ipanema**, seine Fortsetzung **Leblon** und die **Rodrigo-de-Freitas-Lagune**, von den *Cariocas* kurz Lagoa genannt. Dies ist der „Geldgürtel" Rios, in dem alteingesessene Reiche und neureiche *Cariocas* zu Hause sind. Ipanema (indianisches Wort für „gefährliche Wasser") begann 1894 als abenteuerliche Landerschließung, markiert von ein paar Sandstraßen über die Dünen und einer Handvoll Bungalows. Dieser Stadtteil, der als abgelegener Außenposten fernab jeder Zivilisation galt, fand erst Beachtung, als das Gedränge an der Copacabana zu groß wurde und die Wohlhabenden zur nächsten Bucht weiter im Süden zogen.

Von den 50er Jahren an bis heute erlebte Ipanema einen ungeheuren Bauboom und eine ebensolche Bevölkerungsexplosion. Die schicken Häuser von einst wurden durch vierstöckige Wohnblöcke und seit den 60er Jahren zunehmend durch Hochhäuser ersetzt, wodurch die Skyline von Ipanema immer mehr zu einer Neuausgabe der Copacabana wird. Für langjährige Bewohner von Ipanema gleicht diese Umgestaltung einem Verbrechen gegen die Menschheit, und sie haben sich geschworen, es zu bekämpfen. Die für *Cariocas* übliche Gelassenheit vergessend, haben die Stadtteile Ipanema, Leblon, die Lagune und das anliegende Gávea und Jardim Botânico Rios ersten entschlossenen Versuch gewagt, die natürlichen und die von Menschen geschaffenen Reize der Stadt zu bewahren – erfreulich für eine Stadt, die entlang einiger ihrer schönsten Routen schon tiefe Wunden aufweist. Es überrascht nicht, daß derartige Bemühungen von Ipanema ausgehen. In den 60er Jahren überschwemmte eine Welle des Liberalismus diesen Stadtteil. Rios Bohème wie auch Intellektuelle trafen sich in den Straßencafés und Bars von Ipanema und philosophierten über die Bewegungen des Jahrzehnts – Hippies, Rock'n'Roll, die Beatles, Drogen, lange Haare und freie Liebe. Man hatte durchaus auch Humor und äußerte ihn monatlich in einer Zeitschrift, die voller Stolz die Gründung der Unabhängigen Republik Ipanema bekanntgab.

Zwei der prominentesten ersten Mitglieder der Republik waren der Dichter Vinicius de Moraes und der Songwriter Tom Jobim. Eines Tages bezauberte Jobim ein schönes Schulmädchen, das an seinem Stammcafé in Ipanema vorbeiging. Wochenlang folgte er ihr jeden Tag gemeinsam mit seinem Freund Moraes. Begeistert setzten die beiden ihre Gefühle in Worte und Musik um, und das Ergebnis ist der Pop-Klassiker *The Girl from Ipanema*.

Diese mystische Mischung aus Camelot und Haight Asbury fand 1964 durch den Militärputsch und die folgende Hetzjagd auf Liberale ein Ende. Moraes ist inzwischen tot, und Jobim wurde ein international berühmter Komponist. Das *girl*, Heloisa Pinheiro, ist eine schöne Geschäftsfrau und vierfache Mutter. Die Straße, die Heloisa entlangging, ist nun nach Moraes benannt, und die Bar heißt *A Garota de Ipanema* (Das Mädchen von Ipanema).

Trotz ihrer Kürze prägte diese Periode den modernen Charakter der *Cariocas*: respektlos, unabhängig und, was Körper und Geist angeht, ausgesprochen liberal. Seit dieser Zeit liegt Ipanema auch als Trendsetter an der Spitze und hat die Copacabana auf den zweiten Platz verwiesen.

Ipanema ist Rios Zentrum für Eleganz und Raffinement. Wenn etwas in Ipanema nicht „in" ist, dann ist es einfach nicht in. Rios schickste Boutiquen säumen die Straßen von Ipanema und Leblon (derselbe Stadtteil, den ein Kanal abtrennt, der Lagune und Ozean verbindet).

Die modernsten von Ipanemas berühmten Boutiquen liegen an der Hauptstraße des Stadtteils, der **Visconde de Piraja**, und Nebenstraßen verlaufen in beiden Richtungen (Die Rua Garcia d'Avila ist super). Die Geschäfte in Ipanema bieten neben Kleidung auch Lederwaren und Geschenkartikel an. Was letzteres betrifft, so ist Ipanema inzwischen Rios Schmuckzentrum. Brasilien ist weltweit der größte Lieferant farbiger Edelsteine. Eine große Auswahl davon findet man in der Rua Visconde de Piraja zwischen der Rua Garcia d'Avila und der Rua Anibal Mendonca, wo neben der Hauptniederlassung von H. Stern, Brasiliens führendem Juwelier und einem der größten der Welt, sieben andere Schmuckgeschäfte sind.

Der Strand von Ipanema ist eine kleinere Ausführung der Copacabana, sowohl in der Länge als auch in der Breite. Zur Copacabana hin liegt ein Abschnitt namens Arpoador, an dem man gut surfen kann. Das andere Ende wird bewacht von dem imposanten Berg **Dois Irmãos** (Zwei Brüder), der eine der aufregendsten natürlichen Kulissen Rios bildet. Morgens sind die Gehwege voller Jogger und Radfahrer, während Gymnastikgruppen am Strand ihr Pensum erfüllen. Tagsüber sieht man die goldene Jugend Rios am Strand und im Wasser (dem Image seiner freigeistigen und wagemu-

Links: Familienausflug im Botanischen Garten von Rio. **Rechts**: Strandkünstler in Ipanema.

tigen Jugend entsprechend, ist Ipanema der einzige Strand, an dem Frauen – doch nur ganz wenige – oben ohne gehen).

Palmen tragen zu der besonderen, eher intimen Szenerie Ipanemas bei. Bei Sonnenuntergang sind die Gehsteige voller Händchen haltender Liebespaare aller Altersgruppen. Da Ipanema weniger turbulent und laut ist als die Copacabana, bewahrt es Rios Romantik mehr als irgendeiner der 23 anderen Strände der Stadt.

Abseits der Strände: Von Ipanema landeinwärts findet man einen weiteren Inbegriff von Rios Romantik, die **Lagoa**. Dieser natürliche See, der im 16. Jahrhundert zu einer Zuckerplantage gehörte, ermöglicht es, sich von den vollen südlichen Stränden Rios zu erholen. An seinen geschwungenen Ufern erfreuen sich Jogger, Spaziergänger und Radfahrer an Rios schönstem Bergpanorama – dem Corcovado und dem Tijuca-Wald, dem Berg Dois Irmãos und dem in der Ferne liegenden flachen Gipfel des Gávea. Am Wochenende macht man an der Lagune Picknick oder spaziert durch den gegenüberliegenden **Cantalago-Park**.

Nähert man sich den Bergen, so liegt auf der vom Strand am weitesten entfernten Lagunenseite an der **Rua Jardim Botânico** Rios **Botanischer Garten**. Auf einer Fläche von 100 Hektar gibt es an die 235 000 Pflanzen und Bäume 5000 verschiedener Arten. Für den Park, den der portugiesische Kronprinz Dom João VI 1808 anlegen ließ, wurden verschiedendste Pflanzen- und Baumarten aus allen Teilen der Welt eingeführt. Der ruhige Garten ist eine Oase der Entspannung von der Hitze und Hektik Rio de Janeiros, und die unzähligen tropischen Gewächse verdienen eine ausführliche Betrachtung. Am Eingang des Parks bildet eine Doppelreihe aus 134 Königspalmen, die 1842 gepflanzt wurden, eine majestätische Allee.

Die Strände außerhalb Rios: Südlich von Ipanema gibt es die einsamsten und unberührtesten Strände Rios. Der erste, **São Conrado**, liegt inmitten eines idyllischen, natürlichen Amphitheaters, an drei Seiten umschlossen von dicht bewaldeten Bergen und Hügeln. Dazu gehört auch der **Gávea-Berg**, ein riesiger Granitblock, der in seiner Form und Größe eindrucksvoller als der Zuckerhut ist. São Conrado, das bei den wohlhabenden jungen *Cariocas* beliebt ist, kann man von Ipanema aus durch einen Tunnel durch den Dois Irmãos erreichen. Eine weit interessantere Strecke ist jedoch die **Avenida Niemeyer**, ein technisches Glanzstück, das 1917 fertiggestellt wurde. Sie schmiegt sich an die Klippen von Leblon bis São Conrado. Bisweilen verläuft sie direkt oberhalb des Meeres und bietet einen eindrucksvollen Blick auf den Ozean und das dahinterliegende Ipanema. Die beste Aussicht ist bis zum Ende aufgespart, wo die Straße nach São Conrado hinabführt und plötzlich der Atlantik und der hochaufragende Gávea auftauchen.

Vidigal: Auf der Hangseite der Avenida Niemeyer liegt der Stadtteil **Vidigal**, eine wenig originelle Mischung von Reich und Arm. Die am Berg liegenden Häuser der Reichen werden allmählich von den sich ausbreitenden Barracken der *Favela* von Vidigal, einem der größten Slums Rios, umschlossen. An der dem Meer

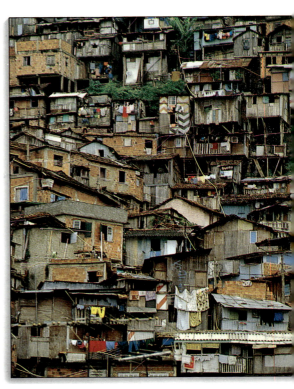

Wolkenkratzerartig ziehen sich die *Favelas* an den Berghängen hoch.

zugewandten Seite der Avenida steht das Sheraton Hotel. Obwohl in Rio laut Gesetz jedermann Zugang zum Strand haben sollte, vermittelt der imposante Bau des Sheraton, der die gesamte Breite des Strandes von Vidigal beherrscht, den Eindruck, das einzige Hotel der Stadt mit Privatstrand zu sein.

São Conrado: Viel Platz und kein Gedränge wie an der Copacabana und in Ipanema, das unterscheidet die Strände an der Peripherie von ihren bekannteren Nachbarn. Wenn auch die Fläche von São Conrado begrenzt ist, so hat es doch eine offene Weite, was der **Golfplatz von Gávea** (18 Löcher) in seiner Mitte beweist.

Das zu Rios exklusiveren Adressen zählende São Conrado ist ein beinahe perfekter Mikrokosmos der Gesellschaft Rios. Im Tal leben *Cariocas* der mittleren und oberen Mittelschicht in bisweilen luxuriösen Appartements, Häusern und Eigentumswohnungen entlang der Strandpromenade und um den Golfplatz. Die besondere Lage des Golfplatzes macht ihn zu einem der schönsten der Welt und trägt zur Dominanz der Farbe Grün in São Conrado bei. Aber so üppig São Conrado auch ist, seine Schönheit wird durch ein breites, aus der Hügelvegetation geschnittenes Band beeinträchtigt. Dort breitet sich nämlich **Rocinha**, der größte Slum Brasiliens, wie ein Schatten über den ganzen Berg aus. In diesem Ameisenhaufen enger Gäßchen und Straßen leben über 60 000 Menschen (einige Schätzungen behaupten doppelt so viele) meist in zerfallenen Ziegelhäusern und Baracken zusammengepfercht.

Drachenflieger: Am Ende von São Conrado rauscht eine Schnellstraße am wuchtigen Gávea vorbei. An diesem Punkt schweben oft Drachenflieger in der Luft und bereiten sich auf die Landung am Strand vor. Rechter Hand führt eine andere Straße den Berg hinauf zum Startplatz „Vogelmenschen". Die gleiche Straße geht zurück zum Tijuca-Wald und zum Corcovado und kämpft sich, vorbei an herrlichen Aussichtspunkten, durch das tropische Dickicht. Für Touristen, die das Gefühl erleben wollen, von einer hölzernen Startbahn in 510 m Höhe

Drachenflieger über São Conrado.

FEIJOADA

Nichts ist typischer für Rio als eine Samstags-*Feijoada*. Dieses ursprünglich einfache Bohnengericht mit seinen traditionellen Beilagen hat den Rang eines Nationalgerichts erreicht und ist bei Armen, Reichen und Touristen gleich beliebt. Abwandlungen mit anderen Bohnen-, Fleisch- und Gemüsesorten findet man in ganz Brasilien, aber nur die berühmte, aus schwarzen Bohnen gemachte *Feijoada* aus Rio ist eine richtige *Feijoada*.

In Rio ist es Tradition, Samstag mittags eine *Feijoada* zu essen. Obwohl sie streng genommen ein Mittagessen ist, wird sie den ganzen Nachmittag über serviert, und *Cariocas* sitzen oft stundenlang bei Tisch. Theoretisch ist es möglich, wenig zu essen, aber man findet wohl keinen, der dies tut. Der Grund sind vielleicht die vielen Zutaten, die man probieren muß, oder einfach der ausgezeichnete Geschmack. Oder vielleicht hat der Brauch, mit Freunden zusammenzusitzen, daraus eine so gemütliche Sache gemacht? – Warum auch immer man so kräftig zugreift, wenn eine *Feijoada* auf dem Tisch steht, es ist auf jeden Fall gut, hungrig im Restaurant einzutreffen. Schwimmen oder ein Spaziergang am Strand wären eine gute Vorbereitung auf Ihre erste *Feijoada*. Warten Sie am besten bis zum späteren Nachmittag und bitten Sie dann Ihr Hotel, Ihnen ein gutes Restaurant zu empfehlen – einige, dazu gehören auch ein paar der besten Hotels in Rio wie das Sheraton, Caesar Park und Inter-Continental, sind bekannt für ihre *Feijoada completa*.

Was ist eine *Feijoada*? Ursprünglich war sie ein Sklavenessen. In einen Topf mit Bohnen wurden allerlei Reste vom Essen des Gutsherrn dazugemischt.

In der heutigen Zeit gibt man Zutaten in eine *Feijoada*, die die Sklaven nie in ihrem Bohnentopf gesehen haben. (Obwohl die Tradition Delikatessen wie Ohren, Schwanz, Füße und oft Schnauze vom Schwein fordert, richten sich die besseren Lokale heute nicht mehr danach.) In eine moderne *Feijoada* kommen mehrere getrocknete, gesalzene und

Diese Portion *Feijoada* ist wohl kaum zu schaffen.

geräucherte Fleischsorten, gepökeltes Schweinefleisch, getrocknetes Rindfleisch, Zunge, Schweinelende und -rippen und Speck. Die Bohnen, die lediglich ein Vorwand für dieses gute Essen zu sein scheinen, sind mit Zwiebeln, Knoblauch und Lorbeerblättern gewürzt und werden mit viel Fleisch stundenlang gekocht.

So sieht das Gericht nun aus (die dazu gereichten Beilagen gelten als unabdingbar): Erst serviert man als *Abriodeira* (wörtlich: Öffner) oder Aperitif eine *Caipirinha* – zerstoßene Limonenscheiben mit Zucker, Eis und Cachaça (Zuckerrohrschnaps). Beilagen sind weißer Reis, über dem die Bohnen verteilt werden, glänzender Grünkohl (fein geraspelt und sautiert), Orangenscheiben als Ausgleich für das fette Fleisch und *Farofa*, Maniokmehl in Butter geröstet, manchmal mit Zwiebeln, Ei oder sogar Rosinen. Viele Restaurants reichen dazu auch knusprig gebratenen Speck mit Schwarte (*Torresmo*). Das Fleisch wird meist auf einer separaten Platte serviert.

Eine besondere Note, die man jedoch selbst bestimmen kann, verleihen dem Ganzen noch Chilis. Fragen Sie nach *Pimenta*, winzigen *Malagueta*-Chilis, die den mexikanischen *Jalapenos* ähneln. Wenn Sie es wirklich sehr scharf mögen, zerdrücken Sie ein paar davon auf Ihrem Teller, bevor Sie sich das Essen nehmen. Eine Bohnensauce aus Zwiebeln und Chilis wird separat gereicht, die extrem scharf sein kann.

Obwohl durch das Einweichen das meiste Salz aus dem Fleisch gewässert wurde, bevor man es zu den Bohnen gibt, werden Sie trotzdem bald Lust auf eine kühle Erfrischung bekommen, besonders wenn Sie *Pimenta* verwendet haben. Wenn Ihnen die erste *Caipirinha* gutgetan hat, bestellen Sie noch eine, aber Vorsicht – sie ist stark! Ein schönes kaltes Bier ist mindestens genauso gut.

Sie sind wahrscheinlich erstaunt darüber, daß dieses recht schwere Gericht das ganze Jahr über, sogar in den heißesten Sommermonaten beliebt ist. Sie werden vielleicht auch über die Mengen erstaunt sein, die Sie davon essen können. Ganz sicher jedoch werden Sie vor dem Nationalgericht Brasiliens den Hut ziehen.

Pökelfleisch gibt Bohnen einen besonderen Geschmack.

Feijoada 129

bis zum Strand hinunterzugleiten, stehen erfahrene Drachenfluglehrer zur Verfügung, die für 60 US$ einen Gleitflug zu zweit anbieten. Informationen bei Rios Drachenflugverein unter Tel.: 322 0266 oder in Ihrem Hotel.

Barra da Tijuca: Von São Conrado führt eine Hochstraße zu den Stränden weiter im Süden und schlängelt sich die steilen Felsen entlang, von denen die Villen der Reichen abzurutschen drohen. Nach der Fahrt durch einen Tunnel sehen Sie plötzlich die **Barra da Tijuca** vor sich, heutzutage Rios am meisten expandierende Wohngegend der Mittelschicht. Diese riesige, im Westen von Bergen umgebene Ebene ist die Antwort Rios auf die Vororte Amerikas. Die Straßen sind voller niedriger Wohnblöcke und Häuser, und an der Strandpromenade schießen immer mehr Hochhäuser aus dem Boden. In der Barra, wie man sie kurz nennt, befindet sich auch Rios größtes Einkaufszentrum, das die Vorstellungswelt auch der Konsumenten Rios erobert hat. Anders als in den eher traditionellen Strandbezirken der Copacabana und von Ipanema, wo Geschäfte, Supermärkte und Warenhäuser zu Fuß zu erreichen sind, sind in Barra die Entfernungen größer, und das Auto ist König.

In der Barra liegt die Zukunft Rios, sowohl für *Cariocas* als auch für Touristen. Sie ist die einzige große Strandgegend, die noch nicht ganz erschlossen ist, und Platz ist Rios höchsttaxierte Ware. Kommt man aus Rios dichtbevölkerten Stadtteilen, wirkt die Barra wie eine frische Brise. Es gibt noch reichlich unbebautes Land, das auf den nächsten Bauboom wartet.

Längster Strand: Der Strand von Barra, der mit 18 km der längste in Rio ist, ist während der Woche so gut wie leer. An Wochenenden jedoch stehen die Autos an der Strandpromenade, der Avenida Sernambetiba, Schlange. Der Strand beginnt nun, den Tourismus anzulocken, und mehrere Gebäude an der Sernambetiba wurden zu Appartementhotels umgebaut: Ein- und Zweibettappartements mit Küche. Die meisten liegen im Preis weit unter vergleichbaren Hotels an der Copacabana, in Ipanema und São

Romanze am Strand.

Conrado. Mehrere Appartementhotels gehören zu Eigentumswohnanlagen und bieten ihren Gästen Swimmingpools, Tennisplätze, Sauna und Fitness-Studio.

Was in der Barra lange gefehlt hat, war ein reges Nachtleben, aber selbst das ändert sich. In den letzten Jahren eröffneten am Strand und in der Nähe des Einkaufszentrums von Barra mehrere ausgezeichnete Restaurants. Auch Schnellimbißketten wie McDonald's, Discotheken, kleine Bars und Sambaclubs haben sich breitgemacht.

Die Caravans der Barra: Was an der Copacabana die Straßencafés sind, sind in der Barra die Caravans, die den Badegästen tagsüber kalte Getränke und heißes Essen verkaufen. An Wochenenden werden sie abends jedoch zum geselligen Treff für Paare und Alleinstehende. Um die begehrten Caravans herum, die nachts zum Teil in Sambazentren, *Pagodes* genannt, umfunktioniert werden, versammeln sich große Menschentrauben. Diese *Pagodes*, ursprünglich auf die Hinterhöfe in den von der Unterschicht bewohnten nördlichen Stadtteilen beschränkt, waren lediglich Sambatreffs, wo sich Berufs- und Amateurmusiker zu mitternächtlichen Jam-Sessions zusammenfanden. Trotz des Abwanderns in den reicheren Süden der Stadt haben die Pagodes ihren Samba rein erhalten, wenn auch mit kommerziellen Zwischentönen, und sie sind heute eher Freiluft-Sambabars. Für Romantiker aber gibt es keine Diskussion über die prächtige Szenerie der Caravans am Strand der Barra, untermalt vom Tosen der Brandung und den Gitarren und Rhythmusinstrumenten, die den Samba in die Nacht hinaustrommeln – genau das Richtige für einen gelungenen Abend in Rio de Janeiro.

Einen greifbaren Zusammenhang zwischen Romantik und der Barra gibt es in einer Gegend, in der im Laufe der Jahre Dutzende Motels entstanden sind. In Rio, wie überall in Brasilien, sind Motels für Liebespärchen da, die die Zimmer stundenweise mieten. Im Preis inbegriffen sind Sauna, Whirlpool und Deckenspiegel. Einige Liebesnester der Barra übertreffen Rios Fünf-Sterne-Hotels an Lu-

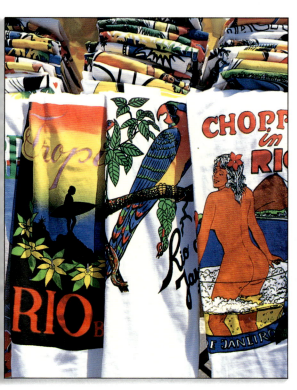

Unten links: Jede Menge T-Shirts zu kaufen! **Unten rechts:** Auch sie sind auf dem Weg zum Strand.

xus und Komfort. Ursprünglich für romantische Rendezvous junger Paare gedacht, sind die Motels heute auch Schauplatz geheimer Liebesaffären. Deshalb liegen die Motels der Barra meist hinter hohen Mauern versteckt. Jedes Zimmer hat eine eigene Garage, um die Gäste vor Neugierigen und zufälligen Begegnungen mit der falschen Person zu schützen. Auch viele verheiratete Paare besuchen die Motels auf der Suche nach einem Hauch von Abenteuer.

Am Ende der Barra liegt der **Recreio dos Bandeirantes**, ein kleiner Strand mit einem natürlichen Wellenbrecher, wodurch der Anschein einer ruhigen Bucht entsteht. Vom Recreio aus steigt die Straße steil am Berghang entlang an, führt hinunter nach Prainha, einem Lieblingsstrand der Surfer, und dann nach Grumari, einem herrlich einsamen Strand. Von Grumari aus klettert eine enge, holprige Straße direkt den Hügel hinauf. Von dort oben hat man einen unvergeßlichen Ausblick auf die weite Fläche der Guaratiba-Ebene und auf einen langen Strandabschnitt in der Ferne, die Restinga de Marambaia, ein Militärgrundstück, wo man leider nicht baden darf.

Hügelabwärts gelangt man nach **Pedra da Guaratiba**, ein malerisches Fischerdorf mit den besten Meeresfrüchte-Restaurants in ganz Rio (Candido's, Tia Palmira und Quatro Sete Meia). Von der Barra nach Guaratiba ist es ein angenehmer Tagesausflug, dessen Krönung ein ausgedehntes Mittagessen mit Shrimps oder Fischgerichten in einem der Restaurants von Guaratiba sein kann, die zu den Favoriten der Schickeria Rio de Janeiros zählen.

Nachtleben: Nachts ist die Copacabana immer noch die Königin von Rio. Die Lichterkette entlang des Strandes und die dunkle Silhouette des Zuckerhuts reichen für eine romantische Nacht allemal aus. *Cariocas* nehmen das Ausgehen sehr ernst, viele sogar ernster als die Tagesarbeit. Will man im Rhythmus Rios sein, beginnt das Nachtleben mit einem Abendessen um 21.00 Uhr oder später (die meisten beliebten Restaurants empfangen am Wochenende ihre Gäste bis in

Strandmode zu verkaufen!

die Morgenstunden). Die Mahlzeiten sind entweder klein und intim (dafür am besten geeignet sind französische Restaurants mit hübscher Aussicht) oder ausladend und deftig (am besten in brasilianischen Steakhäusern, **Churrascarias** genannt, wo sich *Cariocas* mit einer Kompanie von Freunden an langen Tischen, die sich biegen vor Essen und Getränken, versammeln). So oder so: An der Copacabana liegen Sie auf alle Fälle goldrichtig.

Der Strand selbst ist der beste Ausgangspunkt. Überall an der **Av. Atlântica** gibt es Straßencafés, in denen Touristen und Einheimische am liebsten ein kaltes Bier vom Faß bestellen. Die Copacabana bei Nacht ist wie ein persischer Bazar mit Straßenverkäufern, die mit Anekdoten, Bildern, Holzfiguren und T-Shirts handeln. Prostituierte (weiblich, männlich und Transvestiten) schlendern die breiten Gehsteige mit den Schlangenmustern entlang, vorbei an versonnenen Paaren. **Marius'**, Av. Atlântica 290-B in Leme, gilt als das beste Steakhaus der Stadt. Dort werden Rind-, Schweine-, Hühnerfleisch und Wurst im Rodizio-Stil serviert, d.h. der Kellner bringt so lange nach, bis man schließlich satt ist und Halt sagt. Nebenan trifft man sich im italienischen Restaurant **La Fiorentina**. Man kennt es vor allem wegen seiner Vergangenheit als Künstler- und Schauspielertreff, doch auch heute fühlen sich richtige Bohemiens dort wohl.

An der Grenze zwischen Leme und der Copacabana steht das **Meridien Hotel**, eines der fünf größten Hotels in Rio. Die anderen sind das **Rio Palace** am anderen Ende der Copacabana, das **Caesar Park** in São Conrado, das **Sheraton** an der Straße nach São Conrado und das **Inter-Continental** in São Conrado.

Auf dem Dach des Meridien hat sich das Restaurant **Le Saint Honoré** etabliert (unter der Leitung des französischen Meisterkochs Paul Bocuse), eine entzückende Mischung aus reizvoller Aussicht und hervorragender Küche.

Auf der anderen Straßenseite beginnt der Copacabana weltberühmtes Vergnügungsviertel. Alle Geschmäcker kommen auf ihre Kosten, wobei im

Striptease in einem Nightclub in Rio.

Ostteil des Strandes Heterosexuelle und im Westen Homosexuelle das Ziel ihrer Wünsche ersehnen. Prostituiertenclubs mit einladenden Namen wie *Pussy Cat, Erotika, Swing, Don Juan* und *Frank's Bar* säumen die Nebenstraßen zwischen dem Meridien und dem **Lancaster Hotel**. In ihren schummrigen Räumen werden den Kunden überteuerte Getränke, erotische Revuen und Frauen angeboten. Am westlichen Ende des Strandes gibt es die Galeria Alaska, eine Ansammlung von Homosexuellenbars und -clubs.

Essengehen: Rios Küche ist sehr abwechslungsreich – mit Schwerpunkt auf der internationalen Küche. Zu den Spitzenrestaurants der Copacabana gehören: **Le Pré Catalan** im Rio Palace Hotel, ein angesehener Tempel französischer Nouvelle cuisine; **Le Bec Fin** an der **Praça do Lido**, ein traditionelles französisches Restaurant und „Wahrzeichen" der Copacabana; das Restaurant des **Ouro Verde Hotel** an der Av. Atlântica, seit drei Jahrzehnten ein Begriff für internationale Küche; **Enotria**, ein ausgezeichnetes italienisches Restaurant in der Rua Frei Leandro 20, bekannt für seine Weinkarte. Gute Steaks gibt es im **Bife de Ouro** im Copacabana Palace Hotel oder in den gängigen Steakhäusern wie **Palace** (Rua Rodolfo Dantas 16) und **Jardim** (Rua República de Peru 225). Für Meeersfrüchte versuchen Sie **Grottamare** (zwischen der Copacabana und Ipanema in der Rua Romes Carneiro 132), **Shirley's** (Rua Gustavo Sampaio 610) und **Principe** (Av. Atlântica 974-B). Nicht weit von der Copacabana, oberhalb des Rio-Sul-Turms, ist das **Maxim's**, eine echte *Carioca*-Filiale des berühmten Pariser Restaurants.

Die Kultiviertheit von Ipanema und seiner Umgebung wird durch seine Restaurants kräftig unterstützt: **Le Streghe**, das Spitzenrestaurant der italienischen *Nuova cucina*, liegt über einer der umstrittensten Discos mit Nachtklub; das **Caligula**, Rua Prudente de Morais 129; **Petronius**, eines der edlen Restaurants des *Caesar Park Hotels*. **The Lord Jim Pub** in der Rua Paul Refern 63, ein authentischer Londoner Pub, der nach Rio verpflanzt wurde und ein beliebter Treff für Rios Ausländer ist; **Sal & Pimenta**, eine Mischung aus *Nuova cucina* und brasilianischer Küche, beliebt bei Rios Prominenz; darunter liegt die Pianobar **Alo-Alo**, eine der besten der Stadt – beide in der Rua Barão de Torre 368 (in derselben Straße ist auch Rios exklusivster Privatclub, der **Hippotamus**). **Claude Troigros** in der Rua Custodio Serrao 62 im Stadtteil Jardim Botânico, klassische Nouvelle cuisine. **Antiquarius**, Rua Aristides Espinola 19, ein elegantes portugiesisches Restaurant, bekannt für seinen Kabeljau (bacalhau). **Florentino**, Av. General San Martin 1227, internationale Küche und eine der Spitzenbars von Leblon. **Satiricon**, Rua Barrão da Torre 192, ein attraktives und preisgünstiges Lokal für ausgezeichnete Meeresfrüchte.

Anspruchsvolle Kunden machen auch keinen Fehler, wenn sie in eines der beiden Urlauberhotels, das Sheraton oder das Inter-Continental, gehen. **Valentino's** im Sheraton bietet feinste italienische Küche in Räumlichkeiten, die zu den elegantesten Rios gehören, während nebenan das Hotel-Restaurant **Mirador** samstags eine unschlagbare *Feijoada* serviert. Im Inter-Continental lohnen einen Besuch: das **Monseigneur** für ein intimes französisches Diner und das **Alfredo's**, Rios Filiale des berühmten römischen Lokals. Beide Hotels und ihre Fünf-Sterne-Küchen an der Copacabana, das Meridien und Rio Palace Hotel, bieten Live-Unterhaltung (brasilianische Musik, gemischt mit Jazz und einer internationalen Auswahl) in ihren schicken Pianobars/Nachtclubs.

Für Extravaganzen aller Art gibt es das **Canecão**, in der Nähe der Copacabana neben dem Rio-Sul-Einkaufszentrum, und in Leblon das **Scala** und **Plataforma**. Im Canecão und Scala werden brasilianische und internationale Attraktionen geboten, während das Plataforma eine Revue brasilianischer Lieder und Tänze präsentiert. Weitere beliebte nächtliche Treffs sind: **Help**, eine Mammutdiskothek an der Avenida Atlântica an der Copacabana; **Biblio's Bar**, eine Rarität in Rio, eine Single-Bar in der Av. Epitacio Pessoa 1484 an der Lagune, mit romantischem Ausblick; **Chiko's** in der Nähe von Biblio's und

Rechts: Selbst am Strand wird Samba getanzt. **Folgende Seiten:** Ein weiterer Aussichtspunkt. Inseln und Buchten entlang der grünen Küste.

mit der gleichen Auswahl, eine Pianobar internationalen Formats; **Jazzmania**, Av. Rainha Elizabeth 769 in Ipanema, das zusammen mit **People in Leblon**, Av. Bartolomeu Mitre 370 A, Rios Jazzszene beherrscht.

Einkaufen: Obwohl in Rio erst Anfang der 80er Jahre das erste Einkaufszentrum gebaut wurde, haben *Cariocas* die Vorzüge eines Einkaufs in einem klimatisierten, vor Sommertemperaturen um 35 Grad Celsius geschützten Einkaufskomplex schnell für sich in Anspruch genommen. So kommt es, daß die besten Läden und Boutiquen der Stadt nun von Ipanema in die führenden Einkaufszentren der Stadt wandern.

Die wichtigsten Einkaufszentren sind: **Rio-Sul**, im Stadtteil Botafogo unweit der Copacabana, Montag bis Samstag von 10.00 bis 22.00 Uhr geöffnet, mit kostenlosen Bussen von und zu den Hotels an der Copacabana. **Barra Shopping**, das größte in Brasilien, im Stadtteil Barra da Tijuca gelegen, mit Aussehen und Flair eines amerikanischen Vorort-Einkaufszentrums, Montag bis Samstag von 10.00 bis 22.00 Uhr geöffnet, ein kostenloser Busverkehr verkehrt von und zu den Hotels; **Casino Atlântico** an Copacabanas Strandpromenade, der Av. Atlântica, beim Rio Palace Hotel – klein, aber mit guten Souvenirläden, Kunstgalerien und Antiquitätengeschäften, Montag bis Freitag von 9.00 bis 22.00 Uhr und Samstag von 9.00 bis 20.00 Uhr geöffnet; **São Conrado Fashion Mall**, in São Conrado unweit des Sheraton und Inter-Continental-Hotels – Boutiquen, Restaurants und Galerien sind Montag bis Samstag von 10.00 bis 22.00 Uhr geöffnet.

Souvenirjäger sollten auch beim **Ipanema Hippiemarkt** an der Praça General Osorio, der jeden Sonntag von 9.00 bis 19.00 Uhr stattfindet, vorbeischauen. Dieser Markt – ein Überbleibsel der Zeit der Blumenkinder von Ipanema – bietet eine große Auswahl an Holzfiguren, Gemälden, Lederwaren und anderen ausgesuchten Geschenken an – plus eine Unmenge der bunten T-Shirts von Rio. Viele der Händler verkaufen ihre Waren auch abends entlang des Mittelstreifens der Av. Atlântica.

Der Bundesstaat Rio

Wenn auch der Stadt Rio jahrzehntelang der Löwenanteil des Ruhmes zuteil wurde, so besitzt der Staat, dessen Hauptstadt sie ist, dennoch eine Unmenge eigener Attraktionen. Wie seine Hauptstadt ist auch der Staat Rio ein bezaubernder Kontrast zwischen bewaldeten Bergen und sonnigen Stränden, alle nur wenige Stunden von der Stadt entfernt.

Búzios: In den Geschichtsbüchern steht, Búzios sei Anfang des 16. Jahrhunderts von den Portugiesen entdeckt worden. Einheimische sind da anderer Meinung, denn Búzios wurde eigentlich 1964 von der Schauspielerin Brigitte Bardot entdeckt. Von einem argentinischen Freund dazu überredet, verbrachte Brigitte zwei gut dokumentierte Urlaube an den unberührten Stränden von Búzios und machte es auf diese Weise weltweit berühmt. Seither ist die Stadt nicht mehr die gleiche.

Búzios, oder genauer Armação dos Búzios, war einmal ein ruhiges Fischerdorf an einer Bucht. Nach der Bardot wurde es zum Inbegriff eines Tropenparadieses – weiße Sandstrände, kristallklares Wasser, Palmen und Kokosnüsse, schöne, halbnackte Frauen und ein ansteckend sorgloser Lebensstil. Das Erstaunlichste an Búzios ist, daß all dies wahr ist. Es ist eines von nur wenigen traumhaften Reisezielen, die weder täuschen noch enttäuschen. Es ist nicht so schön wie auf den Postern, es ist noch schöner.

Entdecktes Paradies: Búzios, das östlich von Rio an der Costa do Sol (Sonnenküste) liegt, wird oft mit der spanischen Insel Ibiza verglichen. Es ist ein kultivierter Ferienort von internationalem Rang, der während eines Großteil des Jahres den Charakter eines ruhigen Fischerdorfs wahrt. Nur in der Hochsaison im Sommer – vor, während und nach dem Karneval –, wenn sogar das stille Búzios von Touristen überlaufen ist, wächst seine Bevölkerung von 10 000 auf 50 000 an.

Während der restlichen neun Monate des Jahres ist Búzios eine Stadt am Meer, von der die meisten Urlauber nur träumen können. Anders als die meisten beliebten Ferienorte Brasiliens, Rio mit eingeschlossen, hat Búzios nicht die Kontrolle über sein Wachstum verloren. Der Ort wird besonders von Rios Jetset bevorzugt.

Búzios hat seit den 70er Jahren einen riesigen Bauboom erlebt, doch glücklicherweise haben die Stadtväter weiter die Hand auf allen Bauprojekten. Strenge Gebietsvorschriften begrenzen die Gebäudehöhe, so daß Búzios der Invasion von Wolkenkratzern, die so viele brasilianische Strände verunstaltet haben, entkommen konnte. Die modernen Häuser in Búzios' Strandlandschaft fügen sich zumeist sehr gut in das Bild der malerischen Fischerhäuser ein.

Die Stadt hat sich glücklicherweise auch einem Hotelboom verweigert. Die meisten Unterkünfte in Búzios sind idyllische kleine *Pousadas*, Gasthöfe, mit nicht mehr als einem Dutzend Zimmern (das größte Hotel, das *Nas Rocas Island*, liegt auf einer Insel vor der Küste, hat 70 Zimmer und ist ein ruhiger Erholungsort). Dadurch wiederum konnte man die entspannte Atmosphäre der Stadt erhalten, den Besuchern eine vertraute Umgebung für ihren Badeurlaub bieten.

Die Strände: In der Gegend um Búzios gibt es insgesamt 23 Strände, von denen manche an ruhigen Buchten und andere am offenen Meer liegen. Der Hauptunterschied ist lediglich ihre Entfernung. In Stadtnähe gelegene Strände wie **Ossos**, **Geriba** und **Ferradura** sind zu Fuß oder im Auto leicht zu erreichen. Wie zu erwarten, sind die „besten" Strände diejenigen, die am abgelegensten sind, d.h. man muß entweder lange gehen, manchmal über Felsen, oder auf einer ungeteerten holprigen Straße fahren. Dann stößt man jedoch auf Schätze wie **Tartaruga, Azeda** und **Azedinha, Brava** und **Forno**, die sowohl für ihr herrliches ruhiges Wasser als auch ihre attraktiven Obenohne-Badegäste berühmt sind.

All die Strände vom Land aus zu besuchen, ist anstrengend und auch unnötig. Die Fischer von Búzios verleihen stun-

Üppige Blütenpracht an einem Berghang nahe Petrópolis.

den- oder tageweise Boote. Auch Segelboote sowie Autos und Strandbuggies, Räder, Motorräder und sogar Pferde kann man mieten. Tauchfans können sich eine Ausrüstung leihen.

Ein für Búzios typischer Tag beginnt spät (niemand wacht vor 11.00 Uhr auf) mit einem herzhaften Frühstück in einer *Pousada*, einem der wunderbaren Gasthöfe von Búzios. Tagsüber geht man vor allem an den Strand. Schwimmen und lange, gemütliche Spaziergänge oder das Erforschen entfernter Strände – all dies macht doppelt Spaß, wenn man dazwischen bei gebratenen Shrimps oder frischen Austern eine Pause macht und diese mit einem kühlen Bier oder einer Caipirinha, dem brasilianischen Nationalgetränk aus Limonenscheiben, Eis und Zuckerrohrschnaps, hinunterspült. Zum Einkaufen gibt es modische Boutiquen an der *Rua José Bento Ribeiro Dantas*, besser bekannt als *Rua das Pedras* (Straße der Steine) und an der *Rua Manuel Turibe de Farias*.

Nachtleben: Obwohl die Stadt klein ist, rangiert sie mit mehr als 20 guten Restaurants, von denen einige zu den besten des Landes gehören, an dritter Stelle, was das Essengehen in Brasilien anbelangt. Gourmets haben eine große Auswahl an brasilianischen, französischen, italienischen und portugiesischen Gerichten, Meerestieren und einer Spezialität – den Crâpes. **Le Streghe Búzios** (italienisch), **Au Cheval Blanc** (französisch) und **Adamastor** (Meerestiere) gelten als Búzios' Spitzenlokale. Auch viele kleinere Restaurants sind ausgezeichnet. Aber Vorsicht: Die Preise sind nicht so niedrig wie in Rio de Janeiro!

Die Bars und Restaurants von Búzios sind genauso berühmt wegen ihrer Besitzer wie auch für ihr Programm. Den zahlreichen Reizen der Stadt sind seit BB's erstem Spaziergang Dutzende ausländischer Touristen erlegen. Brigitte ist weg, aber viele andere sind geblieben, eröffneten Gasthöfe, Restaurants und Bars und brachten eine Atmosphäre von Internationalität nach Búzios. Zu den Brasilianern in Búzios gesellten sich Europäer und Amerikaner, die alle schwören, für immer zu bleiben.

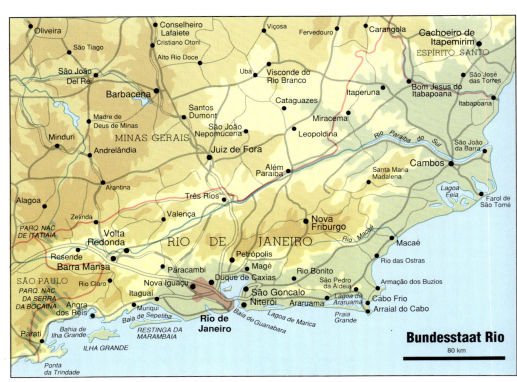

Bundesstaat Rio

Liebenswerte Exzentriker: Zu Búzios' liebenswerten Exzentrikern und Aussteigern gehört Madame Michou, Besitzerin von **Chez Michou**, Búzios' schicker Crêperie, in der sich abends viel junges Volk versammelt; François Le Mouellic und Vivianne Debon, Besitzer von **La Nuance**, einem beliebten Lokal mit Live-Musik, in dem François Le Mouellic Puppentheater spielt und Champagnerflaschen mit einem Schwert öffnet; Bruce Henry, amerikanischer Jazzmusiker und Besitzer des **Estalagem**, eines Gasthauses mit beliebtem Restaurant und Bar; und Matthew, ein neuseeländischer Maler, der in einer Höhle am Strand lebt.

Das Seengebiet: Zwischen Rio und Búzios gibt es mehrere schöne Strandgegenden, die mit dem sogenannten Seengebiet, einer Reihe von Lagunen, die durch längliche Sandbänke vom Meer getrennt sind, beginnen. Das Meer an dieser ununterbrochenen Küstenlinie östlich von Rio ist gekennzeichnet durch starke Strömungen und große Wellen, weshalb diese Gegend bei Surfern besonders beliebt ist. Bedeutende Surfwettbewerbe finden in **Saquarema** statt, einem der vier Ferienstrände im Seengebiet (auf der anderen Seite der Staatsstraße 106 sind die Lagunen ideal zum Windsurfen).

In der Nähe von **Maricá** ist der Strand **Ponte Negra**, ein traumhaftes, fast verlassenes Stück weißer Sand und wildes, blaues Wasser. Auf Saquarema folgen **Araruama** und **São Pedro d'Aldeia**, beliebte Ferionorte der *Cariocas*, besonders im Karneval, wenn die Hotels des Seengebiets und die Campingplätze randvoll sind. Neben der Straße sieht man hier Salzfelder, und bei **Cabo Frio**, dem Ende des Seengebiets und Beginn der Sonnenküste, liegt ein großes Salinenareal.

Das 25 km von Búzios entfernte Cabo Frio ist berühmt für den feinen weißen Sand seiner Strände und Dünen. In den Ferienmonaten steigt die Bevölkerungszahl Cabo Frios (40 000 Ew.) beträchtlich an. Cabo Frio ist eine historische Stadt mit Ruinen aus dem 17. Jahrhundert wie dem **Fort São Mateus**, der Kirche **Nossa Senhora da Assunção** aus dem Jahr 1666 und dem 1696 erbauten Kloster **Nossa Senhora dos Anjos**.

Kinder beim Baden nahe Búzios.

Verborgenes Paradies: Nur 14 km von Cabo Frio entfernt liegt, unweit von Búzios, **Arraial do Cabo**, der schönste Abschnitt der Sonnenküste. Arraial blieb vom Tourismus noch verschont und besitzt nur wenige kleine, unscheinbare Hotels.

Arraial hat das klarste Wasser des südlichen Brasiliens und lockt daher vor allem Taucher und Harpunenfischer an. Die Stadt liegt an der Spitze eines Kaps mit vielerlei Stränden, einige haben ruhiges Wasser und im Hintergrund üppig grüne Berge, während andere, die Surfstrände, so stürmisch sind, daß die Wellen in den Sand donnern. Vor der Küste liegt die **Ilha do Farrol** mit Leuchtturm und der **Gruta Azul**, einer berühmten Unterwasser-Grotte, mit hellblauem Wasser. Von den Inseln aus, die mit Booten zu erreichen sind, hat man eine schöne Aussicht auf das Festland.

Wie Búzios war auch Arraial früher ein Fischerdorf und ist immer noch bekannt für die Qualität seiner täglich frischen Fische. Die Fischer von Arraial klettern auf die Sanddünen, von denen aus sie in dem darunterliegenden Wasser nach Fischschwärmen suchen – ein klares Zeugnis für die unverdorbene Natur des kristallenen Wassers von Arraial do Cabo.

Die grüne Küste: Westlich von Rio de Janeiro liegt eine Reihe von Stränden und Inseln, die man die **Grüne Küste** *(Costa Verde)* nennt. Die nach der dichten Vegetation ihrer Küste benannte Costa Verde ist Natur schlechthin: eine tropische Mischung aus Bergen, Regenwald, Stränden und Inseln. Man ist von Grün in allen Schattierungen umgeben, sogar das Meer schimmert hell-türkis.

Zur Grünen Küste gelangt man über die Küstenstraße BR 101, allgemein bekannt als die Rio-Santos-Schnellstraße, da sie die beiden Hafenstrände verbindet. Diese malerische Fahrt erinnert an Spaniens Costa Brava. Mitunter meint man zu fliegen, wenn die Straße steil bergauf steigt zu einem weiten Panorama. Dann fällt sie wieder ab und schlängelt sich steil zur Küste zurück. Auf dieser Strecke kommt man an einem Nationalpark, Brasiliens einzigem Atomkraftwerk,

Die Gloria-Kirche, ein koloniales Bauwerk.

Feriengebieten, Fischerdörfern, Tankstellen für Ozeanriesen, Farmen, einer Werft und der historischen Stadt **Parati**, einem Denkmal zu Ehren Brasiliens kolonialer Vergangenheit, vorbei.

Am meisten beeindrucken an der 270 km langen Grünen Küste die Strände. Manche sind klein, umgeben von Klippen mit ruhigen Lagunen, andere sind langgezogen und haben stürmischen Wellengang. Das ganze Gebiet ist ein Traum für Sportler, denn dort ist alles möglich, Tennis, Golf, Bootfahren, Tiefseefischen, Tauchen und Surfen.

Obwohl für die Grüne Küste ein Tag genügen würde, sollten Sie, wenn Sie sie in ihrer ganzen Schönheit erleben wollen, zwei oder drei Tage dafür planen. In den letzten zehn Jahren hat der Tourismus hier die Oberhand gewonnen, und die Zahl hübscher Hotels und Restaurants, selbst auf einigen Inseln, steigt ständig. Doch Vorsicht: Wenn Sie ein Auto mieten, fahren Sie damit nicht nachts. Sie verpassen nicht nur die schöne Landschaft, sondern in der Dunkelheit ist die Straße mit ihren scharfen Kurven, ungleichen Banketten und schlecht beleuchteten Baustellen auch gefährlich.

Tropische Inseln: Die Grüne Küste beginnt 70 km außerhalb von Rio de Janeiro bei der Stadt **Itacuruçá** (2000 Einwohner). Aus dem Hafen der Stadt laufen jeden Morgen um 10.00 Uhr Schoner mit bis zu 40 Leuten zu eintägigen Ausflügen auf die nahegelegenen Inseln der **Sepetiba-Bucht** aus. Die Ausflüge kosten ca. 20 US$ pro Person, ein Mittagessen mit Meeresfrüchten auf einer der Inseln mit eingeschlossen.

Die Schoner halten an mehreren Inseln, z.B. **Martina**, **Itacuruçá** und **Jaguanum**, damit die Passagiere baden können. Einige der kleineren Inseln kann man sehen, wenn man ein Boot mit Führer, in der Regel ein einheimischer Fischer, mietet (die Inseln **Pombeba** und **Sororoca** sind zu empfehlen). Für Touristen, die auf den Inseln übernachten wollen, stehen mehrere gute Hotels wie das *Elias C* (Praia Cabeça do Boi) und das *Pierre* (Praia de Bica) zur Verfügung.

Die Küstenstraße führt vorbei an **Muriqui** bis nach **Mangaratiba**, wo ein

Parati, ebenfalls ein Relikt des Kolonialismus.

neuer *Club Mediterranée* mit 350 Zimmern entstanden ist. Dahinter liegt **Angra dos Reis** *(Königsbucht)*, die größte Stadt der Grünen Küste (85 000 Einwohner). Die Stadt breitet sich am Eingang zu einem 100 km langen Golf über mehrere Hügel aus. Im Golf von Angra liegen über 370 Inseln. 2000 Strände, sieben große und Dutzende kleinerer Buchten. Das Wasser ist warm und klar. Ein beliebter Zeitvertreib ist das Har-punenfischen entlang der Felsklippen sowie das Fischen in tieferen Gewässern. Das gegenüber der Bushaltestelle am Hafen gelegene Fremdenverkehrsamt hält Karten und Informationen über Hotels und Bootsausflüge bereit. Golfspieler wenden sich an das *Hotel do Frade*, dort gibt es den einzigen Golfplatz der Grünen Küste (18 Löcher), an dem jedes Jahr im Juni und November internationale Turniere stattfinden.

Nach einer eineinhalbstündigen Bootsfahrt erreicht man die paradiesische Insel **Ilha Grande**, ein Naturreservat mit einer herrlichen Fauna und Flora und einigen der schönsten Strände Brasiliens. Dorthin verkehren Fähren ab Mangaratiba und Angra, die in **Abrão**, der einzigen Stadt auf der Insel, anlegen. Dort kann man kleine Boote mieten und abgelegenere Strände wie **Lopez Mendes, Paranoica, das Palmas** und **Saco do Céu** erreichen. Es gibt mehrere Campingplätze, aber nur zwei Hotels.

Lebendige Vergangenheit: Ab Angra führt die Küstenstraße am Golf entlang und vorbei an Brasiliens einzigem Atomkraftwerk und dem malerischen Fischerdorf **Mambucaba**. Am anderen Ende des Golfes, 3 1/2 Stunden von Rio entfernt, liegt **Parati** (25 000 Einwohner), ein Juwel der Kolonialzeit, das 1966 von der UNESCO zum Nationaldenkmal erklärt wurde.

Parati wurde 1660 gegründet und kam im 18. Jahrhundert durch die Entdeckung von Gold und Diamanten im Nachbarstaat Minas Gerais zu Ruhm und Reichtum. Die wertvollen Steine wurden auf dem Landweg nach Parati und von dort weiter nach Rio gebracht oder nach Portugal verschifft. Die Stadt war auch die wichtigste Zwischenstation für Reisende

<u>Links</u>: **Bootsfahrt auf einem** *Saveiro*. <u>Rechts</u>: **Ein Fischer mit seinem Boot.**

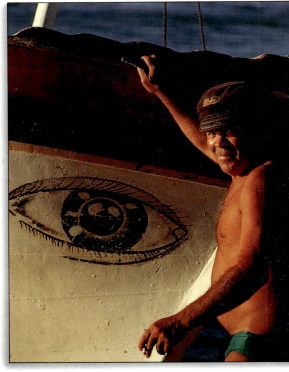

und für den Handel zwischen São Paulo im Süden und Rio. Über ein Jahrhundert lang ging es Parati prächtig. Große, prachvolle Villen und Landgüter waren Beweis für den Reichtum ihrer Bewohner.

1822, nach der Unabhängigkeitserklärung Brasiliens, nahm der Goldexport nach Portugal ab, und man baute dann eine neue Straße, die an Parati vorbeiführte und Rio direkt mit São Paulo verband. Parati wurde vergessen, und sein koloniales Erbe hat sich folglich erhalten.

Dieses Erbe erwartet den Besucher heute in Form von Kolonialkirchen und -häusern und der entspannten Atmosphäre Paratis, einer Stadt, die glücklich in ihrer guten alten Zeit gefangen ist. Um ein Gefühl für Parati zu entwickeln, geht man am besten den autofreien Kolonialbezirk ab. Ungleiche Steine machen das Laufen in den engen Straßen oft schwer. Obendrein sind die Staßen nach innen geneigt, um das Regenwasser ablaufen zu lassen.

Die auffallendste Kirche Paratis ist die Kirche **Santa Rita de Cássia** (1722), ein Beispiel brasilianischer Barock-Architektur, in der heute auch das **Museum für Religiöse Kunst** untergebracht ist. Nebenan, im ehemaligen Stadtgefängnis, befindet sich das Fremdenverkehrsamt.

Jede Straße in Parati birgt eine Überraschung: Kunstgalerien, Kunsthandwerksläden, *Pousadas* (Gasthäuser) und Häuser im Kolonialstil. Von außen sehen die *Pousadas* wie typisch weißgetünchte Mittelmeerhäuser aus, deren schwere Holztüren und -gatter kräftig bemalt sind. Innen jedoch öffnen sich Höfe mit Farnen, Orchideen, Rosensträuchern, Veilchen und Begonien. Zwei der hübschesten Gärten sind in der *Pousada do Ouro* (sowohl im Hauptgebäude als auch gegenüber davon) und im *Coxixo*. Dem Coxixo gegenüber gibt es eine Bar im Freien und ein Restaurant, das gleichzeitig Antiquitätenladen ist.

Wie Angra ist auch Parati nicht berühmt für seine Strände, aber mit Schonern wie der 24 m langen *Soberno da Costa* kann man Tagesausflüge zu den Inseln in der Nähe machen. Eine andere Art von Exkursion kann man im Auto zur **Fazenda Murycana** machen, die fünf Minuten von Parati entfernt an der alten Goldstraße hinauf nach **Cunha** liegt. Dieses Landgut aus dem 17. Jahrhundert bietet für jeden etwas: einen großen Zoo mit Wildkatzen, Affen und seltenen Vögeln, Wasserfälle zum Baden, ein brasilianisches Hausmacher-Restaurant und eine alte, aber noch intakte *Cachaça*-Brennerei, wo man den Zuckerrohrschnaps in zehn starken Geschmacksrichtungen probieren und kaufen kann.

Schlupfwinkel in den Bergen: So gerne die Einwohner Rios auch ihre Strände haben, manchmal zieht es sie einfach in die kühlen, erfrischenden Berge zum Entspannen. Dieses Bedürfnis gab es schon in den ersten Tagen Brasiliens und war der Hauptgrund für die Gründung von Rios beiden führenden Ferienorten in den Bergen: **Petrópolis** und **Teresópolis**. Die Pastelltöne und grünen Gärten dieser beiden Orte sind ein kaiserliches Erbe aus dem 19. Jahrhundert, das die Kaiser Pedro I und Pedro II, die ersten Herrscher über das unabhängige Brasilien, hinterlassen haben.

Er verkauft seine Bananen an einer Bergstraße.

Petrópolis: Diese nur 65 Kilometer von Rio entfernte Stadt mit 270 000 Einwohnern ist ein Denkmal für Pedro II, der von 1831 bis zu seinem Exil im Jahre 1889 (er starb zwei Jahre später in Frankreich) Kaiser von Brasilien war. Eine erste Vorstellung dieser Stadt entwickelte Pedro I bereits um 1830. Er kaufte dann in der **Serra Fluminense,** einem phantastischen Gebirgszug, Land für einen Sommerpalast. Den Palast und die malerische Stadt, die ihn umgibt, Baubeginn war um 1840, baute jedoch erst sein Sohn Pedro II. Die Idee war, ein kühles Refugium als Ausgleich zur sengenden Hitze Rios zu schaffen.

Die **Straße nach Petrópolis** ist selbst eine der großen landschaftlichen Attraktionen des Staates Rio. Wie an unsichtbaren Fäden schweben Betonbrücken über grünen Tälern, während die Straße sich um Berge und durch das darunterliegende Flachland schlängelt. Sie klettert während der eineinviertelstündigen Fahrt von Meereshöhe auf 840 m. Unterwegs sind immer noch die Reste der alten Straße nach Petrópolis zu sehen, einer noch immer gefährlichen, gepflasterten Strecke, die früher die Arbeiter des Königs jahraus jahrein mit Reparaturen beschäftigte.

Das Leben in Petrópolis spielt sich in der Gegend zweier belebter Straßen ab: der *Rua do Imperador* und der *Rua 15 de Novembro*, dem einzigen Teil der Stadt mit mehr als fünfstöckigen Gebäuden. Die Temperaturen sind hier niedriger als in Rio, und so muten die in Pullis und Jacken gekleideten Einheimischen in den kühlen Monaten von Juni bis September eher herbstlich an.

Im rechten Winkel stößt die *Avenida 7 de Setembro*, der üppig grüne Boulevard der Könige vergangener Zeiten, auf die Rua do Imperador. Die teilweise gepflasterte Prachtstraße wird von einem ruhigen Kanal unterteilt, und auf den sonnenbeschienenen Pflastersteinen stehen Pferdedroschken da wie auf einem Taxistand von anno dazumal.

Das Gebiet um den **Sommerpalast,** heute Kaiserliches Museum genannt, ist voller Bäume und Büsche und von gepflegten Wegen durchzogen. Der rosé-

Tretbootfahren vor Búzios.

farbene Palast an der Avenida 7 de Setembro sieht für eine Königsresidenz geradezu bescheiden aus. Das heute darin eingerichtete Museum ist Dienstag bis Sonntag von 12.00 bis 17.30 Uhr geöffnet. Besucher sollten Filzpantoffel mitbringen bzw. sich ausleihen, um die kostbaren Böden aus Jacaranda- und Brasilholz nicht zu beschädigen. Die schlichten Möbel des Museums sind Beweis für den eher bürgerlichen Charakter seines Erbauers, Pedro II, der den Schnickschnack des Adels größtenteils zu vermeiden suchte. Die im zweiten Stock untergebrachte Sammlung persönlicher Gegenstände des Königs wie Teleskop und Telefon soll an Pedros wissenschaftliche Neigung erinnern.

Besonders interessant sind die **Kronjuwelen** – ein glitzerndes Gebilde aus 77 Perlen und 639 Diamanten – und die bunten Röcke und Umhänge aus der zeremoniellen Garderobe des Kaisers, z.B. ein Cape aus den leuchtenden Federn eines Amazonas-Tukans. Fotografien des Königs im zweiten Stock zeigen jedoch, daß sich Brasiliens zweiter und letzter König in Anzügen wohler fühlte als in wallenden Gewändern.

Dom Pedros Erben: Überquert man den Platz vor dem Palast, so kommt man zum königlichen Gästehaus, der jetzigen Residenz von Dom Pedros Erben. Dom Pedro de Orléans e Bragança, der Urenkel Pedros II, ist der Besitzer des Hauses und wichtigster Vertreter des brasilianischen Monarchismus. Obwohl das Haus nicht zu besichtigen ist, kann man Dom Pedro sehen, wie er auf dem Platz spaziert und mit Einheimischen – und manchmal auch Touristen – angeregt plaudert. Die Bevölkerung verehrt ihn und zollt ihm einigen Respekt.

Ein paar Blöcke weiter, an der Avenida 7 de Setembro, liegt die französische, im gotischen Stil erbaute **Cathedral de São Pedro de Alcantara**. Die imposante Kirche wurde erst 55 Jahre nach dem Baubeginn im Jahre 1884 fertiggestellt. Um sie herum breiten sich schattige, gepflasterte Straßen bis ins Wohngebiet von Petrópolis aus. Die Stadt ist berühmt für ihre roséfarbenen Häuser, die zum Großteil die Mitglieder der Königsfamilie beher-

Strandleben in Praia do Forte, Cabo Frio.

bergten, für ihre üppigen Privatgärten und Parks und die schlichte Schönheit ihrer Straßen.

Ein Stück hinter der Kathedrale liegt an der Rua Alfredo Pachá der 1879 entstandene **Kristallpalast**, eine Konstruktion aus Glas und Eisen, die noch immer für Garten- und Kunstausstellungen benutzt wird. Der Palast wurde fast ausschließlich aus Teilen errichtet, die man eigens aus Frankreich einführte. Nebenan ist das ungewöhnliche **Santos-Dumont-Haus** mit einer Raritätensammlung, die den besonderen Geschmack seines früheren Besitzers widerspiegelt.

Santos Dumont: Albert Santos Dumont gilt bei Brasilianern und vielen Europäern als der Erfinder des Flugzeugs. Während seines Aufenthalts in Paris unternahm er 1906 den ersten voll dokumentierten Flug in einer Maschine, die von ihm entworfen und erbaut worden war. Der berühmte erste Flug in der Geschichte der Brüder Wright fand 1903 statt, die Dokumentation darüber wurde jedoch erst 1908 vorgelegt.

Santos Dumonts selbstentworfenes Haus hat nur ein Zimmer, keine Tische oder Küche (die Mahlzeiten wurden von einem Restaurant geliefert), keine Treppe und kein Bett. Es besitzt jedoch Regale und eine Kommode, auf der der Erfinder schlief. Santos beging 1932 mit 59 Jahren, angeblich aus Kummer über den militärischen Einsatz von Flugzeugen, Selbstmord.

Zu den anderen Attraktionen von Petrópolis zählt das ausladende **Hotel Quitandinha**, ein luxuriös ausgestattetes Gebäude, das mit seiner Fertigstellung 1945 das führende Hotel-Kasino Brasiliens werden sollte. Leider wurde nur wenige Monate nach seiner Einweihung das Glücksspiel verboten. Heute ist der eindrucksvolle Komplex an der Strecke Rio–Petrópolis, 8 km vom Zentrum Petrópolis' entfernt, eine Eigentumswohnanlage und Privatclub (bei telefonischer Vorbestellung finden Touristen dort meist Unterkunft). Die Eingangshalle des Quitandinha, der Nachtclub und die Ballsäle sind riesige, glitzernde Räume, die wie Kulissen eines Hollywoodmusicals aus den 30er Jahren aussehen.

Teresópolis: Nur 33 km hinter Petrópolis gelangt man nach einstündiger Fahrt auf steilen Bergstraßen nach Teresópolis (120 000 Einwohner), dem zweiten „Bergjuwel" Rio de Janeiros. Das nach der Gattin Pedros II, Tereza Cristina, benannte Teresópolis wurde um 1880 geplant, doch erst 1891, zwei Jahre, nachdem das Kaiserpaar ins Exil gegangen war, gegründet.

Die malerische Stadt, die 92 Kilometer von Rio entfernt an der breiten Rio-Teresópolis-Schnellstraße liegt, schmiegt sich in einer Höhe von 902 Metern an die Serra Fluminense. Reizvoll daran ist der ferne Blick auf Rios **Guanabara-Bucht** und den nahe der Stadt gelegenen faszinierenden **Nationalpark Serra dos Orgãos**. Überragt wird der Park, der mit breiten Rasenflächen, gemauerten Brunnen und Patios angelegt ist, von einer Kette steiler Berggipfel. Der höchste von ihnen, der **Pedro do Sino**, liegt 2260 Meter über dem Meeresspiegel. Am beeindruckendsten ist jedoch eine Felsenspitze namens **O Dedo de Deus** (Der Finger Gottes).

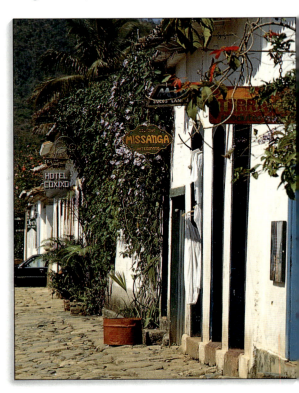

Unten: Landstraße in Parati.
Rechts: Wassersport von Bord eines *Saveiro* bei Angra dos Reis.

SÃO PAULO

So wie es zwei Brasilien gibt – das eine ein dynamisches Industrieland, das andere von Armut und Dürre heimgesucht –, so gibt es auch viele São Paulos, für jede der zahlreichen ethnischen und sozialen Gruppen der Stadt ein anderes.

In São Paulo, dem New York Lateinamerikas, sind mehr Völkergruppen zu Hause als in jeder anderen Stadt der Region. Mit ihren zehn Millionen Einwohnern ist sie die viertgrößte Stadt der Welt (nach Shanghai, Mexiko City und Tokio). Die riesigen Industrieanlagen, die zu den größten und modernsten der Welt zählen, sind Beweis für das ungeheure Energiepotential São Paulos – genauso wie die eleganten Wohnblöcke und Villen den Reichtum der Wirtschaftselite demonstrieren.

Ebenso wie New York ist São Paulo eine Stadt der Gegensätze. Es ist gleichzeitig das Industrie- und Finanzzentrum des Landes und besitzt armselige Slums. Fünf Millionen *Paulistanos*, wie man die Bewohner nennt, leben in Holz- und Blechhütten oder schäbigen, *Cortiços* (Bienenkörbe) genannten Behausungen, in denen sich hundert Menschen ein Bad teilen und Kinder im Hof mit Schlamm und Abfall spielen. Ein hügeliger Ring aus Arbeitervorstädten ist ungenügend beleuchtet und geteert und stinkt wegen seiner offenen Abwässerkanäle. Ein Viertel der Bevölkerung lebt unterhalb der Armutsgrenze.

Dennoch ist São Paulo, so wie es Lourenço Diaféria, einer der angesehendsten Journalisten der Stadt, einmal so treffend ausgedrückt hat, selbst für seine Armen ein „Karussell". „São Paulo ist eine Stadt in Bewegung", schreibt er. „Viele Leute bringen es hier zu etwas, vielleicht gerade wegen ihrer einfachen Herkunft."

Einwanderer: Etwa eine Million *Paulistanos* ist italienischer, eine weitere Million spanischer oder spanisch sprechender Herkunft. Große Volksgruppen stammen aus Deutschland (100 000), Rußland (50 000), Armenien (50 000) und weitere 50 000 aus dem Balkan und Mitteleuropa. Wie in den USA gehören diese Volksgruppen meist der Arbeiter- oder Mittelschicht an, während die Landflucht der Hauptfaktor für die steigende Zahl von Armen in der Stadt ist. Etwa zwei Millionen *Paulistanos* sind Umsiedler aus dem verarmten Nordosten Brasiliens oder deren Nachkommen.

Etwa 600 000 Einwohner sind japanischer Herkunft, und weitere 100 000 kommen aus verschiedenen Teilen Asiens. Im Gegensatz zu anderen brasilianischen Städten machen Schwarze und *Mulattos* weniger als 10 Prozent der Bevölkerung São Paulos aus. Die römisch-katholische Kirche spielt in São Paulo eine vergleichsweise untergeordnete Rolle, da ein Drittel der Bevölkerung anderen Religionsgemeinschaften angehört. Dazu gehören Shinto und Buddhismus sowie der Islam bei einer Million libanesischer Immigranten. Ferner gibt es hier fast 100 000 Juden. Selbst bei Katholiken gibt es Unterschiede. Nach letzten Zählungen wird die Sonntagsmesse in 26 Sprachen zelebriert.

Die Stadt liegt im Staate São Paulo, mit 32 Millionen Einwohnern Brasiliens größter, wirtschaftlich mannigfaltigster und reichster Staat. Dort findet man von allem etwas: von den rauchenden Industrieanlagen der Stadt São Paulo bis zu Stränden, die mit denen Rios konkurrieren können, einer großen Anzahl äußerst reizvoller Urlaubsorte in den Bergen bis hin zu einem fruchtbaren Anbaugebiet – dem ertragreichsten von ganz Brasilien.

Der Staat São Paulo ist Brasiliens Spitzenreiter: mit 22,5 Prozent der Gesamtbevölkerung erbringt etwa 40 Prozent der gesamten Steuereinkünfte des Landes, verbraucht 30 Prozent der Elektrizität, fährt nahezu 40 Prozent der insgesamt 13 Millionen Fahrzeuge und benutzt 4,1 Millionen Telefonanschlüsse – knapp 40 Prozent ganz Brasiliens.

Die Hälfte aller brasilianischen Herstellerfirmen gehören dem staatlichen Dachverband der Industrie (Fiesp) an. Zehn der 20 größten privaten Aktiengesellschaften und zehn der 20 größten Privatbanken haben in diesem Staat ihren Hauptsitz.

Am meisten überrascht an der Entwicklung São Paulos ihr rasantes Tempo. In den ersten 350 Jahren brasilianischer

Vorherige Seiten: Skyline von São Paulo. Grün leuchtende Wandmalerei. **Links:** Sonnenbad in luftiger Höhe.

Geschichte war São Paulo eher bedeutungslos und nur die Heimat einiger Halbbluthändler und Pioniere.

Die ersten Siedlungen: Die Geschichte São Paulos ist so alt wie die Brasiliens. Die Küstensiedlung São Vicente wurde 1532 gegründet und war die erste dauerhafte Kolonie Portugals in der Neuen Welt. 1554, eine Generation später, errichteten zwei Jesuiten, José de Anchieta und Manuel da Nóbrega, auf dem Hochplateau 70 km landeinwärts von São Vicente eine Mission. Die Kolonie erhielt den Namen São Paulo de Piratininga.

Viel von São Paulos traditioneller Dynamik läßt sich auf die anfängliche Isolation von Siedlungen wie São Vicente und Piratininga zurückführen, die vom Verwaltungs- und Handelszentrum der Kolonie im Nordosten weit entfernt lagen.

Da sich nur wenige Europäerinnen ein so hartes Leben auf der stürmischen Hochebene zumuteten, heirateten die Siedler Indianerinnen. Ihre Nachkommen waren an Entbehrungen gewöhnt und verspürten wenig Bindungen an Portugal. Innerhalb zweier Generationen hatte diese abgelegene Siedlung einen eigenen Menschenschlag hervorgebracht – den *Bandeirante*. Zum indianischen Erbe eines *Bandeirante* gehörten das Finden von Pfaden und Durchhaltevermögen. Von seinen portugiesischen Vätern hatte er den Eroberungsdrang und den Hang zum Nomadendasein, der ihn über einen halben Kontinent trieb.

Die heutigen Bewohner São Paulos – die *Paulistanos* – erklären ihre Berufung zum Kapitalismus mit dem Hinweis auf den krassen Individualismus, dessen Personifikation der furchtlose *Bandeirante* ist.

Zwei Jahrhunderte lang war der *Bandeirante* ein Grenzbewohner, der die riesigen Flußgebiete des Rio de la Plata und den Amazonas erforschte, die Grenzen der portugiesischen Neuen Welt vor eindringenden Spaniern schützte, Gold und Diamanten in Minas Gerais, Goiás und Mato Grosso fand und Indianersklaven aus dem Hinterland zum Dienst für die Zuckerbarone der Küste herbeischaffte. Die sagenumwobenen Dschungeltrecks oder *Bandeiras* (port. Fahne) gaben ihm den Beinamen *Bandeirante*, d.h. „Fahnenträger". Solche Reisen konnten ein Jahr oder länger dauern und umfaßten, zählt man die indianischen Führer, Träger, Frauen und Kinder mit, an die tausend Menschen.

Die Bandeirante-Mentalität setzte sich seit Beginn des 19. Jahrhunderts auf politischer Ebene fort. So sind die *Paulistanos* stolz darauf, daß sozusagen die verbale Unabhängigkeitserklärung Brasiliens vom Prinzregenten Pedro I am 7. September 1822 auf dem Gebiet von São Paulo – in einem Ort namens Ipiranga – ausgesprochen wurde. Pedro stand unter dem starken Einfluß von Ratgebern aus São Paulo unter Leitung von José Bonifácio de Andrada e Silva. Später im 19. Jahrhundert führten *Paulistanos* den Kampf gegen die Sklaverei an und unterstützten das Entstehen der Republik von 1889.

Wirtschaftswachstum: São Paulos wahre Berufung war das Business. Angestachelt von den Wachstumsraten britischer Textilfabriken, begannen Plantagenbesitzer im frühen 19. Jahrhundert, in São Paulo Baumwolle anzubauen. Mangels Sklaven hatten die Plantagen bald zu wenig Arbeitskräfte, und die Produktion fiel hinter die amerikanische Konkurrenz zurück. Der amerikanische Bürgerkrieg steigerte durch die vierjährige Blockade der Südstaatenhäfen die brasilianischen Verkäufe an die Engländer, doch nach dem Krieg nahmen die Baumwollexporte Brasiliens wieder ab.

Zu dieser Zeit unternahmen die Plantagenbesitzer den ersten klugen Investitionsversuch, um ihren Staat zum reichsten Brasiliens zu machen. Die Gewinne aus dem Baumwollboom investierten sie in Kaffee, der sich weltweit wachsender Nachfrage erfreute, aber wenig Wettbewerb hatte. São Paulos klimatische Bedingungen und die fruchtbare rote Erde (*Terra Roxa*), erwiesen sich für den Kaffeeanbau als ideal. Im Lauf von zehn Jahren überholte der Kaffee die Baumwolle als wichtigste Anbaufrucht São Paulos.

In der Zwischenzeit hatten die Plantagenbesitzer beschlossen, den Mangel an Arbeitskräften ein für allemal zu beenden. Um 1870 begannen staatliche Kommissionen und Privatleute eine systematische Kampagne, um europäische Siedler anzulocken. Zwischen 1870 und 1920 ließen sich etwa fünf Millionen Einwanderer in Brasilien nieder. Ungefähr die Hälfte blieb in São Paulo und arbeitete eine vertraglich festgesetzte Zeit auf den Kaffeeplantagen. Mit den Gewinnen des Kaffeeanbaus wurde das einst verschlafene Nest São Paulo de Piratininga umgebaut. In den ersten zehn Jahren des 20. Jahrhunderts verwandelten elegante öffentliche Gebäude wie das Stadttheater und die ersten Wolkenkratzer, wie der Martinelli-Bau, ein Dorf in eine Metropole. Zur selben Zeit begannen die Kaffeebarone, sich gegen einen Sturz der Weltkaffeepreise zu schützen.

Ihre wichtigste Strategie war, wie in der Vergangenheit, Diversifikation, dieses Mal auf dem Gebiet industrieller Fertigung. Schlüsselelemente waren eine aufgeschlossene, dynamische Unternehmerelite, verfügbares Kapital aus den reichen Kaffee-Exporten, eine beneidenswerte Infrastruktur, ein erstklassiger Hafen, erfahrene, gebildete Arbeiter aus den Reihen europäischer Einwanderer und aufgrund des Netzes von Flüssen, die die Küstenberge, die Serra do Mar, hinabflossen, großzügige Quellen billiger Wasserkraft.

Nun war alles bereit für São Paulos Aufstieg zum Industrie- und Finanzgiganten. Der Erste Weltkrieg war der Auslöser: Der Mangel an Importen aus Europa ließ ein Vakuum entstehen, das von einer aufstrebenden Unternehmerschicht schnellstens gefüllt wurde.

Die Wirtschaftskrise der 30er Jahre löste eine Migrationswelle im Lande aus, die den Hunger nach Arbeitskräften stillte. Der fast unglaubliche Bevölkerungsanstieg der Stadt, hauptsächlich durch Umsiedler, machte sie in den 60er und 70er Jahren zur am schnellsten wachsenden Großstadt der Erde, täglich kamen 1000 neue Einwohner nach São Paulo.

Das Wachstumstempo São Paulos wird anhand vergleichender Einwohnerzahlen deutlich. 1872 war São Paulo mit 32 000 Einwohnern Brasiliens neuntgrößte Stadt, Rio de Janeiro eine Metropole mit 276 000 Einwohnern. Sogar 1890 lag São Paulo mit 65 000 Einwohnern – Rio hatte damals eine halbe Milli-

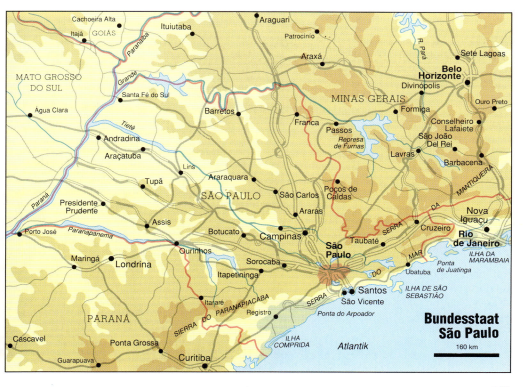

on – nur an vierter Stelle. Die durch den Ersten Weltkrieg angekurbelte industrielle Expansion machte aus São Paulo bis 1920 eine Arbeiter- und Mittelschichtstadt mit 579 000 Einwohnern, Nummer zwei nach Rio mit 1,1 Millionen.

1954 überholte São Paulo Rio, 1960 zählte es 3,8 Millionen Einwohner, 1980 bereits 8,5 Millionen. Rio hatte im Vergleich dazu 1960 3,3 Millionen und 1980 5,1 Millionen Einwohner. 1984 überschritt São Paulo die 10-Millionen-Grenze plus weitere sechs Millionen in den zahllosen Vororten.

Ein Hauch von Unabhängigkeit: Indessen bestand São Paulos Tradition politischer und intellektueller Unabhängigkeit bis ins 20. Jahrhundert fort. Einer der ersten Aufstände gegen die konservative Alte Republik war 1924 eine Revolte der jungen Offiziere.

1932 erhob sich der ganze Bundesstaat in einem dreimonatigen Bürgerkrieg gegen die Einmischung des Bundes in interne Angelegenheiten. Die Revolte wurde vom Präsidenten Getúlio Vargas niedergeschlagen. Der gewitzte Vargas wußte jedoch, daß er Brasilien ohne das Einverständnis São Paulos nie würde regieren können. Die schlimmste Strafe, die er Rebellen zumaß, war das Exil in Uruguay.

Auch bei einer nationalistisch intellektuellen Bewegung, die 1922 ausbrach, standen *Paulistanos* in vorderster Reihe. In jenem Jahr organisierte die Regierung in Rio de Janeiro eine Ausstellung zum 100. Jahrestag der Unabhängigkeit. Eine Gruppe von Künstlern und Schriftstellern boykottierte die offizielle Feier, indem sie im Stadttheater von São Paulo parallel dazu eine „Woche Moderner Kunst" abhielt.

Die Generation der Intellektuellen, die im 20. Jahrhundert die brasilianische Kunst und Literatur beherrschen sollte – die Malerin Anita Malfatti, der Romancier Mário de Andrade, der Kritiker Oswald de Andrade, der Bildhauer Victor Brecheret und der Komponist Heitor Villa-Lobos – wetterten gegen die „sklavische Nachahmung" französischer und englischer Kunst und traten für die „Brasilianisierung Brasiliens" ein. Dieses Ziel wurde nie ganz erreicht, nicht einmal in São Paulo. Dennoch ist die Vermischung unvereinbarer Elemente von Altem und Neuem, Ausländischem und Einheimischem wahrscheinlich São Paulos größter Reiz. Keine andere Stadt Lateinamerikas ist so bunt zusammengewürfelt.

Historisches Zentrum: Der eigentliche Kern São Paulos besteht aus einer luftigen Esplanade und einer Handvoll weißer Bauwerke, **Pátio do Colégio** genannt. Genau hier gründeten die Jesuiten Anchieta und Nóbrega 1554 die Mission São Paulo de Piratininga. Sowohl Häuser als auch Kapelle wurden in den 70er Jahren von Grund auf erneuert. Das **Anchieta-Haus** ist heute ein beengtes Museum, in dem Gegenstände der ersten Siedler des Dorfes ausgestellt sind.

Es dauerte fast 100 Jahre, bis sich die kleine Siedlung São Paulo vergrößerte. 1632 entstand etwa 200 Meter von Anchietas Kapelle entfernt direkt hinter der heutigen **Praça da Sé** die **Igreja do Carmo**. Die manieristische Fassade ist in gutem Zustand, leider jedoch weitgehend versteckt hinter Bürogebäuden und einer protzigen Feuerwache.

Wolkenkratzer im Zentrum São Paulos.

1644 entstand etwas außerhalb des Dorfes eine weitere schöne manieristische Fassade – die der etwa 400 m vom Pátio do Colégio entfernten Kirche **São Francisco**. 1647 wurde ein Kloster angebaut.

1717 schließlich wurde etwa in der Mitte zwischen dem Pátio do Colégio und der Kirche São Francisco die **Igreja de Santo Antônio** fertiggestellt. Sie wurde unlängst restauriert und stellt mit ihrer hellen Fassade einen ansprechenden Kontrast zu den sie umgebenden, grauen Bürohochhäusern dar. Bis zur Mitte des 19. Jahrhunderts bestand die „Stadt" São Paulo lediglich aus diesen vier Kirchen, in deren Mitte etwa ein Dutzend Straßen mit meist einstöckigen Wohnhäusern lagen. 1868 veränderte sich durch die Einweihung der Jundiai-Santos-Eisenbahn für den Transport der Baumwolle das Gesicht São Paulos. Rote Backsteine und Schmiedeeisen schlichen sich in die ehemals schlichte Architektur der Stadt ein. Um den Bahnhof, in der Nähe des heutigen Nahverkehrsbahnhofs Luz, entstanden Werkstätten und Kaufhäuser.

Der Anstieg der Kaffeproduktion kündigte ein noch größeres Wachstum an. Von 1892 an, als der erste eiserne Steg über das **Anhangabau-Tal** geschlagen wurde, und noch die 20er Jahre hindurch entstanden in São Paulo weitere Geschäftsbezirke und farbenprächtige Wohngegenden.

Die Kaffeemagnate waren die ersten, die an der Nordseite des Anhangabau in einem Bezirk namens **Campos Elíseos** bauten. Man sieht noch einige ihrer Artnouveau-Villen, die von hohen Eisentoren umgeben sind und deren Verzierungen aus Bronze und buntem Glas in der Sonne glänzen. Doch das ganze Viertel ist heute nur noch ein schäbiger Abklatsch vergangener Pracht. Später wurden im nahegelegenen **Higienópolis** und entlang der Avenida Paulista weite Villen erbaut.

Inzwischen strömten Tausende Immigranten in die Arbeiterviertel, die rund um São Paulos altem Zentrum aus dem Boden schossen. Vila Inglesa, Vila Economizadora und andere, deren Reihen roter Backsteinhäuser und -läden heute noch sauber und ordentlich aussehen,

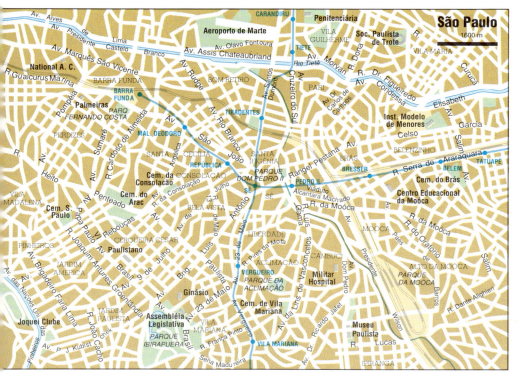

waren Bemühungen, der Wohnungsnot der Stadt zu begegnen. Leider ohne Erfolg. Als dann im Ersten Weltkrieg São Paulos industrielle Expansion einsetzte, wurden japanische und portugiesische Immigranten in Slums wie Brás, Bom Retiro, Bela Vista und Liberdade, die einen Ring um das historische Zentrum bilden, zusammengedrängt.

Gemeinden von heute: Liberdade, direkt hinter der Praça da Sé, hat seinen japanischen Charakter erhalten, so daß sogar Straßenschilder japanisch beschriftet sind und Kinos japanische Filme zeigen (s. Kapitel über Liberdade).

Bela Vista (allgemein **Bixiga** genannt) ist São Paulos buntes Klein-Italien. Die Rua 13 de Maio, das Herz Bixigas, ist eine Reihe grüner und roter Cantinas und hübscher zweistöckiger Häuser. Die Pfarrkirche **Nossa Senhora Achiropita** ist eine Mini-Basilika mit verzierten Säulen und einer überdimensionalen Kuppel.

An der Kirche findet jedes Jahr im August ein Fest statt. Dann wird die Rua 13 de Maio abgesperrt, da Tausende dort tanzen, trinken (5000 Liter Wein) und Pasta essen (drei Tonnen Spaghetti und 40 000 Pizzas). Bixiga verdankt seinen Namen einem Markt der Jahrhundertwende, wo an arme Immigranten Kutteln (*bixiga* heißt Blase auf portugiesisch) verkauft wurden.

Bom Retiro in der Nähe des **Bahnhofs Luz** bewahrt noch Spuren seiner Vergangenheit als Wohngegend für São Paulos Araber und libanesische Christen. Die gekrümmte Rua 25 de Maráo ist mit ihren Stoff- und Teppichgeschäften ein lärmender Basar. Juden, Moslems und christliche Händler trinken Kaffee und unterhalten sich, als hätte es im Nahen Osten nie Spannungen gegeben.

Hinter Bom Retiro, um den höhlenartigen Nahverkehrsbahnhof **Roosevelt** herum, liegt **Brás**. Das um die Jahrhundertwende vorwiegend italienische Viertel Brás ist heute ein riesiger Slum, in dem Tausende Arbeiter aus dem verarmten Nordosten wohnen. Sie sind São Paulos Busfahrer und sonnengegerbte Straßen- und Bauarbeiter mit rauhen Händen und zahnlosem Grinsen. Ihre Kultur, angereichert mit brasilianischer

Paulistinos im Ibirapuera-Park.

Folklore, findet sich an jeder Ecke. *Nordestino* (aus dem Nordosten) Akkordeonspieler treten jeden Abend am schäbigen Nordende der Praça da Sé auf. An der luftigen Esplanada von São Bento trifft man die *Repentistas*, Gitarrenspieler, die geistreiche, gereimte Liedertexte zu jedem Themenvorschlag aus dem Publikum erdichten. *Capoeira*-Künstler aus Bahia tanzen vor der U-Bahn-Station *Anhangabau* zum unheimlichen Klang der einsaitigen *Berimbau*. Auf der Praça do Patriarca verkauft ein Kräuterhändler aus dem Nordosten Alligatorleder, farblose Elexiere und Gewürze vom Amazonas aus Jutesäcken auf dem Gehsteig.

Unweit davon, an der belebten **Avenida São João**, legt ein Ganove aus dem Nordosten geschickt drei winzige Schalen und eine Erbse auf ein paar Holzkisten. Bauernburschen zahlen einen Dollar pro Wurf bei diesem illegalen Spiel.

Das historische Zentrum: São Paulos urbane Ausdehnung brachte auch eine tiefgreifende Veränderung des alten Zentrums mit sich. Das Rekordkaffeejahr 1901 fiel mit der Einweihung der Backstein- und Eisen-Konstruktion des Bahnhofs Luz zusammen, dessen besondere Merkmale ein englischer Uhrturm und ausgedehnte Gärten sind. 1920 entstand an der Avenida São João das imposante Hauptpostamt. Im selben Jahr ließ die römisch-katholische Diözese São Paulos eine wacklige Kathedrale aus dem 18. Jahrhundert abreißen und begann mit dem Bau der jetzigen **Basilika Nossa Senhora da Assunção**, deren gotische Fassade und 100 Meter hohe Türme erst 1954 fertiggestellt wurden. 1929 weihte São Paulos italienische Bevölkerung ihr erstes großes Statussymbol – den 30stöckigen **Martinelli-Bau** – ein. Nach dem Krieg kamen die **São Paulo Bank**, dem Empire State Building von New York nachempfunden, und 1965 das größte Bürogebäude Lateinamerikas, das 42-stöckige **Edifício Itália**, dazu.

Das wirtschaftliche Krisenjahr 1933 erlebte die Vollendung des ausgedehnten neugotischen **Städtischen Marktes** hinter der Praça da Sé, entworfen von dem berühmten Architekten Francisco Ramos de Azevedo, der auch für das eklek-

In der Fußgängerzone.

LIBERDADE – EIN HAUCH VON TOKIO

Direkt an der Hauptgeschäftsstraße erstreckt sich ein gewaltiger roter Säulengang, *Tori* genannt. Daneben ist ein winziger, sorgfältig angelegter Garten voller dunkelgrüner Sträucher und mit einer anmutigen, *Hashi* genannten Bogenbrücke. Jenseits des Säulengangs blitzen die Lichter von 450 kleineren Torwegen, die sich bis zum Stadtrand hinziehen.

Entlang der Nebenstraßen werben Kinos mit japanischer Reklame. Straßenverkäufer mit gealterten asiatischen Gesichtern handeln mit sorgfältig gebundenen Blumensträußen. Schilder an niedrigen Betongebäuden weisen auf Akupunktur- und Meditationszentren hin. Auch Kurse in Judo, Ikebana und der Teezeremonie werden hier angeboten.

Willkommen in **Liberdade**, São Paulos lebendigem japanischen Stadtteil. Die Bewohner von Liberdade können zwischen drei Stadtteil-Zeitungen in japanischer Sprache wählen und in den dortigen Lebensmittelläden fernöstliche Delikatessen einkaufen. Manche Leute sagen, Liberdade sei japanischer als Tokio, das angeblich sehr westlich geworden sei. Liberdade ist weder an Zeit noch Raum gebunden. Dieser ausgedehnte Stadtteil um die Rua Galváo Bueno hinter São Paulos Dom existiert seit 1908. Am 18. Juni jenes Jahres legte das Einwandererschiff *Kasato Maro* mit 830 Japanern an Bord im Hafen von Santos an. Die Immigranten, fast ausschließlich Bauern, waren wegen Mißernten und Erdbeben auf ihren Heimatinseln gekommen. Mit Hilfe eines Darlehens von einer japanischen Entwicklungsfirma gründeten die meisten der 165 Familien im Landesinnern von São Paulo kleinere Landwirtschaftsbetriebe. Später zogen einige weiter nach Mato Grosso und sogar in das Amazonasgebiet, wo sie mit Erfolg die Produktion von Jute und den Anbau von Chilies einführten.

Während der nächsten 50 Jahre folgten eine Viertelmillion Japaner ihrem Beispiel. Im **Einwanderer-Museum** von Liberdade, Rua São Joaquim, wird die

Das Kunstmuseum von São Paulo (MASP) gedenkt der japanischen Mitbürger.

Geschichte der Einwanderer anhand von Bildern und Objekten, inklusive eines beeindruckenden Modells der *Kasato Maru*, gezeigt.

Liberdade wurde in den 40er Jahren São Paulos fernöstliches Viertel, als nämlich die Söhne (*Nissei*) und Enkel (*Sansei*) der ersten Siedler begannen, in der Stadt Handel und Gewerbe zu treiben. Heute widmen sich fast 100 Betriebe mit Kimonos bis zu importierten japanischen Gewürzen den Bedürfnissen dieses Viertels und den Touristen.

In vollen Kaufhäusern wie dem **Casa Mizumoto** und dem **Minikimono** gibt es eine große Auswahl an Gebrauchsgegenständen: von billigen Stein- oder Plastikbuddhas bis zu teuren, fein modellierten Elfenbeinfiguren, handbemalten Vasen und verschiedenen *Furins*, d.h. „Glücksglocken", die, wenn sie im Lufthauch klingeln, böse Geister vertreiben. An der Rua Galváo Bueno gibt es sogar einen Laden, das **O Oratório**, der sich auf lackierte Holzaltäre für Buddhisten spezialisiert hat. Es wird ganz still im Laden, wenn die Verkäufer Reihe für Reihe die goldenen oder bronzenen tragbaren Altäre zeigen.

Die Küche dieser Gegend auszuprobieren, gehört wohl zu den Höhepunkten eines Besuchs von Liberdade. Restaurants wie **Hinadé Yamaga** und **Kokeshi** servieren japanische Spezialitäten auf niedrigen Holztischen, und man kann zwischen Stäbchen und Messer und Gabel wählen. Kleinere Restaurants haben in der Regel eigene Sushi-Bars – wo man an einer halbrunden Theke sitzend zusehen kann, wie japanische Delikatessen für den Gast frisch zubereitet werden. Die größte Auswahl an Sushi und anderen Gerichten hat man im **Banri, Osaka** und **Nikkey Palace Hotel** an der Rua Galváo Bueno in Liberdade: *Okonomi Yaki*, ein mit Shrimps, Schweinefleisch oder Fisch gefüllter Pfannkuchen; *Sukiyaki*, ein Fleisch- und Gemüsegericht mit Sauce oder *Lobatazaki*, am Spieß gebratener Fisch oder Fleisch. Mutigere sollten vielleicht exotischere Gerichte wie *Unagui*, in süßer Sauce gekochten Aal, oder *Kocarai*, rohen Karpfen, versuchen. Shrimps, roher Fisch, Algenpastetchen, Pilze und Lachs sind typische Vorspeisen. Hauptgerichte mit Kraken oder Tintenfischen sind auf den meisten Speisekarten vertreten.

Obwohl dieser Stadtteil vorwiegend japanisch ist, findet man dort auch einige der besten China-Restaurants. In São Paulo gibt es keine „Chinatown", seine chinesischen Einwohner sind ja auch nicht gerade zahlreich, dennoch können es die chinesischen Restaurants in Liberdade mit den japanischen aufnehmen.

Eine der besten Möglichkeiten, die Küche Liberdades zu probieren, ist es, auf dem **Straßenmarkt** an der **Praça Liberdade** (in der Nähe der U-Bahn-Station Liberdade) Delikatessen zu kosten. An Dutzenden von Ständen werden Shrimps-, Fisch- und Fleisch-Leckerbissen auf Spießen, die an offenen Grillen brutzeln, verkauft. Auch andere japanische und brasilianische Vorspeisen sind dort erhältlich. Der Markt breitet sich über den ganzen Platz und in die Nachbarstraßen hinein aus, wo Dinge verkauft werden, die sonst von Montag bis Samstag in den überfüllten Kaufhäusern von Liberdade zu finden sind. Importiertes findet man kaum – eine erfolgreiche Maßnahme zur Anregung des heimischen Kunsthandwerks.

Auf den ersten Blick wirkt das Nachtleben von Liberdade seltsam gedämpft. Nur wenige Fußgänger laufen unter den roten Bogengängen hindurch, und der Verkehr ist schwach. Das Leben findet in den Häusern statt. Einige größere Restaurants bieten ruhige japanische Musik, die von bunt gekleideten Musikern dargeboten wird, während ein Abendessen in mehreren Gängen sich über den ganzen Abend hinzieht.

In der Nähe der U-Bahn-Station bieten zwei überfüllte, laute Nachtclubs, das **Yuri** und das **Tutu**, Striptease auf winzigen rauchigen Bühnen an. Unweit davon gibt es im schicken **Liberty Plaza Club** eine überraschende Mischung aus Erotik, Rock'n'Roll, einer Sushi-Bar und Billard.

Liberdade ist bei Tag und Nacht voller Leben, Farben und Überraschungen. Besucher beschweren sich typischerweise nur über eines – daß es nämlich kaum zu glauben ist, daß man sich mitten in Südamerika befindet.

tische (Renaissance und Art nouveau) Stadttheater verantwortlich ist, das 1911 eingeweiht wurde. Isadora Duncan, Ana Pavlova und Enrico Caruso traten unter dem eineinhalb Tonnen schweren Kristall-Lüster aus der Schweiz auf.

Von 1940 an entstanden um São Paulo immer mehr Wohn- und Geschäftsviertel. Higienópolis und die südlich der Avenida Paulista gelegenen Jardims wurden zu Hochhaus-Vierteln der Mittel- und Oberschicht. Später bildeten Büros, Appartements und Einfaufszentren einen weiteren Kreis um die elegante Avenida Faria Lima, die ca. zwei Kilometer südlich der Avenida Paulista liegt. In den 70er Jahren dehnte sich São Paulo auf das andere Ufer des Pinheiros aus, wo in **Morumbi** herrliche Villen, u.a. der Amtssitz des Staatsgouverneurs, entstanden.

Parks und Museen: Wenn die Bewohner São Paulos auch für ihren Arbeitsgeist berühmt sind, so gönnen sie sich dennoch auch Ruhepausen. Die Hauptanziehungspunkte sind während des Tages die hervorragenden Museen und Parks der Stadt.

Das **MASP**, das Museu de Arte de São Paulo, ist mit fast 1000 Exponaten alter griechischer bis moderner brasilianischer Kunst das kulturelle Prunkstück der Stadt. Die Art der Präsentation – Gemäldereihen, eingefaßt in Rauchglasplatten – soll hauptsächlich eine Lernhilfe sein. Ausführliche Erklärungen auf der Rückseite jedes Ausstellungsstücks erläutern den historischen Hintergrund von Künstler und Werk.

Das Museum gleicht einem Kunstgeschichtsbuch, mit echten Bildern. Raffael, Bosch, Holbein, Rembrandt, Monet, Van Gogh, Goya, Reynolds und Picasso – um nur einige Repräsentanten europäischer Stilrichtungen zu nennen. Das Museum gibt auch einen Überblick über brasilianische Kunst von den Hofmalern des 19. Jahrhunderts, Almeida Júnior und Pedro Américo, bis zu den Modernen des 20. Jahrhunderts: Candido Portinari, Emiliano di Cavalcanti und Tarsila do Amaral.

Am Park des Bahnhofs Luz liegt die **Pinacoteca do Estado,** ein neoklassizistischer Bau, entworfen von Ramos de Azevedo. Was das MASP für westliche Kunst ist, ist die 3300 Exponate umfassende Sammlung der Staatsgalerie für die brasilianische Kunst. Zu den Höhepunkten zählen Skulpturen von Victor Brecheret, dem Schöpfer des *Bandeirantes*-Denkmals, und José Ferraz de Almeida Júniors *A Leitura*, das Porträt eines lesenden Mädchens vor einem Hintergrund von Palmen und gestreiften Markisen.

Auf der anderen Straßenseite der Avenida Tiradentes trifft man unweit der Staatsgalerie auf São Paulos größte Sammlung von Kunst und Gegenständen der Kolonialzeit. Die 11 000 Exponate des **Museu de Arte Sacra de São Paulo** sind in den früheren Kreuzgängen und der Kapelle des Labyrinth-ähnlich angelegten Luz-Klosters ausgestellt.

Der hauptsächlich barocke Bau wurde 1774 fertiggestellt, wenn auch einige Teile ins 17. Jahrhundert datieren. Dort findet man Ölporträts von São Paulos ersten Bischöfen, goldenen und silbernen Altarschmuck, Blattgoldfragmente aus Kirchen, die der Moloch des Fortschritts unseres Jahrhunderts zerstört hat, und seltene Holzschnitzereien des großen Bildhauers des 18. Jahrhunderts, Antônio Francisco Lisboa.

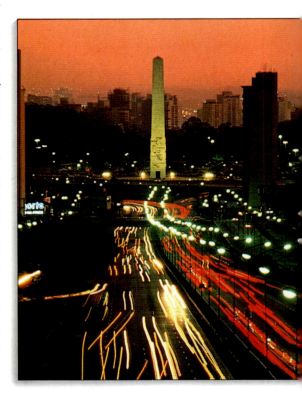

Dieser Obelisk erinnert an den Bürgerkrieg von 1932.

Liberdade, der japanische Stadtteil.

Gegenüber des imposanten Gouverneurpalastes in Morumbi befindet sich die **Oscar-Americano-Stiftung**, São Paulos idyllischster Hintergrund für Kunstgenuß. Oscar Americano war ein berühmter Architekt und Sammler, der bei seinem Tod im Jahre 1974 seinen Besitz der Öffentlichkeit als Kunststiftung hinterließ. In dem unauffälligen Glas- und Steinbau sind Werke von Emiliano di Cavalcanti, Candido Portinari, Alberto Guignard, des holländischen Malers des 17. Jahrhunderts Frans Post und vieler anderer vor dem üppig grünen Hintergrund weiter Rasenflächen und angelegter Waldungen zu sehen. Von einem Teezimmer aus blickt man auf den Innenhof hinab. Sonntagnachmittags treten in einem kleinen Auditorium Streichquartette und Solisten auf.

Das umfangreiche **Museu Paulista** bezeichnet den Ort, an dem Pedro I 1822 die Unabhängigkeit Brasiliens erklärte. Eine Reiterstatue befindet sich genau an der Stelle des Ipirangahügels, wo der ungestüme Pedro vor einer kleinen Zuhörerschaft „Unabhängigkeit oder Tod" rief. Die sterblichen Überreste des Kaisers sind unter diesem Wahrzeichen aus Bronze und Beton beigesetzt. Unweit davon steht auf einem Felsvorsprung das riesige neoklassizistische Museumsgebäude. Es beherbergt ein Sammelsurium historischer und wissenschaftlicher Exponate. In einem Flügel sind Gebrauchsgegenstände Pedros und seiner Familie, in einem anderen Möbel, Geräte aus Bauernhöfen und selbst Pferdekarren aus São Paulos kolonialer Vergangenheit zu sehen. Forschungen der Universität São Paulo über Brasiliens Indianer-Kulturen lieferten zahlreiche Ausstellungsstücke, u.a. eine Sammlung präkolumbianischer Keramik. Andere Objekte ehren den Luftfahrtpionier Alberto Santos Dumont und die Staatsmiliz, die im Bürgerkrieg von 1932 kämpfte. In einer separaten Galerie ist Pedro Américos Gemälde *O Grito do Ipiranga* (1888), eine romantisierte Darstellung von Pedros berühmter „Unabhängigkeit oder Tod"-Pose.

São Paulos bedeutendster Park, der **Ibirapurera-Park**, besteht aus 1,6 Millionen m² Bäumen, Rasen und hübschen

Pavillons. Er wurde 1954 zum 400. Jahrestag der Stadt fertiggestellt. Heute werden seine Spiel- und Picknickplätze sowie die Ballfelder an sonnigen Wochenenden von einer halben Million *Paulistanos* benutzt. Vor diesem Park stehen zwei der bekanntesten Monumente São Paulos: der 72 Meter hohe **Obelisk mit Mausoleum** zu Ehren der Helden des Bürgerkriegs von 1932 und Brecherets *Bandeirantes*-Monument. Ibirapueras geschwungene, von Oscar Niemeyer entworfene Pavillons sind São Paulos bedeutendstes Kulturzentrum. Das wichtigste Ausstellungsgebäude ist ein dreistöckiges Viereck aus Rampen und Glas, in dem São Paulos berühmte Kunst-Biennale stattfindet.

Seit ihrem Bestehen im Jahre 1951 ist die Biennale von São Paulo weltweit das größte regelmäßige Kunstereignis. Zwei Monate lang ist dort alles zu sehen, was in der Welt der Kunst und Musik neu, experimentell und ein bißchen verrückt ist. In dem Pavillon finden auch Industrie- und Kunstmessen statt. Im dritten Stock befindet sich eine Dauerausstellung zeitgenössischer brasilianischer Malerei. Ein wellenförmiger Korridor verbindet den **Biennale-Pavillon** mit dem **Museu de Arte Contemporânea**, in dem die Werke brasilianischer Maler und Bildhauer des 20. Jahrhunderts ausgestellt sind. Eine niedrige Betonkuppel, der Vorläufer von Niemeyers Kongreßgebäude in Brasília, beherbergt das **Luftfahrtmuseum** von São Paulo. Nachbildungen der ersten Flugzeugmodelle des Modellbau-Genies Brasiliens, Alberto Santos Dumont, sind die Hauptattraktionen dieses Museums.

Das 1901 gegründete **Butantã-Institut** ist eines der führenden Zentren der Welt für das Studium von Giftschlangen. Insgesamt gibt es auf dem Gelände 80 000 lebende Schlangen. Von Zeit zu Zeit wird den Schlangen im Beisein staunender Besucher Gift aus den Zähnen entnommen.

São Paulo kann sich eines der größten Zoos der ganzen Welt rühmen, in dem 3500 Arten vorwiegend in ihrer natürlichen Umgebung leben. Der vor allem für seine Sammlung tropischer Vögel berühmte **Zoo** zieht jährlich 2,5 Millionen

Im Ibirapuera-Einkaufszentrum.

Besucher an. Unweit davon gibt es für Abenteurer die Simba-Safari. An die 1000 Besucher fahren täglich diese 4 Kilometer lange Strecke, um die wilden afrikanischen Tiere zu beobachten, die in der abenteuerlich zerklüfteten Landschaft frei umherlaufen.

Essengehen: Für die meisten *Paulistanos* wie auch für ausländische Besucher ist São Paulo vor allem eine Stadt der Restaurants. Gutes Essen ist in São Paulo Thema Nummer eins: Buffettische biegen sich, Grills und Spieße brutzeln, Kritiker und Gourmets streiten sich – und immer geht es ums Essen. *Paulistanos* lieben ihr Essen mehr als alle anderen Städter Brasiliens. In São Paulo gibt es so viele verschiedene Nationalitäten, und jede hat ihre eigenen Nationalgerichte und Restaurants. Die *Paulistanos* ersetzen das Strandleben Rios durch ein aktives Nachtleben, das sich auf Wein und Essengehen in einem der teuren Restaurants konzentriert.

Es gibt keinen eigentlichen Restaurantführer für São Paulo, doch viele Restaurants der Stadt gehören inzwischen zu den internationalen kulinarischen Spitzenreitern. Eines der traditionellsten italienischen Restaurants ist das neapolitanische **Jardim de Napoli** in Higienópolis. Seit den 50er Jahren stellt die Familie Buconerba dort ihre eigene *Calabresa, Fusilli* und *Tartiglione* her. Das Jardim de Napoli ist die Art italienischer Restaurants mit karierten Tischdecken, von der Decke baumelndem Käse und Kellnern, die ihre Kundschaft mit dem Namen ansprechen. Zu empfehlen sind Lamm- und Auberginenspezialitäten.

Das in den letzten Jahren am meisten gelobte italienische Restaurant ist **Massimo's** in Jardim Paulista. (Massimo ist der fröhliche, etwas kahle Herr mit den Hosenträgern, der unaufhörlich Anweisungen gibt und Kunden begrüßt.)

In der Rua 13 de Maio in **Bela Vista** (Bixigia) gibt es an Sonntagnachmittagen im Umkreis von fünf Häuserblocks immer Stau, da Restaurantbesucher vor einem Dutzend Cantinas Schlange stehen. Zu den größten gehören Roperto, La Tavola, Dona Grazia und Mexilhão.

São Paulos traditionellstes französisches Restaurant ist das komfortable holzgetäfelte **La Casserole** unweit des Blumenmarktes am **Largo do Arouche** im Zentrum. Die Skulpturen Brecherets am Largo do Arouche verstärken das Gefühl, an der Seine zu dinieren. Zu den Spezialitäten gehören Lamm und Bouillabaisse.

Das französische Spitzenrestaurant der Stadt ist das elegante **La Cuisine du Soleil** im Maksoud Plaza Hotel. Zu empfehlen sind Ente und Hummer.

Ibirapuera ist São Paulos deutscher Restaurantbezirk. In Bierlokalen wie **Konstanz, Windhuk** und **Bismarck** werden Eisbein, Kasseler und Leberkäs serviert.

Zu den hervorragenden chinesischen Restaurants gehören das **China Esmeralda** im Vorort Perdizes, und **Jardim de Lótus,** Rua Pamaris 42 im Zentrum. Japanische Restaurants jedoch (s. Kapitel über Liberdade) stellen im allgemeinen andere örtliche Lokale in den Schatten.

In São Paulo findet man auch weniger bekannte Spezialitäten. Das Restaurant **Vikings** im Maksoud Plaza bietet ein üppiges skandinavisches Smorgasbord. Im **Hungaria** ganz in der Nähe serviert

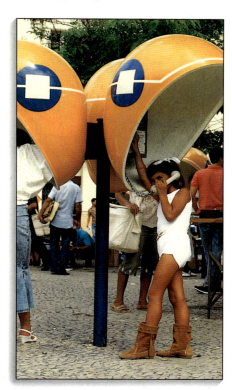

Diese Telefonkabinen heißen *Orelhão* (großes Ohr).

man in einem geräumigen Speisezimmer, in dem an Winterabenden der offene Kamin prasselt, Gulasch und Galuska.

In **Itaim**, nicht weit von Ipirapuera, gilt die **Brasserie Victoria** als bestes arabisches Lokal. *Hommus, Kibe* und *Tabule* gehören zu den Spezialitäten einer nicht enden wollenden Menüfolge. In Pinheiros, beim Genghis Khan gleich um die Ecke, treffen sich samstagabends die Griechen São Paulos zu Musaka, Tavas und Stifado, zertrümmern Hunderte eigens dafür hergestellter, billiger Teller und sehen zu, wie eine ekstatische Bauchtänzerin zu griechischer Musik von Tisch zu Tisch hüpft – all dies in einem Lokal, das typischerweise **Zorba** heißt.

Bei einem Ausflug durch die ausländischen Spezialitätenrestaurants São Paulos findet man auch ein amerikanisches – **The Country Place** in Higienópolis. Das rustikale Mobiliar verleiht dem Speisezimmer einen Hauch von Neu-England, den die Hühnerpastete noch unterstreicht.

Selbst bei der brasilianischen Küche ist Vielseitigkeit oberstes Gebot. **O Profeta** im Bezirk Indianópolis unweit von Ibirapuera ist Spezialist für deftige Bohnensoßen und Hühner- und Schweinefleischgerichte. In **Jardim Paulista** ringen zwei brasilianische Steakpaläste um die Gunst von Restaurantbesuchern der Mittelschicht. **Der Búfalo Grill** besticht mit seiner Austernbar, einer Rarität in Brasilien und hausgemachten *pâtés*. **The Place** gleich nebenan, ein holzgetäfeltes englisches Pub, lädt zum Aperitif ein.

Einkaufen: Wenn *Paulistanos* nicht arbeiten oder essen gehen, gehen sie einkaufen. Die Rua Augusta bei der Rua Oscar Freire in Jardim Paulista ist ein traditionelles Zentrum für modische und teure Damen- und Herrenbekleidung. **Dimpus, Etcetera** und **Pandemoium** sind berühmte Boutiquen. **Le Postiche** ist auf edle Lederwaren spezialisiert. Weitere Boutiquen gibt es in der **Vitrine Gallery** in der Rua Augusta 2530.

Eine schmale Passage mit Kunsthandwerksläden in der Rua Augusta 2883 führt Sie in São Paulos Kunstgegend – die Rua Padre João Manuel und die Rua Barão de Capanema. Ein Dutzend Galerien, **Dan** und **Remet** sind die

Einkaufspassage in Ibirapuera.

größten, zeigen die besten Stücke zeitgenössischer brasilianischer Malerei und Bildhauerei.

Die größte Liebe der *Paulistanos* gilt jedoch den Einkaufszentren. Im teuersten, dem **Morumbi**, findet man Spitzenboutiquen und Markengeschäfte sowie eine vielbesuchte Rollschuhbahn und ein Aquarium, in dem vom Seepferdchen bis zum Delphin alles zu sehen ist.

Das älteste Einkaufszentrum São Paulos ist das **Iguatemi** an der Avenida Faria Lima, allgemein bekannt für Verkehrsstaus, Fußgängerbrücken und eine Wasseruhr. Fast ebenso lange gibt es das **Ibirapuera**, ein verschacheltes Gebäude in der Nähe des Parks. Das größte und schickste Einkaufszentrum ist jedoch das **Eldorado**, eine riesige Glaskonstruktion mit Brunnen und überdimensionalen Spiegeln. Im Obergeschoß hat es ein Vergnügungszentrum mit Live-Musik, Filmen und einen Saloon amerikanischen Stils.

Nachtleben: São Paulos Nachtleben beginnt nicht vor Mitternacht. Die oberen Zehntausend ziehen Members-only-Clubs wie **The Gallery** und **Regine's** in der Faria-Lima-Gegend vor.

Wenn die Reichen in die Slums gehen, gehen sie nach Bixiga. Ein heißer Tip ist das herrlich absurde **Imelda Marcos**, in dem Gäste von einem aufgetakelten Ebenbild der Frau des philippinischen Ex-Diktators (sie trägt jeden Abend ein anderes Paar Schuhe) begrüßt werden. Ganz in der Nähe ist das dunkle, feuchte **Madame Satã**, in dem Punks, Schwarze und Freaks herumhängen. Ein weniger exzentrisches Nachtleben in Bixiga bietet eine Reihe bunter Lokale mit Jazz live, Folklore und brasilianischer Rockmusik in der Nähe der Rua 13 de Maio. Bekannt sind das **Café do Bixiga**, das **Espace Off** mit avantgardistischem Humor und ebensolcher Musik, das **Café Piu-Piu** und das **Soçaité**.

Neureiche sind vor allem in extravaganten Clubs mit Musik und Tanz wie dem **Up and Down** in Jardim Paulista zu finden. Fünf verschiedene Bars und Discotanzflächen für 2100 Leute mit Nebelmaschine und einer 75 Meter großen Videoleinwand locken São Paulos betuchte Jugend an. **The Roof**, eine Diskothek an der Faria Lima, hat außerdem noch einen Blick aus dem 22. Stock auf die Stadt zu bieten.

Wer nicht taub werden will, hat dennoch eine große Auswahl. Eine Reihe von Bars und Restaurants an der Rua Henrique Schaumann in Pinheiros widmen sich brasilianischer Pop- und Folkmusik mit Schwerpunkt *Choro*, traditionellen Balladen. Beliebt sind der **Clube do Choro** und die **Cathedral do Choro**.

Auch englische Pubs samt Darts und Faßbier sind beliebt. Vorreiter war die **London Tavern** im Hilton (Zentrum), **Clyde's** und **Blend** in Itaim folgten ihr.

Größter Beliebtheit bei *Paulistanos* erfreuen sich Pianobars. Das **Baiuca** an der Faria Lima ist hauptsächlich ein Single-Treff. Eine der hübschesten ist die **San Francisco Bay** in Jardim Paulista. Die laute **Executive Piano Bar** im obersten Stock des Itália-Gebäudes ist wegen ihrer schönen Aussicht bekannt.

Das Nachkriegswachstum (und Geld) machten São Paulo zu einem Magneten für Interpreten der Weltklasse. In einer typischen Saison kommen das Bolschoi-Ballett, die New Yorker Philharmoniker, Sting, James Taylor und viele andere große Stars zu einem Auftritt im **Anhembi Convention Center** (wo das jährliche Jazz Festival stattfindet), in der **Ibirapuera-Sporthalle**, im **Stadttheater** oder im dunklen **Palace Night Club** in Moema. Intimer noch sind das **Palladium** im Eldorado-Einkaufszentrum und der **150 Night Club** im Maksoud. In Sachen Erotik liefern sich São Paulo und Rio ein Kopf-an-Kopf Rennen. Glitzernde Strip-Bars, die ungewöhnlich gewagte erotische Nummern aufführen, beginnen an der Rua Augusta in der Nähe des Caesar Park Hotel und erstrecken sich stadteinwärts bis zur Rua Nestor Pastana. Das **Kilt, Puma Chalet, Vagao** und **Estação** sind Clubs, die Go-go-Girls, Eros-Shows und pseudo-luxuriöse Ausstattungen wie Spiegel, Light-Shows und falsches Gold zu bieten haben.

Andere Strip-Bars liegen an der Rua Bento Freitas beim Hilton. Fünf Häuserreihen vom Hilton entfernt ist an der Rua Major Sertorio das ehrwürdige **La Licorne** mit einer überaus üppigen Ausstattung und frechen Erotik-Nummern.

Erholung in den Bergen: Wie die *Cariocas* können auch die Bewohner São Paulos in den Bergen oder am Meer Urlaub machen, ohne ihren Heimatstaat zu verlassen. São Paulos beliebtester Erholungsort in den Bergen heißt **Campos do Jordão** und liegt in einem fruchtbaren Tal des Mantiqueira-Gebirges auf 1700 m Höhe. Touristen mögen die alpinen Chalets, das kühle Winterwetter und das Musikfestival im Juli. Dieses einmonatige Musikfest, bei dem klassische wie auch volkstümliche Veranstaltungen stattfinden, wird in der modernen Stadthalle abgehalten. Daneben liegt der hübsch angelegte **Felícia-Leirner-Skulpturengarten**, in dem wunderschöne Bronze- und Granitarbeiten der in Polen geborenen Künstlerin zu sehen sind.

Den Mittelpunkt von Campos do Jordãos belebtem Zentrum bildet eine Reihe Fachwerkhäuser mit Restaurants und Geschäften. Eine breite Palette von heimischen Erzeugnissen wird dort angeboten.

In der Nähe liegt ein ruhiger See, um den man mit Pferdedroschken herumfahren kann. Gelegentlich rattern die gelbbraunen Wagen mit Touristen vorbei.

Im Ortszentrum sind 54 Hotels und etliche Sommerhäuser reicher Paulistanos. Das größte davon, das den eindrucksvollen Namen **Boa Vista Palace** trägt, ist der Wintersitz des Gouverneurs. Ein Teil der Tudor-Villa wurde in ein Museum umgebaut. Sehenswert sind das Mobiliar des 19. Jahrhunderts und Ölgemälde von Künstlern aus São Paulo.

Der **Itapeva**, 12 km entfernt, bietet eine eindrucksvolle Sicht auf das **Parabia-Flußtal**, in dem vor mehr als hundert Jahren erstmals Kaffee angebaut wurde.

Das einzige Problem an Campos Jordão, dem idyllischsten Ferienort des Bundeslandes, ist seine Entfernung von São Paulo (155 km). Nur 60 km von der Hauptstadt entfernt liegt an der Schnellstraße von São Paulo nach Santo André der winzige, verschlafene Ort **Paranapiacaba**. Der Ziegel-Holz-Bau des Bahnhofs und die Reihenhäuser wurden 1867 von britischen Eisenbahnarbeitern erbaut und sind ein Abbild des viktorianischen Englands. Der große Glockenturm erinnert an den Big Ben. Das auf 800 m Höhe gelegene Paranapiacaba („Meeresblick" in Tupi-Guarani) war die letzte Haltestelle auf der Strecke Jundiai–Santos vor der atemberaubenden Fahrt durch das Gebirge. Eine 30minütige Zugfahrt, mit einer quietschenden, schnaubenden Lokomotive, bringt Touristen durch Tunnel und über enge Viadukte an den Rand des steil abfallenden Gebirges mit einer phantastischen Aussicht auf die Ebene von Santos.

Paranapiacaba selbst ist weniger reizvoll. Es gibt weder Hotels noch Restaurants, nur ein paar Getränkestände. In einem Museum sind Zugwaggons und Erinnerungsstücke aus dem 19. Jahrhundert ausgestellt.

An der Ferno-Dias-Schnellstraße, 60 km von São Paulo entfernt, liegt das „touristenfreundlichere" Dorf **Atibaia**, São Paulos Pfirsich- und Erdbeer-Hauptstadt. Zu Ehren der Erdbeere wird ein Winterfest gefeiert, bei dem es alles, von Erbeermarmelade bis -likören, gibt.

Da Atibaia 820 m hoch liegt, ist die Luft im Gegensatz zu São Paulos Smog rein und erfrischend. Brasiliens Gesellschaft für Amateur-Astronomen, die Dutzende von Teleskopen, manche auch in Mini-Observatorien mit Kuppeln, aufgestellt hat, machte Atibaia zu ihrem Hauptsitz. Angeblich bietet die Stadt ideale klimatische Bedingungen für die Himmelsbetrachtung.

In Atibaias prachtvoll angelegtem **Stadtpark** gibt es Mineralwasserquellen, Seen und ein neues Eisenbahnmuseum. Unweit der Stadtmitte sieht man die weißen Mauern von Atibaias **Stadtmuseum** aus dem Jahre 1836. Die sakralen Gegenstände bieten einen seltsamen Gegensatz zu den erotischen Objekten der dort ansässigen Bildhauerin Yolanda Mallozzi, die im 2. Stock ausgestellt sind.

Gleich außerhalb Atibaias liegen zwei bekannte Ferienhotels, das **Village Eldorado** und das **Park Atibaia** mit Sport- und Freizeiteinrichtungen. Die größte Attraktion ist jedoch die frische Luft.

Tagesausflüge: Das winzige **Itu**, 100 km von São Paulo entfernt an der Castelo-Branco-Schnellstraße, ist ein weiteres Frischluft-Paradies. In den 70er Jahren starteten die Stadtväter Itus eine merkwürdige Kampagne zur Ankurbelung des Tourismus. Ihr Slogan lautete: „In Itu ist alles groß." Zum Beweis dafür errichtete man am Stadtplatz eine riesige Telefonzelle und daneben eine übergroße Ampel. Restaurants verkauften Bier in Literkrügen und Souvenirläden riesige Bleistifte und anderen Schnickschnack, auf dem dick Itu aufgedruckt war.

Glücklicherweise ist von der Kampagne heute (außer der Telefonzelle) wenig übriggeblieben, so daß Besucher Itus wahre Vorzüge kennenlernen können, zu denen die Häuserzeilen aus dem 18. und 19. Jahrhundert, ein paar vollgestopfte Antiquitätenläden und zwei Museen gehören. Im **Museum der Republik**, in der Nähe des Hauptplatzes, sind Möbel und andere Gegenstände aus der Kolonial- und Kaiserzeit ausgestellt. Die Sammlung des **Museums Sakraler Kunst** zeigt religiöse Kunst der Kolonialära und Werke des in Itu geborenen José Ferraz de Almeida Júnior.

Nur 16 km außerhalb von São Paulo an der Regis-Bittencourt-Schnellstraße liegt **Embu**, das Zentrum des Kunsthandwerks von São Paulo. Die beiden Hauptplätze der Stadt und ein Netz von Fußgängerstraßen verwandeln sich jedes Wochenende in ein riesiges Festival naiver Kunst, des Kunsthandwerks und brasilianischer Kochkunst. An Holzständen kann man Keramik, Leder- und Metallarbeiten, Strickwaren und bunte Batiken kaufen.

Am **Largo dos Jesuitas** üben Holzschnitzer ihr Handwerk im Freien aus. Reihen malerischer Häuser aus dem 18. Jahrhundert dienen als Läden für antike und rustikale Möbel. Die Kapelle **Nossa Senhora do Rosário** wurde 1690 von Indianern erbaut. Im Anbau ist ein Museum für Sakrale Kunst untergebracht.

Fremde können an Ständen im Freien Delikatessen aus Bahia wie *Vatapa* oder Kokosnußgebäck probieren oder sich für eines der vielen guten Restaurants entscheiden. Eines, das **Senzala**, liegt auf dem Dach eines geräumigen Kolonialgebäudes. Im **Orixás** nebenan gibt es bahianische Spezialitäten und *Feijoada*. Das **Patação** ist auch auf brasilianische Küche spezialisiert. Seine langen Tische aus dunklem Holz und der offene Kamin erinnern an eine Taverne der Kolonialzeit.

Läden und Restaurants säumen diese romantische Straße in Campos do Jordão.

São Paulo 173

Strände: *Paulistanos* finden, daß *Cariocas* sich zuviel in der Sonne aalen. Dabei vergessen sie zu erwähnen, daß São Paulo auch schöne Strände hat. São Paulos Sonnenküste ist 400 km lang und geht vom beliebten Ubatuba im Norden bis zum einsamen Cananéia an der Grenze zum Staat Paraná.

Ubatuba, das nur 75 km von **Parati** im Süden Rio de Janeiros liegt, besitzt kristallklares Wasser, das ideal zum Schnorcheln ist. Um Ubatubas Buchten und Inseln schlängeln sich insgesamt 85 km Strände. Es werden Bootsausflüge angeboten, die zu den Ruinen des **Anchieta-Gefängnisses** auf einer der Hauptinseln und entlang der Küste zu den unheimlichen Ruinen der **Zuckerplantage Lagoinha** fahren, die letztes Jahrhundert durch einen Brand teilweise zerstört wurde. **Caraguatatuba**, 50 km südlich von Ubatuba auf der Staatsstraße 55, besitzt fast so viele Strände wie sein Nachbar im Norden, aber weniger historische Stätten. Das Urlaubshotel **Ponsadas da Tabatinga** bietet sämtliche Sporteinrichtungen einschließlich Golf an.

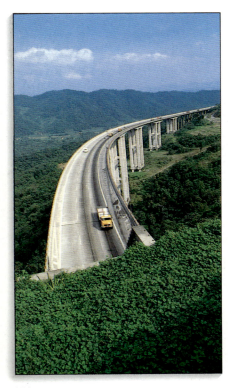

Caraguatatuba ist das Sprungbrett für einen Besuch von São Paulos größter küstennaher Insel, **São Sebastiao**, 30 km südwärts auf der Staatsstraße 55. Fähren bringen Touristen von der malerischen Stadt Sao Sebastiao am Festland ins Inseldorf **Ilha Bela**. Angeblich sollen Geister aus Schiffswracks nachts im Ort spuken.

100 km weiter entlang der Staatsstraße 55 liegt das friedliche **Bertioga**. Die **Festung São João** (erbaut 1547) mit ihren strahlend weißen Mauern und Miniaturtürmchen bewacht eine enge Bucht. Ihre alten Kanonen sind auf vorüberfahrende Vergnügungsboote gerichtet.

30 km südlich von Bertioga liegt der Luxus-Ferienort **Guarujá**. Viele der Vier- und Fünf-Sterne-Hotels der Stadt haben für ihre Gäste direkt am Strand strohgedeckte Bungalowdörfer errichtet. In Weiß gekleidete Ober servieren Getränke im Freien.

Der beliebteste Strand heißt **Enseada**, ein Hufeisen aus Gischt, Sand und prächtigen Hotels, die an die Copacabana erinnern. Daneben liegt der einsamere Strand **Pernambuco**, den São Paulos Schickeria zu ihrem Malibu gemacht hat. Villen aller Architekturstile, umgeben von breiten Rasenflächen und umschlossen von Zäunen, Hecken und Wächtern, blicken hinaus auf die Brandung und die grau-grünen Inseln an der Küste.

So wie São Paulo ist auch das nur 90 km entfernte **Guarujá** eine Stadt zum Essengehen. Hochgeschätzt und empfehlenswert sind das **Delphin** für Shrimps, **Il Faro** und **Rufino's** für die italienische Küche sowie Bar und Restaurant des **Casa Grande Hotels**, eines ausladenden Gasthauses im Kolonialstil.

Ein paar Häuserreihen vom Casa Grande entfernt liegen die engen Gassen von **Praia da Pitangueiras**. Die Straßen in Strandnähe sind Fußgängerzone, so daß man ungehindert all die Boutiquen, Kunsthandwerk- und Juwelierläden durchstöbern kann.

Vom Ortszentrum Guarijás aus kann man mit der (Auto-)Fähre nach **Santos**, São Paulos Haupthafen, fahren.

Santistas unternehmen wenig, um die gewerbliche und damit die schmutzige Seite ihrer Insel zu verbergen: Unförmige Tanker durchkreuzen, Öl und Abfäl-

Auf dieser Straße kommen viele Einwanderer ins Landesinnere.

le hinter sich lassend, die engen Kanäle; Frachtkontainer werden zu Hunderten in häßlichen Hallen oder in der Nähe von Kaufhaus-Ruinen übereinandergestapelt.

Leider setzt sich der Verfall im alten Stadtzentrum fort. Die historische **Igreja do Carmo**, die teilweise auf das Jahr 1589 zurückgeht, ist eine graue Fassade neben einem abgerissenen Bahnhof. Unweit von dort hat sich um die **Kirche São Bento** und das Museum Sakraler Kunst aus dem Jahre 1650 ein Slum entwickelt.

Die dem Meer zugewandte Seite von Santos zeigt jedoch das gleiche blütenweiße Gesicht wie Guarujá. Im **Städtischen Aquarium** an der breiten Avenida Bartolomeu de Gusmão gibt es tropische Fische, Schildkröten, Aale und einen verspielten Seelöwen zu sehen.

Im **Meeresmuseum** an der Rua Equador unweit der Ankunftstelle der Guarujá-Fähre sind ausgestopfte Haie ausgestellt, die in den umliegenden Gewässern getötet wurden, ferner eine riesige, 148 kg schwere Muschel und bizarre Korallenformationen. In Santos gibt es im **Bezirk José Menino**, in der Nähe von São Vicente, auch einen hübschen Orchideengarten.

Brasiliens älteste Siedlung **São Vicente** hat wenig von ihrer frühen Geschichte bewahrt. Der zentrale Strand **Gonzaguinha** besteht aus einer Reihe weißer und pastellfarbener Wohnhäuser mit vereinzelten Bars und Restaurants im Freien à la Copacabana. São Vicente ist das Tor zu Brasiliens meistbesuchtem Strand **Praia Grande**, einem endlos langen Stück Gischt, grau-braunem Sand, Touristenbussen und sich bewegenden Körpern. 60 km weiter südlich auf der Staatsstraße 55 liegt jedoch das verträumte **Itanhaém**, eine der ältesten Siedlungen Brasiliens. Teile der grauen, gespenstischen Kapelle – **Nossa Senhora da Conceição** – datieren in das Jahr 1534. Andere hübsche Strandorte südlich von São Vicente sind das malerische **Peruíbe** (80 km), **Iguape** (200 km) an der ruhigen, durch die Ilha Comprida geschützten Bucht und das abgeschiedene **Cananéia** (280 km), von wo aus Bootsausflüge zu den Nachbarinseln möglich sind.

Malerischer Küstenstreifen bei São Paulo.

MINAS GERAIS

Bahia mag die Seele Brasiliens sein, Minas Gerais jedoch ist das Herz. Kein anderer Staat ist so romantisch wie Minas. Nur das Amazonasgebiet ist noch abgelegener und São Paulo noch dichter bevölkert. Und vielleicht ist nur noch in Bahia das Volkstum ebenso beheimatet.

Minas ist ein brasilianischer Riese. Es bedeckt eine Fläche von 587 000 km², ist damit flächenmäßig der fünftgrößte Bundesstaat und hat 16 Millionen Einwohner.

Minas ist zerklüftet und abgeschieden. Das zentrale Hochland erhebt sich schroff von einem Steilabbruch, der sich entlang der gesamten östlichen Grenzlinie hinzieht. Diese einstmals sehr bewaldete Provinz ist heute abgeholzt.

Minas heißt Bergbau. Von Gold und Diamanten bis Eisen aus seinen Erzadern ist alles in die Welt geflossen. Selbst heute noch sind die Straßen seiner idyllischen alten Städte rosa und die Flüsse rot vom Eisenerzstaub.

Die *Mineiros* sind anders; sie unterscheiden sich von anderen Brasilianern wahrscheinlich mehr als die Bewohner anderer Landstriche. Seine Bindung an das Brauchtum setzt den *Mineiro* in deutlichen Kontrast zum extravaganten *Carioca* und dem fleißigen *Paulistano*. Ein *Mineiro* ist stur. Er ist sehr verantwortungsvoll, vorsichtig, mißtrauisch und zeigt wenig Gefühl. Er arbeitet schwer und ist sparsam. *Mineiros* hängen am Alten, seien es die Barockkirchen, die wie Spieldosen aussehen, oder Familienerbstücke und Trödel, die den Dachboden füllen. Die Bewohner von São João del Rei haben die Musik und die Musikinstrumente des 18. Jahrhunderts bewahrt und feiern in der Karwoche die Gottesdienste mit barocker Orchestermusik.

Dennoch ist ein *Mineiro* konservativ und progressiv zugleich. Während *Mineiros* auf die am besten erhaltenen Kolonialstädte Brasiliens stolz sein können, bauten sie aber auch die erste am Reißbrett geplante Stadt des Landes, **Belo Horizonte**. Und *Mineiros* erbauten unter dem Präsidenten Juscelino Kubitschek Brasília.

Das Traditionsbewußtsein der *Mineiros* geht zum Großteil auf die Isolation des Staates während der Kolonialzeit zurück. Minas Gerais entstand erst 1698 mit dem Beginn des Goldrauschs. Bis zum 19. Jahrhundert war die Verbindung von Minas zum Rest der Welt nur durch Maultiere, die den gefährlichen Steilabbruch hinabstiegen, möglich.

Die Abgeschiedenheit war so groß, daß die *Mineiros* mit eigener Landwirtschaft und Heimindustrie begannen. Diese Flexibilität ist es, die die *Mineiros* von anderen Brasilianern unterscheidet, und sie förderte ihre Begabung für die Demokratie. Der französische Reisende Saint Hilaire bemerkte: „In Minas gab es kaum abwesende Landbesitzer: Sie arbeiteten, anders als die adligen Herren im übrigen Brasilien, Seite an Seite mit ihren Sklaven." Der berühmte Dichter Carlos Drummond de Andrade sagte: „In Minas hat es nie einen Diktator gegeben, und dies wird so bleiben."

Gold- und Diamantenfieber: Im 18. Jahrhundert war das Gold von Minas Gerais ein den Handel beherrschender Koloß. Von 1700 bis 1820 wurden etwa 1200 Tonnen gefördert. Dies entsprach 80 % der gesamten Weltproduktion zu dieser Zeit. Der Reichtum war so groß, daß ein Reisender schrieb: „Im Zentrum des goldenen Hurrikans war Tollheit: Goldsucher und Händler kleideten ihre Sklaven in Gold und überhäuften sie mit Diamanten. Sie schmückten ihre Häuser mit Spitze und Silber und ihre Gattinnen mit Juwelen." Der Diamantenhändler João Fernandes baute einen künstlichen See und eine Jacht für seine Sklavin und Geliebte, Xica da Silva, weil „Xica nie den Ozean gesehen hat und nicht über die sieben Meere gesegelt ist".

Es gab sogar Sklaven, die heimlich Erde aus den Minen mitnahmen und reich wurden. Der legendäre Chico Rei, ein Stammesfürst Afrikas, gelobte, er werde seine Krone in der Neuen Welt wiederbekommen. Dies geschah, indem er genug verdiente, um seine eigene Freiheit und die seiner Verwandtschaft zu erkaufen.

Der Goldrausch in Minas wirkte sich auch im Ausland aus. Lissabon wurde mit Goldmünzen überflutet, die in Ouro Preto geprägt wurden. Anstatt ihren

Der Prophet, eine Skulptur von Aleijadinho in Congonhas do Campo.

Reichtum jedoch zu investieren, verplemperten die Könige ihr Vermögen für aufwendige „Verbesserungen".

Als sich dann 1728 Brasiliens Goldrausch auf das Diamantenfieber verlagerte, war Portugal klüger geworden. Die Tijuco-Diamantenminen wurden für Schürfer geschlossen. Man ernannte einen Gouverneur und schickte eine Garnison zu seiner Unterstützung. Das Vorhaben mißlang jedoch, denn Gouverneure wie João Fernandes trieben Schmuggel, und so brachten Diamanten für kurze Zeit erneuten Reichtum mit sich.

Ouro Preto – schwarzes Gold: Wenn auch die Reichtümer verschwanden, die Kunst blieb. Dafür gibt es heute keinen besseren Platz als **Ouro Preto**. 100 km von Belo Horizonte, der Hauptstadt von Minas Gerais, war Ouro Preto im 18. Jahrhundert das Zentrum des Goldrausches. Die früher Vila Rica genannte Stadt war ein Bergdorf, als Abenteurer auf der Suche nach Sklaven und Gold von der Atlantikküste kamen.

Bei Vila Rica fanden sie einen seltsamen schwarzen Stein und sandten Proben davon nach Portugal. Zurück kam der Bescheid, sie hätten Gold entdeckt, die schwarze Färbung stammte vom Eisenoxid im Boden. Vila Rica wurde in Ouro Preto (schwarzes Gold) umbenannt, und der Goldrausch begann.

Schon 1750 zählte die Stadt 80 000 Einwohner und war damals größer als New York. Es kamen auch Jesuiten, die die Ideen und künstlerischen Vorstellungen Europas mitbrachten. Sie bestanden darauf, ihre mit dem Gold der Minen finanzierten Kirchen im Barockstil zu erbauen.

Heute besitzt Ouro Preto Brasiliens reinste Sammlung barocker Kunst und Architektur. Fünf Museen und 13 auf Hügeln verstreute Kirchen und Bilderbuch-Landhäuser verleihen Ouro Preto das Aussehen einer Märchenstadt. 1981 erklärte die UNESCO Ouro Preto zu einem „Monument der Weltkultur".

Im Stadtzentrum liegt die große **Praça Tiradentes** mit dem imposanten **Inconfidência-Museum**. Der gepflasterte Platz ist geschichtsträchtig. 1792 wurde dort der abgetrennte Kopf des Patrioten

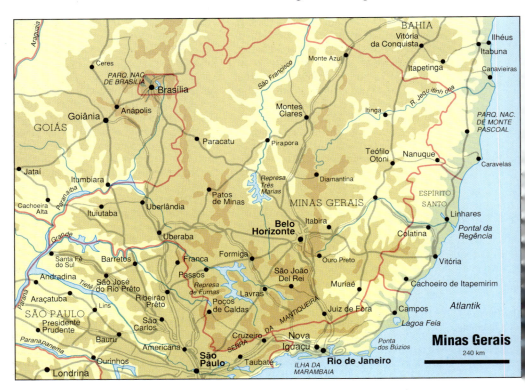

Joaquim José da Silva Xavier (auch Tiradentes, „der Zahn-Zieher" genannt) auf einer Stange zur Schau gestellt. Xavier und sechs Mitwisser hatten sich verschworen, um die Unabhängigkeit Brasiliens zu erreichen, Spione kamen dem jedoch auf die Spur.

Das Museum war früher Rathaus. Heute dient es der Kunst und Geschichte. Makaber muten dort ausgestellte Teile des Galgens an, mit dem Tiradentes hingerichtet wurde. Daneben sieht man eine Kopie seines Todesbefehls. Einige von Tiradentes' Mitverschworenen sind unter Steinplatten im ersten Stock begraben.

In einer gesonderten Galerie des Museums sind Schnitzereien des anderen Helden der Kolonialzeit aus Ouro Preto, des Bildhauers und Architekten Antônio Francisco Lisboa (um 1730 bis 1814) ausgestellt. Auch er hatte einen Spitznamen – Aleijadinho, „der kleine Krüppel". Besonders sehenswert ist der *Christus an der Säule*.

Haus im Kolonialstil in Ouro Preto.

Weitere Werke Aleijadinhos sind in der eindrucksvollen **Carmo-Kirche** und in der Sammlung sakraler Kunst, unweit vom Museum, zu bestaunen. Dieser eckige Bau wurde 1766 von Aleijadinhos Vater, dem Ingenieur Manuel Francisco Lisboa, entworfen. Aleijadinho änderte 1770 den Bauplan, indem er die Glockentürme in die Fassade integrierte und das Hauptportal mit einem eleganten Bogengang versah. Die Veränderung war ein Kompromiß zwischen manieristischer Tradition und dem entstehenden Barock, als dessen Verfechter Aleijadinho galt. Hervorzuheben sind Aleijadinhos aufwendige Meißelarbeiten – mit Schnörkeln und schwebenden Engeln – über dem Hauptportal.

Neben der Kirche befindet sich Carmos **Sammlung sakraler Kunst**. Dort findet man neben Aleijadinhos Schnitzereien auch illuminierte Manuskripte und glänzenden Altarschmuck aus Gold und Silber. In einem Reliquienschrein aus Glas und Gold schwebt unheimlich ein Knochenstück mit der Aufschrift „Heiliger Clemens".

Drei Häuserreihen westlich der Carmo-Kirche trifft man auf die unscheinbare **Nossa Senhora do Pilar-Kirche**.

Hinter ihrer schlichten Fassade verbergen sich Ouro Pretos ausgefallendste Barockräume. Die zum Teil vom Bildhauer Francisco Xavier de Brito gestalteten Wände sind überreich dekoriert, mit pausbackigen Heiligen und Engeln, deren wallende Gewänder vor dem Hintergrund aus Blattgold flattern. Laut Überlieferung sollen 400 kg Goldstaub mit Farbe vermischt worden sein, um die Kirche zu schmücken.

Die Kirche **Nossa Senhora do Rosário dos Pretos** ist ihr Gegenteil. Ihre gewagte Barockfassade beherbergt ein fast kahles Interieur. Die Kirche wurde von Sklaven erbaut, die gerade genug Geld hatten, um die prächtigen Außenmauern zu errichten. Und was für eine Pracht! Die konvexen Mauern, die geschwungene Fassade und Glockentürme machen diese Kirche zu Brasiliens hübschestem Barockbau.

Zwei Museen säumen die gepflasterten Straßen in Richtung Praça Tiradentes. Die **Casa dos Contos**, am Anfang der steilen Rua Rocha Lagoa, war während des Goldrauschs das Steueramt. Dort sind Goldmünzen und die überraschend hochentwickelte Gießerei für deren Prägung ausgestellt. Am Ende der Straße befindet sich Ouro Pretos ausgedehnte **Fachschule für Bergbau**. Ihre Museumssammlung wertvoller Steine, Erze und Kristalle ist die größte der Welt.

Genau östlich der Praça Tiradentes steht eines der architektonischen Meisterstücke von Aleijadinho – das Schatzkästchen der **São-Francisco-Kapelle**. In ihren barocken Formen ähnelt sie der Kirche Rosário dos Pretos. Die extravaganten Reliefarbeiten über dem Haupteingang sind die Fortführung ähnlicher Arbeiten in der Carmo-Kirche. Ihre Räume sind geprägt von einem seltenen Zusammenspiel der Holz- und Specksteinarbeiten Aleijadinhos. Typisch sind die Mandelaugen, die hübschen Körperformen und die gerafften Gewänder des *Mineiro*-Hochbarocks. Die Malereien an Wänden und Decken stammen von Manuel da Costa Ataide (1762-1837). Zu erkennen ist Ataides Werk an den leicht verzerrten Körpern und dem realistischen Hintergrund. An den Rändern ge-

Kirchen im Kolonialstil zählen zum historischen Erbe von Minas Gerais.

hen bemalte Flächen in Formen über, als ob Stellen gemalten Himmels die Decke für die strengen Blicke Gottes öffneten.

Zwei Häuserreihen östlich davon steht Ouro Pretos Denkmal für Aleijadinho, die Museumskirche **Conceição de Antônio Dias**. Aleijadinhos sterbliche Hülle ist dort unter einer Holztafel in der Nähe eines Seitenaltars begraben. Hinter der Sakristei sind seine Holz- und Specksteinarbeiten ausgestellt sowie Dokumente zu seiner Laufbahn, und die reich illustrierten Bibeln und Meßbücher, die er studierte.

Mariana: 12 km außerhalb von Ouro Preto liegt die bezaubernde Kolonialstadt **Mariana**, der Geburtsort von Ataide. Die Zwillingskapellen **Carmo** und **São Francisco** und die prächtige Kathedrale **Nossa Senhora da Assuncão** sind mit den dunklen Farben und den *Mulatto*-Figuren von Ataides üppiger Kunst bedeckt. Besonders sehenswert ist: *Leiden und Tod des hl. Franziskus*. Manuel da Costa Ataide liegt hinter der Carmo-Kapelle begraben. Die Kathedrale besitzt eine von Deutschen 1720 gefertigte Orgel, die auch bei den monatlichen Konzerten erklingt.

Hinter der Kathedrale ist Marianas labyrinthartiges **Museum Sakraler Kunst** mit der größten Sammlung barocker Malerei und Skulptur von Minas Gerais.

Belo Horizonte: Bis 1897, dem Jahr der Gründung von Brasiliens erster nach Plan erbauter Stadt, **Belo Horizonte**, war Ouro Preto die Hauptstadt von Minas Gerais. Im Vergleich zu ihr besitzt diese geschäftige Metropole wenig Sehenswertes, ist jedoch ein guter Ausgangspunkt für Ausflüge zu den historischen Städten in ihrem Umkreis. Im schicken **Pampulha** entwarf Brasiliens führender Architekt des 20. Jahrhunderts, Oscar Niemeyer, die **São Francisco Kapelle** mit ihrem gewellten Dach und den blauen Kacheln. Von Candido Portinari, dem größten modernen Künstler des Landes, stammen die Porträts des hl. Franziskus und die *14 Stationen des Kreuzwegs*.

In einem bewaldeten Tal, 23 km außerhalb von Belo Horizonte, befindet sich ein weiteres Barockjuwel, **Sabará**. Versteckt inmitten eines grünen Vororts liegt der bizarre, verstaubte Schatz dieser Stadt, die seltsam geformte Kapelle **Nossa Sen-**

Ouro Preto, umgeben von grünen Hügeln.

hora do O. Die schlichte Fassade steht im Gegensatz zu ihrem üppigen Dekor. Wände und Decke sind über und über mit Schnitzereien, Blattgold und geheimnisvoll dunklen Malereien verziert, die Geschichten aus der Bibel und kunstvoll ausgeführte fernöstliche Motive darstellen.

Ganz in der Nähe der Kapelle steht Sabarás größere Kirche, die Pfarrkirche **Nossa Senhora da Conceicão**. Ihre eckige Fassade kontrastiert zur reichen Innenausstattung. Das fernöstliche Thema wiederholt sich mehrmals, besonders an der üppig verzierten Sakristeitür.

Völlig fehl am Platz wacht das geisterhafte Steinskelett der **Igreja do Rosário dos Pretos**, die nach dem Ende des Goldrauschs aufgegeben wurde, über dem Hauptplatz von Sabará. Unweit davon die wertvolle **Igreja do Carmo**, eine Schatztruhe der Werke Aleijadinhos, u.a. herrliche Kanzeln aus Speckstein und ein Bas-Relief an der Vorderseite. Zwei muskulöse Männertorsos tragen die Empore.

Diamantina: Nördlich von Belo Horizonte liegt an der Straße nach Brasília ein abgelegener Weiler, der für viele Leute durch seine strenge Schönheit und seine Geschichte Ouro Preto gleichkommt – es geht um **Diamantina**.

Diese Stadt an der Grenze zur Region *Sertão* ist umgeben von rostfarbenen Hügeln, die sich zu einem Felsplateau erheben. Die weißgestrichenen Häuser und Kirchen drängen sich an den Hügel.

Diamantina war der Hauptsitz des Diamantenhändlers João Fernandes und seiner Sklavin und Geliebten, Xica da Silva. Ihr imposantes Haus liegt an der Praça Lobo Mesquita. Die reich geschmückte **Igreja do Carmo** aus Holz und Stein auf der anderen Seite des Platzes war ein weiteres Geschenk des Diamantenkönigs an seine Geliebte. Fernandes ließ den Glockenturm an der Rückseite der Kirche neu errichten, als sich seine Geliebte darüber beschwerte, sie könne wegen der Glocken nicht einschlafen. Die Decke der Carmo-Kirche zieren düstere Malereien mit Szenen aus der Bibel – einem Lieblingsthema der Maler von Minas Gerais aus dem 18. Jahrhundert wie z.B. José Soares de Araujo, dessen Werk in der Carmo-Kirche und der in

Die von Oscar Niemeyer entworfene Pampulha-Kirche.

ihrer Nähe liegenden **Igreja do Amparo** an Ataide erinnert.

Die farbenfrohe Kirche **Nossa Senhora do Rosário** gleich bei der Carmo-Kirche wurde allein von Sklaven erbaut, und die Holzfiguren der Heiligen sind scharz. Draußen haben die Wurzeln eines Baumes das Holzkruzifix der Rosário-Kirche gespalten. Laut Überlieferung wurde ein des Diebstahls bezichtigter Sklave trotz Unschuldsbeteuerungen dort hingerichtet. Den Zuschauern sagte er, daß „hier etwas Ungewöhnliches zum Beweis meiner Aufrichtigkeit passieren wird". Bald darauf fing das Kreuz an zu treiben, und es entstand ein kräftiger Baum.

Gegenüber der Kathedrale von Diamantina ist das informative **Diamantenmuseum**, in dem alte Bergbaugeräte, Dokumente und Mobiliar ausgestellt sind. In einem Hinterzimmer sind grauenerregende Foltergeräte für Sklaven aufbewahrt.

In der Nähe des Platzes befindet sich auch die öffentliche **Bibliothek**, die für ihre wunderschönen Balkongitter berühmt ist. Ein paar Häuserreihen entfernt ist an der Rua Direita der bescheidene Geburtsort eines der bedeutendsten Präsidenten Brasiliens, Juscelino Kubitschek, des Gründers von Brasília. Die **Casa da Glória** nebenan besteht aus zwei blau-weißen, durch eine kleine Brücke verbundenen Steingebäuden. Sie war der Sitz der königlichen Gourverneure von Diamantina.

Congonhas do Campo: Der Osten von Minas Gerais, der wirtschaftlich weiter entwickelt ist als der karge Sertão, besitzt Kunstschätze des späten *Mineiro*-Barocks. **Congonhas do Campo**, 80 km hinter Belo Horizonte, ist der Ort der größten Meisterwerke Aleijadinhos, die zwölf lebensgroßen *Statuen der Propheten* am Vorplatz der Basiliken am **Bom Jesus do Matozinhos** und die 66 bemalten Holzfiguren des Kreuzweges, in mehreren umliegenden Kapellen.

Die aus Speckstein gemeißelten Propheten sind unerschütterlich, grau und streng. In ihren stilisierten Haltungen und Gewändern besitzen sie eine mythische Ausstrahlung – als wären sie aus der Phantasie und nicht aus dem realen Leben erschaffen worden.

Während *Die Propheten* unnahbar wirken, sind die Holzfiguren des *Kreuzwegs* lebendig und gefühlvoll. Die Christusstatue mit ihren Mandelaugen und dem halboffenen Mund, der blassen, durchsichtigen Haut und den Muskeln eines Athleten ist so unvergeßlich wie das Turiner Leichentuch. Für die 12 Apostel mit ihren sorgenvollen Arbeiter-Gesichtern haben wohl Einheimische Modell gestanden.

135 km östlich von Belo Horizonte kommt man an den Geburtsort des 1746 geborenen Joaquim José da Silva Xavier. Die passenderweise **Tiradentes** genannte Stadt zeigt mehr als alle anderen Städte in Minas Gerais ein koloniales Ambiente – roséfarbene Schieferstraßen, hin und wieder ein Pferdewagen, Spitzenvorhänge und hell bemalte Fensterläden.

Das geräumige **Padre-Toledo Museum** zeigt Stilmöbel und sakrale Kunst. Unweit davon ist die imposante **Igreja de Santo Antônio** mit dem von Aleijadinho gemeißelten Giebelfeld. Innen steht eine Orgel aus dem 18. Jahrhundert.

São João del Rei: Nur 13 km außerhalb von Tiradentes liegt das betriebsame **São João del Rei**. Dorthin fährt man am besten mit einem klappernden Urlauberzug – ein lustiger Ausflug in Waggons aus der Jahrhundertwende. Der Bahnhof von São João wurde in ein glänzendes Museum verwandelt. Unförmige schwarzrote Baldwin-Lokomotiven, zum Teil noch von 1880, stehen aneinandergereiht wie übergroße Spielsachen um einen Weihnachtsbaum. Der im viktorianischen Stil erbaute Bahnhof ist sauber und originalgetreu bis hin zur ohrenbetäubenden Dampfsirene.

In der Stadt gibt es so viele Kirchen wie Hotels – je sieben. Die **Igreja do Carmo** erinnert an die barocken Meisterstücke von Ouro Preto. Die **Pilar-Kathedrale** in der Nähe zeigt außen eine massive Fassade und innen reich verzierte Wände und Decken. Die gefälligen Proportionen und rundlichen Türme der **Igreja de São Francisco**, zu Recht Aleijadinhos ausgereiftester architektonischer Triumph genannt, sind der größte Stolz der Stadt. Eine Palmenallee führt zu einer Promenade mit geschwungenen Balustraden und breiten Stufen.

DER BRASILIANISCHE BAROCK

Brasiliens üppige Tradition in der bildenden Kunst und Architektur des Barock ist eines der Wunder einer Südamerikareise. Anders als die monumentalen Gebäude, die die Alleen und Plätze vieler lateinamerikanischer Städte erdrücken, sind die frühesten öffentlichen Gebäude Brasiliens frisch, schön und lebendig.

Die Barockbewegung hatte im 18. Jahrhundert drei wesentliche Zentren in Brasilien: Sie begann in Salvador, bewegte sich dann nach Rio de Janeiro und erreichte ihren Höhepunkt in Minas Gerais.

Die Jesuiten, die die koloniale Barockorgie in Bahia förderten, waren bekannt dafür, daß sie neuen Ideen und lokalen Strömungen offen gegenüberstanden, und sie ermutigten damit, was vielen Europäern als die „weltliche Opulenz" des Barock galt. Die Missionare erkannten schnell, daß die überschwengliche Fülle der barocken Kunst die zum Christentum bekehrten Indianer und Mischlinge, die die Masse der brasilianischen Gläubigen ausmachten, sowohl anziehen als auch mit Ehrfurcht erfüllen würde.

Gegen Mitte des 18. Jahrhunderts begannen brasilianische Themen Eingang in die ornamentale Kunst Bahias zu finden. Heilige mit indianischen Gesichtern, große Bündel verschiedenster tropischer Früchte und wehende Palmen bilden einen ungewöhnlichen Hintergrund zu den biblischen Geschichten.

In Rio de Janeiro entfaltete sich der Barock längst nicht so intensiv. Sein schönstes Barockgebäude ist die bezaubernde kleine **Igreja da Glória do Outeiro**. Den Höhepunkt erreichte der brasilianische Barock in Minas Gerais. In Minas beeindruckt der Barock, ohne zu überwältigen. In Ouro Preto gibt es keine großen Kathedralen, aber man kann sich an den Sehenswürdigkeiten dieser entzückenden Museumsstadt erfreuen.

Das Geheimnis der barocken *Mineiro*-Architektur besteht darin, daß die Linie durch die Rundung ersetzt wurde. Das reinste Beispiel, die Kapelle **Rosário do Pretos**, besteht ganz und gar aus Bögen.

Ein Brunnen aus dem Jahre 1752.

Die Fassade ist leicht konvex und endet in zwei leichten Glockenturmschwüngen. Das Kirchenschiff ist oval. Türen und Fenster sind von Bögen umrahmt.

Das Werk eines Mannes: Ein Grund für die beeindruckende künstlerische Einheitlichkeit der *Mineiro*-Kirchen ist die beherrschende Handschrift eines einzigen barocken Künstlers – Antônio Francisco Lisboa (um 1730-1814). Der illegitime Sohn eines portugiesischen Handwerkers und einer schwarzen Sklavin, der keinerlei Ausbildung genossen hatte, wurde zu einem Bildhauer und Architekten von außergewöhnlicher Individualität. Ohne sich von seiner starken Behinderung, wahrscheinlich Arthritis, den Mut nehmen zu lassen, die ihm in seinen mittleren Lebensjahren die Hände lähmte, schnallte er sich Hammer und Meißel an den Handgelenken fest. Während dieser Zeit schuf Lisboa seine zwölf Specksteinfiguren der *Propheten des Alten Testaments* und die 66 holzgeschnitzten Darstellungen der Kreuzwegstationen in Congonhas do Campo. Lisboa, bekannt als Aleijadinho („der kleine Krüppel"), wandte die Prinzipien des europäischen Barocks, die er aus Büchern und von den Missionaren gelernt hatte, an und führte sie weiter. Sein erstes Werk war die **Igreja de Nossa Senhora do Carmo** in Ouro Preto mit ihren beiden eleganten Glockentürmen, die direkt aus der sanft geschwungenen Fassade aufsteigen, und den massiven, sorgfältig geschnitzten Türen, die überquellen von Schnörkeln und fröhlichen Gestalten.

Lisboas nächster vom Barock geprägter Bau war die **Kapelle São Francisco** in Ouro Preto. Diese Kapelle und die größere **Igreja de São Francisco** in São João del Rei sind Lisboas Meisterwerke. Beide Gebäude konzentrieren sich auf die Rundschwünge; selbst die Balustraden, die auf den Platz vor der **Igreja de São Francisco** hinausgehen, formen elegante „S"-Linien. Da gibt es Rundfenster, durchkreuzt von feinem Holzwerk, und perfekt gearbeitete Holzschnörkel um Türen und Fenster.

Die beiden Kirchen, genial erdacht und erschaffen von Lisboa, repräsentieren die Höhepunkte des brasilianischen Barock.

Die Barockkirche Nossa Senhora do Monte Carmo.

BRASÍLIA

Mehr als 200 Jahre lang war es das Ziel brasilianischer Träumer, das Vakuum im Herzen ihres Landes mit einer neuen Stadt zu füllen. 1891 beauftragte Brasiliens erste republikanische Regierung eine Gruppe von Wissenschaftlern, mögliche Standorte in Goiás zu prüfen. Aus demselben Grund beauftragte man 1946 auch eine Kommission, die gesamte Region mit Hilfe von Luftaufnahmen zu vermessen. Doch bis zur Wahl Präsident Juscelino Kubitscheks 1955 blieb Brasília ein Phantasiegebilde.

Kubitschek machte den Ausbau Brasílias zum Mittelpunkt seiner Modernisierungskampagne. Das Tempo des Projekts wurde von der Politik bestimmt; Kubitschek war sich dessen bewußt, daß die Stadt bis zum Ende seiner 5jährigen Amtszeit fertiggestellt sein mußte. Als Architekten wählte er den Kommunisten Oscar Niemeyer, einen Schüler Le Corbusiers. Niemeyer beschränkte sich auf die größeren öffentlichen Gebäude. Eine internationale Jury wählte das Stadtplanungskonzept aus, das von Professor Lucío Costa, einem Freund Niemeyers, vorgelegt wurde.

Die Erschließung des Gebiets: Die Arbeiten begannen im September 1956 an den höchsten und flachsten Standorten, die man durch die Luftaufnahmen ermittelt hatte. Die erste Aufgabe war es, eine Start- und Landebahn zu bauen, die dazu benutzt wurde, Baumaterial und schwere Maschinen heranzuschaffen. So wurde Brasília die erste größere Stadt der Welt, die mit Hilfe einer Luftbrücke gebaut wurde. Erst nach Beginn der Bauarbeiten entstand eine Straße nach Belo Horizonte, 800 km weiter südöstlich. Es folgten ein Staudamm und der Paranoá-See. Im April 1960 bewohnten 100 000 Menschen die Stadt.

Die meisten Besucher werden sich Brasília auf dem Weg nähern, auf dem auch Präsident Kubitschek zum ersten Mal hierher kam – durch die Luft. Nachdem der Reisende über das spärlich besiedelte Hochland des Mittelwestens

Vorherige Seiten: Eine Statue des früheren Präsidenten Kubitschek vor dem Justizpalast. **Unten:** Diese Skulptur erinnert an alle, die Brasília mitaufgebaut haben.

geflogen ist, taucht plötzlich die Stadt als Reihen weißer Häuserblocks auf, die entlang einer sanften Anhöhe oberhalb des künstlichen Sees einen Bogen beschreibe.

Auf dem Landweg hat man die spektakuläre Anfahrt vom Nordosten. Nachdem man durch roten Staub und knorriges Gebüsch, *Cerrado* genannt, gefahren ist, erreicht man gleich nach Planaltina, der ältesten Stadt in dieser Gegend, eine mit Eukalyptusbäumen bewachsene Hügelkette. Brasília breitet sich in dem darunterliegenden Tal aus.

Der erste empfehlenswerte Besichtigungspunkt, den man keinesfalls auslassen sollte, ist der **Fernsehturm** an der höchstgelegenen Stelle der **Avenida Monumental**, die das Stadtzentrum durchzieht. Ein guter Stadtplan am Fuße des Turms macht die Anlage der Straßen und ihre Numerierung verständlich. Ein Aufzug bringt den Besucher zur Plattform des Turmes, von wo aus man den Entwurf Lúcio Costas aus der Vogelperspektive sieht: Zwei sanftgeschwungene, parallele Bögen kennzeichnen die Wohnviertel, die von der Avenida Monumental, an der die Regierungsgebäude liegen, in der Mitte geteilt werden. Costas Stadtplan wurde verschiedentlich als Kreuz, Pfeil und Bogen oder als Flugzeug beschrieben. Er selbst akzeptiert all diese Interpretationen, betont jedoch, daß sein Entwurf sich nicht an einem vorgefaßten Symbol orientiert habe. Vielmehr stimmte er die Form auf die natürliche Krümmung des Geländes oberhalb des Sees ab, während er die öffentlichen Gebäude im Stadtzentrum besonders betonte.

Der Regierungsbezirk: Geht man vom Fernsehturm in westliche Richtung, erreicht man das Kubitschek-Denkmal, das 1981 errichtet wurde. Es war das erste Gebäude, zu dessen Entwurf das Militärregime nach der Machtübernahme im Jahre 1964 Niemeyer die Erlaubnis erteilte. Die eigenartige, sichelförmige Konstruktion auf dem Dach der Gedenkstätte, in der die Statue Kubitscheks steht, wirkt eher wie eine politische Geste des Architekten als ein Symbol für Kubitscheks Überzeugungen. Im Inneren des Denkmals befinden sich das Grab des Präsidenten und eine Sammlung von Er-

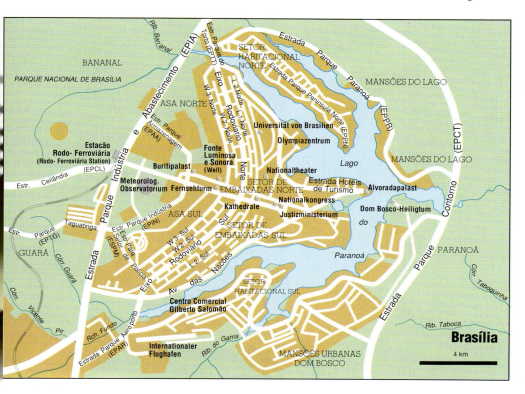

innerungsstücken zu seinem Leben und dem Bau Brasílias.

In der anderen Richtung öffnet sich die Avenida Monumental zur **Esplanada dos Ministerios**. Eine Reihe von 16 blaßgrünen kastenförmigen Gebäuden zieht sich zu beiden Seiten des weiten Boulevards hin. In jedem Gebäude ist eine andere Regierungsabteilung untergebracht, deren Name in goldenen Lettern an der Vorderseite prangt. Da jedes Ministerium schon längst seinen Räumlichkeiten entwachsen ist, hat man in rascher Folge zusätzliche Anbauten geschaffen, die durch freischwebende Betonröhren mit ihrem Hauptgebäude verbunden sind. In den späten 60er Jahren wurden auf mehrere Gebäude Brandanschläge verübt, die von Staatsbeamten als Protest gegen ihre Zwangsversetzung von Rio de Janeiro ausgeführt worden sein sollen.

Niemeyers Meisterwerke: Das Ende der Esplanada flankieren die beiden schönsten Bauten Niemeyers: das **Außenministerium**, das in einer Art „splendid isolation" inmitten eines Teiches schwebt, und das **Justizministerium**, an dessen Außenseite sechs künstliche Wasserfälle an die Umgebung Brasílias erinnern.

Am äußersten Ende der Avenida Monumental liegt die **Praça dos Três Poderes** – ein dichter Wald politischer Symbole. Benannt nach den drei Gewalten der brasilianischen Verfassung wird die Exekutive durch den **Planalto-Palast**, den Amtssitz des Präsidenten, auf der linken Seite des Platzes repräsentiert, während der Oberste Gerichtshof auf der rechten Seite die Judikative verkörpert. Beide Gebäude werden architektonisch, wenn nicht politisch überschattet von den Zwillingstürmen mit den abgesetzen Kuppeln des **National-Kongresses**, dessen Silhoutte das Wahrzeichen Brasílias ist. Sogar die ehemalige Monarchie hat ihren Platz auf der Praça. Die Königspalmen hinter dem Kongreßgebäude wurden aus dem Botanischen Garten König Joãos VI in Rio hierher verpflanzt.

Auf der Praça selbst stehen einige bemerkenswerte Skulpturen. Der tiefgeäderte Basaltkopf Präsident Kubitscheks ragt aus den Marmorwänden des kleinen **Museums von Brasília** heraus. Im Inne-

**Unten links: Wachposten vor dem Regierungsgebäude.
Unten rechts: Eine moderne Justitia vor dem Justizpalast.**

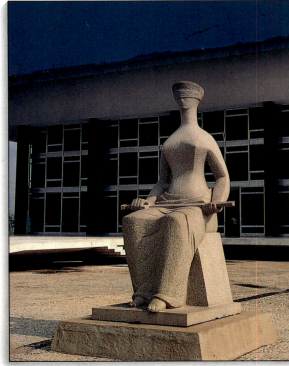

ren befinden sich eine Serie von Gemälden zur Geschichte Brasílias sowie die denkwürdigsten Aussprüche Kubitscheks, dessen Fähigkeit zu Übertreibungen seinem Bautalent wohl in nichts nachstand.

Vor dem Obersten Gerichtshof sieht man eine Justitia-Statue mit verbundenen Augen von dem Bildhauer Alfredo Ceschiatti. Gegenüber des Planalto-Palastes stehen die Figuren der „Krieger" von Bruno Giorgi, eine Hommage an die Tausende von Arbeitern, die Brasília erbauten. Eine architektonische Spielerei auf der Praça ist das Taubenhaus von Oscar Niemeyer, der **Pombal**, der aussieht wie eine riesige Wäscheklammer aus Beton.

Das **Pantheon** des Tancredo Neves ist die jüngste Neuerwerbung auf dem Platz der drei Gewalten, ein Tribut an den Vater der Neuen Republik, der im April des Jahres 1985 starb, noch bevor er als Präsident vereidigt werden konnte. Das düster wirkende Interieur des Pantheons birgt Brasílias außergewöhnlichstes Kunstwerk. Das Wandgemälde von João Camara stellt die Geschichte eines Aufstandes im 18. Jahrhundert dar, der von Brasiliens berühmtestem Revolutionär, Tiradentes, angeführt wurde. Im dritten Bild reitet Tiradentes an einer Reihe schwerst arbeitender Goldsucher vorbei. Im letzten Bild verschmilzt die Figur des Revolutionärs mit der Christi.

Brasílias Wohnviertel: Um Brasília als lebendige Stadt und nicht nur als Park architektonischer Werke würdigen zu können, sollte man die Avenida Monumental und die angrenzenden Hotelviertel verlassen. Die Einwohner der Stadt leben in Wohnzentren, *Quadras* genannt, die sich entlang der nördlichen und südlichen Flügel der Stadt hinziehen. Jede Quadra besteht aus sechs bis acht niedrigen Wohnblocks, die um schön gestaltete Rasenflächen und Höfe gruppiert sind. Die Blocks stehen auf Säulen, um einen freien Blick über die Quadras zu erlauben. Kleine Geschäftszentren sind gleichmäßig dazwischen eingestreut. Obwohl sich die Quadras in mancher Hinsicht unterscheiden, je nachdem, wann und von wem sie gebaut wurden, bieten sie überall einen einheitlichen Lebensstandard. Für viele Bewohner be-

Die Abendsonne vergoldet die Kuppel der Kathedrale von Brasília.

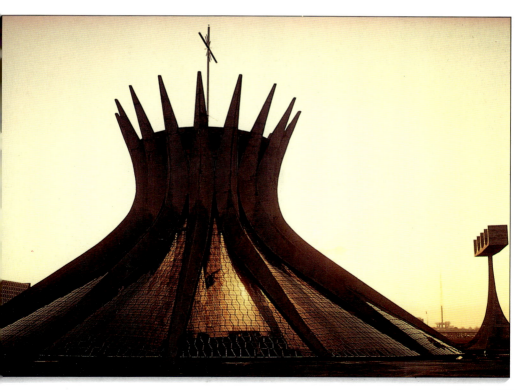

deutet gerade die geordnete Lebensstruktur Brasílias eine willkommene Abwechslung zu dem urbanen Dschungel in Brasiliens Küstenstädten.

Lúcio Costas ursprünglicher Pilotplan sah für Brasília einen strengen Grundriß vor. Waren einmal alle Quadras, die man für den nördlichen Flügel plante, gebaut, konnte die Stadt selbst nicht weiter wachsen. Die große Überraschung in der Entwicklung Brasílias waren die Satellitenstädte jenseits des grünen Gürtels. Diese Siedlungen waren ursprünglich von den Arbeitern bewohnt, die aus dem Nordosten gekommen waren, um Kubitscheks neue Stadt zu bauen, und die sich bei Beendigung der Bauarbeiten weigerten, nach Hause zurückzukehren. Ihre Zahl vergrößerte sich durch neue Zuwanderer und Angehörige der unteren Mittelschicht, die die freien Wohnungen verkauften, die ihnen ursprünglich nach dem Pilotplan zuerkannt worden waren.

Heute macht Brasília selbst nur 22 % der Bevölkerung des Bundesdistrikts aus. Trotz der egalitären Struktur des Pilotplans sind die Klassenunterschiede in diesem Gebiet fast noch krasser als im übrigen Land. Die Bevölkerung ist je nach Einkommen in vollständig getrennte Städte unterteilt.

Besucher, die im Hotelviertel im Zentrum wohnen, erhalten oft den falschen Eindruck, daß die Stadt nachts völlig ausgestorben sei. Es gibt jedoch ein reges Nachtleben in Bars, Restaurants und Clubs, die auf bestimmte Geschäftsstraßen in den Wohnvierteln konzentriert sind. Brasílias zwangloses gesellschaftliches Leben wird von dem Umstand bestimmt, daß die Stadt relativ wohlhabend ist und es an einer etablierten Oberschicht fehlt. Viele junge Berufstätige haben mit ihrer Übersiedlung nach Brasília ihre Familien und Freunde verlassen. Ein Nebeneffekt ist, daß die Stadt die höchste Scheidungsrate des Landes aufweist.

Unkonventioneller Spiritualismus: Das geistige Leben in Brasília ist so unkonventionell wie der hiesige soziale Sittenkodex. Die etablierte Religion wird von Niemeyers Betonkathedrale an der Avenida Monumental verkörpert, die die Dornenkrone Christi symbolisiert. Dem wahren Glauben der Stadt steht jedoch der Kult des Dom Bosco näher, eines italienischen Priesters und Erziehers, der 1883 prophezeite, daß eine neue Kultur in einem Land von Milch und Honig mitten im Herzen von Südamerika entstehen würde, und zwar auf den Koordinaten der heutigen Stadt Brasília.

Das erste Gebäude, das auf dem Stadtgebiet mit Blick über den Paranoá-See errichtet wurde, war eine kleine Pyramide aus Marmor, die an Boscos Vision erinnerte. Auch Brasílias eindrucksvollste Kirche, das Dom-Bosco-Sanktuar, 702 Sul, ist nach ihm benannt. Es ist eine kubische Kapelle, deren Wände vollständig aus blauem und violettem Glas bestehen. Tatsächlich hat Dom Boscos Vision die geistige Legitimierung für Präsident Kubitscheks weltlichen Traum von einer neuen Hauptstadt geliefert.

Brasília steht auch im Ruf, „die Hauptstadt des dritten Jahrtausends" zu sein, da hier gleichzeitig mehr als 400 Kulte blühen. Soziales Experimentieren scheint religiöse Experimente zu ermutigen, und für viele bedeuten diese Kulte eine per-

Das Regierungsgebäude des Bundesstaates.

sönlichere und befriedigendere Alternative zu dem reglementierten Leben in der „Stadt der Zukunft" der Regierung.

Mehrere „New Age"-Gemeinden wurden in der Umgebung von Brasília gegründet. Die am leichtesten zu erreichende liegt im **Tal der Dämmerung** südlich von Planaltina. Jeden Sonntag kommen mehrere hundert Gläubige in das Tal, um in die Gemeinde aufgenommen zu werden, die von einer ehemaligen Lastwagenfahrerin gegründet wurde. Die bildlichen Darstellungen im Tempel beziehen ihre Motive in reichem Maß aus Brasiliens Indianerkulturen. Die Segensriten zeigen sich deutlich vom afrikanischen *Macumba* beeinflußt. Die Parade der Initianden, die in bunte Umhänge und Schleier gehüllt sind, führt um einen mit astrologischen Symbolen geschmückten Teich herum und ist zweifellos Brasílias geheimnisvoll schaurigstes Schauspiel.

Wie das Sekretariat der Vereinten Nationen in New York, mit dem Brasília sowohl den Ehrgeiz als auch den Architekturstil gemein hat, ist die Stadt in einer Zukunftsgläubigkeit der 50er Jahre gefangen. Brasília ist eine Stadt, die rund um das Auto gebaut wurde: Der Stadtkern ist ein Netz von Highways, die für Fußgänger eine feindliche Umgebung schaffen.

Während Brasília gebaut wurde, fesselte die Stadt die Phantasie der Welt. Bald danach verlor die Welt das Interesse, und Brasília wurde zum Synonym für eine wildgewordene ausufernde Technokratie, ein südamerikanisches Symbol der Entfremdung des 20. Jahrhunderts. Doch bis heute sind die Brasilianer sehr stolz auf Brasília. Es war das einzige Nachkriegsprojekt, das den Menschen und nicht der Industrie dienen sollte; und es wurde auf Geheiß eines gewählten Präsidenten in einer Periode der Demokratie vollständig finanziert und gebaut. Unter Brasiliens neuer demokratischer Regierung wurde die Stadt zum politischen Symbol für Vergangenheitsbewältigung und zukünftige Hoffnungen. Trotz aller Fehler spricht Brasílias Architekt Lúcio Costa wahrscheinlich für die große Mehrheit der Brasilianer, wenn er behauptet: „Das einzig Wichtige für mich ist, daß Brasília existiert."

Bürosilos der verschiedenen Ministerien.

ABENTEUERLICHE BUSFAHRTEN

Man stelle sich eine einwöchige, sämtliche Glieder betäubende 5000 km lange Busfahrt vor, die von der argentinischen Grenze quer durch das Land nach Venezuela, also von den Pampas zur Karibik führt!

Brasiliens längste Buslinie reicht von Cascavel im Bundesstaat Paraná bis nach Santa Elena in Venezuela, eine Reise, die so lang dauert wie die von Lissabon nach Rußland. Die Autobahn BR 364 wurde von mehr als einer Million Umsiedlern gebaut, die im „Wilden Westen" eine neue Existenz suchten. Die Straße führt durch fünf Bundesstaaten und das Kernland des Amazonasbeckens.

Seit 1971 beherrscht die Firma Eucatur mit ihren 600 Bussen das Transportwesen in Rondônia und Mato Grosso. Damals hatte man begonnen, die Umsiedler mit Bussen zu befördern, die auf den schlammigen Straßen des Grenzgebietes wie Strand-Buggies holperten. Früher benötigte man Wochen für die 1400 km lange Fahrt von Cuiabá nach Porto Velho; heute bewältigen bequeme Busse diese Strecke leicht in 18 Stunden, wobei der Fahrpreis etwa 20 US$ beträgt. Auf der 900 km langen, eher bedenklichen BR 319, die von Porto Velho in nordöstlicher Richtung nach Manaus verläuft, überqueren die Busse auf ihrer 18stündigen Reise sechs Flüsse mit Hilfe von Fähren. Eine Fahrkarte kostet ca. 18 US$.

Bei Humaita trifft die BR 319 auf die Transamazonica (BR 320), die in den 70er Jahren mit finanzieller Unterstützung der Weltbank gebaut wurde. Ursprünglich wollte man eine Straße bauen, die sich im Osten bis Marabá bei Belém erstrecken sollte, doch sind heute nur noch wenige Streckenabschnitte für den Verkehr offen, da der vordringende Wald jede menschliche Bemühung zunichte macht.

Von Manaus aus dauert die 820 km lange Fahrt nach Venezuela über Boa Vista, die Hauptstadt von Roraima, zwei Tage. Unvorhergesehene Stopps auf all diesen Routen, von Reifenpannen, Motorschäden, Viehherden oder tropischen Stürmen verursacht, erlauben oft faszi-

Einsame Landstraße in Zentralbrasilien.

nierendere Einblicke in das Leben im Amazonasgebiet als die fahrplanmäßigen Pausen an den eintönig aufeinanderfolgenden Tankstellen oder den Bushaltestellen (*Rodoviárias*) in den Kleinstädten, wo die Fahrgäste in aller Eile Sandwiches in einer Snackbar hinunterschlingen. Bushaltestelle auf Bushaltestelle, jede überfüllt mit Umsiedlern, zeigt Brasilien als Land im Aufbruch. Und Busse sind das Mittel, mit dessen Hilfe Tausende in den „Wilden Westen" eindringen.

Eine längere Busfahrt ist der kulturelle Eisbrecher, die vollkommene Brasilien-Erfahrung. Wenn man für ein paar Tage im selben heißen Bus eingezwängt ist, kann sich auch der zurückhaltendste Fremde nicht mehr dem mobilen Drama flüchtender Hühner, familiären Krächen oder neuen Freundschaften entziehen, die aus improvisierten Englischlektionen entstehen.

Medianeira, eine Tochtergesellschaft von Eucatur, verkehrt auf der BR 163 zwischen Cuiabá und Santarém. Diese Route führt bis in die Pionierstädte im Amazonas-Urwald und durchschneidet das Land von Süden nach Norden.

Wer das nostalgische Ambiente des in den 70er Jahren gedrehten Films „Bye Bye Brazil" sucht, den zieht es eher zum 2118 km langen Highway zwischen Belém und Brasília. Seit 1960 stellt er die einzige verläßliche Verbindung zwischen dem Amazonasgebiet und Brasilien dar. Transbrasiliana- und Rapido-Marajó-Busse brechen mehrmals täglich von Brasília zu ihrer 45stündigen Fahrt auf, die nur einmal unterbrochen wird, um den Reisenden an einer Lastwagenstation eine Dusche zu gönnen.

Die BR 153 durch Goiás und die BR 010 in Pará vermitteln einen ausgezeichneten Eindruck der klimatischen Übergänge von den trockenen Ebenen der *Cerrado* in der Umgebung Brasílias zum dichten, feuchten Dschungel des Amazonasgebiets. Die Brandrodung hat den Regenwald jedoch so sehr zurückgedrängt, daß er nur noch eine grüne Linie am Horizont bildet. Die Route Belém–Brasília ist typisch für die zahlreichen Autobahnen des Landes. Und den Pioniergeist des „Wilden Westen" spürt man sicher am besten bei einer Busfahrt.

Ein beliebtes Freizeitvergnügen – Domino.

DIE SÜDLICHEN STAATEN

Der Süden Brasiliens ist anders. Hier werden Palmen von Pinien abgelöst und bewaldete Berge von ruhigen Tälern durchzogen. Die Natur mit ihren tosenden Wasserfällen und gigantischen Schluchten ist wilder, und es gibt in diesem gemäßigten Klima vier Jahreszeiten mit Kälte und im Winter sogar Schnee. Auch die Menschen sind anders. Dort sieht man nicht, wie im Norden und Nordosten, dunkelhäutige Typen, sondern blauäugige Blonde – ein Spiegel der europäischen Wurzeln.

Der Süden, die traditionelle Kornkammer Brasiliens, ist ein fruchtbares Stück Land. Die Farmen von Paraná, Santa Catarina und Rio Grande do Sul sind die führenden Getreidelieferanten Brasiliens. Paraná ist die Heimat der Kaffeeplantagen sowie der ausgedehntesten Pinienwälder des Landes. Über die Grasebenen von Rio Grande do Sul ziehen Brasiliens größte Viehherden. In den letzten Jahren hat der Süden begonnen, einen Teil seines landwirtschaftlichen Reichtums in die Industrie zu investieren. Heute ist dieses Gebiet das Zentrum der blühenden Textil- und Schuhindustrie Brasiliens. Die reiche Erde des Südens, gepaart mit der aufstrebenden Industrie, hat den Bewohnern seiner drei Staaten zu einem Lebensstandard verholfen, der gleich hinter São Paulo kommt.

Paraná: Charakteristisch für Paraná ist die Mischung aus Modernität und der angenehmen Wildheit seiner Natur. Curitiba, die Hauptstadt des Staates, ist eine der beliebtesten Städte Brasiliens und mit ihren großzügigen Grünflächen, breiten Straßen, begrünten Fußgängerpromenaden und einem entspannten Lebensrhythmus der Traum aller Städteplaner. Nur eine Flugstunde davon entfernt liegt Südamerikas beeindruckendstes Naturschauspiel – die *Iguaçú*-Wasserfälle.

Curitiba, im 17. Jahrhundert von Goldsuchern entdeckt, ist heute eine geschäftige Metropole mit 1,4 Millionen Einwohnern, die auf einem Hochplateau in einer Höhe von 900 m liegt. In der zweiten Hälfte des 19. und am Beginn dieses Jahrhunderts erlebten Curitiba und der ganze Staat eine Einwanderungswelle aus Europa (Polen, Deutsche, Italiener und Russen).

Curitibas Feste sind der Beweis für die Herkunft ihrer Bürger. Der bekannteste ethnische Stadtteil heißt **Santa Felicidade** und wurde 1878 von Italienern gegründet. Heute findet man dort Curitibas beste Weinstuben.

Stadtrundgang: Neben ihrem berechtigten Ruf als sauberste Stadt Brasiliens ist Curitiba auch eine fußgängerfreundliche Stadt. Einen Rundgang sollte man im Zentrum an der **Rua das Flores** beginnen. Dies ist eine ausgedehnte Fußgängerzone, die nach ihren schönen Blumenkörben benannt ist und von Geschäften, Boutiquen wie auch einladenden Cafés, Restaurants und Konditoreien gesäumt wird. Auf dem Weg liegt die **Boca Maldita**, wo morgens und am späten Nachmittag Curitibas pensionierte Philosophen, Politiker und Wirtschaftsleute nach Belieben über die neuesten Krisen des Landes diskutieren.

Unweit davon findet sich das historische Zentrum Curitibas, das sich auf die Häuserreihen um den **Largo da Ordem**, einen gepflasterten Platz, konzentriert, der von der **Igreja da Ordem Terceira de São Francisco das Chagas** (1737), allgemein als Ordem-Kirche bekannt, beherrscht wird. Auf dem Hügel oberhalb der Kirche liegt das Garibaldi-Mini-Shopping, in dem Kunsthandwerke aus ganz Brasilien wie Schnitzereien, Töpfer- und Lederwaren und Gegenstände aus Stroh zu kaufen sind. Nachts, wenn sich Musiker einfinden und die Straßencafés voll sind, ist am Ordem-Platz jede Menge los. Hügelabwärts zur Rua das Flores hin liegen die **Praça Tiradentes** mit Curitibas neugotischer Kathedrale und ganz in der Nähe das staatliche Historische Museum an der **Praça Generoso Marques**.

Mit dem Zug nach Paranaguá: Obwohl Paraná keine bekannten Strände besitzt, gehört ein Ausflug dorthin zu den atemberaubendsten Erlebnissen in Brasilien. An Wochenenden bricht ein Zug vom Bahnhof von Curitiba (Reservierung unter Tel.: 234 8441) zu einer kurvenreichen Fahrt auf, die das Küstengebirge

---

Vorherige Seiten: Die spektakulären Wasserfälle von *Iguaçú*.
Links: Riesige Felsenmonolithe bei Vila Velha, Paraná.

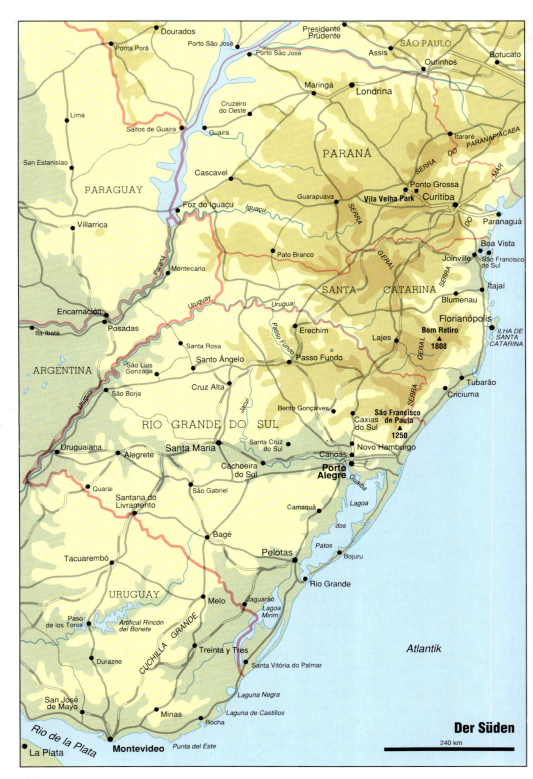

hinab zum Seehafen **Paranaguá**, der ältesten Stadt des Staates, führt. Die 1885 fertiggestellte Bahnlinie wurde derart nah an die Felswände gebaut, daß man während der langen und langsamen dreistündigen Fahrt (setzen Sie sich bei der Fahrt wegen des Ausblicks auf die linke Zugseite) mitunter ein Gefühl hat, als stürze man ins Nichts. Dieser Ausflug bietet eine unvergleichliche Sicht auf den am besten erhaltenen Abschnitt von Brasiliens Regenwald am Atlantik – einem üppig grünen Gewirr aus Bäumen und Unterholz, das an manchen Stellen von Wasserfällen durchbrochen wird.

Paranaguá, das 1648 gegründet wurde, ist heute einer der führenden Häfen Brasiliens. Von seiner historischen Vergangenheit ist jedoch nicht viel zu sehen. Was noch übriggeblieben ist, findet man entlang der Rua XV de Novembro, wo in einem **Archäologischen Museum** Gegenstände der Indianer und Beispiele aus dem Leben der Kolonialzeit gezeigt werden. Am sehenswertesten in dieser Gegend ist die **Ilha do Mel**, ein Inselparadies, das auf einer 20minütigen Bootsfahrt von der Stadt **Pontal do Sul**, eine Autostunde von Paranaguá entfernt, zu erreichen ist (es verkehren auch Boote von Paranaguá aus, sie brauchen jedoch zwei Stunden). Die Insel ist ein Naturreservat mit natürlichen Wasserbecken, Höhlen und einsamen Stränden. Dort stehen auch die Ruinen eines Forts (18. Jahrhundert) und eines Leuchtturms (19. Jahrhundert). Auf der Insel fahren keine Autos, und Transporte werden entweder entlang der vielen Inselpfade zu Fuß oder in Fischerbooten organisiert. Die unberührte Natur (es gibt keine Hotels) der Ilha do Mel hat diese in der letzten Zeit zu einem beliebten Ziel für Camper gemacht. Besucher können Zelte ausleihen oder ein Zimmer in einer Fischerhütte mieten. Für Übernachtungen sind Taschenlampe und Insektenschutzmittel unerläßlich.

Zurück nach Curitiba fährt man am besten auf der **Graciosa-Schnellstraße**, einer kurvenreichen Strecke mitten durch den saftig grünen Regenwald mit einer unglaublichen Pracht von wilden Blumen. Von den Aussichtspunkten aus sind Teile des alten Maultierpfades zu sehen, den die ersten portugiesischen Siedler benutzten, um den Berg bis Curitiba hinaufzusteigen. Für echte Abenteurer ist dieser Ausflug auch heute noch möglich.

Vila Velha: Etwa 80 km westlich von Curitiba trifft man auf die zweite große Sehenswürdigkeit dieser Gegend – den **Staatlichen Park von Vila Velha**. Hoch oben auf dem stürmischen Plateau thronen zahlreiche ungewöhnliche Felsenformationen, die sich in Jahrtausenden durch Wind und Regen gebildet haben.

Ein winziger Zug rattert dazwischen hin und her, doch die meisten Besucher können einem langen, besinnlichen Spaziergang durch das fast mystische Gelände mit der zuweilen gespenstischen Mischung von Schatten, Felsen und dem Gesang des Windes nicht widerstehen. In der Nähe ist ein weiteres Rätsel der Natur: zwei riesige, etwa 100 m tief in den felsigen Boden geschlagene Löcher, die zur Hälfte mit Wasser gefüllt sind. In einen dieser natürlichen Brunnen baute man einen Aufzug, mit dem man bis zum Wasser hinunterfahren kann.

Iguaçú-Wasserfälle: Das zweifellos größte Naturwunder Südbrasiliens und vielleicht des ganzen Landes ist Iguaçú, eine gigantische Reihe von Wasserfällen, die etwa 1050 km von Curitiba entfernt an der Grenze zu Paraguay und Argentinien durch eine Schlucht auf den **Fluß Iguaçú** hinabstürzen. Insgesamt 275 Wasserfälle donnern einen 3 km breiten Abgrund hinab und erzeugen dabei einen immerwährenden, mit ewigem Regenbogen geschmückten Sprühnebel. All dies inmitten eines subtropischen Waldes, dessen grüne Pracht dieses ungezähmte Naturschauspiel mit einer Aura des Ursprünglichen umgibt. Im Herzen dieses unvergeßlichen Platzes der **Teufelsrachen**, wo 14 einzelne Wasserfälle mit ohrenbetäubendem Getöse und dichten Nebelschwaden gemeinsam die 90 m hohen Felsen hinabstürzen. Ein schmaler Steg führt zur unteren Steilstufe der Wasserfälle. Dort angekommen, sind Sie umgeben von tosendem Wasser, Nebel und spritzender Gischt, dem Grün des Dschungels, entwurzelten Bäumen und einem halbkreisförmigen Regenbogen.

Die Iguaçú-Wasserfälle gehören zum gleichnamigen Nationalpark, der zur

Hälfte zu Brasilien und zur anderen zu Argentinien gehört. Ein Ausflug auf die argentinische Seite erfordert kein Visum. Fotografen sollten die brasilianische Seite am besten morgens und die argentinische abends besuchen. Will man die Wasserfälle in ihrer vollen Pracht erleben, so sollte man den Januar oder Februar wählen, wenn der Fluß viel Wasser führt. In dieser Zeit sind jedoch Hitze und Feuchtigkeit fast unerträglich und in der Regel sehr viele Touristen im Park. September/Oktober sinkt zwar der Wasserspiegel, aber die Temperaturen sind angenehm.

Auf der brasilianischen Seite kann der schmale Steg zu den Wasserfällen entweder auf einem sich schlängelnden Pfad oder mit dem Aufzug erreicht werden. Eine atemberaubende Sicht auf dieses Schauspiel bieten Hubschrauber für 25 US$ an. Einen noch besseren Ausblick hat man bei der **Macuco-Boot-Safari**. Die eineinhalbstündige Tour beginnt mit einer Fahrt durch den Dschungel in offenen, von Jeeps gezogenen Wagen, die langsam in die Schlucht hinabfahren. Dort kann man in einem natürlichen Bekken unterhalb der Wasserfälle schwimmen. Dann geht es im Boot weiter bis zum Rand des hinabdonnernden Wassers.

Genau dies kann man auch von der argentinischen Seite aus sehen, wenn man ermüdend lange Pfade hinabmarschiert, die zur Sohle der Schlucht führen. Von dort führt ein kurzer Bootsausflug zur Insel **San Martin**, die von einer erhöht stehenden Felsformation mit direktem Blick auf das hinabfallende Wasser gekrönt wird. (Einige Wasserfälle kann man nur von der Insel aus sehen.) Diese Tour ist zwar hübsch, erfordert jedoch körperliche Fitneß, da der Weg hinab zur Schlucht und zurück äußerst anstrengend ist. Trauen Sie sich das zu, dann wird sich der lange Marsch durch den Wald lohnen. Vögel und Schmetterlinge, umgestürzte Bäume, Kletterpflanzen und Felsen, all dies gibt es entlang dieses Wegs.

Das Wasserkraftwerk Itaipú: Die nahegelegene Stadt **Foz do Iguaçú** erlebte in den letzten Jahren aufgrund des Baus des Wasserkraftwerks Itaipú, das seit seiner Fertigstellung im Jahre 1990 das größte der Welt ist, einen enormen Bevölkerungszuwachs und Wirtschaftsaufschwung. Heute sind allein der Damm, die Überlaufkanäle und das Staubecken zu einer Touristenattraktion geworden. Neben den Wasserfällen und dem Damm kann man auch einen Einkaufsbummel in **Puerto Iguazu** in Argentinien planen.

Der Dammbau und die wachsende Popularität der Wasserfälle hatten in letzter Zeit den Bau mehrerer Spitzenhotels in dieser Gegend zur Folge. Nur eines, das **Hotel das Cataratas**, liegt inmitten des Parks und bietet eine freie Sicht auf die Wasserfälle. Bitte rechtzeitig buchen!

Santa Catarina: Dieser kleinste der südlichen Staaten ist auch der ausgelassenste. Sein deutsches Erbe wird in der süddeutschen Architektur der Stadt **Blumenau** deutlich, in der Südamerikas lebendigstes Oktoberfest stattfindet. Dieses dreiwöchige Spektakel lockt fast eine Million Besucher an, wodurch es nach dem Karneval in Rio zum zweitgrößten Fest Brasiliens avancierte.

Der wirkliche Reichtum dieses Staates ist jedoch seine Küste, kilometerlange unberührte weiße Sandstrände, die sich nördlich und südlich seiner Hauptstadt

Fachwerkfassade in Blumenau.

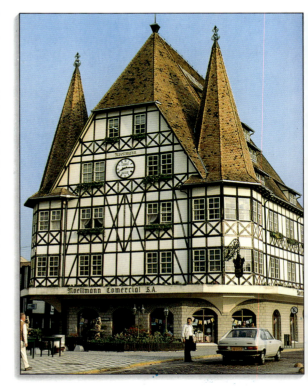

Florianópolis erstrecken. Diese Inselstadt besitzt 42 Strände, die von ruhigen Buchten bis zu stürmischer Brandung alles bieten. Der **Joaquina-Strand** ist ein weltberühmter Surfertreff, an dem alljährlich internationale Wettbewerbe stattfinden. Wenige Minuten davon entfernt liegt die **Conceição-Lagune**, ein hübscher Frischwassersee, der zwischen dem Gebirgszug der Insel und dem Meer eingekeilt liegt. Dieser zentrale Teil der Insel ist von Einheimischen und Touristen gleichermaßen heißumkämpft.

Dort gibt es jede Menge zum Teil hervorragende Restaurants und Bars, wie etwa das unscheinbare **Martim-Pescador**, ein einfacher Holzbau mit einem halben Dutzend rustikaler Tische, an denen Meeresfrüchte der Weltklasse serviert werden.

Die Südstrände der Insel sind die unberührtesten, und viele sind nur auf ungeteerten Straßen zu erreichen. Dort findet man die Hütten von Fischern, deren Frauen Spitzen klöppeln. Für einen Tagesausflug zu empfehlen sind die Strände von **Compeche** und **Armação**. Unweit davon liegt das farbenfrohe Dorf **Ribeirão da Ilha**, das zu den ersten portugiesischen Siedlungen auf der Insel gehört. Nördlich davon liegen die exklusiven Strände **Ingleses, Canavieiras** und **Jureré**, wo neue Hotels und Wohnanlagen rasch den leeren Platz füllen. Florianópolis ist ein geruhsames Städtchen, in dem sich das Leben um einfache Freuden wie Schwimmen, Sonnen, Essen und Trinken dreht.

Laguna: Im Norden von Florianópolis liegt die Urlaubersiedlung **Camboriu**, deren langer sichelförmiger Strand eine fast identische Kopie der Copacabana darstellt. Die wichtigsten Strände der Südküste heißen **Garopaba, Laguna** und **Morro dos Conventos**. Der anerkannte Spitzenreiter unter ihnen ist Laguna, eine Kolonialstadt aus dem 17. Jahrhundert, in der die historischen Bauwerke genauso gut erhalten sind wie die wunderschönen Strände. Dieses Juwel der brasilianischen Südküste wird vor allem von argentinischen Touristen und den Reichen São Paulos besucht. Sie waren die ersten Touristen, die die Schönheit der Küste von Santa Catarina entdeckt haben.

Felsenmassive im Park von Vila Velha.

LAND DES WEINES

Wenngleich Brasilien erst spät mit dem Weinanbau begann, so hat dieser heute seinen festen Platz. Brasiliens Hauptanbaugebiet sind die Küstenberge von Rio Grande do Sul. Dort werden 90 % der Gesamtproduktion hergestellt. Weinberge säumen die Hänge und üppigen Täler einer Gegend, deren wichtigste Städte Caxias do Sul, Bento Gonçalves und Garibaldi sind.

Italienische Einwanderer: Trauben und Weine wurden erstmals von italienischen Einwanderern, die um 1880 dort eintrafen, nach Rio Grande gebracht. Seither wird diese Tradition von ihren Nachkommen weitergeführt. Auch heute noch haben die Städte und kleinen Bauernhöfe der Gegend etwas Italienisches an sich. Von den Decken der preisgekrönten Weinkeller, deren Besitzer meist auch ihren Käse und die Pasta selber machen, hängen Käse und Salami. Diese kulinarische Kombination findet sich auch in den Restaurants der Gegend, die von der italienischen Küche stark geprägt ist. Der Ausgangspunkt für einen Besuch des brasilianischen Weinanbaugebiets ist **Caxias do Sul**, eine aufstrebende Industriestadt, die versteckt in den Bergen liegt. Diese wohlhabende Mittelschichts-Stadt ist die Heimat des alljährlich im März stattfindenden Traubenfests. Feste sind ein wichtiger Teil des Lebens in einer Weingegend: Abgesehen vom Traubenfest in Caxias, veranstalten Garibaldi ein Champagner- und Bento Gonçalves ein Weinfest. Alle dauern mehrere Wochen, und der Wein fließt in Strömen. Der beste Weinberg von Caxias ist **Château Lacave**, dessen Hauptsitz sich in der Kopie eines europäischen Schlosses samt Zugbrücke befindet. In der Stadt selbst gibt es die *Cantina* des Weinbergs **Granja União**. *Cantinas* sind typische Probierstuben der Weinbauern und in allen großen Städten der Region zu finden. Die echten „Delikatessen" des Weinanbaugebiets gibt es in und um Garibaldi und Bento Gonçalves, den offiziellen Metropolen diese Weingegend.

Nachkommen europäischer Einwanderer bei der Weinernte.

Fast wie in Italien – Weinkeller in Brasiliens Weinland.

Am Ortsende von Garibaldi steht an der Straße das **Maison Forestier**, heute Brasiliens Spitzenhersteller von Qualitäts-Tafelweinen. An dem zu Seagram's gehörenden Weinhaus läßt sich der Trend in der brasilianischen Weinherstellung erkennen. Bis zu den 70er Jahren war der Gesamtverbrauch begrenzt und auf eher unbedeutende Tafelweine beschränkt. Um die Mitte der 70er Jahre jedoch begannen Forestier und andere führende Weinhersteller wegen der größeren Nachfrage nach guten Weinen in mehr Qualität zu investieren. Durch die Verwendung importierter Traubensorten (vor allem aus Europa, in letzter Zeit verstärkt auch aus Kalifornien) schafften es Forestier und die anderen, innerhalb von zehn Jahren vor allem qualitativ bessere brasilianische Weißweine herzustellen. Dieser Prozeß ist zwar noch nicht beendet, doch nun werden mehrere Marken (vor allem in die USA) exportiert, und bis zum Ende des Jahrhunderts könnten die Weine Brasiliens eine echte Konkurrenz für die Weine Chiles und Argentiniens darstellen, die derzeit die Spitzenposition halten.

Organisierte Führungen: Bei Forestier und den anderen großen Weinherstellern gibt es organisierte Führungen. Die meisten Weinbauern halten noch an der Tradition der Eichenfässer fest, manche sind jedoch schon auf rostfreie Fässer umgestiegen. Den krönenden Abschluß einer Weintour bildet immer die Weinprobe. Am besten lernt man brasilianische Weine kennen, wenn man mit Forestier beginnt und dann die **Aurora-Kooperative** in Bento Gonçalves besucht.

Dort gibt es auch mehrere kleinere Hersteller wie **Salton**, **Monaco**, **Riograndense** und **Embrapa**. Wenn Sie dann noch nüchtern sind, fahren Sie zurück nach Garibaldi und probieren dort die besten brasilianischen Champagnersorten. (Sie haben zwar in letzter Zeit eine deutliche Verbesserung gezeigt, liegen jedoch hinter den Weißweinen. Allerdings sind sie besser als die roten.) Die angesehensten Champagnerhersteller sind **Peterlongo**, die französische Firma **Moët-Chandon**, **Georges Aubert**, **Château d'Argent** und **Vinícola Garibaldi**.

Rio Grande do Sul: Der südlichste Staat Brasiliens, Rio Grande do Sul, ist auch der eigenwilligste. Dieser an Uruguay und Argentinien angrenzende Staat hat eine eigene Kultur entwickelt, eine Mischung aus portugiesischen, spanischen, italienischen und deutschen Elementen. Die *Gaucho*-Kultur ist das Markenzeichen von Rio Grande do Sul, wo dunkelhäutige Cowboys mit ihren typischen flachen Hüten mit Kinnriemen, weiten Hosen, roten Halstüchern und Lederstiefeln über die südliche Pampas streifen und das Symbol des Gaucho-Lands bewahren, den *Chimarrão*, eine Kürbisflasche mit heißem Mate-Tee. Dies ist das Land des Machismo, in dem es nur echte Männer gibt – ein Erbe der gewaltbetonten Geschichte des Staates Rio Grande. Im 18. und 19. Jahrhundert fanden dort die Kämpfe zwischen rivalisierenden Armeen, Revolutionären, Abenteurern und Indianern statt. Sie durchzogen die Savannen in allen Richtungen und hinterließen ihre Blutspuren, die heute den Stoff für Legenden bilden.

Der Staat ist Brasiliens führender Hersteller von Lederschuhen und seit neuestem berühmt für die besten Weine des Landes. Dazu kommen noch die riesigen Vieh- und Schafherden, die auf Rio Grandes früheren Schlachtfeldern grasen und den Staat und das übrige Brasilien mit Rindfleisch für das saftige *Churrasco*-Grillfleisch (eine Tradition der *Gauchos*) und Wolle für die Textilfabriken des Südens versorgen.

Die Landschaft von Rio Grande do Sul ist so wild und unbeugsam wie seine Bewohner. Sein 200 km langer Küstenstreifen ist gekennzeichnet von tosender Brandung und felsigen Landzungen, deren bekanntesten in der Urlauberstadt **Torres** zu finden sind. Zu den führenden Strandurlaubsorten gehören ferner **Tramandaí** und **Capão da Canoa**, während sich Richtung Süden quasi zwischen dem Festland und dem Atlantik die **Lagoa dos Patos**, die größte Süßwasserlagune Südamerikas, erstreckt, an deren Ufern von **Tapes** bis **Laranjal** Strände und Campingplätze zu finden sind.

Unten links: Bizarre Felsen bei Vila Vehla. **Unten rechts:** Donnernd stürzen die Wasser die Iguaçú-Fälle hinab.

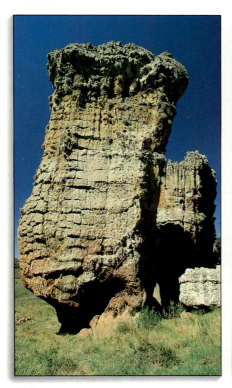

Serra Gaúcha: Wenige Kilometer landeinwärts erreicht man die **Serra Gaúcha**, ein Küstengebirge, das zu einem der beliebtesten Ausflugsziele des Staates wurde. Pinien, üppig grüne Täler, einsame Wasserfälle, glitzernde Flüsse und imposante Schluchten, die sich durch die Serra schlängeln, bieten sich den Blicken der Besucher dar. In eben diese Idylle strömten im späten 19. Jahrhundert Tausende deutscher und italienischer Immigranten und ließen sich entlang der Talsohle nieder. Noch heute geben viele der ursprünglichen Stein- und Holzhäuser ein unerschütterliches Zeugnis für den Mut dieser dorthin verpflanzten Gauchos.

Gramado und Canela: Die Schmuckstücke der Serra Gaúcha sind die Zwillingsstädte **Gramado** und **Canela**. Gramado, der Austragungsort des alljährlichen brasilianischen Filmfestivals, ist ein ruhiger, verschlafener Ort in den Bergen. Dafür bieten Gramado und Canela, getrennt nur durch ein Schild, Dutzende kleiner Hotels, Gasthäuser und Chalets, die alle im Pinienwald liegen. Etwa 15 Minuten von Gramado und Canela entfernt liegt die kleine Stadt **Nova Petrópolis**, in der das deutsche Erbe dieser Gegend ständig spürbar ist. Neben der süddeutschen Architektur seiner Häuser und Gebäude werden die Wurzeln von Nova Petrópolis auch im Einwandererpark, besonders durch den Nachbau einer deutschen Kolonialsiedlung aus dem 19. Jahrhundert, deutlich.

In diesem Park gibt es ferner einen Musikpavillon mit Biergarten – das Zentrum aller im Januar, Februar und Juli stattfindenden Feste. Während dieser traditionellen brasilianischen Urlaubsmonate sind die kleinen Hotels und Gasthäuser von Nova Petrópolis wie auch die von Gramado und Canela voller Touristen.

Außerhalb von Canela befindet sich der **Staatliche Park Caracol**, in dem die Wasserfälle von Caracol 130 m in die Tiefe stürzen. Das Naturwunder Nr. 1 dieser Gegend ist jedoch drei Stunden davon entfernt. Die Straße dorthin ist zwar voller Schlaglöcher und recht be-

Volkstanz in traditionellen *Gaucho*-Kostümen.

schwerlich, doch der Anblick an ihrem Ende ist das Opfer wert. Inmitten von Weiden und Wald scheint sich die Erde plötzlich zu öffnen, und es erscheint die riesige **Itaimbézinho-Schlucht**, Südamerikas Grand Canyon. Die etwa 700 m tiefe, 7 km lange und stellenweise fast 2 km breite Schlucht ist die größte Lateinamerikas. Bislang konnte sich die Schlucht aufgrund ihrer schwierigen Zufahrt dem internationalen Touristenstrom entziehen. Anders als der im trockenen Südwesten gelegene Grand Canyon Nordamerikas beeindruckt Itaimbézinho nicht nur wegen seiner ungeheuren Ausmaße, sondern auch durch all die verschiedenen Grüntöne, die vom Hellgrün der Weiden bis zum Dunkelgrün der bewaldeten Felsklippen reichen. Gekrönt wird dieses Naturmonument durch den die Schlucht hinabdonnernden Wasserfall.

Die Missionsstationen: Direkt westlich der Serra Gaúcha liegt eine historisch bedeutende Gegend, das **Missionsgebiet**. Hier siedelten im 17. Jahrhundert Jesuitenpriester Indianer vom Stamm der Guaraní in der Nähe mehrerer Missionsstationen an. Ihr Ziel, wie die meisten Historiker glauben, war, die Indianer vor Sklavenhändler zu schützen, die immer wieder von São Paulo aus in diese Gegend kamen. Andere wiederum behaupten, die Jesuiten wollten sich die Indianer durch ein Lehenssystem untertänig machen. In jedem Fall hatten die Patres, aus welchen Motiven auch immer, fast 100 Jahre lang die Oberherrschaft über das Gebiet und beaufsichtigten den Bau indianischer Städte.

Schließlich wurden die Missionsstationen 1756 gewaltsam eingenommen, die Jesuiten vertrieben und die Indianer fast völlig ausgerottet. Heute bieten die einsamen Ruinen der Missionen, vor allem der Mission **São Miguel**, einen erschütternden Anblick. Wer sich das Gebiet ansehen will, sollte in der Stadt **Santo Angelo**, von wo aus Tagesausflüge zu den Ruinen möglich sind, übernachten. In der Mission São Miguel wird abends eine interessante Tonbildschau über die Geschichte dieser Gegend angeboten. Weitere Missionsruinen befinden sich auf der argentinischen Seite der Grenze und bei den Iguaçú-Wasserfällen weiter im Norden.

Cowboyland: Die Seele ihres Staates sitzt nach dem Empfinden der *Gauchos* in der **Campanha**, der Gegend an der Grenze zu Uruguay und Argentinien. Nach wie vor treiben die *Gaucho*-Cowboys Rinder- und Schafherden, die den ersten Reichtum nach Rio Grande do Sul brachten, über diese stürmischen Steppen. Die Städte **São Gabriel**, **Rosário do Sul**, **Bagé**, **Lavros do Sul**, **Santana do Livramento** und **Uruguaiana** rufen in den *Gauchos* Erinnerungen an Musketen und Kanonenfeuer von den Schlachten der Vergangenheit wach. In diesen Städten und auf den umliegenden *Estancias* (Viehfarmen) der Campanha, wo sich Portugiesisch und Spanisch in der Umgangssprache des Grenzlandes vermischen, sind Tradition und Kultur der *Gauchos* fester Bestandteil des Lebens.

Porto Alegre: Diese zwar weit abseits der Campanha gelegene moderne Hauptstadt des Staates Rio Grande do Sul vermittelt einen guten Einblick in die traditionelle Musik und Tänze der *Gauchos*. Zu sehen sind sie in Nachtlokalen mit folkloristischen Darbietungen der Gauchos.

Die 1,4 Millionen Einwohner zählende Stadt **Porto Alegre** ist die größte Stadt des Südens. Da sie nahe der Küste, am nördlichen Zipfel der Lagoa dos Patos liegt, ist sie ein ideales Sprungbrett für Fahrten in andere Teile des Staates. Gramado und Canela, das Weingebiet wie auch die Strände von Rio Grande do Sul sind in Tagesausflügen zu erreichen. Touren ins Missionsgebiet und die Pampas erfordern jedoch mindestens zwei Tage. Porto Alegre ist ferner ein Zwischenstop auf dem Weg von Brasilien nach Argentinien und Uruguay. Täglich fahren Busse ins südliche Grenzgebiet.

Passend zu ihrer Stellung als Hauptstadt eines Viehzuchtstaates, gibt es in Porto Alegres zahlreichen Boutiquen im Zentrum ausgezeichnete Lederwaren zu kaufen, und Sie können sich in einem der hervorragenden Steakhäuser ein echtes brasilianisches *Churrasco* genehmigen.

Ein Mann aus dem Süden.

DER WILDE WESTEN

„Ein Land ohne Menschen für Menschen ohne Land." So beschrieb Präsident Emílio Gorrastazu Medici in den frühen 70er Jahren das unzivilisierte, wilde Grenzgebiet im Westen Brasiliens, wo Landarbeiter lebten, die aus dem übervölkerten Süden zugezogen waren.

Die westlichen Provinzen des Landes liegen auf einem gewaltigen Hochplateau von der dreifachen Größe Frankreichs, wo die nach Norden strömenden Nebenflüsse des Amazonas entspringen und jene, die südwärts in den Paraná und nach Paraguay und von da in den Rio de La Plata münden. Seit Anfang der siebziger Jahre führen befestigte Straßen durch das Gebiet, auf denen Abenteurer und Träumer kamen, die die moderne Zivilisation in das Hinterland brachten.

Die Bundesstaaten Mato Grosso, Mato Grosso do Sul und Rondônia verkörpern noch immer den flüchtigen Mythos des „Letzten Grenzgebiets", wo unberührtes Land frei ist und schnelle Reichtümer demjenigen winken, der Stärke und Mut besitzt. Doch die Wirklichkeit ist anders, und die 100 000 Neuankömmlinge pro Jahr finden den besten Grund und Boden bereits besiedelt vor. Doch der Zustrom reißt nicht ab. Laute, aufdringliche neue Städte mit ihren unregelmäßigen Hauptstraßen, die in rotem Stauberstickten, entstehen fast über Nacht. Außerdem gibt es eine Menge gescheiterter Existenzen, die allmählich in die Slums von São Paulo zurückkehren, gezeichnet von Malaria und den Anstrengungen des Holzfällerlebens.

Dies war niemals ein Land ohne Menschen. Die ersten *Bandeirantes* (Pioniere), die sich auf der Suche nach Gold ihren Weg flußaufwärts nach **Cuiabá**, der Hauptstadt des Mato Grosso, erzwangen, entdeckten in den 20er Jahren des 18. Jahrhunderts einen Dschungel, bewohnt von Indianerstämmen. Heute bilden diese Stämme in Mato Grosso und in Rondônia einen wichtigen Anteil der überlebenden brasilianischen Indianer. Noch immer gibt es gelegentliche Zusammenstöße zwischen Siedlern und Indianerstämmen, die tief in die Wälder

zurückgedrängt wurden, wo noch ein oder zwei Gruppen unberührt von der Zivilisation leben. Diejenigen innerhalb des Xingu-Nationalparks im nördlichen Teil des Mato Grosso, der für Außenstehende nicht zugänglich ist, können ihrer Tradition entsprechend leben.

1890 unternahm Cândido Mariano da Silva Rondon eine militärische Aktion, um Cuiabá telegraphisch mit der Küste zu verbinden; eine Herkulesarbeit, die das Ziel hatte, das Bewußtsein der Bevölkerung für den Dschungel und seine Indianerstämme aufzurütteln. 1907 gab Rondon sein Einverständnis, Cuiabá mit Porto Velho, der Hauptstadt Rondônias, zu verbinden, indem man in nördlicher Richtung quer durch nicht kartographiertes Indianergebiet stoßen wollte. Es wurde jedoch die Bedingung gestellt, daß Rondons Männer während des achtjährigen Einsatzes eine Untersuchung über Ethnographie, Tier- und Pflanzenwelt durchführen sollten.

Der von Indianerpfeilen durchlöcherte Sattel Rondons ist als Beweis für den ersten Kontakt mit den Indianern übriggeblieben. Sein Idealismus trug den Sieg über feindselige Indianerstämme und blutrünstige weiße Waldläufer davon. Rondons Ansehen, das er später erwarb, als er den ehemaligen amerikanischen Präsidenten Theodore Roosevelt auf einer Amazonasexpedition begleitete, ermöglichte es ihm, 1910 den ersten Indianerschutzservice zu gründen.

Der Staat Rondônia wurde nach Rondon benannt, der selbst indianischer Herkunft war. 1935 folgte der französische Anthropologe Claude Lévi-Strauss Rondons Telegraphenlinie, wo er sein Lager in winzigen Siedlungen wie Pimenta, Bueno und Vilhena aufschlug. Hier hatten einsame Telegraphenbeamte acht Jahre lang keinerlei Versorgung erhalten. Heute sind dies geschäftige Städte entlang des Highway BR 364. Bevor er 1984 mit finanzieller Unterstützung der Weltbank asphaltiert wurde, brauchten Busse und Lastwagen mitunter Monate, um die 1400 km lange Strecke zwischen Cuiabá und Porto Velho zu bewältigen.

Cuiabá: Cuiabá war die erste Siedlung im Westen, die 1719 von Sklavenjägern

Vorherige Seiten: Ein Jaguar im Pantanal. **Unten:** In Brasilien leben zahlreiche Affenarten.

aus São Paulo gegründet wurde, die auf Gold- und Diamantenlager stießen. Der Ansturm von Goldsuchern machte Cuiabá zur drittwichtigsten Stadt Brasiliens während der Kolonialzeit. 100 Jahre zuvor schon war sie als Hauptlieferant von exotischen Vogelfedern an Pariser Hutmacher zu Ansehen gekommen. Heute ist diese heiße, wohlhabende Stadt das Zentrum eines Staates, in dem Holzfällerei, Farmwirtschaft und Bergbau in großem Stil betrieben werden. Leider ist von dem Cuiabá der Kolonialzeit wenig übriggeblieben. Der Kathedrale der Stadt **Bom Jesús de Lapa** ist ein kleines Museum für religiöse Kunst angeschlossen. Die alte Kathedrale auf dem Hauptplatz wurde gesprengt. An der **Praça da República** liegt auch FUNCETUR, die staatliche Touristenbehörde. Das sehr schöne **Marshall-Rondon-Indianermuseum** zeigt Kunstwerke und Lebensgewohnheiten der Xingustämme. In dem von Funai, dem staatlichen Büro für Indianerangelegenheiten, betriebenen Geschäft wird Kunsthandwerk verkauft. Weitere Sehenswürdigkeiten sind die **Residenz des Gouverneurs** und das **Fundação Cultural de Mato Grosso**.

Cuiabás kulinarische Spezialität sind Fischgerichte. Piranhas mögen im Wasser tödlich sein, in der Suppe sollen sie angeblich die Kräfte eines Aphrodisiakums entfalten – versuchen sie *Caldo de piranha* im **Beco do Candeiro**, Rua Campo Grande 500, wo die Wände mit Fotografien des alten Cuiabá bedeckt sind. Eine andere hiesige Spezialität ist *Pôxada* – am Spieß gegrillter Saibling.

Nach der Hitze der Tiefebene kann man sich, 70 km von Cuiabá entfernt, schnell Erleichterung verschaffen. Die **Chapada dos Guimarães** ist eine Felsformation, die die flache Ebene des Paraguay und des Pantanal 800 m über dem Meeresspiegel überragt. In der nebligen Kühle der faltigen Hügel und monolithischen Felsformationen gibt es Höhlen und atemberaubende Wasserfälle. Die Einheimischen schreiben der Gegend mystische Eigenschaften zu und bestätigen, daß hier schon häufig UFOs gesehen wurden. Dieses Hochland bildet eines der vielen Wasserreservoirs für das Marschland des Pantanal.

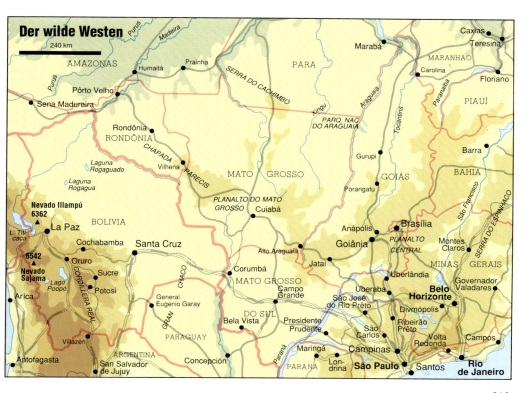

Der wilde Westen

Das Erholungsgebiet von **Salgadeiro** liegt, wo sich mehrere Flüsse ihren Weg durch die sumpfige Ebene bahnen und kleine Wasserfälle und Becken bilden, in denen man baden kann. Die Gegend von Salgadeiro wird häufig von Wochenendurlaubern aus Cuiabá besucht.

Etwas weiter von hier entfernt windet sich die Straße in Kurven durch den **Portão de Inferno**, auch Tore der Hölle genannt – ein nicht gesicherter Steilhang, der den Rand des Sandsteinsteilabbruchs markiert. Ein Polizist steht in der Nähe, um unglücklich Liebende davon abzuhalten hinunterzuspringen. Besucher können den **Véu da Noiva-Wasserfall**, der 86 m in die Tiefe stürzt, von oben bewundern oder eine halbe Stunde durch den dichtbewaldeten Canyon zu seiner Sohle wandern. Dringt man tiefer in die Chapada ein, gelangt man zu der **Casa da Pedra**, einer natürlichen Höhle, die von einem gewaltigen Steingesims gekrönt wird, und der **Caverna do Francés**, deren Wände mit primitiven Zeichnungen bedeckt sind. Diese und andere Höhlen sind nach langen Wanderungen zu erreichen, doch können sie teilweise überflutet sein, so daß man Führer, Lampen und eine entsprechende Ausrüstung benötigt.

Das historische **Chapada dos Guimaraes** mit seiner 200 Jahre alten Santa-Ana-Kirche wurde gegründet, um Bergwerksarbeiter mit Lebensmitteln versorgen zu können. Gleich außerhalb der Stadt markiert ein Denkmal den genauen geodätischen Mittelpunkt Südamerikas. Es gibt hier mehrere Hotels, darunter die moderne Pousada da Chapada.

Porto Velho: Man kann **Porto Velho**, die Hauptstadt Rondônias am Rio Madeira, entweder mit dem Bus über die BR 364 oder mit dem Schiff ab Manaus auf dem Amazonas erreichen. Wie Rondônia ist auch Porto Velho schneller gewachsen, als es für die Stadt gut ist. In den 50er Jahren betrug Rondônias Bevölkerung gerade 37 000 Einwohner. 1987 lebten eine Million Einwohner im Staat. Kolonisierungsprogramme, die ihnen ein kleines Stück fruchtbaren Lands mit hohen Erträgen aus Kaffee und Kakao zur Verfügung stellten, hatten viele angelockt. Porto Velho entstand vor 100 Jahren aus

Unten links: Der Pantanal ist auch ein Vogelparadies.
Unten rechts: Er hat den spaßigen Namen *Tuiuiu*.

einem Versuch, den Amazonas zu zähmen – der Eisenbahnlinie zwischen den Flüssen Madeira und Mamoré.

In den 60er Jahren des 19. Jahrhunderts unternahmen Amerikaner und Engländer den Versuch, eine Eisenbahn zu bauen, die den Binnenstaat Bolivien und dessen Kautschukwälder mit dem Amazonas und dem Meer verbinden sollte. Pro Gleis, das gelegt wurde, soll ein Mensch an Fieber oder Malaria gestorben sein.

Von den 900 amerikanischen Arbeitern, die 1879 an den Amazonas geschickt wurden, ertranken 80, während 141 von ihnen ebenso am Fieber starben wie 400 Brasilianer und 200 Bolivianer – und all diese Opfer für nur 6 km Gleisstrecke. 1903 kaufte Brasilien kautschukreiches Land von Bolivien als Ausgleich für die Fertigstellung der Eisenbahn. 10 Jahre später waren 370 km Gleisstrecke fertig – gerade rechtzeitig zum Zusammenbruch des Kautschukhandels im Amazonasgebiet. Die früheren Haltestellen **Santo Antônio do Rio Madeira** und **Teotônio** sind für einen Ausflug zu erfrischenden Wasserfällen mit dem Auto zu erreichen. In Porto Velho gibt es das **Museu do Rondônia** und die **Casa do Artesão**, wo Relikte aus der Kautschuk-Zeit ausgestellt sind.

Naturreservat: Den Höhepunkt einer jeden Reise in den Westen von Brasilien bildet der Besuch des **Pantanal**, über 100 000 Quadratkilometer Sumpfland, das je nach Jahreszeit überschwemmt ist. Hier findet sich eine Fülle tropischer Tierarten, wie sie außerhalb Afrikas unbekannt ist, und die umfassendste Ansammlung großer Watvögel in der Welt. Störche, Reiher, Ibisse, elegante, rosenfarbene Löffelreiher und würdevolle Tuiuiu- oder Jaburuvögel, die so groß werden können wie ein erwachsener Mensch, Alligatoren beim Sonnenbad, Hirsche, Otter, Emus, Affen und Exemplare der Boa constrictor. Wer genügend Zeit hat, kann die Gegend aufsuchen, wo die Waldstörche in den Baumwipfeln ihre Nester bauen, Dourados fischen oder nach dem schwer zu entdeckenden Jaguar, dem *Onca pintada*, Ausschau halten.

Obwohl das Pantanal auch ein Schutzgebiet für Zugvögel wie Gänse und Enten ist, die zwischen Argentinien und Mittelamerika hin- und herpendeln, sind doch die meisten der 600 Vogelarten, die man hier findet, Standvögel. Sie folgen dem wechselnden Wasserstand in dem riesigen Sumpfgebiet auf der Jagd nach 350 Fischarten, die den Anfang der Nahrungskette bilden. Die Grundlage des Ökosystems sind die periodischen Regenfälle. Von Oktober bis April (die Monate Januar und Februar sollte man meiden) erhält der nördliche Teil des Pantanal aus der Chapada dos Guimaraes und dem Bergland Niederschläge, während der südliche Teil zu dieser Zeit trockener ist. Die Flüsse steigen um mehr als drei Meter, überfluten die Ufer und verwandeln sich in riesige Baias, geschlossene Seen, in denen es viele Fische gibt.

Da der Höhenunterschied in dem nahezu 600 km langen Pantanal nur wenige Meter beträgt, fließen die kaffeebraunen Fluten langsam und sorgen so für hohe Fruchtbarkeit. Während der Hochwasserperiode im Norden sind die Wasser im südlichen Pantanalgebiet seicht und locken die Watvögel an. Ab Mai ist die Situation umgekehrt, und die Vögel flie-

Nicht unbedingt vertrauenswürdig: Kaimane am Ufer.

Der wilde Westen 215

gen nach Norden, wo sie zwischen Juni und September nisten. Dann sind die Seen wieder von den Flüssen abgeschnitten, und die Fische werden zur Beute von Raubtieren.

Das nördliche Randgebiet des Pantanals kann man mit dem Auto oder Flugzeug von Cuiabá aus erreichen. Dort sollten sich Besucher an ein Reisebüro wenden, das den Transport (meist mit dem Boot), die Unterbringung im Pantanal und einen Führer organisiert. Alle besseren Agenturen arbeiten mit Hotel-*Fazendas* (Unterkünfte) im Sumpfgebiet zusammen oder betreiben sie selbst. Diese Hotels stellen Boote, Flugzeuge oder Transportfahrzeuge für den Landweg zur Verfügung. Es gibt sogar Heißluftballons, mit denen man zu den Nistplätzen und Seen fliegen kann, wo die meisten Wildtiere zu finden sind – allerdings müssen sich Besucher darauf einstellen, vor Sonnenaufgang aufzustehen und Moskitos zu ertragen. Man sollte auch bei der Wahl der Region des Pantanals, des Hotels und Führers Sorgfalt walten lassen. Empfohlen werden können die Agenturen Ametur und Confiança in Cuiabá.

Im nördlichen Teil des Pantanals im Staat Mato Grosso gibt es acht Hotels und eine Anzahl einfacherer *Portos de Pesca*, Campingplätze und Bootsverleihstellen mit Angelmöglichkeiten für Sportfischer. Diese Hotels sind auf dem Wasseroder Landweg zu erreichen und kosten etwa 60 US$ pro Nacht, doch dürfte die Fahrt nach Cuiabá der teuerste Posten sein. Fünf Übernachtungen im Pouse da Garça, das man nur mit dem Flugzeug erreichen kann, kosten pro Person um die 600 US$.

Santo Antônio de Leverger bezeichnet die Grenze des Sumpfgebietes und liegt genau 28 km südlich von Cuiabá an der Staatsstraße 040. Vor hier starten kleine Flugzeuge zu den Hotels und *Fazendas*. Bei **Barão de Melgaço**, das vormals das Zentrum der Zuckermühlen in dieser Gegend war, kann man Boote leihen. Ganz in der Nähe liegt die **Baia Chacororé**, ein riesiger, flacher See voller Alligatoren, Scharen von rosa Löffelreihern und größeren Säugetieren, die am Ufer leben.

Diese verschlafene Stadt ist der Ausgangsort für die teuerste Pantanalexkursion: Zehn- oder siebentägige Flußtouren führen in südlicher Richtung die Flüsse **Cuiabá**, **São Lourenço** und **Paraguay** hinunter bis nach Corumbá. **Cidade Barão de Melgaço**, ein schwimmendes Hotel mit acht Doppelkabinen, Klimaanlage und guter Küche, ist in den Händen der Agentur Melgatur. Die deutsche Direktorin Angelika Juncke, eine Expertin für Wildtiere, hält ausführliche ökologische Vorträge für die Gäste, die Vögel von Deck aus beobachten können oder sich in kleinen Kanus zu den Seen wagen wollen.

Das Boot benötigt sieben Tage, um den Fluß hinunterzufahren, und zehn, um wieder nach Cuiabá zurückzukehren. Kürzere Ausflüge mit der Agentur CBM, die bei einem Preis von 395 US$ anfangen, sind bei den europäischen Touristen ebenfalls sehr beliebt. Zur Zeit des niedrigen Wasserstandes veranstaltet CBM nur Ausflüge in das südliche Pantanal.

Auch Melgatur arbeitet mit der sehr empfehlenswerten Passargada Pousada zusammen, die, an einem Nebenfluß des Cuiabá gelegen, nur mit dem Boot zu erreichen ist. Das Hotel mit seinen 16 Betten wird von Marival Sigeault gelei-

Wasserfall Véu da Noiva bei Chapada dos Guimaraes.

tet, der mit seinen Gästen Fußmärsche unternimmt und ihnen die Sagen des Pantanals erzählt.

Genau südlich von Cuiabá an der Staatsstraße 060 liegt **Poconé**, wo die Trans-Pantaneira-Straße beginnt. Die nahen Sümpfe wurden durch Goldminen, Wilderei und übermäßigen Fischfang aus dem Gleichgewicht gebracht. Aber hier ist der Ausgangspunkt, um einige der schönsten Teilgebiete des Pantanals zu erkunden.

Von den drei Hotels, die es in **Porto Cercado**, 200 km von Cuiabá entfernt, gibt, kann man das Naturreservat mit großen Seen und einem nahegelegenen wundervollen Nistplatzgebiet von Waldstörchen, Ibissen und Löffelreihern gut erreichen. Die am Fluß gelegene **Pousada Porto Cercado** bietet 42 Gästen eine billige Unterkunftsmöglichkeit. Das Hotel **Cabanas do Pantanal** am Piraim hat elf Zimmer. Beide Hotels kosten etwa 60 US$ pro Nacht zuzüglich Transfer. Auch die Bootsmieten sind hoch: Ein Kanu mit 25 PS kostet pro Stunde ca. 20 US $. Flußaufwärts liegt das viel einfachere **Baias do Pantanal**.

Von Poconé verläuft die Trans-Pantaneira-Straße 145 km über 126 Brücken in südlicher Richtung nach **Porto Joffre**. Mit dem Bau der Straße wurde in den 70er Jahren begonnen. Der ursprüngliche Plan war, Cuiabá mit Corumbá zu verbinden, doch regionales politisches Hin und Her sowie der Druck von ökologischer Seite brachen das Vorhaben vorzeitig ab. Da die schlechte Straße parallel zum Fluß verläuft, sammeln sich neben ihr auch riesige Wassermengen, die auch denen einen Blick auf Alligatoren und Vögel ermöglichen, die ihr Auto nicht verlassen wollen. An der Straße liegen zwei gutgeführte Hotels, die **Pousada das Araras** und die **Pousada Pixaim**, sowie an deren Ende das Hotel **Santa Rosa Pantanal** mit Unterkunftsmöglichkeiten für 46 Gäste. Im Herzen des Sumpfgebietes am São Lourenço liegen die Pousada Garça und das Hotel Pirigara, die beide nur mit dem Flugzeug zu erreichen sind. Die Pousada Garça, 180 km südlich von Cuiabá, gehört dem Countrymusiksänger Sergio Reis, der manchmal das abendliche Unterhaltungsprogramm ge-

Viehtrieb auf dem Highway.

staltet und sich zusammen mit Farmern der Gegend für die Erhaltung der Wildtiere engagiert. Eine weitere Hotel-*Fazenda* ist das **Baranquinho**, 60 km südlich der Stadt **Cáceres** am Paraguay. Von diesem Ort aus fahren Busse nach Bolivien oder in nördlicher Richtung zur BR 364. Die bei den Anglern beliebte **Pousada Pirigada** ist am São Lourenço nahe der **Ilha Camargo** gelegen.

Den südlichen Teil des Pantanals in Mato Grosso do Sul kann man von Campo Grande und Corumbá aus erreichen. Wer mehr Zeit zur Verfügung hat, kann auch den Zug von São Paulo nach **Bauru** nehmen, mit dem man nach 27stündiger Fahrt quer durch das Pantanal am frühen Morgen in Corumbá ankommt. **Campo Grande**, die Hauptstadt des Staates Mato Grosso do Sul, liegt 420 km östlich. Gegründet 1889, ist sie noch heute eine zu groß gewordene Cowboystadt. Das Dom-Bosco-Museum beherbergt interessante Ausstellungsstücke der Indianerkultur.

An der bolivianischen Grenze gegenüber der Stadt Puerto Suarez liegt **Corumbá**, das 1778 gegründet wurde. Der Ort liegt inmitten des Pantanals, und schon eine kurze Bootsfahrt vermittelt lebhafte Eindrücke. Die Agentur Safari-Pantanal und die Unternehmer, die das Touristenschiff **Perola do Pantanal** betreiben, veranstalten dagegen ganztägige Touren. Kühnere Naturen können Ausflüge auf langsamen Zementkähnen, kleinen Handelsschiffen oder Viehbarkassen unternehmen, die nach Porto Cercado oder Barão de Melgaço fahren. In der **Casa do Artesão**, dem ehemaligen Stadtgefängnis, sind Leder- und Keramikarbeiten, indianisches Kunsthandwerk und einheimische Handarbeiten zu sehen.

Nahe gelegene Hotel-*Fazendas* sind **Santa Clara**, **Santa Blanca** und die **Cabana do Lontra**. Die beste Unterkunftsmöglichkeit im Gebiet des südlichen Pantanals ist die 53 000 ha große **Pousada Caiman** in der Nähe von Miranda an der Schnellstraße zwischen Campo Grande und Corumbá. Der Besitzer Roberto Klabin hat hier sein eigenes Wildreservat eingerichtet und geschulte Führer und Naturforscher engagiert. Auf der Fazen-

Ein Goldsucher bei der Arbeit.

da werden vier Touren angeboten: ein Ausflug den **Aquidauana** hinunter, ein ausführlicher Besuch der Rinderfarm, ein Ritt zu einem Reservat für Hirsche und schließlich eine Tour zu dem 7000 ha großen Naturschutzgebiet. Der am Fluß gelegene **Camping Club** von Brasilien bietet Campern ein besonderes Arrangement an. In einem Heißluftballon kann man frühmorgens leise über die großen Tiere hinwegschweben.

Der Araguaia: „Dies ist der Garten Eden", erklärt Durval Rosa Borges, die Verfasserin des Buches *Araguaia, Herz und Seele*. Es ist eine Huldigung an den 2200 km langen Fluß, der Brasilien in zwei Hälften teilt, von den feuchten Niederungen des Pantanals, quer durch die *Cerrados*, die zentralbrasilianische Tiefebene, bis nach Belém am Atlantik. Der mächtige Fluß, der 200 Fischarten Lebensraum bietet und an dessen Ufern viele Vogelarten des Pantanals, Zugvögel aus den Anden und den Vereinigten Staaten, außerdem Tiere des Amazonas wie der Tapir leben, ist nicht länger Brasiliens bestgehütetes Geheimnis.

Auf dem Weg zum Markt.

Wenn die schlammigen Fluten der Überschwemmung im August zurückgehen, kommen ausgedehnte weiße Sandstrände zum Vorschein. 200 000 brasilianische Urlauber fallen dann in **Araunã**, 600 km westlich von Brasília, und **Barra dos Garças** im südlichen Goiás ein, um sich in großzügigen Campingplätzen mit Kühlschränken, Generatoren, Radio, Telefon und einer Verstärkeranlage für nächtelange Partys einzurichten. Doch noch ist die Reinheit der Landschaft am Araguaia mit ihren so prachtvollen Sonnenuntergängen größer als die Zahl der Touristen.

Der Fluß entspringt im südlichen Goiás im **Parque Nacional das Emas**, von wo er nach Norden fließt. Dabei teilt er sich und bildet als **Ilha do Bananal**, die größte Flußinsel der Welt, eine Barriere zwischen den Staaten Mato Grosso, Goiás und Pará. Im Norden der Insel liegt der **Araguaia National Park**. In der Jahreszeit des niedrigen Wasserstandes befahren schwimmende Hotels diese Nebenflüsse, die auch bei den Sportfischern sehr beliebt sind.

BAHIA

Bahia ist die Seele Brasiliens. In diesem nordöstlichen Staat haben sich, anders als im übrigen Brasilien, die Kulturen und Rassen des Landes vermischt, und es entstand genau das, was Brasilien ausmacht.

Das Land wurde im Jahre 1500 entdeckt, als der portugiesische Seefahrer Pedro Alvares Cabral in Porto Seguro, an der Südküste Bahias, an Land ging. Das darauffolgende Jahr an Allerheiligen traf im heutigen Salvador, der Hauptstadt von Bahia, eine Siedlergruppe ein, die von der portugiesischen Krone gesandt wurde. Bis 1763, also 233 Jahre lang, war Salvador nun Hauptstadt Brasiliens.

Bahia ist der Staat mit der ersten medizinischen Fakultät des Landes, den ältesten Kirchen, der bedeutendsten Kolonialarchitektur und der größten Sammlung sakraler Kunst. Ferner ist Bahia die Wiege vieler hervorragender Schriftsteller, Politiker und Komponisten. Die Werke des in Bahia geborenen Romanautors Jorge Amado wurden in mehr als 40 Sprachen übersetzt, und mehrere seiner Bücher verfilmt.

Die Musik der Bahianer João Gilberto, Baden Powell und Gilberto Gil wird von Fans in aller Welt gerne gehört.

Bahia besitzt auch eine andere Seite, eine Seite, die den Geist und die Sinne anspricht. Der Mystizismus ist in Bahia so stark, daß er in allen Bereichen des Landes spürbar ist. Er findet seinen Ausdruck in der Art, wie sich die Menschen kleiden, wie sie sprechen, in ihrer Musik, der Art, wie sie miteinander umgehen, und selbst in ihrem Essen. Der Mystizismus ist ein weiterer Grund, warum Brasilianer behaupten, Bahia sei die Seele ihres Landes. Die ersten Anfänge dieses Mystizismus liegen in der afrikanischen Sklavenkultur. Heute ist die pantheistische Religion des afrikanischen Yoruba-Stammes in Bahia noch fester Bestandteil des Lebens, und viele weiße Bahianer, die sich als Katholiken ausgeben, sind dabei zu beobachten, wie sie den Gottheiten der *Candomblé*-Religion Opfergaben bringen. Das Phänomen des Synkretismus, der Vermischung des Katholizismus mit afrikanischen Religionen, entstand dadurch, daß man die Sklaven dazu zwang, Gottheiten in der Gestalt katholischer Heiliger anzubeten. Heute kann man sehen, daß die afrikanische Göttin Iemanjá als Muttergottes oder der Gott Oxumaré als hl. Antonius verehrt werden.

Religion und Mystizismus, diese beiden wesentlichen Elemente im Leben von Bahia, spiegeln sich im Namen der Hauptstadt des Staates – **Salvador**, das heißt Retter – wider. Die Halbinsel, auf die die Stadt erbaut ist und die im Jahre 1501 von Amerigo Vespucci entdeckt wurde, liegt gegenüber der **Todos-os-Santos-Bucht** (Allerheiligen-Bucht), benannt nach ihrer Entdeckung am 1. November. Einer Legende zufolge besitzt Salvador 365 Kirchen, für jeden Tag im Jahr eine.

Das Bemerkenswerteste an Salvador ist die Art, mit der die Stadt die Sinne für sich einnimmt. Dazu zählen der Anblick der goldverzierten Altäre und Gemälde in den Kirchen, der exotische Geschmack ihres afrikanisch beeinflußten Essens und Trinkens, der einladende Geruch typisch bahianischer Gerichte und Gewürze, der Klang der rufenden Straßenhändler, das Dröhnen des Stoßverkehrs, die Gesänge bei Fußballspielen oder politischen Versammlungen und allem voran der unverwechselbare Klang der Musik von Bahia.

Fast an jeder Straßenecke in Salvador, ganz sicher jedoch an jedem Strand, wird am Wochenende Musik gemacht. Obwohl diese Musik zum Großteil kommerziell ist und fast immer die Spitzenreiter der brasilianischen Hitparade stellt, hat sie ihre Wurzeln im Verehrungszeremoniell des *Candomblé*, wo man mit den pulsierenden hypnotisierenden Rhythmen die Götter anruft. An Wochentagen und im Sommer trifft man entlang der Straßen von Salvador Gruppen von Baianos in ihrer Kneipe, wo sie ihre Lieblingssongs singen. Als Rhythmusinstrument dient meistens nur eine Streichholzschachtel. Man sieht auch andere Gruppen von Amateurmusikern, die auf kleinen Trommeln und anderen Percussioninstrumenten spielen wie auch gelegentlich auf einer Gitarre oder dem viersaitigen *Cavaquinho*. Musik und Religion gehören zum Leben dieser Menschen wie

Vorherige Seiten: Straße in Salvador. **Links:** Dieser Mann aus Bahia trägt die Farben von *Orixá*, einer afrikanischen Gottheit.

Essen und Schlafen. Das Jahr wird von kirchlichen Feiertagen bestimmt. An den Festen finden Prozessionen statt. Den Höhepunkt des Kirchenjahres bildet der Karneval, das traditionsgemäß „letzte Aufbäumen" vor den 40 Tagen des Fastens und Betens vor Ostern.

Offiziell dauert der Karneval vier Tage, vom Samstag bis zum Dienstag vor Aschermittwoch, in Salvador hingegen ist der Karneval ein sommerfüllendes Ereignis. Clubs warten mit Vor-Karnevals-Bällen auf, und am Wochenende strömen Karnevalfans auf die Straßen, um für das Hauptereignis Stimmung zu machen. Sollten Sie zu dieser Zeit dort Urlaub machen, stellen Sie sich am besten auf wenig Schlaf in den vier Tagen ein. Und seien Sie nicht überrascht über die Ausdauer, die Sie und alle anderen in genau 96 Stunden entwickeln können. Der Karneval von Salvador ist kein so durchorganisiertes Ereignis wie der von Rio oder São Paulo. Es gibt keine Sambaschulen, die um die staatlichen Zuschüsse miteinander konkurrieren.

In Salvador ist dieses Fest reines, wildes Vergnügen – trinken, tanzen und eine gehörige Portion Promiskuität. Sehr typisch für den Karneval in Salvador ist das *Trio Elétrico*, eine auf einem Tieflader sitzende (nicht unbedingt dreiköpfige) Musikgruppe. Diese *Trio Elétricos* sind oft gut ausgerüstet – mit Fässern voller *Cachaça* (Zuckerrohrschnaps).

Obwohl der Karneval ein Auswuchs der christlichen Religion ist, hat auch der Mystizismus seinen Platz. Beim Karneval von Salvador strömen *Afoxés*, Gruppen von Verehrern des *Candomblé*, mit Fahnen und Bildern ihrer Schutzheiligen – meist afrikanische Gottheiten, denen ihre Gesänge und Opfergaben gewidmet sind – auf die überfüllten Straßen.

Eine der berühmtesten *Afoxés* unterscheidet sich von den anderen durch die Wahl des Schutzpatrons. Diese im Zentrum des historischen Viertels **Pelourinho** beheimatete *Afoxé* trägt zu Ehren des großen indischen Führers den Namen *Filhos de Gandhi* (Söhne von Gandhi).

In Salvador finden jedoch nicht nur zur Karnevalszeit fröhliche religiöse oder parareligiöse Feste statt. In jedem Monat gibt es mindestens einen wichtigen Feiertag, und sollte während Ihres Aufenthalts kein solcher sein, dann können Sie doch den Besuch einer *Candomblé*-Zeremonie oder eines *Capoeira*-Auftrittes arrangieren. Reiseunternehmen und einige Hotels können Reservierungen für Folklore-Darbietungen (auch *Capoeira*) und die der Öffentlichkeit zugänglichen *Candomblé*-Sitzungen vornehmen. Sie können sich auch mit dem staatlichen Fremdenverkehrsbüro (Tel.: 241 4333) in Verbindung setzen. In den Hauptbüros der Bahiatursa wie auch in ihren vier Informationszentren gibt es immer jemand, der mindestens eine Fremdsprache (Englisch) spricht und bei Reservierungen behilflich sein kann.

Wenn *Candomblé*-Feierlichkeiten auch lebendige, stimmungsvolle Ereignisse mit viel Musik und Tanzen sind, sollte man dennoch daran denken, daß dies ernste religiöse Zeremonien sind und von daher Respekt und zurückhaltende Kleidung erfordern. Es ist immer unverfänglich, Weiß zu tragen, noch wichtiger ist jedoch, ganz bekleidet zu sein – also keine kurzen Hosen oder rückenfreie

Ornamentaler Glanz aus der Kolonialzeit.

Trägerhemdchen! Auch Fotoapparate sind streng verboten. Die Zeremonien finden meist nachts statt und können zwei bis drei Stunden dauern.

Capoeira, ein kriegerischer, von den Sklaven mitgebrachter Kampfsport, ist eine als Tanz dargebotene Fußkampftechnik. Da den Sklaven von ihren Herren Kämpfe untersagt waren, waren sie dazu gezwungen, ihren Lieblingssport als Turnübungen zu tarnen. Heute kann man dieser rhythmischen Gymnastik an jeder Ecke in Salvador zusehen. Begleitet wird diese von den Klängen des Berimbau, eines einsaitigen Instruments, das dem Bogen eines Bogenschützen ähnelt. Die Musik des *Capoeira* ist direkt mit der des *Candomblé* verwandt, einer Musik, die das Tempo der Zeremonie bestimmt und eine Verbindung zu den Göttern schafft.

Außerdem gibt es in Salvador das **Boa-Viagem-Fest**, eine Neujahrsprozession zu Ehren von **Nossa Senhora dos Navegantes** (Unsere liebe Frau der Seefahrer). An diesem Tag begleitet eine Prozession aus Booten das Bildnis der Muttergottes zum **Boa-Viagem-Strand**, wo es von Seeleuten und deren Familien dann in die dortige Kirche getragen wird. Am zweiten Donnerstag im Januar findet das **Bonfim-Fest** statt. Dann putzen prächtig gekleidete *Baianas* (Frauen von Bahia) einem Ritus folgend die Stufen der Kirche **Nosso Senhor do Bonfim** (Unser lieber Herr des Guten Endes), des beliebtesten Gotteshauses der Stadt. Dieses Fest, an dem es gutes Essen und Musik gibt, dauert vier Tage.

Iemanjá, in der Candomblé-Religion die Göttin des Meeres, wird am 2. Februar verehrt. An diesem Tag ziehen die *Baianas* weiße Spitzenblusen und -röcke an und schicken Opfergaben wie Kämme, Spiegel und Seifen auf kleinen, handgemachten Booten aufs Meer hinaus. Auf diese Art wird die in der menschlichen Vorstellung eitle Frau *Orixá* (Göttin) besänftigt, um den Fischern eine ruhige See zu gewährleisten.

Die im Juni gefeierten Feste der Heiligen Antonius, Johannes und Peter tragen den Sammelbegriff *Festas juninas* (Junifeste). An diesen Tagen wie auch an den

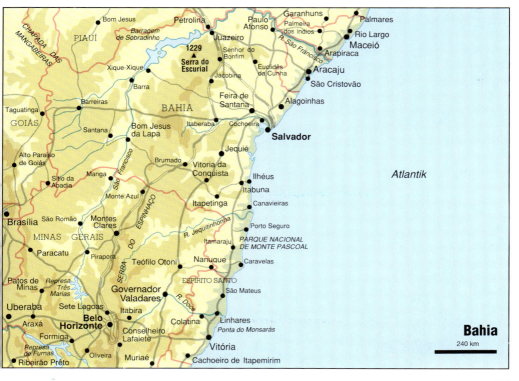

Wochenenden im Juni finden Basare statt, und Nachbarn lassen Heißluftballons und Feuerwerke los. Auf Straßenmärkten werden Mais und Rinderspieße verkauft, die dann mit *Quentão* (heißem, gewürztem *Cachaça* oder Wein) hinuntergespült werden.

Die **Nossa Senhora da Conceição da Praia** (Unsere liebe Frau des Strandes) wird am 8. Dezember in einer Prozession zu ihrer Kirche verehrt.

Die Stadt: Salvador wurde erst etwa 30 Jahre nach der Entdeckung Brasiliens besiedelt. 1530 entsandte König João III von Portugal eine Gruppe von Kolonisten, um seine Ansprüche auf dieses neue Gebiet geltend zu machen, und stärkte so die portugiesische Vormacht. Salvador wurde 1549, als der portugiesische Hof Tomé de Souza als ersten Generalgouverneur des Landes einsetzte, die erste Hauptstadt Brasiliens.

Diese winzige Siedlung, die auf Klippen über der Todos-os-Santos-Bucht erbaut wurde, galt aufgrund ihres natürlichen Schutzes als ideale Hauptstadt. Seither hat Salvador an wirtschaftlicher und politischer Bedeutung verloren, jedoch ihren Ruf als das Herz der brasilianischen Kultur – eine Mischung schwarzer und weißer Rassen afrikanischen und europäischen Ursprungs – bewahrt. Mit einer Einwohnerzahl von 2,1 Millionen ist Salvador Brasiliens viertgrößte Stadt.

Heute orientiert man sich in dieser trägen Tropenstadt am besten, indem man sie sich in vier Teile geteilt vorstellt: die Strände, die Vororte, die obere und die untere Stadt. Das Zentrum von Salvador umfaßt sowohl die historische **Obere Stadt** (*Cidade Alta*) als auch die neuere **Untere Stadt** (*Cidade Baixa*).

Bei einem Rundgang durch die Cidade Alta beginnt man an der **Praça da Sé**, einem Platz, der sich zum **Terreiro de Jesús** hin öffnet, auf dem drei der berühmtesten Kirchen Salvadors stehen. Die größte der drei, die **Kathedrale**, ist eine Basilika der Jesuiten aus dem 17. Jahrhundert, die zum größten Teil aus Lioz-Stein erbaut ist. Ihr Hauptaltar besitzt wunderschöne Verzierungen aus Blattgold. Daneben stehen die aus dem 17. Jahrhundert stammende **Dominikanerkirche** (Or-

Im Schatten von Kokospalmen.

dem Terceira de São Domingos) und die **St. Peterskirche** (São Pedro dos Clérigos) aus dem 18. Jahrhundert.

Jeden Sonntagvormittag findet am Terreiro de Jesús ein Kunst- und Handwerksmarkt statt, auf dem man handgemachte Spitzen, Lederwaren und hübsche naive Malereien kaufen kann. Die Dominikanerkirche ist Montag bis Samstag von 8.00 bis 11.00 Uhr und von 14.00 bis 17.00 Uhr geöffnet, die Kathedrale Dienstag bis Sonntag von 8.00 bis 11.00 Uhr und von 15.00 bis 17.00 Uhr.

Über den angrenzenden Platz, die **Praça Anchieta**, erhebt sich majestätisch eine der üppigsten Barockkirchen der Welt, die paradoxerweise einem Heiligen gewidmet ist, der das einfache, anspruchslose Leben predigte. Für die **São-Francisco-Kirche** wurde eigens aus Portugal Stein importiert. Die Innenwände sind von oben bis unten mit komplizierten, vergoldeten Schnitzereien bedeckt. An einem Seitenaltar steht die prächtige Statue des hl. Peter von Alcântara, der von Manoel Inácio da Costa, einem der bedeutendsten Barockkünstler Brasiliens, aus einem einzigen Baumstamm geschnitzt wurde.

Das an die Kirche angebaute Franziskanerkloster besitzt einen hübschen Innenhof. Es kann nur von Männern in Begleitung eines von der Kirche bestimmten Führers besichtigt werden. Frauen müssen sich mit einem Blick durch ein Fenster auf den Hof begnügen. Handgefertigte blaue und weiße Kacheln mit Abbildungen aus dem Leben des hl. Franziskus wurden im späten 18. Jahrhundert aus Portugal eingeführt und schmücken den Vorplatz der Kirche. Öffnungszeiten: Montag bis Samstag 7.00 bis 11.30 Uhr und 14.00 bis 18.00 Uhr. Sonntags ist die Kirche von 7.30 bis 11.30 geöffnet. Daneben steht die kleinere **Kirche des Dritten Ordens des hl. Franziskus**, die bekannt ist für ihre spanisch geprägte Barockfassade. Diese Kirche ist samstagnachmittags geschlossen.

Überqueren Sie nochmals den Terreiro de Jesús und gehen Sie ein Stück die **Rua Alfredo Brito** hinab. So gelangen Sie ins Viertel **Pelourinho** (Pranger), wo Salvadors am besten erhaltene Kolonialgebäu-

Capoeira-Kämpfer beim Training.

de stehen. Der Name stammt aus der Kolonialzeit, als hier Pranger errichtet wurden, um Sklaven und Verbrecher zu bestrafen.

Heute gilt Pelourinho bei der UNESCO als die am besten erhaltene Ansammlung kolonialer Architektur des 17. und 18. Jahrhunderts in ganz Amerika. Der einst zu den schicken Bezirken zählende Stadtteil hat sich mit den Schicksalen seiner Bewohner verschlechtert. Die Gegend wird heute von Prostituierten und kleinen Dieben bevorzugt.

In der Mitte des Platzes steht nun die **Casa de Jorge Amado**, ein Museum, in dem Sie alle Bücher des Mannes finden, der der berühmteste, lebende Schriftsteller Brasiliens ist (seine Werke wurden in fast 50 Sprachen übersetzt). Die Sammlung enthält auch Fotografien und Erinnerungsstücke aus seinem Leben.

Nebenan finden Sie das **Museu da Cidade** mit seiner Sammlung afro-brasilianischer Volkskunst. Im obersten Stockwerk sind Puppen, die als die wichtigsten *Orixás* (Götter) des *Candomblé* gekleidet sind. Sie sind anhand ihrer afrikanischen Namen wie auch ihrer katholischen Entsprechung zu erkennen. Das Museum ist Montag bis Freitag durchgehend von 10.00 bis 17.00 Uhr geöffnet.

Das an diesem Platz liegende **Restaurant Senac**, das von einem staatlichen Hotel mit Hotelfachschule geleitet wird, ist ein ausgezeichnetes Lokal, um die einheimische Küche zu probieren und eine Folklore-Darbietung aus Bahia zu erleben. Das Selbstbedienungsrestaurant ist täglich, außer sonntags, zum Mittag- und Abendessen geöffnet und bietet außerdem einen „Nachmittagstee" brasilianischen Stils an: Kaffee mit Gebäck und Konfekt aus Bahia (von 17.00 bis 20.00 Uhr). Die Folkloreshow findet abends statt, das Senac hat für das Abendessen bis um 23.00 Uhr geöffnet.

Ein kleines Stück vom Pelourinho-Platz entfernt steht die Kirche **Nossa Senhora do Rosário dos Pretos**. Da Sklaven der Zutritt zu Kirchen versagt war, bauten sie ihre eigene. Die Schutzmauer, die Salvador ursprünglich umgab, lief durch Pelourinho. Die Kirche der Sklaven lag außerhalb dieser Mauer – dem einzigen Platz, auf dem sie bauen durften.

Beim Rodeo in Feira de Santana, Bahia.

An der unteren Seite des Pelourinho-Platzes befindet sich eine Treppenflucht, **Ladeira do Carmo** genannt, die zum **Largo do Carmo** (Karmelitenplatz) führt. Schauplatz des Widerstandes gegen die holländischen Invasoren, ist dieser historisch bedeutsamer Häuserkomplex der Ort, an dem sich die Holländer ergaben. Das interessanteste Bauwerk ist die **Karmelitenkirche** mit Kloster aus dem Jahre 1585. Das Kloster wurde wohlgeplant zum Teil in ein Museum und ein Hotel umgebaut, so daß es dadurch seinen ursprünglichen Charakter und Reiz keineswegs verloren hat.

Immer noch in der Oberen Stadt, jedoch in einem neueren Viertel näher am Zentrum, findet man zwei faszinierende Museen, die man an einem Nachmittag besichtigen kann. Bahias **Museum Sakraler Kunst** an der Rua do Sodre 25 ist in der aus dem 17. Jahrhundert stammenden **St.-Teresa-Kirche** und dem dazugehörigen Kloster untergebracht. *Baianos* behaupten stolz, dies sei die umfangreichste Sammlung sakraler Kunst in ganz Lateinamerika.

Die Kunstwerke des Barock und Rokoko sind in großen, luftigen Räumen ausgestellt, von denen viele mit blauen, weißen und gelben Kacheln, die um das Jahr 1600 aus Portugal hierhergebracht wurden, ausgeschmückt sind. Als Beweis dafür, daß Schmuggel im 17. und 18. Jahrhundert Bestandteil des weltlichen Lebens war, sieht man, daß viele der größeren geschitzten Heiligenfiguren absichtlich ausgehöhlt wurden, um darin Juwelen und Gold zu verstecken. Diese Art Heiligenfigur nennt man *Santo do pau oco* (Heiliger aus hohlem Holz). Gemälde, Elfenbeinskulpturen und Arbeiten aus Ton, Silber und Gold runden diese einzigartige Sammlung ab. Das Museum ist montags bis freitags von 12.30 bis 17.30 Uhr geöffnet.

Geht man die **Avenida Sete de Setembro**, eine der Hauptdurchgangsstraßen der Stadt in Richtung Barra-Strand, so stößt man bei Hausnummer 2490 auf das im Stadtteil Vitória gelegene **Carlos-Costa-Pinto-Museum**. Diese Villa beherbergt die private Sammlung der Familie Costa Pinto, bestehend aus Möbeln, Porzellan

Mit dem Esel unterwegs im *Sertão*.

und Schmuck aus der Kolonialzeit, wie etwa Baccarat-Kristall, handbemaltes chinesisches Porzellan und aufwendige Silber-*Balagandans* (Schmuckspangen), die an den Blusen der Sklavinnen zum Zeichen des persönlichen Reichtums ihrer Besitzer befestigt wurden. Ein Großteil der Böden in den Haupträumen ist aus rosafarbenem Carrara-Marmor. Am Eingang bekommt man Stoffpantoffeln über die Schuhe gestreift, um den Boden zu schützen. Das Museum ist von Mittwoch bis Montag zwischen 14.30 und 18.30 Uhr geöffnet, sowie am Wochenende von 15.00 bis 18.00 Uhr.

Untere Stadt: Bei einer Besichtigung der Unteren Stadt beginnt man ebenfalls an de Praça da Sé, jedoch mit dem Rücken zum Terreiro de Jesús. Gehen Sie die Rua da Misericórdia bis zur **Santa Casa da Misericórdia** entlang. Die Kirche aus dem späten 16. Jahrhundert ist wie auch das dazugehörige Krankenhaus aus dem 18. Jahrhundert mit portugiesischen Kachelbildern ausgestattet. Ein kurzes Stück weiter trifft man auf die **Praça Municipal**, wo Stadtrat und Rathaus in Gebäuden aus der Kolonialzeit untergebracht sind. Auf dem Platz gelangt man zu Salvadors berühmtem **Lacerda-Aufzug**, einer riesigen blauen, vom Art deco beeinflußten Konstruktion, die 1930 erbaut wurde, um die Obere mit der Unteren Stadt zu verbinden. Das einem Güterwagen ähnelnde Abteil bringt Sie in Windeseile hinab in die Cidade Baixa.

Gerade vor Ihnen liegt der **Mercado Modelo**, der 1915 erstmals im alten Zollhaus am Hafen der Stadt untergebracht war. Der zweimal durch Feuersbrünste zerstörte Markt (zuletzt 1984) wurde aus Beton völlig neu erbaut. In diesem dreistöckigen Gebäude gibt es Stände, die Kunsthandwerk und Souvenirs verkaufen.

Der Mercado Modelo ist eine der Sehenswürdigkeiten von Salvador, die man nicht auslassen sollte. Er ist nicht nur der beste Platz für Souvenirs, sondern auch ein lebendiger Mikrokosmos des Lebens in Bahia. Wenn Sie zwischen den Ständen entlangschlendern, treffen Sie auf Musiker, die ihre Artikel anpreisen, indem Sie selbst darauf spielen. An einem Ende hört man vielleicht eine temperamentvolle Rhythmusgruppe und am anderen einen Mann, der ganz allein die geheimnisvolle Berimbau spielt. Es ist von Vorteil, ein bißchen Portugiesisch zu sprechen oder einen brasilianischen Freund zu haben, denn Handeln gehört zur Tradition des Marktes, und man kann die Preise meist um 25 % drücken. Zur Erfrischung sollten Sie einen der vielen frischen Fruchtsäfte probieren, und gut speisen kann man ein Stockwerk höher im Restaurant **Camafeu de Oxóssi**, eines der besten der Stadt.

Biegen Sie vom Markt links ab und lassen Sie dabei die Bucht rechts liegen. Gehen Sie dann bis zur Kirche **Nossa Senhora da Conceição da Praia**, in der die Statue der Schutzpatronin Bahias steht. Diese Kirche, die zu Beginn des 18. Jahrhunderts in Portugal geplant und erbaut wurde, wurde Stück für Stück hierher transportiert. Dort findet am 8. Dezember alljährlich eine Prozession statt. Geöffnet täglich von 6.30 bis 11.30 Uhr und Montag bis Freitag von 15.00 bis 17.30 Uhr.

Etwa 10 km in der entgegengesetzten Richtung steht die berühmte Kirche **Nosso Senhor do Bonfim**. Auf dem Weg

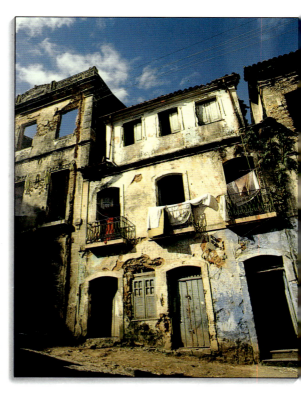

Unten: Heruntergekommene Häuser in Pelourinho. **Rechts**: Ein jugendlicher Eseltreiber.

dorthin kommt man am malerischen **São-Joaquim-Markt** vorbei, der täglich von 6.00 bis 18.00 Uhr geöffnet ist. Der Markt ist immer noch faszinierend, wurde jedoch im Lauf der Jahre sehr vernachlässigt und ist nun ziemlich heruntergekommen. Hier findet man alles, von Hühnern bis Gemüse und Keramikfiguren.

Die Bonfim-Kirche, die Dienstag bis Samstag von 6.00 bis 12.00 und von 14.00 bis 18.00 Uhr geöffnet ist, wurde 1754 erbaut und ist eine der beliebtesten Ziele von Pilgern aus ganz Brasilien, die um Arbeit oder Heilung beten oder danken für Wunder, die man Jesus Christus zuschreibt. Beim Betreten der Kirche werden Ihnen Jungen und Frauen entgegenkommen, um Ihnen bunte Bänder, bedruckt mit den Worten *Lembrança do Senhor do Bonfim da Bahia* (Erinnerung an Unseren Herrn des Guten Endes), anzubieten. Der Legende zufolge soll man sich das Band von einem Freund mit drei Knoten um das Handgelenk binden lassen. Fällt das Band ab, gehen drei Wünsche in Erfüllung.

Weniger reich ausgestattet als die anderen Kirchen Salvadors, ist die Bonfim-Kirche bei Katholiken wie auch Anhängern des *Candomblé* gleich beliebt. Verpassen Sie keinesfalls den „Raum der Wunder", der mit Fotografien von Menschen, denen göttliche Gnade zuteil wurde, und entfernten Gipsverbänden ausgestaltet ist.

Geht man die Straße nur ein kurzes Stück weiter, so kommt man zur **Monteserrat-Kirche**, einer Kapelle aus dem 16. Jahrhundert mit portugiesischen Kacheln. Unweit davon steht die Kirche **Boa Viagem**. Diese Kirche ist das Ziel der Prozession Unserer lieben Frau der Seefahrer, die jedes Jahr am Neujahrstag abgehalten wird.

Die Strände: Durch eine Reihe miteinander verbundener Straßen kann man vom zentrumsnahen Barra-Strand nahtlos bis zu den entfernten Stränden der Nordküste, die zu den schönsten Brasiliens zählen, spazierengehen. **Barra**, der Strand der Stadt, ist weniger für seine Schönheit als eher für seine originellen Bars und Straßencafés berühmt. Es gibt aber auch gute Geschäfte und viele Aparthotels, die man für eine Woche oder

Auf dem Nachhauseweg in Salvador.

einen ganzen Monat mieten kann und die meist viel billiger sind als normale Hotels. Der Strand liegt im Schutz des prächtigen alten Forts **Santo Antônio da Barra**, das einen Leuchtturm und ein ozeanographisches Museum besitzt. Es ist außer montags täglich von 11.00 bis 19.00 Uhr geöffnet.

Der nächste nördlich von Barra liegende Strand heißt **Ondina** und hat mehrere erstklassige Hotels. Im selben Stadtteil, nur vom Strand landeinwärts, liegt der **Zoo** von Salvador. Als nächstes kommt **Rio Vermelho**, ein elegantes Wohnviertel der oberen Mittelschicht. Dort verbringt der Schriftsteller Jorge Amado die Hälfte des Jahres (im Sommer lebt er in Paris). In Richtung Norden kommt man vorbei an Kokosnußhainen und den Vierteln **Mariquita** und **Amaralina**, wo es etliche gute Restaurants gibt. In **Pituba** sieht man eine Menge *Jangadas*, primitive Fischerboote aus auseinandergesägten Holzstämmen, die zusammengebunden und mit Segeln angetrieben werden. Andere Strände entlang dieser Strecke heißen Jardim de Alá, Armação de Iemajá, Boca do Rio, Corcario Pituaçu (mit einem der wenigen Radwege der Stadt), Patamares (mit guten Restaurants) und Piatã.

Piatã und **Itapuã**, der letzte Strand vor dem Flughafen, sind die besten Strände der Stadt. Itapuá ist besonders unter der Woche etwas weniger voll als Piatá, aber in bezug auf die Schönheit der Natur, Essen und Trinken sind sie ebenbürtig. Die **Statue einer Nixe** (Iemanjá) auf der zu Itapuá hin gelegenen Seite der Trennungslinie zwischen den beiden Stränden ist ein Treffpunkt der Jugend der Stadt. Am Wochenende sind die zwei Strände voll mit Musikern, die heimische Lieder singen. Eine der besonderen Attraktionen Salvadors ist der Sonnenuntergang am Itapuá-Strand.

Nachtleben: Das Nachtleben in Salvador konzentriert sich auf die besseren Bars und Restaurants der Stadt, die zumeist im Stadtteil Barra und entlang des Strandes zu finden sind. Es gibt einige Discos, meist in Spitzenhotels, wo man öfter die neuesten Hits von Madonna und Michael Jackson als brasilianische Musik hört.

Das **Teatro Castro Alves**, das am **Campo Grande Park** gegenüber vom Hotel de Bahia liegt, ist der richtige Ort für Ballett-, Theater- und Musikveranstaltungen. Die Veranstaltungen der Woche sind angeschrieben. Im Castro-Alves-Theater sind mitunter brasilianische oder ausländische Symphonieorchester zu Gast. Öfter jedoch treten Brasiliens Spitzenstars auf, Caetano Veloso, Maria Bethania, Gal Costa oder Gilberto Gil – diese *Baianos* gehören zu den beliebtesten Sängern des Landes.

Fußball ist in Salvador, wie in ganz Brasilien, das führende Freizeitvergnügen. Mittwochabends und sonntagnachmittags finden in der Regel im **Otavio-Mangabeira-Stadion** Fußballspiele statt. Kaufen Sie sich eine Karte für die reservierten Plätze (*Cadeiras numeradas*), die zwar teurer sind, jedoch den Preis lohnen.

Das Hafengebiet und der Bezirk Pelourinho repräsentieren die eher düstere Seite des Nachtlebens von Salvador. Nachts sollten Sie diese Gegenden meiden. Was Pelourinho angeht, so ist es kein Problem, zum Hauptplatz zu gehen, um das

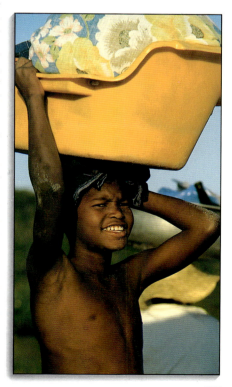

Er hilft bei der Wäsche.

Restaurant Senac zu besuchen. Sehen Sie sich den Stadtteil jedoch lieber bei Tag an.

Am besten amüsieren Sie sich bei Tag oder Nacht, wenn Sie das tun, was auch die Einheimischen tun: Gehen Sie zum Strand. Suchen Sie sich eine der Strohhütten aus, die am Pituba- oder Piatá-Strand als Bars dienen, setzen Sie sich auf einen zum Stuhl umfunktionierten, abgesägten Baumstamm, bestellen Sie eine *Batida* (Fruchtsaft mit Zuckerrohrschnaps) oder *Caipirinha* und hören Sie der Musik zu, die Ihre Nachbarn am nächsten Tisch spielen, während Sie zusehen, wie die Wellen ans Ufer rollen.

Tagesausflüge: Die **Ilha de Itaparica** ist eine wunderschöne Insel innerhalb der Todos-os-Santos-Bucht, ein echtes tropisches Wunderland, wo der Club Méditerranée sein erstes Hotel in Brasilien errichtet hat. Auf der Insel leben etwa 10 000 Menschen, vor allem Fischer und wohlhabende Wochenend-Urlauber, deren Strandvillen oft nur im Boot erreichbar sind. Um ihre Privatsphäre zu wahren, widersetzen sie sich Versuchen, Verbindungsstraßen zur Schnellstraße, die durch die Mitte der Insel verläuft, zu bauen.

Es gibt mehrere Möglichkeiten, zu dieser Insel zu gelangen. Von Salvador aus verkehren regelmäßig Fähren, die für die Überfahrt 45 Minuten brauchen. Sie können auch zur anderen Seite der Bucht fahren, wo die Insel durch eine Brücke mit dem Festland verbunden ist. Die dreistündige Fahrt kann man durch einen Besuch der historischen Städte **Santo Amaro** und **Cachoeira** ausdehnen. Auf der Insel gibt es Fahrräder zu leihen, um all die Strände ein wenig zu erforschen.

Ist Ihre Zeit begrenzt, so machen Sie einen Tagesausflug entlang der Bucht, der von den großen Reiseunternehmen in Salvador angeboten wird. Er kostet weniger als 20 US$ pro Person inklusive Abholung und Rückfahrt vom bzw. zum Hotel. Auf dem zweimastigen Schoner wartet obendrein eine Überraschung auf Sie. Während das Boot die ruhigen Wasser der Bucht durchkämmt, versammelt sich die Besatzung am Bug, um dort beliebte Melodien zu singen und zu spielen. Die Gäste an Bord stimmen mit ein, und gegen Abend, nach einer reichlichen Anzahl *Batidas*, singt und tanzt fast jeder.

Die meisten dieser Boote halten nach dem Verlassen von Salvador zweimal an. Das erste Mal am späten Vormittag an der **Ilha dos Frades**, einer so gut wie verlassenen Insel, auf der Fischer wohnen, die sich eine zweite, lukrative Erwerbsquelle geschaffen haben – den Tourismus. Das Boot legt abseits der Küste an, und die Touristen werden in einem Ruderboot an Land gebracht. Wer keine Angst vor Quallen hat (ihr „Biß" ist nur ein leichtes Zwicken, sagen die Einheimischen), kann zur Küste schwimmen. Nach einer Stunde – wenn man sich ein wenig umgeschaut oder an einer der improvisierten Bars etwas getrunken oder gegessen oder auch Souvenirs gekauft hat – geht es weiter zum Mittagessen und zu einem Rundgang auf der Insel Itaparica. Dann heißt es zurück zum Boot und nach Salvador, wobei man eine herrliche Sicht auf die über der Stadt untergehende Sonne hat.

Die *Estrada de Coco* (Kokosnußstraße) führt von Salvadors entferntestem Strand Itapuá nach Norden. Entlang dieser Straße, vorbei an Kokosnußpalmen, treffen Sie auf buchstäblich unberührte tropische

Eine der zahllosen Kirchen im Kolonialstil in Salvador.

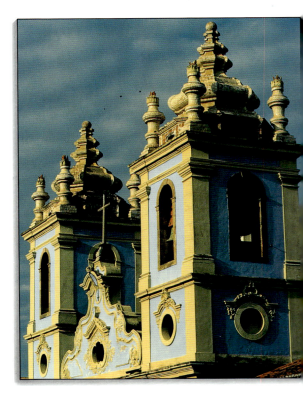

Der Strand von Itapuã bei Salvador.

Strände wie **Jauá**, **Arembepe**, **Jacuípe**, **Abaí** und **Itacimirim**. Doch dann kommt man in eine der schönsten Gegenden Bahias, die 80 km außerhalb Salvadors gelegene **Praia do Forte**. Dort stehen auf 12 km Sandstrand an die hunderttausend Kokosnußpalmen. Der Strand ist durch eine private Stiftung gegen die Nutzung für den Tourismus und andere Bedrohungen der Umwelt geschützt. Das Entstehen neuer Hotels und Campingplätze wird hier genauestens überwacht. Für jede gefällte Kokosnußpalme müssen vier neue gepflanzt werden.

In Praia do Forte gibt es auch ein bedeutendes Zentrum für die Erhaltung von Meeresschildkröten. Es werden die Eier nachts aus den „Nestern" am Strand genommen und vor Räubern (Mensch oder Tier) beschützt, bis die Jungen alt genug sind, um zum Meer zurückzukehren und für sich selbst zu sorgen.

An der Straße, die von Salvador aus Richtung Süden in den Staat Espirito Santo führt, kommt man an der 400-jährigen Stadt **Valença** vorbei. Dort mündet der Fluß Una in den Atlantik. In dieser Stadt befinden sich Brasiliens erste Textilfabrik und Bahias erster Staudamm. Einer der besten Strände der Region ist der 15 km von Valença entfernte **Guaibim-Strand**. Er besitzt gute Fischrestaurants und Bars.

Morro de São Paulo ist ein friedliches Fischerdorf, von dem man auf die 16 Inseln der Stadt Valença blicken kann. Es liegt nur 170 km südlich von Salvador.

Eine weitere wichtige Stadt an der Südküste von Bahia ist **Ilhéus**, die Kakaometropole Brasiliens und einer der bedeutendsten Exporthäfen. Ilhéus wurde 1534 gegründet und ist heute eine moderne Stadt mit vielen gut erhaltenen historischen Stätten. Es gibt eine Vielzahl an Stränden in der Gegend, und der Karneval von Ilhéus gehört zu den besten von Bahia. Örtliche Reiseunternehmen mieten Dampfer an, die die Inseln umfahren. Die Stadt besitzt an ihrem Strand recht gute Hotels und Campingplätze. Olivença, ein Badekurort mit Mineralquellen, 20 km von Ilhéus entfernt, ist ein ausgezeichneter Platz zum Campen und „Kuren". Zu den größeren Festen von Ilhéus

DIE KÜCHE VON BAHIA

Wer mit der Küche von Bahia nicht vertraut ist, dem mag sie zunächst etwas schwer vorkommen. Die meisten jedoch, die sie einmal probiert haben, sind sich einig, daß diese afro-brasilianische Kochkunst einzigartig ist. Obwohl die portugiesischen Siedler und eingeborenen Indianer vieles beisteuerten, ist bei weitem der größte Einfluß auf afrikanische Sklaven zurückzuführen, die nicht nur ihre eigene Eßkultur mitbrachten, sondern auch afrikanische Kräuter und Gewürze.

Charakteristisch für die Küche von Bahia ist der großzügige Gebrauch von *Malagueta*, rotem Chilipfeffer, und *Dendê*-Öl, das aus einer afrikanischen Palme gewonnen wird, die im nordöstlichen Klima gut gedeiht. Viele Gerichte enthalten auch Meeresfrüchte, gewöhnlich Shrimps, Kokosmilch, Bananen und Okraschoten.

Moqueca, eines der beliebtesten Gerichte dieser Region, ist eine Mischung aus Shrimps oder anderen Meerestieren, Kokosnuß, Knoblauch, Zwiebeln, Petersilie, Pfeffer, Tomatenpüree und dem allgegenwärtigen *Dendê*-Öl; das Ganze wird bei geringer Hitze gebraten und mit in Kokosmilch gekochtem Reis serviert. Zur Zeit der Kolonialherrschaft wickelte man dieses Ragout in Bananenblätter und ließ es in der Glut schmoren. Ein weiteres traditionelles Gericht ist *Vatapá*, deren Grundlage gewöhnlich Meerestiere bilden, die jedoch auch mit Huhn zubereitet werden kann. Als weitere Zutaten runden *Dendê*, Kokosnuß, gemahlene Erdnüsse und feingehackte grüne Pfefferschoten dieses eintopfähnliche Gericht ab. *Carupú de Camarão*, ebenfalls ein Eintopf, unterscheidet sich von den beiden ersten Rezepten dadurch, daß es sowohl frische als auch getrocknete Shrimps und in Scheiben geschnittene Okraschoten enthält. In besseren Restaurants serviert man zu diesen Speisen scharfe *Malagueta*-Sauce. Probieren Sie erst das Essen, bevor Sie es mit *Malagueta* nachwürzen. Manchmal wird jedoch der Pfeffer dem Gericht gleich beim Kochen beigefügt, und der Koch wird Sie fragen, ob Sie das

Typisches Mahl in Bahia: Meeresfrüchte, Palmöl, Kokosmilch und Pfeffer.

Essen *quente* (scharf) möchten. Bis man sich an den starken Eigengeschmack von *Dendê* und *Malagueta* gewöhnt hat, sollte man diese Frage besser verneinen.

Erfahrene bahianische Köche benutzen Töpfe aus Ton. Diese alte afrikanische Tradition beruht darauf, daß Ton die Wärme besser speichert als andere Materialien. Die meisten bahianischen Gerichte werden oft in dem Geschirr serviert, in dem sie gekocht wurden.

Die Hotels sind ein guter Ausgangspunkt für eine kulinarische Entdeckungsreise, denn hier neigt man dazu, *Dendê* etwas sparsamer zu verwenden. Eine der besten Adressen der Stadt ist das **Camafeu de Oxossi**, dessen Köche die Fähigkeit besitzen, den Eigencharakter der Gerichte zu bewahren, ohne zu stark zu würzen. Dieses Restaurant befindet sich im obersten Stockwerk des Mercado Modelo und ist täglich von 11 bis 18 Uhr geöffnet. Von der Terrasse aus hat man einen herrlichen Blick über die Bucht und kann *Batidas* (Fruchtsäfte mit *Cachaça*, einem aus Zuckerrohr gewonnenen Likör), bahianische Küche und Desserts aus Früchten genießen.

Da wir gerade bei den Desserts sind – die Frauen von Bahia, *Baianas* genannt, zählen zu den Meistern der Konditorkunst. Aus so einfachen Zutaten wir Kokosnüssen, Eiern, Ingwer, Milch, Zimt und Zitronen zaubern sie süße Köstlichkeiten. *Cocada*, Kokoskonfekt, das in Zuckerwasser und einer Prise Ingwer oder Zitrone gekocht wird, ist sehr beliebt. *Ambrosia* wird aus Eigelb und Vanille zubereitet; *Tapioca*, fritierte Kroketten, und *Quindim* (kleine, klebrige Kuchen aus Eiern und Kokosnuß) sind weitere Leckereien. Man kann sie von den *Baianas* in den eleganteren Vierteln der Stadt kaufen, wie in Rio Vermelho oder an den Stränden von Piatá und Itapuá. Die *Baianas*, gekleidet mit den traditionellen, schulterfreien weißen Blusen und üppigen, weiten Röcken, geschmückt mit bunten Armreifen und Ketten (*Balagandás*), richten jeden Tag in strohgedeckten Kiosken oder an improvisierten Verkaufsständen ihre kleinen Läden ein, wo sie selbstgemachte Süßigkeiten und *Acarajé*, eine Art bahianischen Hamburger, anbieten. Man sollte sie jedoch nur an den oben erwähnten Stränden oder einem Ort kosten, der einem empfohlen wurde. So ist man sicher, frische Ware zu bekommen.

Acarajé wird aus einem Teig aus *Fradinho*-Bohnen zubereitet, die man über Nacht einweicht, bis sich die Schale entfernen läßt. Die Bohnen werden zusammen mit gemahlenen Shrimps und Zwiebeln zu Püree verarbeitet und löffelweise in heißem *Dendê*-Öl ausgebacken.

Die *Baiana* füllt diesen Bohnenkloß mit einer Sauce, die der *Vatapá* ähnelt, und mit dem Messer in der Hand wird sie Sie lächelnd fragen, ob Sie Ihr *Acarajé quente* möchten. *Acarajé* ist ein herrlicher Imbiß zu einem Bier an einer der Strandbars.

Zu den besten Restaurants von Salvador, die bahianische Gerichte servieren, gehören: **Camafeu de Oxossi, Casa da Gamboa, Bargacao, Agdá, Praiano** und **Senca**. Gute Hotelrestaurants sind **Quatro Rodas, Bahia Othon Palace** und **Pousada do Carmo**. Einige Restaurants bieten auch eine Folkloreshow an. Gute Adressen hierfür sind **Solar do Unhão, Tenda dos Milagres** und **A Moenda**.

Sie verkauft ihre *Acarajé*-Bohnenpasteten.

Die Küche von Bahia

gehören außer dem Karneval das St.-Sebastians-Fest (11.-20. Januar), der Geburtstag der Stadt (28. Juni) und das Kakaofest (den ganzen Oktober).

Porto Seguro im äußersten Süden Bahias, etwa auf halbem Weg nach Rio de Janeiro, ist der Ort, an dem Brasilien am 22. April von Pedro Alvares Cabral entdeckt wurde. Die Stadt konnte dem Fortschrittsdruck widerstehen und sich seine koloniale Atmosphäre erhalten. Für eine so kleine Stadt (5000 Einwohner) hat Porto Seguro unerhört viele Hotels und Gasthäuser (*Pousadas* genannt) und etliche Strandbars und Restaurants. Im Sommer strömen Scharen junger Leute in diese Gegend, und der Karneval der Stadt gehört zu den berühmtesten des Landes. In Porto Seguro leben noch Indianer, die an Touristen Fisch und kunsthandwerkliche Gegenstände verkaufen.

Fährt man von der Küste 2000 Kilometer landeinwärts, so gelangt man in das dürregeplagte nordöstliche Buschland – den *Sertão*. Dieses Gebiet ist der Schauplatz eines großen Teils der Tragödie Brasiliens. Regelmäßige Dürreperioden treiben Bauern aus dem *Sertão* auf der Suche nach Essen und Arbeit in die Küstenstädte. Mit den Regenfällen kommen die *Sertanejos* zurück. Aber oft verursacht der Regen soviel Schaden wie er Gutes tut, denn wolkenbruchartige Regengüsse führen oft Fluten herbei, die die aufgesprungene, trockene Erde nicht absorbieren kann. Die *Sertanejos* sind ein mutiges, ihrer Heimat treues Volk, und ihr Land birgt Überraschungen für die, die willens sind, sie zu entdecken.

Ein guter Ausgangspunkt für einen Ausflug in den *Sertão* ist der **Recôncavo da Bahia** – so heißt das Gebiet um Salvadors Todos-os-Santos-Bucht. Auf der Schnellstraße BR-324 gelangt man in die Kolonialstadt **Santo Amaro**, etwa 80 km von Salvador entfernt. Diese Stadt wird von brasilianischen Schlagerfans als die Heimat der singenden Geschwister Gaetano Veloso und Maria Bethania verehrt. Zu beiden Seiten der Pflasterstraßen und winzigen Praças von Santo Amaro wechseln sich rosa-weiß-farbene, stuckverzierte Häuser mit prächtigen Art-deco-Fassaden in Pastelltönen ab, die mit geo-

Kristallklare Badefreuden.

metrischen, glänzend weißen Mustern verziert sind. Diese Fassaden zeugen von der Entwicklung des Gebiets zu Anfang des 20. Jahrhunderts und sind in vielen kleinen Städten des Nordostens zu finden.

Von Santo Amaro aus kann man entweder auf derselben Schnellstraße nach **Feira de Santana** oder auf der BR-101 entlang des *Recôncavo* Richtung Süden bis Cachoeira fahren. Feira de Santana (115 km von Salvador entfernt) ist wegen seines jeden Montag stattfindenden Vieh- und Lederwarenmarktes bekannt. Auf dem Markt **Centro de Abastecimento** werden täglich außer sonntags von 8.00 bis 19.00 Uhr Lebensmittel und Kunsthandwerk verkauft. Ausschließlich kunsthandwerklich orientiert ist der **Mercado de Arte Popular**, montags bis samstags von 8.00 bis 18.00 Uhr geöffnet.

Die Stadt besitzt wenige kleine Hotels und viele einfache, aber recht gute Restaurants. In **Cachoeira** gibt es eine Vielzahl von Kirchen und Monumenten aus der Kolonialzeit (120 km von Salvador entfernt). Bahiatursa, das staatliche Fremdenverkehrsamt, hat einen Rundgang konzipiert, der an den wichtigsten Bauwerken und historischen Plätzen der Stadt vorbeiführt. Folgen Sie nur den blau-weißen, durchnumerierten Schildern. Auf diesem Rundgang kommen Sie zur Kirche **Nossa Senhora da Conceição do Monte**, einem Bauwerk aus dem 18. Jahrhundert, mit herrlichem Blick auf den Fluß Paraguaça und das Dorf São Félix am gegenüberliegenden Ufer. Die Kirche und andere Gebäude, die oft aus dem 16. und 17. Jahrhundert stammen, sind meist nur nachmittags geöffnet. Gehen Sie unbedingt ins **Correios e Telégrafos**, das Postamt, das die typischste Art-deco-Fassade der Stadt besitzt. In Cachoeira gibt es auch ein paar Souvenirläden, Restaurants und Gasthäuser. Die **Pousada do Convento** ist besonders interessant, denn die Gästezimmer waren früher Zellen der Nonnen, und das Mausoleum dient heute als Fernsehraum.

Auf der anderen Seite der Brücke liegt das verschlafene **São Félix**, das einmal wöchentlich zu den sonntäglichen *Samba-de-roda*-Wettbewerben aufwacht. Dann tanzen Männer und Frauen wild im

Ferienhäuser in Morro de São Paulo, Bahia.

Kreis herum, und zwar nach einem Sambarhythmus, der nur durch das Klatschen der Hände erzeugt wird. Die **Casa da Cultura Américo Simas**, das Kulturzentrum von São Félix, befindet sich in einer vollständig restaurierten Zigarrenfabrik aus dem 19. Jahrhundert. Die hier gelehrte „Kultur" reicht von Pflastermalerei bis zu den Prinzipien des Gewichthebens. Mr. Universes in spe lassen sich von den verblaßten Fotos aus alten amerikanischen Bodybuilding-Zeitschriften, die an der Wand hängen, anregen.

Der *Recôncavo* ist eines der wichtigen Zentren von Bahias streng agrarisch ausgerichteter Wirtschaft. Hier werden Getreide, Zuckerrohr, Kokosnüsse und 95 % der Kakaoproduktion des Landes geerntet. In der Stadt **Camacari** ist nun eine der drei Petrochemie-Anlagen des Landes ansässig, und die Industrie dieser Region erlebt einen starken Aufschwung. Direkt hinter der Küstenzone beginnt die öde Landschaft des *Sertão*, einer glühend heißen Region mit Kakteen und Buschland, so weit das Auge reicht. Die vom *Recôncavo* nach Westen oder Norden gehenden Straßen führen ins Herz des *Sertão*. Dies ist ein Land, das seine Volkshelden feiert. So etwa Lampião, eine Robin Hood ähnliche Figur, der 1938 getötet wurde, nachdem er zwei Jahrzehnte lang mit einer Gruppe heruntergekommener Banditen und politischer Anhänger namens *Cangaceiros* über den *Sertão* geritten war.

Der *Sertão* hat auch seine eigene Musik, die ganz anders ist als der in anderen Landesteilen gehörte Samba oder Bossa nova. Die *Música sertaneja* ist der amerikanischen Countrymusik sehr ähnlich. Die zweistimmige Melodie ist einfach und linear, hat selten mehr als drei Akkorde und handelt von Trennung, Heimweh, schlechtem Wetter und Tod. Diese Musik hat inzwischen die Grenzen des *Sertão* überschritten. Heute gibt es im brasilianischen Fernsehen etliche Unterhaltungssendungen, die sich nur ihr widmen.

Inmitten von Bahia, 425 km von Salvador entfernt, liegt eine der ureigensten Attraktionen Bahias – die Stadt **Lençóis**. Die in den Ausläufern des Sincorá-Gebirges auf dem Diamanten-Plateau gelegene Stadt stammt aus dem Jahr 1844, als erstmals Diamanten in dieser Gegend entdeckt wurden. Damals strömten Horden Glückssuchender dorthin und bauten sich aus großen Leinentüchern Verschläge – nannte sie Lençóis, eine Bezeichnung, die bis heute geblieben ist. Der Diamantenrausch machte Lençóis zu einer aufstrebenden Stadt. Die Gesellschaft von Lençóis trug die neueste Pariser Mode und schickte ihre Kinder zum Studium nach Paris.

Obwohl das Brauchtum eindeutig von Bahia beeinflußt ist, besitzt Lençóis eigene Besonderheiten. Seine traditionellen Feste und Tänze unterscheiden sich von denen in anderen Teilen des Staates. Der Karneval wird noch groß gefeiert, dafür aber auch der *Lamentação das Almas* während der Fastenzeit. Lençóis hat eine eigene Variante des Candomblé, *Jarê* genannt. *Jarê*-Feste finden vor allem im September, Dezember und Januar statt.

Die als **Chapada Diamantina** bekannte Gegend gehört zu den schönsten Landschaften Bahias. Aufgrund von Gebirgsquellen gibt es keine Dürre. Die Chapada ist eine wilde Berglandschaft, die man am besten mit einem ortskundi-

Links: Kokosbaumwälder an der Küste von Bahia. **Rechts:** Christusstatue in Igreja Ordem Terceira do Carmo, Salvador.

gen Führer erkundet. In der Nähe der Wasserfälle, die zum Teil nur zu Fuß erreichbar sind, wachsen allerlei Orchideen. Der **Glass-Wasserfall**, 12 km von Lençóis entfernt, ist 400 m hoch. Zu ihm führt ein etwa 7 km langer Weg. Die etwas mehr als einen Kilometer lange **Lapão-Höhle** besitzt in ihrem Innern farbigen Sand, der von Kunsthandwerkern in Glasflaschen gefüllt wird und hübsche Muster erzeugt. Einen aufregenden Blick auf diesen Landstrich hat man vom Gipfel des Berges **Pai Inácio** aus, auf dem eine Vielzahl exotischer Pflanzen wächst.

Gleich westlich von Lençóis liegt an der Schnellstraße 242 die Stadt **Ibotirama** am legendären Fluß **São Francisco**, ein Paradies für Fischer. Die 20 000 Einwohner von Ibotirama betreiben Viehzucht und pflanzen Maniok, Mais, Bohnen und Reis an. Wenn jedoch die Flut kommt, brauchen Sie den Fluß als Nahrungsquelle. Es gibt dort Dutzende Fischsorten, unter anderem auch den gefürchteten Piranha.

Wer gerne fotografiert, kann gegen Abend mit einem Kanu hinausfahren und den bezaubernden Sonnenuntergang über dem linken Flußufer fotografieren. Von März bis Oktober, der Trockenzeit, fällt der Wasserspiegel erheblich und legt auf den Flußinseln Gada Bravo (40 Minuten stromaufwärts) und Ilha Grande (25 Minuten stromabwärts) Sandstrände frei.

Von Ibotirama aus fließt der São Francisco nordostwärts zum Sobradinho-Damm und seinem riesigen Staubecken, einem der größten künstlichen Seen der Welt, der viermal größer ist als die Todos-os-Santos-Bucht von Salvador. In der Nähe der Nordseite des Sees liegt die Stadt **Juazeiro**. In der Kolonialzeit diente sie als Zwischenstation für Reisende und Pioniere auf dem Weg von den Staaten nördlich von Bahia nach Salvador. 1706, als Franziskanermönche in einem Dorf der Cairi-Indianer eine Mission samt Kapelle und Kloster errichteten, wurde offiziell eine Gemeinde gegründet. Ende des 18. Jahrhunderts war Juazeiro bereits das bedeutendste wirtschaftliche und soziale Zentrum der Region.

Heute ist von den volkstümlichen Schätzen dieser 130 000 Einwohner zäh-

Fischer richten ihre Netze vor der Ausfahrt.

lenden Stadt unter anderem die Legende von Lampião überliefert, der sich weigerte, in Juazeiro einzufallen, weil er und die Stadt den gleichen Schutzpatron hatten. Das Fest dieses Heiligen wird in der ersten Septemberwoche mit großem Menschenauflauf und Prozessionen gefeiert. Weitere Feiertage sind der Nossa Senhora do Rosário am letzten Sonntag im November und das Pfingstfest, das im Mai oder Juni gefeiert wird. Zu diesem Anlaß wird ein Junge für einen Tag zum „Kaiser" von Juazeiro gemacht. Nach einer religiösen Zeremonie im Stadtgefängnis darf der Junge einen Gefangenen seiner Wahl freilassen.

Das **Museum Regional do São Francisco** an der Praça da Imaculada Conceição zählt zu den bedeutendsten Museen des Staates. Das täglich (außer samstags) geöffnete Museum zeigt anschaulich die Geschichte des Flusses São Francisco mit Dampfsirenen, jahrhundertealten Lampen, Ankern und Bojen, Musikinstrumenten und Gebrauchsgegenständen, die aus den Dörfern, die bei der Entstehung des Sobradinhosees überschwemmt wurden, noch gerettet wurden.

Die Volkskunst des Gebietes um Juazeiro wird beherrscht von der *Carranca*, der halb Mensch, halb Drachen darstellenden Holzfigur, die auf Booten befestigt wird, um den Teufel fernzuhalten. Der beste Kunsthandwerker ist Xuri, der in der Nachbarstadt **Carnaíba** lebt und arbeitet.

100 km von Juazeiro entfernt befindet sich die **Convento-Höhle**, die sich im Tal des Salitre, einem der schönsten Nebenflüsse des São Francisco, versteckt. Die Höhle ist über 6 km lang und besitzt zwei Mineralwasserseen. Gut und sicher ist es, in **Abreus**, 7 km davon entfernt, einen Führer zu nehmen. Nur Experten sollten sich alleine in die Höhle wagen.

Für Höhlenfans gibt es die **Caverna do Padre**, die mit 15 km Länge als die größte Südamerikas gilt. Die erst kürzlich untersuchte Höhle liegt unweit der Stadt **Santana** am anderen Ende des Flusses São Francisco und mitten im *Sertão* von Bahia, etwa 200 km südwestlich von Ibotirama.

Leuchtend weißer Sand an einem der Strände im Nordosten.

DER NORDOSTEN

Brasilianern, die in den wohlhabenderen südlichen und südöstlichen Bundesstaaten leben, erscheint der Nordosten wie ein fremdes Land. Der Tonfall des Portugiesischen klingt hier entschieden anders, Jargon und umgangssprachliche Ausdrücke sind nicht dieselben, und die Menschen unterscheiden sich auch in ihrer Hautfarbe, wobei es mehr Mestizen und weniger Mulatten gibt. Auch die Küche besitzt ihre eigene Prägung, Kultur und Geschichte scheinen nicht zu demselben Land zu gehören, und anstelle des üppigen tropischen Grüns, das für Brasilien so charakteristisch ist, erinnert der dürre *Sertão* eher an eine Wüste.

Der Nordosten umfaßt ein Gebiet von 1 000 000 km, das sind 12 % der Landfläche Brasiliens. Die acht Staaten des Nordostens haben zusammen eine Einwohnerzahl von 43 Millionen und stellen damit 29 % der Gesamtbevölkerung des Landes.

Als frühes Zentrum der portugiesischen Kolonisation erlebte der Nordosten eine kurze Zeit wirtschaftlichen Aufschwungs durch den Zuckerrohranbau. Seine Plantagen waren einmal der Stolz des Mutterlandes und stellten Portugals Haupteinnahmequelle dar. Doch schon im Laufe des 18. Jahrhunderts begann man, den Nordosten allmählich zu vernachlässigen, und unter den Folgen hat die Region bis in die moderne Zeit zu leiden.

Der Nordosten ist der wunde Punkt der Nation, vor allem für die stolzen Bewohner der südlichen und südöstlichen Staaten Brasiliens, die in ihren modernen Industrieparks die Zukunft eines wirtschaftlich entwickelten und politisch bedeutenden Brasilien sehen. In diesem Bild ist kein Platz für Armut und Hunger.

Der Nordosten kann seine Bewohner nicht ernähren. Außer dem 150 km breiten Streifen Ackerland entlang der Küste von Bahia nach Rio Grande do Norte ist die Landschaft vorwiegend semiarid, ein ausgedehntes Hinterland von verkümmerten Bäumen und Kakteen, das man *Sertão* nennt. Das Tal des São Francisco, das in nördlicher Richtung von Minas Gerais nach Pernambuco verläuft, ist einer der wenigen fruchtbaren Landstriche im gesamten Gebiet des Nordostens.

Regelmäßige, oftmals tragische Dürreperioden brachten das Wirtschaftswachstum des Nordostens zum Stillstand, so daß die arbeitende Bevölkerung in wachsender Zahl gezwungen war, in die Industriezentren Rio de Janeiro und São Paulo abzuwandern. Heute ist die Region abhängig von Regierungssubventionen für Entwicklungsprojekte. So schlecht die Situation allerdings auch erscheinen mag, ist der Nordosten doch weit davon entfernt, ein hoffnungsloser Fall zu sein.

Erfolgreiche Bewässerungssysteme in Bahia haben bewiesen, daß es möglich ist, den *Sertão* zu kultivieren. Außerdem gibt es noch den grünen Küstenstreifen, wo die meisten größeren Städte des Nordostens liegen, darunter Recife und Fortaleza, die beiden führenden städtischen Zentren der Region. Hier und entlang der gesamten nordöstlichen Küstenlinie hat die Natur versucht, einen Ausgleich zu den extremen Verhältnissen des Sertão zu schaffen.

Die Strände des Nordostens mit ihrem warmen Wasser sind die schönsten in Brasilien und die unberührtesten. Dieser Umstand erregte nicht nur die Aufmerksamkeit der Brasilianer, sondern auch die ausländischer Besucher mit der Folge, daß die Nordostküste zu einem blühenden Zentrum des internationalen Tourismus wurde. Ein ganzjähriges tropisches Klima, weißer Sand, blaues Wasser und Kokosnußpalmen entlang der Küste machen die Strände des Nordostens zu einem südamerikanischen Südseeparadies. Fügt man all dem die unverwechselbare Kultur der Region mit ihrer gelassenen Lebensweise hinzu, die noch sichtbaren Bauten aus der Kolonialzeit, eine Küche, deren Hauptbestandteil frische Fische, Shrimps und Hummer zu unschlagbaren Preisen sind, dann hat man ohne Zweifel die Lösung für einen blühenden Nordosten gefunden.

Das Venedig Brasiliens: Recife, die Hauptstadt von Pernambuco, ist eine Metropole mit 1,3 Millionen Einwohnern. Der Name stammt von dem arabischen Wort für „befestigte Mauer", das im Portugie-

Vorherige Seiten: In solchen Hütten leben noch viele Menschen im *Sertão*.

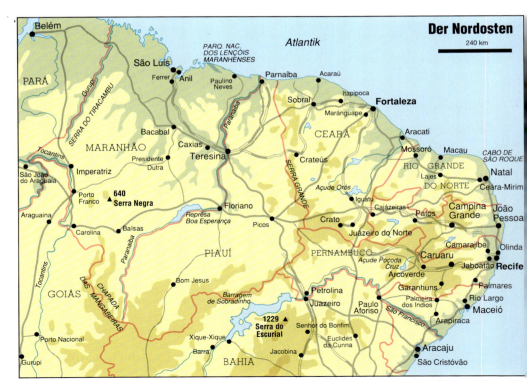

sischen die Bedeutung von „Riff" annahm. Die Küstenlinie von Recife ist, wie viele im Nordosten, charakterisiert durch Muschel- und Korallenriffe, die sich parallel zur Küste in einer Entfernung zwischen 90 m und einem Kilometer hinziehen. Die Wellen brechen sich an der der Küste abgewandten Seite des Riffs und bilden so für Badende ein flaches Meeresschwimmbecken zur Landseite hin. Am **Strand von Boa Viagem** kann man bei Ebbe zu den Riffen hinauswaten, wobei man sich kaum die Knie naß macht.

Im Jahre 1537 besiedelten die Portugiesen das Küstengebiet von Pernambuco. Ein Jahrhundert später brachte ein Einfall der Holländer unter Prinz Moritz von Nassau der Stadt eine neue Epoche der Kunst, Kultur und Urbanisierung. Bekannt als „Venedig Brasiliens", war Recife einst ein Labyrinth von Sümpfen und Inseln, die Prinz Moritz durch das Anlegen von Kanälen bewohnbar machte. Heute gibt es 39 Brücken, die die drei Hauptinseln verbinden.

Ein Spaziergang durch die historische Altstadt Recifes beginnt an der **Praça da República** mit dem neoklassizistischen **Santa-Isabel-Theater** (1850), einem der schönsten Gebäude der Stadt. Es ist von Montag bis Freitag von 13.00 bis 17.00 Uhr zu besichtigen. Weitere Gebäude aus dem 19. Jahrhundert auf diesem Platz sind die **Villa des Gouverneurs**, der **Justizpalast** und der **Gerichtshof**, der gleichzeitig als Juristische Fakultät (die älteste von Brasilien) an der Katholischen Universität fungiert.

Dem Justizpalast gegenüber liegt die **Capela Dourada** (die Goldene Kapelle), die der Legende nach mehr Gold enthalten soll als jede andere brasilianische Kirche, ausgenommen die Kirche des São Francisco in Salvador. Diese Barockkirche ist eines der bedeutendsten Beispiele der Sakralarchitektur in Brasilien und wurde im späten 17. Jahrhundert von Laienbrüdern des Franziskanerordens erbaut. Die Kapelle und das angrenzende Museum für sakrale Kunst sind werktags von 8.00 bis 11.30 Uhr und von 14.00 bis 17.00 Uhr sowie jeden Samstagmorgen geöffnet.

Geht man vom Santa-Isabel-Theater aus acht Häuserblocks weiter die Rua do

Der Strand von Ponto Verde, Rio Grande do Norte.

Sol hinunter, erreicht man die **Casa da Cultura**, die vor mehr als 100 Jahren als Gefängnis diente. 1975 wurde es zum größten Zentrum für Kunsthandwerk in Recife umgestaltet. Die Gefängniszellen verwandelte man in Buden, in denen handgearbeitete Erzeugnisse von Leder- und Strohaccessoires bis zu T-Shirts mit Seidensiebdruck und Fruchtlikören ausgestellt werden. Die Casa da Cultura ist täglich von 9.00 bis 19.00 Uhr, an Sonntagen von 14.00 bis 19.00 Uhr geöffnet.

Recife besitzt ein Dutzend Museen, doch eines davon ist etwas Besonderes: das **Museu do Homem do Nordeste** (Museum der Menschen des Nordostens). Gegründet von dem verstorbenen Gilberto Freyre, Brasiliens berühmtesten Anthropologen, stellt das Museum eine Huldigung an die Kulturgeschichte dieser einzigartigen Region dar. Das Museum liegt in dem 6 km vom Stadtzentrum entfernten Bezirk Casa Forte in der Av. 17 de Agosto und hat Dienstag bis Freitag von 11.00 bis 17.00 Uhr und an Wochenenden und Feiertagen von 13.00 bis 17.00 Uhr geöffnet.

Eine weitere Sehenswürdigkeit ist die **Oficina Cerâmica Francisco Brennand**, Werkstatt und Studio einer der bekanntesten Künstlerpersönlichkeiten des Nordostens. Dieses weiträumige Atelier liegt im Arbeiterviertel **Várzea** und war ursprünglich eine Ziegel- und Kachelfabrik, bis Francisco Brennand hier seine Werkstatt einrichtete.

Brennand ist in Recife berühmt für seine handbemalten Kacheln, Töpferarbeiten und dezent erotischen Plastiken, die alle bei Einheimischen und Touristen sehr begehrt sind. Man kann das Atelier auf eigene Faust besichtigen, doch wenn man sich vorher anmeldet, wird man vielleicht von Herrn Brennand persönlich herumgeführt (Tel.: 271-2466). Die Werkstatt ist an Werktagen von 8.00 bis 11.00 und 14.00 bis 17.00 Uhr, an Samstagen von 8.00 bis 11.30 Uhr geöffnet.

Die meisten Restaurants und Bars der gehobeneren Klasse sowie beinahe alle guten Hotels der Stadt liegen an Recifes schönstem Strand von Boa Viagem, an dem sich auch zum größten Teil das gesellschaftliche Leben abspielt.

Fischer aus Salvador bringen ihr Fangnetz in Position.

Die **Praça da Boa Viagem** ist der Ort, an dem am Wochenende nachmittags ein Markt für kunsthandwerkliche Erzeugnisse stattfindet. Mehrere ausgezeichnete Fischrestaurants, ein beliebter Treffpunkt von Touristen und Einheimischen, säumen den Platz. An den Abenden pulsiert das Leben hauptsächlich am Strand und in der **Av. Conselheiro Aguiar**. Hier finden sich zahlreiche kleine Kneipen und Straßencafés, in denen es preisgünstige Getränke und Livemusik gibt. Weitere schöne Strände der Stadt sind **Pina, Piedade** und **Candeias**.

Strände an der Küste: Die schönsten Strände außerhalb von Recife liegen im Süden. Einer der prächtigsten ist **Porto de Galinhas** in **Ipojuca**, 50 km von Recife entfernt. Häufig finden dort in den Sommermonaten Surfwettbewerbe statt, und der prachtvolle Campingplatz am Strand, der unter Leitung des staatlichen Fremdenverkehrsamtes EMPRATUR steht, liegt im Schatten von Kokospalmen und Cashewnußbäumen. Hier hat auch der Gouverneur von Pernambuco seinen Sommersitz. Die besten Strände im Norden liegen auf der **Insel Itamaracá**, 40 km von Recife entfernt. Auf dem Weg dorthin, am Highway BR 101, liegt die historische Stadt **Iguaraçu**, wo sich die zweitälteste Kirche Brasiliens aus dem Jahre 1535 befindet, die den Zwillingsheiligen Cosmas und Damian geweiht ist. Das angrenzende Franziskanerkloster kann stolz die umfangreichste Sammlung religiöser Barockgemälde des Landes sein eigen nennen – es sind über 200. Auf halber Strecke erinnert ein Polizeikontrollpunkt auf der anderen Seite der Brücke nach Itamaracá daran, daß ein Teil der Insel als offenes Gefängnis für Musterhäftlinge einer nahegelegenen Strafanstalt dient. Verheirateten Gefangenen ist es gestattet, hier mit ihren Familien zu leben. Sobald man die Inselstraße entlangfährt, sieht man Reihen von Verkaufsbuden und kleinen Geschäften mit Postkarten und Souvenirs, die von den Gefangenen betrieben werden. Jeder ist an einer Nummer auf seinem T-Shirt zu erkennen. Die Gefangenen sind nicht gefährlich: Sie wissen ihren Status zu schätzen und würden nichts riskieren, ihn zu gefährden.

Kurz vor **Fort Orange**, das 1631 von holländischen Invasoren erbaut wurde, nehme man die Nebenstraße nach **Vila Velha**, der ersten, 1534 gegründeten Siedlung der Insel. Das Leben in diesem zauberhaften Dorf, das versteckt in einem Kokospalmenhain an der Südküste der Insel liegt, spielt sich um den Dorfplatz herum ab, wo Vila Velhas einziges Fernsehgerät oben auf einem hölzernen Stützpfeiler steht und in einer Kiste unter Verschluß gehalten wird.

Den Platz säumen zahlreiche Gebäude aus der Kolonialzeit, die von der **Kirche Nossa Senhora da Conceição** aus dem 17. Jahrhundert überragt werden. Eine wundervolle Überraschung ist das Restaurant **Port o Brasilia**, das nur um die Mittagszeit (aber nicht notwendigerweise jeden Tag) geöffnet ist und nur vier Tische hat. Die Gerichte hier sind so herrlich wie die Kunstwerke des Besitzers, des brasilianischen Malers Luís Jasmin. Im Zentrum von Itamaracá und im historischen Teil von Fort Orange gibt es gute Hotels und Restaurants, in Fort Orange außerdem einen organisierten Campingplatz.

Voll Hoffnung auf einen guten Fang.

Der Nordosten

Brasiliens Kulturwunder: In **Olinda**, das sich wie ein Freilichtmuseum auf den Hügeln ausbreitet und auf Recife herabschaut, ist die Zeit stehengeblieben. Die Stadt ist ein Schatzkästlein der Barockkunst und -architektur und erhielt aus diesem Grund von der UNESCO den Titel eines Weltkulturdenkmals. Die Regierung nahm diese Auszeichnung so ernst, daß heutzutage kein einziger Fensterladen ohne vorherige Zustimmung der Kommission gestrichen werden kann.

Die Legende erzählt, daß der erste von Portugal entsandte Emissär, der dieses Gebiet regieren sollte, von der Schönheit dieser Hügel so bezaubert war, daß er ausrief: „O linda situação para una vila" (zu deutsch: „Welch wundervoller Platz für eine Siedlung!") Daher der Name Olinda.

Man lernt die Stadt am besten zu Fuß kennen. Enge Gassen, gesäumt von leuchtend bunten Häusern aus der Kolonialzeit, Kirchen, Straßencafés und Geschäften mit dekorativen Schildern, winden sich durch das hügelige Olinda.

Man beginnt seinen Rundgang am besten an der **Praça do Carmo**, wo Brasiliens älteste Karmelitenkirche aus dem Jahre 1588 steht, und folgt dann dem Verlauf der Rua São Francisco hinauf zur Kapelle und dem **Kloster von São Roque**, dessen barocke Fresken Szenen aus dem Leben der Jungfrau Maria darstellen. Biegt man links in die Rua Bispo Coutinho ein, stößt man auf das **Priesterseminar von Olinda** und die **Kirche Nossa Senhora da Graça** – beides guterhaltene Beispiele brasilianischer Barockarchitektur des 16. Jahrhunderts. Diese Straße öffnet sich auf den **Alto da Sé**, einen Platz auf dem Gipfel eines Hügels mit Rundblick auf den Atlantik und Recife, das sechs Kilometer von hier entfernt liegt.

Die **Igreja da Sé**, die erste Pfarrkirche des Nordostens, wurde 1537 erbaut, zu der Zeit, als auch Olinda gegründet wurde. Sie ist heute die Kathedrale der Erzdiözese. Ihr gegenüber im **Bischofspalast** (1696) befindet sich das **Museum für Sakrale Kunst**, das eine Sammlung von Tafelbildern enthält, auf denen die Geschichte Olindas dargestellt ist. An den Abenden am Wochenende wird es lebendig auf dem Alto da Sé mit seinen Bars und Cafés, wo man im Freien sitzen kann.

Geht man die Ladeira da Misericórdia hinunter, liegt auf der rechten Seite die **Misericórdia-Kirche** aus dem Jahre 1540. Ihre fein gearbeiteten, vergoldeten Holzschnitzereien erinnern an die Schule Bouchers in Frankreich. Der **Ribeira-Markt** in der Rua Bernardo Vieira de Melo ist eine ausgezeichnete Adresse, um Kunst zu kaufen, und an der Ecke der Rua 13 de Maio befindet sich das **Museum für Zeitgenössische Kunst**, ein Gebäude aus dem 18. Jahrhundert, das ursprünglich zu dem Zweck errichtet worden war, Gefangene der Inquisition aufzunehmen. Die meisten historischen Gebäude Olindas sind für Besucher täglich geöffnet, in der Mittagszeit aber zwei Stunden geschlossen, und zwar in der Regel von 12.00 bis 14.00 Uhr. In der Stadt gibt es ein Luxushotel und viele kleine Gasthöfe und Hotels, von denen einige von einheimischen Künstlern und Intellektuellen geleitet werden.

Der *Sertão*: Der berühmte Markt von Caruaru und die Provinzstadt Fazenda Nova sind die letzten Stationen eines herrlichen Tagesausflugs von Recife entlang des Highway BR 232, der sich durch die Küstenberge hinaufwindet zu dem Urlaubsort Gravatá und darüber hinaus. Auf halber Strecke nach Gravatá, in der Nähe von **Vitória de Santo Antão**, taucht auf der linken Seite eine riesengroße Flasche mit einem Krebs auf dem Etikett auf: Es ist das Emblem der Branntweinbrennerei Pitú. Die Brennerei benötigt ihr Flaschensymbol kaum; man riecht den *Cachaça* (Brasiliens charakteristischen Brandy aus Zuckerrohr) lange, bevor die Flasche im Blickfeld auftaucht. Man kann sich einer Führung durch die Brennerei anschließen und die berühmtesten *Cachaça*-Sorten des Nordostens umsonst probieren.

Von hier nach Gravatá sind es 32 km auf einer gewundenen Bergstraße. Die Luft wird merklich kühler und die Vegetation spärlicher. In **Gravatá** haben die Reichen von Recife ihren Sommersitz, und die frische Bergluft lockt Wochenendurlauber in Hotels und Gasthöfe. Hier ist außer Gestrüpp und Eidechsen praktisch das letzte Grün, das man zu sehen bekommt, bevor man wieder an die Küste zurückkehrt.

Die Ruinen von Missões in Rio Grande do Sul.

DER SÃO FRANCISCO

Der São Francisco, Brasiliens drittgrößter Fluß, war schon immer einer der wichtigsten Faktoren für die wirtschaftliche und kulturelle Entwicklung des Landes. Im 19. Jahrhundert spielte der 3000 km lange Fluß eine bedeutende Rolle in der Erschließung des Nordostens. Außerdem bildete er praktisch die einzige größere Durchgangsstraße in dieser Region, in der es keine Straßen und Eisenbahnverbindungen gibt. Aufgrund seiner Bedeutung als Haupttransportweg des Nordostens erhielt der São Francisco in der Geschichte und Mythologie Brasiliens eine ähnliche Stellung wie der Mississippi in den Vereinigten Staaten. Im vorigen Jahrhundert und noch heute befahren Schiffe den São Francisco, die Versorgungsgüter ins Hinterland schaffen.

Der Fluß entspringt aus einer Quelle in den Hügeln von Minas Gerais und fließt durch vier weitere Staaten: Bahia, Pernambuco, Alagoas und Sergipe. An der Grenze zwischen den beiden letztgenannten Staaten mündet er in den Atlantik. Die Dörfer und Siedlungen, die während der Kolonialzeit an seinen Ufern aus dem Boden zu schießen begannen, wurden um die Mitte des 19. Jahrhunderts zu wichtigen Handelszentren. Noch heute bildet der Fluß eine landwirtschaftliche Oase inmitten einer sonst eher trockenen Region.

Flußgeister: Eine der eigenartigsten Ausdrucksformen brasilianischer Volkskunst stammt ursprünglich vom São Francisco. Die Einheimischen nennen ihn *Velho Chico* (Alter Chico), und der Fluß wird als Wohnstätte böser Geister sowohl verehrt als auch gefürchtet. Um sich vor ihnen zu schützen, fertigten die Bootsleute im 19. Jahrhundert holzgeschnitzte Statuen abstoßend häßlicher Ungeheuer an, die sie auf ihren Schiffen als Galionsfiguren benutzten. Diese sogenannten *carrancas* (halb Mensch, halb Tier) sind charakteristisch für Brasilien.

Heute werden sie nur noch von den älteren Schiffen benutzt, die noch am Glauben an die Macht der *carrancas* festhalten.

Bei der Wäsche am São-Francisco-Fluß.

Unten links: Galionsfigur an einem São-Francisco-Boot. **Rechts:** Geschnitzte Holzfiguren und *carrancas*.

Nicht nur die bloße Anwesenheit schreckt böse Geister (und Alligatoren) ab, sondern man schreibt ihnen auch die Fähigkeit zu, sich mitzuteilen: Wenn sie merken, daß das Boot Gefahr läuft zu sinken, sollen sie angeblich drei leise Seufzer ausstoßen, um die Besatzung zu warnen.

Obwohl ein großer Teil dieses Aberglaubens verschwunden ist, leben die *carrancas* in der brasilianischen Volkskunst weiter. Zwei der besten Orte, an denen man echte, aus Zedernholz geschnitzte Skulpturen erstehen kann, sind Petrolina in Pernambuco (770 km von Recife entfernt) und Juazeiro in Bahia (500 km von Salvador). Kleinere Exemplare, etwa in Form von Tischdekorationen, findet man in allen größeren Verkaufsausstellungen für Kunsthandwerk überall im Land. Die besten Schnitzer im Tal des São Francisco sind Mestre Guarany und sein Schüler Afrénio, Sebastião Branco und Moreira do Prado. Viele Bootsleute, die in den Dörfern am Fluß leben, bieten für wenig Geld ganztägige Kreuzfahrten an. Einige der Ortschaften, von wo aus Touristen eine solche Bootsfahrt antreten können, sind Penedo in Alagoas, Paul Afonso und Juazeiro in Bahia und, direkt gegenüber auf der anderen Seite des Flusses, Petrolina im Bundesstaat Pernambuco (diese Städte liegen dort, wo der Fluß fast so breit wie ein See wird); andere Orte sind Ibotirama in Bahia und Januária und Pirapora in Minas Gerais.

Ein schneidiger alter Dampfer, der 1913 in den USA für Fahrten auf dem Mississippi gebaut wurde, unternimmt wöchentliche Spritztouren auf dem São Francisco. Viele Jahre lang machte das Schiff die 1370 km lange Reise von Pirapora nach Juazeiro, wobei es sowohl Touristen als auch die Einheimischen beförderte.

Heute dient der Dampfer ausschließlich touristischen Zwecken. Er verläßt Pirapora jeden Sonntag zu einer fünftägigen Kreuzfahrt, die 320 km flußabwärts nach Januária führt. 24 Passagiere können auf dem Schiff in zwölf Doppelkabinen mit Schlafkojen untergebracht werden. Reservierungen können bei der Reiseagentur Unitour, Belo Horizonte, der Hauptstadt von Minas Gerais, unter der Telefonnummer 031-201-7144 vorgenommen werden.

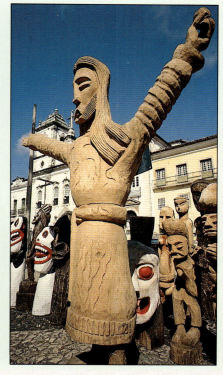

Im Idealfall sollte man Fazenda Nova entweder an einem Mittwoch oder Samstag besuchen. An diesen beiden Tagen verwandelt sich die Nachbarstadt **Caruaru** in einen großen Markt, wo sich Reich und Arm vor den Verkaufsständen drängt. Leute aus den umliegenden Dörfern zahlen den Gegenwert von ein paar Pfennig pro Person für einen Platz in einem Lastwagen oder Jeep, nur um nach Caruaru zu kommen und hier ihre wöchentlichen Einkäufe zu erledigen.

Die fröhlich bemalten Tonfiguren, die zuerst von dem verstorbenen Mestre (Meister) Vitalino geschaffen wurden, gehören zu den berühmtesten kunsthandwerklichen Erzeugnissen Brasiliens. Man sollte sich jedoch vor Händlern in acht nehmen, die durch hohe Preise den Eindruck zu erwecken suchen, die Figuren seien noch vom Meister gearbeitet worden. Was hier und in der **Casa da Cultura** in Recife angeboten wird (hier werden viele gleichartige Figuren verkauft, doch ist die Auswahl geringer), stammt von Vitalinos Schülern. Der kunsthandwerkliche Markt in Caruaru, der täglich von 8.00 bis 18.00 Uhr abends abgehalten wird, ist einer der besten in Südamerika.

Das verschlafene Städtchen Fazenda Nova lebte jahrelang nur von den kärglichen Erzeugnissen des ausgedörrten Bodens, bis es 1968 Bedeutung erlangte. Damals weihte die Familie Pacheco mit der Unterstützung der Provinzregierung **Nova Jerusalém** ein. Dieses Freilufttheater, dessen Konstruktion dem Jerusalem des Jahres 33 n. Chr. gleichen sollte, erwacht einmal im Jahr während der Karwoche zum Leben, wenn die Passion Christi vor Zehntausenden von Zuschauern aufgeführt wird.

Nicht weit von dem Theater liegt der nicht weniger eindrucksvolle **Parque das Esculturas**, ein monumentales Denkmal für den Nordosten. Hier stehen 38 kolossale Steinstatuen, von denen einige ca. 20 Tonnen wiegen (nach seiner Fertigstellung wird der Park 100 Statuen besitzen) und die Volkshelden ebenso wie einfache Leute des Nordostens darstellen. In einem Sektor stehen die Wäscherin, der Baumwollpflücker, der Zuckerrohrschnei-

Blick auf Recife.

der, die Spitzenklöpplerin. Alle Figuren haben eine Höhe zwischen drei und vier Metern. Daneben ragen Lampião, der legendäre Robin Hood des Nordostens, und seine Geliebte Maria Bonita auf.

Sektor vier des Parks enthält eine Sammlung von Figuren, die Pernambucos einmaligen Volkstänzen und -festen entnommen sind. Man kann das riesengroße Seepferd mit seinem Reiter bestaunen, *Jaragúa*, ein Wesen halb Mensch, halb Untier, und den *Frevo*-Tänzer.

Frevo ist die Hauptattraktion des Karnevals von Pernambuco. Hier gibt es keine Sambaschulen wie im Süden oder Trios Elétricos wie in Salvador. Hier tanzen die Menschen in den Straßen und halten Sonnenschirme empor, die ihnen helfen, das Gleichgewicht nicht zu verlieren. Gruppen stellen *Maracatu* dar, eine typische Legende des Nordostens, die religiöse Figuren mit Zirkustypen mischt.

Die tropische Nordküste: Genau 100 km nördlich von Recife an der Atlantikküste liegt **João Pessoa** mit seinen 500 000 Einwohnern, der östlichste Punkt Brasiliens. Zwei typische Merkmale sind den vielen Stränden dieser Gegend gemeinsam: Riffe schützen sie gegen die donnernde Brandung und Reihen von Kokospalmen gegen die tropische Sonne. Die Hauptstadt des Bundesstaates **Paraíba** ist die drittälteste Stadt Brasiliens; sie feierte 1985 ihren 400. Geburtstag. Die tropische Vegetation in der Stadt ist üppig: Palmen, Bougainvillaesträucher, Flamboyants und andere blühende Bäume. Majestätische Königspalmen stehen rings um den See im **Solon-de-Lucena-Park** in der Innenstadt.

Die wunderschöne Barockarchitektur der **Kirche São Francisco** hebt sich deutlich gegen das futuristische Design des **Hotels Tambaú** ab, das einer riesigen fliegenden Untertasse gleicht und halb in den Atlantik hineingebaut ist. Alle Zimmer haben Meerblick, und bei Flut erreichen die Wellen fast die Fensterbänke.

Wer in der Morgendämmerung einen Ausflug zu dem 14 km außerhalb der Stadt liegenden **Cabo Branco** (Weißes Kap) unternimmt, kann das einmalige Gefühl genießen, in ganz Amerika der erste zu sein, der den Sonnenaufgang erlebt.

Der Stadtteil Boa Viagem in Recife.

Links: Kokosnußverkäufer am Strand.
Unten: Der vom Kolonialismus geprägte Ort Olinda mit Recife im Hintergrund.

Einer der schönsten Strände dieser Gegend ist **Praia do Poço**, genau 10 km nördlich des Hotels Tambaú. Gehen Sie einmal bei Ebbe dorthin, wenn das Meer zurückweicht und die Insel **Areia Vermelha** (Roter Sand) freigibt. Zahlreiche *Jangadas*, die einfachen Flöße der Fischer, sind stets bereit, Besucher zur Insel überzusetzen. Da es keinerlei Vegetation auf Areia Vermelha gibt, empfiehlt es sich, eine Kopfbedeckung und einen Sonnenschutz mitzubringen. Die Sonne, die von dem Sand reflektiert wird, kann die Haut innerhalb kürzester Zeit verbrennen. Meeresalgen und Schwärme bunter Fische glitzern in dem durchsichtig klaren Wasser.

Rio Grande do Norte grenzt im Norden an Paraíba und liegt im äußersten Nordosten des Kontinents. Die Hauptstadt Natal liegt 185 km von João Pessoa entfernt und ist ein weiterer populärer Badeort. Die riesigen Sanddünen Natals, vor allem an dem 30 km nördlich liegenden **Strand von Genipabu**, ziehen Besucher aus allen Landesteilen an, die in gemieteten Sandbuggies den Strand erkunden.

„Natal" ist die portugiesische Bezeichnung für den Weihnachtstag, an dem im Jahre 1599 die Stadt offiziell gegründet wurde. Die berühmteste Sehenswürdigkeit, das sternförmige **Forte dos Reis Mogos** (Fort der Heiligen Drei Könige), wurde so genannt, weil man am 6. Januar 1599 mit dem Bau begann. Natal mit seinen 600 000 Einwohnern besitzt einige Museen. Das bekannteste ist das **Museum Câmara Cascudo**. Es zeigt alle möglichen Exponate, angefangen bei kunsthandwerklichen Erzeugnissen der Amazonasindianer bis hin zu Kultgegenständen aus den Riten des *Candomblé*. Das Museum in der Avenida Hermes da Fonseca 1398 ist montags von 12.00 bis 16.30 und freitags und samstags von 8.00 bis 16.30 Uhr.

Etwa 20 km südlich von Natal liegt die Stadt **Eduardo Gomes**, wo sich die Raketenabschußbasis des Landes, **Barreira da Inferno**, befindet. Sie kann nach vorheriger Anmeldung jeden ersten Mittwoch im Monat besichtigt werden. Von dem nahegelegenen **Strand von Cotovelo**, einem der schönsten an der Südküste des Bundesstaates, kann man einen Blick auf Barreira werfen.

Die 100 km lange Fahrt von Natal in nördlicher Richtung zum **Strand von Touros**, vorbei an einer Reihe halbverlassener Strände mit Sanddünen und Kokospalmen, ist ein Abenteuer. **Genipabu, Maxarangaupe** und **Ponta Gorda** am Cabo São Roque liegen am Weg. Hier ging am 10. August 1501 die erste portugiesische Expedition an Land, ein Jahr nach der Entdeckung Brasiliens. Weitere Strände sind **Caraúbas, Maracajaú, Petitinga, Zumbi, Rio do Fogo, Peroba** und **Carnaubinha**.

Touros, eine Stadt mit 27 000 Einwohnern, hat seinen Namen von den wildlebenden Stieren, die einst diese Gegend durchstreiften. Es gibt zwei kleine Gasthöfe und einige Bars und Restaurants (Einheimische empfehlen das Castelo), wo man gegrillte Shrimps in Knoblauchbutter oder gekochten Hummer genießen kann. Abends ist ein Abstecher zu dem 8 km entfernten Cabo Calcanhar zu empfehlen, um den Sonnenuntergang zu beobachten.

Ein Inselreservat: Bis vor kurzem war die Insel **Fernando do Noronha** ein mili-

Der Nordosten

tärischer Vorposten und für Touristen nicht zugänglich. Dies hat sich erst vor einiger Zeit geändert. Die 1300 Inselbewohner stammen fast alle von Soldaten und Gefangenen ab aus der Zeit, als das Eiland eine Besserungsanstalt und während des Zweiten Weltkrieges ein Gefängnis war. Heute ist Fernando do Noronha ein Tierschutzgebiet. Sie ist die größte der 20 Inseln eines Archipels, der vor über 10 Millionen Jahren durch einen Vulkanausbruch entstand. Tausende von Delphinen und Riesenmeeresschildkröten leben hier, und das Meer ist ein Paradies für Sporttaucher.

Man kann die Insel nur mit einer Gruppe besichtigen, die samstags von Recife zu einer einwöchigen Tour aufbricht. Die Pauschalreise, die nur von der Agentur Bancor in São Paulo angeboten wird, schließt einen Rundflug, Hotelaufenthalt und sämtliche Mahlzeiten mit ein. Das einzige Hotel auf Fernando do Noronha ist ein Gebäude, das die NASA in den 60er Jahren für die Mannschaft einer Satellitenbodenstation errichtete, die jetzt außer Betrieb ist. Das Essen ist einfach: Das einzige, was es auf der Insel gibt, ist Fisch.

Smaragdgrünes Wasser: Zwischen Recife und Salvador, den bedeutendsten Städten im Nordosten, liegen 840 km herrliche Küste. Im Norden grenzt der Bundesstaat Alagoas an Bahia, dessen Hauptstadt **Maceió** sich rasch zu einem bedeutenden Touristenort entwickelte. Die heute 630 000 Einwohner zählende Stadt wurde 1815 gegründet und war ursprünglich eine Zuckerrohrplantage.

Die Strände von Maceió sind berühmt für ihr durchsichtig klares, smaragdgrünes Wasser, wie es besonders der **Strand von Pajuçara** in der Innenstadt bei Ebbe hat. Das zwischen dem Strand und küstennahen Sandbänken eingeschlossene Wasser wird dann zu einem riesigen, seichten See. Fischer bringen Touristen für etwa 1 US$ mit ihren *Jangadas* hinaus zu den Sandbänken.

Die Stadt bemüht sich sehr, mit der Touristenflut fertig zu werden, die jeden Sommer über sie hereinbricht. Vor allem im Dezember herrscht Hochbetrieb, wenn Maceió am Pajuçara-Strand sein **Festival do Mar** (Fest des Meeres) mit einer gigantischen Straßen- und Strand-

Links: Zuckerrohrernte.
Rechts: Wahrscheinlich der Vorläufer eines Surfboards.

party, Sportveranstaltungen, Volkstänzen und dem Verkauf einheimischen Kunsthandwerks feiert.

Einer der beliebtesten Strände außerhalb der Stadt ist die **Praia do Francês** nahe der historischen Stadt **Marechal Deodoro**, der ersten Hauptstadt von Alagoas. Ursprünglich hieß sie auch Alagoas, wurde dann aber nach ihrem berühmten Sohn, Feldmarschall Manuel Deodoro da Fonseca, benannt, dem ersten Präsidenten Brasiliens (1891). In der Stadt gibt es einige schöne Beispiele brasilianischer Architektur aus der Kolonialzeit, von denen besonders das **Kloster des Heiligen Franziskus** (1684) und die **Kirche Nossa Senhora da Conceição** (1755) erwähnenswert sind.

Fährt man von Maceió auf dem Highway BR 101 in südlicher Richtung, erreicht man die Grenze zwischen den Staaten Alagoas und Sergipe, die dem Verlauf des gewaltigen São Francisco folgt. Hier ist die historische Stadt **Penedo**, die im 17. und 18. Jahrhundert gebaut wurde, eine gute Gelegenheit, zu einem kurzen Aufenthalt. Der Weg führt weiter nach **Aracajú**, der Hauptstadt des kleinsten Bundesstaates Brasiliens, Sergipe. Die Barock- und Rokokokirchen der Stadt sind die bedeutendsten Sehenswürdigkeiten, besonders **Nossa Senhora dos Anjos** (1759) und **Nossa Senhora da Corrente** (1764), Flußfahrten zur Mündung des São Francisco bei Brejo Grande können am Hafen der Stadt gebucht werden. Man kann aber auch mit der Fähre nach **Carrapicho** übersetzen, wo man handgearbeitete Tonwaren und Porzellan kaufen kann. Unterkunft und Verpflegung sind sehr einfach.

Feste in Hülle und Fülle: 200 km von der Grenze entfernt liegt Acarajú in der Mitte der Küstenlinie von Sergipe. Die 1855 gegründete Stadt mit ihren 400 000 Einwohnern ist bekannt für ihre wunderschönen Strände und die Gastfreundschaft der Bevölkerung, die die meisten Feste im Nordosten feiert.

Diese Feste basieren fast alle auf den kirchlichen Feiertagen, obwohl sie häufig in eher weltlichem Habitus erscheinen. Am 1. Januar wird *Bom Jesus dos Navegantes* gefeiert, eine Prozession far-

Die Kirche St. Peter in Recife.

benfroh geschmückter Boote zur See. *Sankt Benedikt* ist ein Fest mit Volkstänzen und Scheinkämpfen am ersten Wochenende im Januar. Das Erntedankfest der *Festas Juninas* im Juni wird zu Ehren der drei Heiligen Johannes, Antonius und Petrus gefeiert. *Expoarte* ist ein Jahrmarkt für Kunsthandwerk im Juli, und am 8. Dezember beschließt *Iemanjá*, ein religiöser Umzug zu Ehren der *Candomblé*-Göttin, den Reigen der Feste. In Acaraju gibt es eine Fülle hervorragender Spezialitäten aus Meeresfrüchten, doch die berühmtesten Delikatessen sind Süßwassershrimps, die Langusten ähneln und im Sergipe-Fluß gefangen werden. Weitere Leckerbissen sind Krabben oder als Dessert ein köstliches Kompott aus Brotfrucht oder gedünsteter Kokosnuß.

Der **Santo-Antônio-Hügel**, auf dem die Stadt gegründet wurde, bietet einen herrlichen Rundblick über die Landschaft mit dem Sergipe und dem Strand von Atalaia. Man kann mit Motorbooten zu der Insel Santa Luzia fahren, einem Tropenparadies mit Kokospalmen und Sanddünen. Andere schöne Strände in dieser Gegend sind **Abaís, Caueira** und **Pirambu**.

Ein paar Kilometer südlich des Hügels von Santo Antônio liegt die alte Stadt **São Cristóvão**, die im Jahre 1590 gegründet wurde. Sie ist eine der ältesten Siedlungen ganz Brasiliens und besitzt eine Reihe sehr gut erhaltener Gebäude aus der Kolonialzeit, darunter das **Kloster São Francisco** (1693), das **Carmo-Kloster** mit der dazugehörigen Kirche (1743/1766), die aus dem späten 17. Jahrhundert stammende **Kirche Nossa Senhora da Vitória**, das **Museum für Sakrale Kunst** und die **Sergipe-Museen**.

Laranjeiras ganz in der Nähe ist ein weiterer Ort, der sein altes kulturelles Erbe vor allem in Gestalt der **Kirche Sant'Aninha** (1875) und der **Comendaroba-Kirche** (1734) bewahrt hat.

Portugiesische Architektur: Im nördlichen Zipfel der Region zwischen dem Amazonasbecken und dem *Sertão* liegt **São Luís**, die Hauptstadt des Bundesstaates Maranhão. São Luís liegt an der Westküste der gleichnamigen Insel und hat heute 700 000 Einwohner. 1612 wur-

Tropische Früchte zu verkaufen in Salvador.

de die Stadt von französischen Kolonisten gegründet, die drei Jahre später von den Portugiesen vertrieben wurden. 1641 fielen die Holländer auf der Insel ein, doch wie die Franzosen konnten sie ihr Herrschaftsgebiet nur drei Jahre lang halten.

Die auffallendste Eigentümlichkeit der Stadt ist der Anblick der zweistöckigen hell gekachelten Häuser, die die engen, steilen Straßen säumen.

Diese *Azulejos* in Blau, Gelb, Weiß und Grün wurden ursprünglich aus Portugal eingeführt, sind aber heute zum Wahrzeichen der Stadt geworden.

Bedeutende Sehenswürdigkeiten sind die **Sé-Kathedrale** (1763), der **Remédios-Platz** (1860), die **Santo-Antônio-Kapelle** (1624) und das **Museum für Kunst und Geschichte von Maranhão**, das in einer Villa aus dem frühen 19. Jahrhundert untergebracht ist. Die schönsten Strände sind **Ponta d'Areia** im Norden mit dem Fort Santo Antônio (1691) und **Calhau** im Osten. Die Unterwasserströmung kann hier und an anderen Stränden sehr stark sein. Wer hier baden will, sollte sich erst erkundigen, bevor er ins Wasser geht.

22 km von São Luís entfernt auf der anderen Seite der São-Marcos-Bucht liegt die historische Stadt **Alcântara**, die im 17. Jahrhundert der bevorzugte Rückzugsort des Landadels von Maranhão war.

Einen Spaziergang beginnt man am besten an der Praça da Matriz, wo das einzige Hotel der Stadt liegt. Sehenswert sind das **Museum von Alcântara** (täglich geöffnet), die **Villa des Trojanischen Pferdes** in der Rua Grande, die **Kirche Nossa Senhora do Carmo** (1663) und die Ruinen des **Forts São Sebastião.** Eine Bootsfahrt nach Alcântara dauert auf der unruhigen See 80 Minuten.

Herrliche Strände voller Palmen, Sanddünen und Süßwasserlagunen säumen die knapp 560 km lange Küste des Staates **Ceará**. Hier verbringt die Jugend der Hauptstadt Fortalezas müßige Wochenenden. Sie trinken Bier, verspeisen Krabben und Hummer und schauen den *Jangadas* zu, wie sie den Fang des Tages durch die anrollende Brandung einbringen.

In den Dörfern an der Küste, wo vom Meer her stets eine steife Brise weht, betreiben Spitzenklöpplerinnen und Stickerin-

Der Sand in Natal ist so fein, daß man die Dünen hinunterrutschen kann.

nen noch immer ihr traditionelles Handwerk. Doch der Tourismus verändert die Gegend rasch. Selbst das abgelegene paradiesische Fischerdorf **Jericoacoara**, das versteckt hinter den Sanddünen liegt, ist nun durch öffentliche Verkehrsmittel mit der Stadt verbunden. In scharfem Kontrast dazu steht die Tatsache, daß das Hinterland von Ceará immer wieder von Dürrekatastrophen heimgesucht wurde, die diese Region zu einer der ärmsten gemacht haben.

Die Bevölkerung: Viele verlassen ihr Heimatdorf in der Hoffnung auf ein besseres Leben in den Küstenstädten oder den Fabriken von São Paulo. Aber die, die bleiben, erhalten eine starke, mündlich überlieferte Tradition am Leben, die sich von den Troubadouren ableitet. Dorfdichter (*Repentistas*) tragen stundenlang Wettbewerbe aus, um sich gegenseitig mit immer ausgefalleneren Reimen und Wortschöpfungen zu überbieten. Solche Traditionen sind auch in den *Cordell*-Heften aufgezeichnet, Volksbüchern, die mit Holzschnitten und humorvollen Reimen versehen sind und die von den Taten der wilden *Cangaceiros* (Cowboykrieger), lokaler Politik und religiösen Wundern berichten.

Die Härte des Daseins ließ eine Reihe religiöser Bewegungen entstehen, die jede äußere Kontrolle ablehnen. Noch immer strömen Tausende von Pilgern hierher, um Padre Cícero ihre Ehrerbietung zu erweisen, der, wenn auch kein offiziell anerkannter Heiliger, so doch unbestritten der Schutzpatron des Nordostens ist.

Frühe Geschichte: Der erste Versuch, die Trockenzone des *Sertão* in Ceará zu kolonisieren, fiel in das Jahr 1603. Pero Coelho de Souza führte eine Schar portugiesischer Soldaten und indianischer Krieger auf Sklavenfang. 1606 kehrte er zurück, wurde aber von einer Dürrekatastrophe vertrieben.

Martim Soares Moreno befand sich auf der ersten Expedition mit dem Auftrag des Generalgouverneurs von Brasilien, das Gebiet zu erschließen und sich der Indianer anzunehmen. 1611 war er bereits zum Kapitän von Ceará befördert worden, erbaute die erste Festung São Paulo und eine Kapelle an der Mündung des Ceará und gründete damit **Fortaleza**.

Diese Festung leistete Soares Moreno bei einem Angriff der Franzosen im selben Jahr gute Dienste und auch die Stämme der Tapuia und Tupinambá, mit denen er Freundschaft geschlossen hatte. Splitternackt, den Körper mit Pflanzenfarbe eingerieben, kämpfte er Seite an Seite mit den Indianern, vertrieb die Franzosen, erlag aber dann den Reizen der Indianerprinzessin Iracema, die noch heute als Schutzherrin der Stadt gilt. Brasiliens Literaten, allen voran José Alencar, entdeckten die Geschichte der Indianer in einer romantischen Bewegung wieder, die vor 100 Jahren mit der Novelle *O Guarani* aufblühte, die die Geschichte Iracemas erzählt.

1649 bauten die Holländer das Fort Schoonenborch dort, wo heute das Zentrum von Fortaleza liegt. Das holländische Fort wird noch immer als Garnison benutzt. Bis 1654 hatten die Portugiesen, die dem Fort den Namen Nossa Senhora da Assunção gaben, die Holländer vertrieben. Fortaleza wurde zu einem bedeutenden Handelszentrum für die Rinderzuchtregion im Landesinneren.

Viele der *Bandeirantes* aus São Paulo blieben zurück, um riesige Rinderfarmen zu gründen, die heute noch existieren. Im Gegensatz zu den Zuckerrohrplantagen in Pernambuco benötigten die Farmen in Ceará fast keine afrikanischen Sklaven. Zudem ist hier der indianisch-portugiesische Einfluß stärker als der afrikanische.

Die Küste: Von der ursprünglichen Festung, die Cearás Küstenhauptstadt ihren Namen gab, ist heute nichts mehr zu sehen. Statt dessen blickt die wenig anmutige Stadt mit ihren mehr als 1,8 Millionen Einwohnern in die Zukunft, wie es schon der Name der Praia do Futuro passend zum Ausdruck bringt. Hier schießen Appartementhäuser mit Meerblick und Bars wie Pilze aus dem Boden, und unberührte Strände findet man nur noch außerhalb der Stadt.

Fortalezas Hotels zur Seeseite hin liegen an der Avenida President Kennedy, die entlang der Praio do Mereilles verläuft, dem Zentrum der Stadt. Am Abend sind die lauten Bars und breiten Gehsteige unterhalb des Hotels Othon Palace voller Spaziergänger, die von dem

Vorherige Seiten: Fischer bringen ihr Boot bei Fortaleza an Land. **Unten:** Hier wird auch Salz aus Meerwasser gewonnen.

Kunsthandwerksmarkt angezogen werden. Hier werden Spitzen- und Stickereiwaren angeboten, Armreifen aus Schildpatt, Keramik, Lederwaren, bunter, in Flaschen abgefüllter Sand und noch mehr.

Heute ist Fortaleza ein bedeutender Exporteur für Hummer. Fischrestaurants am Meer wie **Trapiche** und **Peixada do Meio** servieren Krabben, Shrimps oder Peixada, eine hiesige Spezialität aus Meeresfrüchten. Die Menschen hier im Nordosten lieben es, den Abend in heißen, überfüllten Tanzlokalen wie dem **Clube do Vaqueiro** zu beschließen, wo sich die Pärchen zum *Forró* bewegen, einem Volkstanz mit Akkordeonbegleitung.

Der Stadtstrand: Der Strand von Meirelles erstreckt sich von **Mucuripe** in der Nähe der Docks, wo ein Leuchtturm aus dem Jahre 1840 steht, bis zu dem Wellenbrecher bei **Volta da Jurema**. Den zentralen Abschnitt Praia de Iracema bezeichnet eine moderne Skulptur, die die indianische Prinzessin und Fortalezas Gründer Soares Morena darstellt.

Ein Blick auf den Abfall, den die Fischer jeden Morgen in ihren Netzen hochziehen, überzeugt davon, daß der Strand für anspruchsvolle Badegäste zu verschmutzt ist. Ebenso abschreckend wirken die hartnäckigen Händler am Strand, die die Sonnenanbeter kaum in Ruhe lassen.

Ein Stadtrundgang: Die abends auf den Gehsteigen zum Verkauf angebotenen handwerklichen Erzeugnisse kann man besser im Touristenzentrum (Rua Senador Pompeu 550) erwerben, dem geschmackvoll umgebauten, alten Stadtgefängnis. Das staatliche Fremdenverkehrsamt EMCETUR unterhält hier eine Informationsstelle. Man hat in den alten Zellen über 200 kleine Läden eingerichtet, in denen die Besucher die Waren bei Tageslicht begutachten oder anprobieren können. Einige dieser Erzeugnisse kann man noch billiger im **Mercado Central** mit seinen mehr als 1000 Verkaufsständen erstehen, der in der Nähe der neuerrichteten **Kathedrale** und der **Hauptpost** liegt. Eine dritte Möglichkeit ist das **Kunstgewerbezentrum Luisa Travera** in der Avenida Santos Dumont 1500, Aldeoata.

Das **Historische und Anthropologische Museum** von Fortaleza in der Avenida Barão de Studart enthält vor allem Objekte der Indianerstämme, die von den Viehzüchtern ausgerottet wurden. Außerdem sind hier die Überreste des Flugzeugabsturzes von 1967 ausgestellt, bei dem Präsident Humberto Castello Branco ums Leben kam. Ein Besuch des **José-Alencar-Theaters**, dessen gußeiserne Konstruktion 1910 aus England kam, oder eine Hafenrundfahrt bei Sonnenuntergang beschließen die Stadtbesichtigung.

Die Strände im Südosten: Die eigentliche Attraktion Fortalezas sind eine Reihe von Stränden außerhalb der Stadt. Hält man sich nach der Praia do Futuro südöstlich, erreicht man zuerst das elegante und noch recht städtisch wirkende Seebad **Porto das Dunas**.

27 km von Fortaleza entfernt liegt **Aquiraz**, Cearás erste Hauptstadt im 17. Jahrhundert, mit den Ruinen einer Jesuitenmission. Eine Kirche aus dem 18. Jahrhundert bewahrt das Bildnis des São José do Ribamar, des Schutzheiligen des Staates. An einer Rumbrennerei vorbei

„Mutter"-Statuette aus Holz im Ceará-Museum, Fortaleza.

gelangt man zu den Ruinen der alten Kirche. Von all den Stränden liegt **Prainha** der Stadt am nächsten. Es gibt hier mehrere Fischrestaurants und Bars am Meer. Die einheimischen Fischer nehmen Touristen auf ihren *Jangadas* mit. Im Juli treten die Profis in der „Meeresdrachenregatta" gegeneinander an.

Berühmt sind die Spitzenklöpplerinnen von **Iguapa** (man frage nach den Renaissancemustern) und der gefärbte, in Flaschen abgefüllte Sand, der Landschaften darstellt. Von den ausgehöhlten Sandsteinklippen des Morro Branco, 85 km von Fortaleza entfernt, kommt das Rohmaterial für diese Kunst. In den 70er Jahren zog die mondähnliche Dünenlandschaft von **Canoa Quebrada** 170 km südlich von Fortaleza eine ganze Generation von Hippies aus Brasilien und dem Ausland an. Hand in Hand mit diesem Zustrom ging die Erschließung des Gebietes mit ihren unvermeidlichen, mißlichen Begleitumständen. Glücklicherweise hat Canoa Quebradas weitläufiger Strand etwas von seinem ursprünglichen Zauber bewahrt.

Die Strände im Nordwesten: Nordwestlich von Fortaleza beginnen die Strände bei **Barra do Ceará**. Doch der erste Anlaufpunkt ist **Cumbuco**, 24 km von Fortaleza entfernt. Besonders attraktiv sind der Surfstrand und die Dünen, die sich so weit landeinwärts erstrecken wie die schwarze Oberfläche der Süßwasserlagune **Parnamirim**. An den Strandbars kann man Segeltouren auf den Flößen buchen. Die Besitzer der Sand-Buggies veranstalten berauschende Fahrten zu der Lagune.

Es gibt keine in nördlicher Richtung verlaufende Küstenstraße, doch kann man Paracuru, das 85 km von Fortaleza entfernt ist, auf dem Highway BR 222 erreichen, der weiter landeinwärts verläuft. **Paracuru** ist ein lebhafter Ort, wo man eine Woche lang Karneval feiert und regelmäßig Surf- oder Segelwettbewerbe stattfinden. Ein paar Kilometer weiter liegt **Lagoinha**, wo man in den Häusern der Einheimischen Zimmer mieten kann. An einer Kreuzung auf dem Highway von der BR 222 nach Paracuru kann man nach **Trairi** abbiegen zu den Stränden

Pilger berühren ergriffen das Bildnis von Padre Cícero.

von **Freixeiras, Guajiru** und **Mundáu**. 140 km von Fortaleza entfernt erreicht man über die Abzweigung der BR 222 nach Itapipoca das hinter den Dünen von Mundáu auf der anderen Seite des Trairi-Flusses gelegene **Icarai**. Hier liegen Strände wie Praia do Pesqueiro, Praia do Inferno und Praia de Baleia. Einer der beliebtesten Küstenorte ist **Acaraú**, 231 km von Fortaleza entfernt. In **Almofala** gibt es einen schönen, unberührten Strand und eine Kirche aus dem frühen 18. Jahrhundert.

Der schönste Strand von Ceará ist **Jericoacoara**, das Bilderbuchdorf im Nordosten Brasiliens. Es ist zu hoffen, daß es das auch bleiben wird, denn Ökologen und einheimische Fischer schlossen sich zusammen, um eine weitere touristische Erschießung dieser Landschaft erfolgreich zu verhindern. In die klare Linie des Horizontes von Meer, Dünen und Himmel ragen Kokospalmen, und die Dorfbevölkerung lebt auch ohne elektrisches Licht oder Autos in Zufriedenheit. Meeresschildkröten kriechen zur Eiablage auf den Strand. Die Einfachheit und der mystische Zauber des Ortes locken Ausländer und Brasilianer aus dem Süden an. Die Unterkünfte sind bescheiden, und das Nachtleben beschränkt sich auf den einheimischen *Forró*.

Es ist schwierig, das 320 km von Fortaleza entfernte Jericoacoara zu erreichen, da es noch immer durch die Dünen von der Außenwelt abgeschnitten ist. Man kann einen Bus oder Jeep mit Allradantrieb benutzen. Die **Casa do Turismo** veranstaltet kurze Ausflüge mit einem derartigen Bus, der jeden Dienstag, Donnerstag und Samstag frühmorgens die Stadt verläßt.

Das trockene Landesinnere: Fährt man in Richtung Süden in das aride Landesinnere von Ceará, den *Sertão*, scheint es unmöglich, daß das Buschland *Caatinga* während der regelmäßig wiederkehrenden Dürreperioden Menschen am Leben erhalten kann. Bei blauem Himmel sprechen die Einheimischen von „schrecklichem Wetter", während Wolken am Himmeln einen „schönen Tag" bedeuten. Noch fast ein Drittel der sechs Millionen Einwohner von Ceará fristet hier ein kümmerliches Dasein mit Hilfe von Bewässerungssystemen.

Eine interessante historische Stadt ist **Icó**, das 362 km südlich von Fortaleza am Highway BR 116 liegt. Hier ist der Ausgangspunkt zu dem in den 50er Jahren erbauten Wasserreservoir des Nordostens, **Orós**, wo sich ein Hotel und ein **Zentrum für einheimisches Kunsthandwerk** befinden. Das **Rathaus** von Icó und andere Gebäude stammen aus dem 18. Jahrhundert, das **Theater** aus dem Jahre 1860.

Mit dem Flugzeug ist die 480 km südlich von Fortaleza gelegene Stadt **Juazeiro do Norte** zu erreichen, ein Wallfahrtszentrum vieler Pilger, die hierher kommen, um vor Padre Cícero Romão Batista ein Gelübde abzulegen. Dieser Priester vollbrachte 1889 nach Ansicht seiner Anhänger ein Wunder, weshalb er 1894 von der katholischen Kirche exkommuniziert wurde. Daraufhin festigte Padre Cícero seine weltliche Macht und wurde 1911 zu einem politischen Führer, dessen Anhänger die staatlichen Truppen besiegten, die zu seiner Verhaftung ausgeschickt worden waren. Er starb 1934, doch bis heute wurde er vom Vatikan nicht seliggesprochen.

Dennoch kommen Pilger, *Romeiros*, um die 25 m hohe Statue des streng wirkenden Padre Cícero mit seinem charakteristischen Hut und Stock aufzusuchen. Die Wallfahrt beginnt in der **Capela de Cocorro**, wo der Padre bestattet ist, und führt dann durch Kirchen und das **Haus der Wunder**. Höhepunkte des Wallfahrtsjahres sind der 1. Juli und der 20. November.

Andere Gemeinden im **Cariri-Tal** sind **Crato**, bekannt für seine Universität, Museen und sein reges Kulturleben, und **Barbalho**, dessen heiße Quellen ein weltliches Vergnügen bieten.

Die **Chapada do Araripe**, 700 m über dem Meeresspiegel gelegen, verheißt eine willkommene Abwechslung in Gestalt eines Naturschutzgebietes mit natürlichen kleinen Seen und Wasserfällen. In den Bergen von Ibiapaba liegt der **Ubajara-Nationalpark**. In den Höhlen finden sich interessante Stalagmitenformationen, und eine Drahtseilbahn führt hinauf zu Wasserfällen und üppig grüner Vegetation.

DER AMAZONAS

Wenn der Amazonas auch nicht der längste Fluß der Welt ist, so ist er ohne Zweifel der großartigste. Am Ende einer 6700 km langen Reise, die am unweit des Pazifiks gelegenen Andensee Lauricocha beginnt, spuckt die 330 km breite Flußmündung ein Viertel des Süßwassers der Erde in den Atlantik. Noch 100 km vor der Küste ist eine Verfärbung des Ozeans zu sehen. Das Amazonasgebiet ist ein riesiges Treibhaus der Evolution. Hier gibt es ein Zehntel der zehn Millionen Arten von Lebewesen der Erde – 2500 Fischarten, 50 000 höhere Pflanzengattungen und unzählige Insekten. Der Amazonas, ein Strom mit 1000 Nebenflüssen, der ein riesiges 7,9 Millionen km großes Tiefland entwässert und sich über acht Staaten Lateinamerikas erstreckt, beherrscht Brasilien, doch die Brasilianer fangen an, ihn zu entdecken.

Der Amazonas entstand vor zwei Millionen Jahren. Damals ergoß sich das Wasser eines riesigen, von den Anden eingeschlossenen Amazonischen Meeres ostwärts durch die Enge von Obidos, unweit des heutigen Santarém, und bahnte sich seinen Weg entlang der Trennungslinie zwischen den beiden uralten geologischen Platten, aus denen sich Brasiliens Erdoberfläche zusammensetzt. Die Nebenflüsse im Norden und Süden, die das flache, ehemalige Meeresbett entwässern, besitzen wenig Nährstoffe und organisches Leben. Es sind dies „scharze" Flüsse, wie der Rio Negro. Der **Marañon**, der den geschmolzenen Schnee und das wertvolle Sediment der geologisch jungen Anden mit sich führt, wird an der brasilianischen Grenze zum **Solimões** – einem „weißen" Fluß. Diese Nährstoffe reichern die 50 km breite *Vareza* oder Schwemmlandebene des unteren Amazonas an, die die Nahrungsgrundlage für ein etwa vier Millionen zählendes Urvolk war. Amerigo Vespucci, ein mutiger, zu Übertreibungen neigender italienischer Abenteurer, nach dem der amerikanische Kontinent benannt wurde, behauptete, 1499 den Amazonas hochgefahren zu sein.

Ihm folgte ein Jahr später der Spanier Vicente Pinzon, doch der Ruhm für die erste Entdeckungsreise entlang dieses Flusses gebührt Francisco de Orellana. Er begab sich 1542 in einem Boot auf eine kurze Erkundungstour, um für Gonzalo Pizarro, den Eroberer Perus, der auf der Suche nach El Dorado war, etwas zu essen zu finden. Sechs Monate lang wurde sein Boot flußabwärts durch „das wunderbare Land und Reich der Amazonen" getrieben. Dort nämlich hatte sein verdutzter Schreiber, Pater Carvajal, eine Vision der klassischen Antike, die dem Fluß seinen Namen gab: barbusige Kriegerfrauen, „die wie zehn männliche Indianer kämpften".

Als 1641 der spanische Jesuit Cristóbal de Acuña sein Werk *Eine Neue Entdekkung des großen Amazonas-Flusses* veröffentlichte, begann das Amazonasgebiet, ein Jahr nach seiner Entdeckung, das wissenschaftliche Interesse der ganzen Welt zu wecken. Dieses Buch enthält Beschreibungen indianischer Sitten, Anbaumethoden und Kräutermedizin und kommt zu dem Schluß, daß das Land, abgesehen von den Moskitos, „ein riesiges Paradies" sei.

Gründliche Forschungsarbeit leistete ein Team von drei geplagten englischen Sammlern unter der Leitung von Alfred Russell Wallace. Seine Arbeit über die Vielfältigkeit der Fauna und Flora des Amazonasgebietes beeinflußte Darwins „Entstehung der Arten". Zusammen mit Henry Walter Bates und Richard Spruce machte er sich 1848 auf und entdeckte über 15 000 bisher unbekannte Arten. Ein anderer Engländer nutzte sein botanisches Geschick, um diese Region in den Ruin zu stürzen, indem er Brasiliens wertvolles Kautschukmonopol brach. Für nur 1000 englische Pfund lud er 70 000 Samen der *Hevea Brasiliensis* auf einen gemieteten Dampfer und brachte sie in Belém durch den brasilianischen Zoll, indem er vorgab, es handle sich nur um Proben seltener Pflanzen für Königin Victoria. Wochen später trieben die Samen in einem Treibhaus der Londoner Kew Gardens aus. 1912 wuchsen sie in Malaysias schädlingsfreien Kautschukplantagen, und Brasiliens Gummiboom war für immer vorbei. Die Eleganz der vergangenen Kautschuk-Ära – öffentliche Parks, schmiedeseiserne Musikpavillons, stilvolle Bauwerke und von Mangobäumen gesäumte Prachtstraßen – ist in **Belém** deutlicher zu spüren als im rivalisierenden Manaus. Während ihrer Belle Epoque verglichen französische Gäste die Stadt sogar mit Marseilles oder Bordeaux. Belém, diese Ein-Millionen-Stadt am Südufer des Amazonas, die nur ein Grad südlich des Äquators und 145 km vom offenen Meer entfernt liegt, ist das Tor zum Amazonas. Zwischen November und April regnet es dort ständig, aber ein leichter Wind macht die Feuchtigkeit erträglich. Belém ist die Hauptstadt von **Pará**, einem Staat von der Größe Westeuropas. Von dort aus gibt es erst seit 1960 eine gute Verbindung nach Südbrasilien durch die Belém-Brasília-Schnellstraße. Nach wie vor ist Belém ein Haupthafen für den Export tropischer Harthölzer, Paranüsse, Jute und anderer wichtiger Güter.

Eine Besichtigungstour der Altstadt, in deren engen Gäßchen immer noch Häuser mit portugiesischen Kacheln stehen, beginnt am Forte Castelo, dem Kern der ursprünglichen Siedlung **Santa Maria do Belém do Grão Pará**. In der Festung befindet sich auch das Restaurant **Circulo Militar**, in dem regionale Spezialitäten, wie das üppige *Pato no tucupi* (Ente mit Maniokblättern), serviert werden.

In der Kathedrale **Nossa Senhora da Graça**, auf der anderen Seite des Forts, finden Sie Kunstwerke aus Carrara-Marmor und Malereien des italienischen Künstlers de Angelis. Die aus dem 18. Jahrhundert stammende **Santo-Alexandre-Kirche** ist heute ein Museum für Sakrale Kunst.

Beléms bedeutendste Kirche ist die 1909 erbaute **Nazaré-Basilika** mit beeindruckenden Arbeiten aus Marmor und buntem Glas. Sie ist der Mittelpunkt der Cirio-de-Nazaré-Prozession, die von den Jesuiten zur Christianisierung der Indianer eingeführt wurde und immer noch am zweiten Sonntag im Oktober – einer Zeit, die Hotelreservierungen unerläßlich macht – über eine Million Gläubige anlockt. Das verehrte Bildnis der Jungfrau Maria wurde 1700 in einem Wald bei Belém gefunden.

Sonnenuntergang am Amazonas.

In der Nähe des Zollgebäudes, an der Praça Kennedy, betreibt das Fremdenverkehrsamt Paratur ein Besucherzentrum mit Zoo, in dem Tukane, Papageien und Wasservögel zu sehen sind. In den Innenräumen ist Keramik ausgestellt. Beléms 1874 erbautes Theater ist zwar nicht so berühmt wie das Teatro Amazonas von Manaus, jedoch mindestens genauso elegant. Das **Teatro da Paz** ist in der Nähe der Praça da República, des Hilton Hotels und der Avenida Presidente Vargas, der Haupteinkaufsstraße, die zum Hafen hinunterführt. Das restaurierte Theater liegt im Grünen, hat einen Musikpavillon und die **Bar do parque** – ein hübscher Platz, um eine *Cerpa*, ein Bier, zu trinken.

Der **Ver-o-Peso**, Beléms riesiger Markt am Hafen, ist ein Schaustück für die Fülle von Fischen und tropischen Früchten des Amazonasgebietes. Fischerboote kommen mit Fängen zurück, unter denen auch 90 kg schwere Ungeheuer sein können. Neben den beiden Markthallen ist ein faszinierendes, überdachtes Areal mit Buden, die Kräutermedizin und Amulette für afro-brasilianische Umbanda-Rituale verkaufen. Seepferdchen, Gürteltierschwänze, die Geschlechtsorgane von Süßwasserdelphinen, Schildkrötenpanzer und winzige, zur Geburtenkontrolle benutzte Ananas werden neben Kräutern gegen Rheuma und Herzprobleme verkauft. Es gibt aber auch Parfums, die Männer, Frauen, Geld und Glück anlocken sollen.

Das **Emilio Goeldi Museum** an der Rua Magalhaes Barata besitzt unter anderem einen hübschen Zoo mit Jaguaren und Waldvögeln. Das 1866 gegründete Museum hat eine auswählte anthropologische Sammlung, und es werden laufend Ausstellungen über das Leben am Amazonas gezeigt, die internationalem Standard entsprechen. Ebenso sehenswert sind die **Bosque Gärten** (dienstags bis sonntags von 8.00 bis 17.00 Uhr geöffnet), mit einem noch fast ursprünglichem Wald und einem kleinen Zoo.

Paratur organisiert einen Kunsthandwerksmarkt – die **Feira do Artesanato**. **Icoaraci**, weniger als eine Stunde von der Stadt entfernt, ist ein Zentrum moderner

Links und rechts: Flußszenen am Amazonas.

Keramik, die sich an der präkolumbianischen Marajoara-Töpferei orientiert. Ihre Motive sind der Inkakultur abgeschaut. Von mehreren Touristikunternehmen werden eintägige Flußausflüge angeboten, die meist den Fluß **Guajará** hinauf zu einigen *Caboclo*-Dörfer führen.

Die Insel **Marajó** an der breiten Mündung des Flusses ist größer als die Schweiz, hat jedoch nur 200 000 Bewohner. Dort gibt es Unmengen Büffelherden, die sich im flachen, sumpfigen Nordteil suhlen. Auf der Insel findet man auch hübsche Strände und seltene Spuren ihrer kolonialen Vergangenheit. Jede Nacht fährt eine ENAS-Fähre (Staatseigentum) die fünfstündige Strecke nach **Soure** am Ostzipfel der Insel. „Luft-Taxis" des Luftfahrtclubs Belém verlangen für den 40minütigen Flug ca. 50 US$ pro Person. Das **Marajoara-Hotel** in Soure organisiert Ausflüge zur **Praia do Pesqueiro** und den **Araruna-Stränden**, die teils von Fluß- und teils von Meerwasser umspült werden, oder zur Büffelranch Santa Catarina.

Über den Fluß geht eine Fähre nach **Salvaterra**, wo ein zerbeultes Taxi nach **Joanes** weiterfährt. Die Insel Marajó, die früher Ilha Grande do Joanes hieß, wurde 1617 von Kapuzinermönchen besiedelt, die 1665 eine Steinkirche erbauten, deren Ruinen in der Nähe des Leuchtturms stehen. In **Monserrat** gibt es eine weitere Steinkirche mit Barockgemälden.

Von Soure kann man einen Tagesausflug zur **Büffelfarm Providencia** machen. Auf den Büffelfarmen im Innern der Insel, die nur per Boot, Pferd oder Traktor zu erreichen sind, gibt es jedoch noch mehr wilde Tiere als im dicht besiedelten Küstengebiet. In **Fazendas Laranjeira** wie auch in **Tapeira** gibt es Privatmuseen, in denen archäologische Objekte alter Indianersiedlungen ausgestellt sind.

Macapá, am Nordufer der Amazonas-Mündung, liegt direkt auf dem Äquator und ist ein beliebter Ort, um sich vor dem Hintergrund der Null-Linie, der *Marca zero*, fotografieren zu lassen. Dort findet man ein großes Fort, das von den Portugiesen 1764 aus Lissabonner Backsteinen erbaut wurde. Ferner hat Macapá eine florierende Wirtschaft, die auf Krabbenfischfang und Mangananbau basiert. Es gibt Flüge nach Monte Dourado und zum Jari-Projekt – dem unglücklichen Versuch des US-Milliardärs Daniel K. Ludwig, den natürlichen Wald durch Plantagen zu ersetzen, um Zellstoff und Papier herzustellen.

Der südöstliche Teil des Amazonasgebietes nimmt seit jeher einen besonderen Platz in den Träumen von wirtschaftlicher Größe ein, die Brasílias Regierungsplaner heimsuchen – Träume, die für Umweltschützer längst zum Alptraum geworden sind. Entwicklungsprojekte, die Milliarden von Dollars verschlungen haben, breiten sich unter dem Schutzmantel des Carajás-Projekts in der ganzen Region aus. Rund um eine 18 Millionen Tonnen Eisenerz reiche Mine in den Hügeln von Carajás, 550 km südlich von Belém, gehören zu Brasiliens „Mondflug" in den Amazonas bereits das Wasserkraftwerk am Staudamm von Tucuruí, eine 890 km lange Eisenbahnlinie durch den Dschungel, ein riesiges Aluminiumwerk und ein Hochseehafen sowie Pläne für Städte, Schnellstraßen, Stahlwerke, Landwirtschaft – und Besiedlungsprogramme.

Wen Brasiliens technische Höchstleistungen interessieren, der kann mit dem

Bankgebäude im Kolonialstil, Manaus.

Flugzeug von Belém zur **Serra Norte** fliegen und von dort aus Tucuruí und die Carajás-Mine besichtigen. Eine einfachere Art des Bergbaus findet man in **Serra Pelada** – der nackte Berg. Während der Trockenzeit gräbt, schleppt und siebt ein Ameisenheer von ca. 60 000 Goldschürfern an die 25 Tonnen Gold aus einem riesigen, von Menschenhand gemachten Krater.

Santarém liegt genau in der Mitte zwischen Belém und Manaus, an der Kreuzung der Flüsse **Tapajós** und **Solimões**. Diese Stadt, die 1661 als Fort erbaut wurde, um ausländische Interessen vor der Ankunft der Portugiesen vom inneren Amazonasgebiet fernzuhalten, war das Zentrum einer blühenden Indianerkultur. Heute findet man in Santarém vor allem Goldschürfer und Holzindustrie. Es lohnt, sich hier, wo es auch das komfortable **Tropical Hotel** der Fluglinie Varig gibt, ein wenig umzusehen. Boote bringen ihre Erzeugnisse in die Stadt, um sie am Markt am Flußufer zu verkaufen. Die meisten eintägigen Bootsausflüge gehen den Tapajós hinauf bis nach **Alter do Chão**, dem Ort der ursprünglichen Siedlung und des wunderbaren Strandes von Santarém (38 km). Der weiße Sandstrand bildet eine lange, gebogene Landzunge, die die **Lago-Verde-Lagune** fast vom Fluß abtrennt. Das auch mit dem Auto erreichbare Dorf hat ein einfaches, aber gutes Fisch-Restaurant, eine *Pousada* und zahlreiche Wochenendhäuser für Santaréms Wohlhabende. Das klare Wasser und die breiten Strände des Tapajós laden in der Trockenperiode zum Schwimmen und Angeln ein.

Manaus ist ein Kuriosum, eine Extravaganz des Städtebaus, die dem üppigen Regenwald den Rücken zukehrt und sich statt dessen mit staatlichen Zuschüssen und ihrer exotischen Vergangenheit – und, immer mehr, mit Hilfe des Tourismus – am Leben erhält. Früher besaß es Art-nouveau-Pracht – heute vor allem einen billigen Elektronikmarkt, der aufgrund ihres Status als Freihafen entstanden ist. Die strategisch günstige Lage der Hafenstadt in der Nähe des Zusammenflusses der drei größten Nebenflüsse zum Amazonas besagt, daß Manaus lange der Sammelplatz für Erzeugnisse des Regenwaldes war.

Naturheilmittel auf einem Straßenmarkt.

Die Kraft, die Manaus zu einer der bezauberndsten Städte der Welt machte, war der Kautschuk, dessen Eigenschaften von den Omagua-Indianern entdeckt wurden und die französische Reisende im 18. Jahrhundert faszinierten. Charles Goodyears Entdeckung der Vulkanisierung (1844) und Dunlops Erfindung des aufblasbaren Reifens (1888) verursachten eine Wirtschaftsexplosion. Als der Kautschukpreis in die Höhe schnellte, wuchs die Produktion von 156 Tonnen im Jahre 1830 auf 21 000 im Jahre 1897 an. Die Städte hatten keine Arbeitskräfte mehr, und Tausende kamen aus dem Nordosten, um Gummizapfer oder *Seringeiros* zu werden.

Es floß derartiger Reichtum in die Stadt, daß die Gummibarone ihre schmutzige Wäsche nach Paris zum Waschen schickten. Ihre Villen waren voller nie benutzter, wertvoller Klaviere und Kristallüster – dabei zahlte man für ein Ei einen Dollar. In Manaus gab es elektrischen Strom und die erste Straßenbahn des Kontinents. 1906 erbauten britische Ingenieure ein Zollgebäude aus schottischen Backsteinen im Stil des indischen Kolonialreichs. Um die bis zu 14 m schwankenden Pegelstände des Rio Negro auszugleichen, ließen sie das Schwimmdock aus im Ausland hergestellten Teilen zusammensetzen.

Im Jahre 1881 entstand das Opernhaus von Manaus, das **Teatro Amazonas**, nachdem sich mehrere europäische Truppen über zu kleine Hallen beschwert hatten. Die Säulen des Theaters wie auch die Treppengeländer waren aus englischem Schmiedeeisen, die Bühnenvorhänge wurden in Frankreich bemalt, woher auch die Lüster und Spiegel kamen. Der Marmor kam aus Italien, das Porzellan aus Venedig. Motive der Dekoration zeigen das Zusammenfließen der Gewässer und Szenen aus der romantischen Literatur über die Indianer.

Die monumentale Plastik vor dem Theater stellt Handelsschiffe dar, die wahrscheinlich mit Kautschuk beladen zu den vier Kontinenten aufbrechen. Das Theater wurde mehrmals restauriert und die riesige Kuppel aus gelben und grünen Kacheln aufpoliert. Es ist dienstags bis sonntags von 10.00 bis 17.00 Uhr geöffnet. Sehenswert ist auch der an einen Geburtstagskuchen erinnernde **Palácio Rio Negro**, ein ehemaliger Kautschukpalast, der nun Sitz der Staatsregierung ist (an der Av. Sete de Setembro gelegen).

Obwohl sich Manaus' Gummiindustrie während des Kriegs kurz erholte, wurde es erst 1967 vom schleichenden Verfall errettet, als es zur Freihandelszone erklärt wurde. Um diese Steuerfreiheit auszunutzen, haben sich Hunderte Fabriken im Industriegebiet niedergelassen. Das Stadtzentrum war früher eine Freihandelszone mit elektronischen Artikeln, die heute von Porto Volko abgelöst ist. Entlang der engen Straßen des Hafenbezirks gibt es viele Läden, wo vor allem Leute einkaufen, die an den abgelegenen Nebenflüssen wohnen. Es herrscht reger Handel mit Flußfisch und, in einem anderen Abschnitt, mit Gebrauchsgegenständen der Indianer, Korbwaren, *Umbanda*-Gegenständen und *Guarana* – einer inzwischen auch bei uns beliebten aufputschenden Vitaminmixtur.

Das **Salesianische Indianermuseum**, Rua Duque De Caxias, und das **Museum**

Beim Metzger erfährt man so manche Neuigkeit.

der Menschen aus dem Norden, Av. Sete de Setembro, vermitteln einen guten Einblick in traditionelle Lebensweisen. 20 Minuten außerhalb der Stadt, entlang der Estrada Ponte Negra, erreicht man das CIGS, das Trainingscamp der Armee für den Kampf im Dschungel. Dort gibt es auch einen sehenswerten **Zoo** mit Jaguaren, Riesenschlangen und anderen Tieren, die von den Ausbildern im Dschungel gefunden wurden (geöffnet von Dienstag bis Sonntag 9.00 bis 16.30 Uhr). Das INPA, das Staatliche Amazonas-Forschungsinstitut, führt mit Hilfe vieler ausländischer Spitzenwissenschaftler Studien durch. Die Abteilung für Meeressäugetiere besitzt eine Sammlung von Seekühen, Süßwasserdelphinen und anderen (geöffnet von Montag bis Samstag, 8.00 bis 12.00 Uhr und 14.00 bis 18.00 Uhr). Engagierte Ökologen können von den INPA-Wissenschaftlern Informationen erhalten, auch über einen eventuellen Besuch des Langzeit-Forschungsprojekts über die Abholzung stadtnaher Wälder, durchgeführt vom **World Wildlife Fund for Nature.**

Diese Nixe soll Kunden anlocken.

Das **Hotel Tropical** an der Praia da Ponte Negro, 20 km außerhalb der Stadt, wurde zum gesellschaftlichen Treffpunkt von Manaus. Seine Architektur hat zwar wenig Tropisches, dafür sind aber die Gärten, Papageien, der runde Swimmingpool und vor allem außerhalb der Überschwemmungszeiten der Rio Negro zum Schwimmen in dieser ansonsten eintönigen Stadt eine echte Attraktion. Vom Hotel aus werden täglich Bootsausflüge 9 km flußaufwärts zum **Lago Salvador** und zum **Guedes Igarapé** (ein Wasserlauf im Regenwald) durchgeführt. Touristen können angeln, schwimmen, spazierengehen und in einem schwimmenden Restaurant (gehört zum Hotel) essen. Übernachtet man am See, so hat man genug Zeit, um in einem motorisierten Kanu die Igarapés hinaufzufahren und Alligatoren mit Taschenlampen aufzulauern.

Von mehreren Unternehmen werden Tagesausflüge den Fluß hinauf angeboten, die einer vielbefahrenen Strecke zum **Janauary-Naturpark** folgen, um dort die riesigen Victoria-Regia-Seero-

FLUSSBOOTE

Es bietet sich an, die Flußfahrt von **Belém** nach **Manaus** – oder umgekehrt – auf einem der beiden Passagierschiffe der staatlichen ENASA-Linie zu machen. In beiden ist Platz für 138 Passagiere, die in Doppel- oder Vier-Bett-Kabinen untergebracht sind. Der Komfort ist angenehm. Die Schiffe verlassen Belém bei Nacht, fahren an Marajó vorbei und passieren am folgenden Morgen all die Flußinselchen. Nachdem das Schiff die bewaldeten Ufer hinter sich gelassen hat, biegt es am dritten Tag in den Fluß **Tapajós** ab, wo man baden und Santarém besichtigen kann. Vor der Ankunft in Manaus kommt das Schiff am Zusammenfluß des Rio Negro mit dem Rio Solimões vorbei. Bei der fünftägigen Rückfahrt wird in Soure auf der Insel **Marajó** gehalten. Eine Doppelkabine kostet etwa 570 US$. Wer nur einen Teil der Strecke mitfährt, kann in Santarém aussteigen. Dieser Ausflug ist auch in einem Nicht-Touristen-Boot der ENASA möglich und kostet erster Klasse 100 US$.

Will man den Amazonas wirklich entdecken, so reist man in kleineren Motorbooten, den *Gaiolas*, die zwischen den Flußstädten regelmäßig verkehren. Die Passagier-Frachtschiffe, selten länger als 25 Meter, sind weder für Komfort noch für Geschwindigkeit gebaut. *Gaiola* heißt Vogelkäfig – ein passender Ausdruck für das Zwischendeck, wo Urlauber ihre Hängematten übereinander aufhängen. Eine erste Klasse gibt es in größeren Booten in Form von kleinen, muffigen Kabinen; sie bieten jedoch mehr Platz und besseres Essen. Der Preisunterschied ist gering, und Passagiere, die sich für die zweite Klasse entscheiden, müssen früh genug da sein, um sich einen guten Platz, fern von gröhlenden Radios und übelriechendem, getrocknetem *Pirarucu*-Fisch, zu sichern.

Vom Essen an Bord ist wenig Gutes zu erzählen. Zweimal täglich werden den Reisenden Teller mit nach nichts schmeckendem Reis, Bohnen, Spaghettis und Maniokmehl und grätigem knorpeligem

Flußboote vor Anker auf dem Amazonas.

Fleisch aufgetischt. Das Trinkwasser kommt vom Fluß. Es ist daher ratsam, seinen eigenen Wasservorrat und dazu Obst und Kekse mitzubringen. Für Fahrten in das Amazonasgebiet ist eine Gelbfieber-Impfung empfehlenswert (kostenlos an brasilianischen Flughäfen), aber die Malaria-Angst ist oft übertrieben.

Wegen mangelndem Benzinnachschubs, Pannen und Navigationsproblemen aufgrund sich verschiebender Fahrrinnen ist mit Verzögerungen immer zu rechnen. Die Boote haben laute Motoren, die oft kaputtgehen. Das Fahren bei Nacht ist wegen riesiger Baumstämme unter der Wasseroberfläche, die gelegentlich einen Schiffsrumpf zersplittern, sehr gefährlich. Kleine Handelsschiffe, die an keinen festen Fahrplan gebunden sind, aber einige Passagiere aufnehmen können, sind die besten – sie bleiben an Flußmündungen stehen, um Käse, getrockneten Fisch oder Schildkröten zu kaufen. Die kleinsten Boote – für Bewohner des Amazonasgebietes fast so was wie ein Bus oder Pferdewagen – heißen *Montarias* und sind problemlos für ein paar Stunden zu mieten. Kanus mit Außenbordmotor kann man in Manaus für Kurzausflüge den Rio Negro hinauf mieten. Sie sind jedoch teurer als langsamere Dieselfahrzeuge. Flußaufwärts fahrende Boote bleiben wegen der Strömung näher am Ufer, bieten daher einen besseren Blick auf Flora und Fauna entlang des Flusses.

Nach Santarém gehen Boote allabendlich vom **Cais do Porto** beim Städtischen Markt in Manaus ab (etwa 135 US$ für zweieinhalb Tage) und nach Belém einmal pro Woche (ENASA, 1. Klasse, etwa 95 US$ für fünf Tage). Flußaufwärts auf dem Solimões, vorbei an **Teffe** (drei Tage, 25 US$) nach **Tabatinga** und Peru braucht man sechs bis 14 Tage (40 US$). Von Belém aus gibt es eine ENASA-Autofähre, die dreimal monatlich Manaus ansteuert (100 US$ erster Klasse).

Anstrengendere Reisen wie die viertägige, 800 km lange Fahrt den **Rio Madeira** von Porto Velho nach Manaus hinab, bei der Passagiere in Manicore umsteigen müssen, bieten mehrfach Gelegenheit zum Anhalten. Aber Vorsicht: Das nächste Boot könnte voll sein!

Behagliches Leben auf einem Flußboot.

sen (am besten von April bis September) zu bestaunen. Die Boote fahren dann Richtung **Encontro das Aguas**, dem Zusammenfluß von Rio Negro und Solimões direkt unterhalb von Manaus, wo die Ufer etwa 8 km auseinanderliegen. Dort trifft das dunkle, warme und klare Wasser des Rio Negro auf den trüben, hellen Solimões, und die beiden fließen, ohne sich zu vermischen, 20 km nebeneinander. Manche Ausflüge halten an der Insel **Terra Nova**, wo Bewohner ihr Geschick beim Gummizapfen zeigen und Souvenire anbieten.

Die luxuriöseste Dschungel-Lodge ist die **Pousada dos Guanavenas** auf der Insel **Silves**, die nach fünfstündiger Bus- und Bootsfahrt – oder von Manaus mit dem Flugzeug – zu erreichen ist. Sie ist in Form einer riesigen, aber komfortablen Indianerhütte erbaut und bietet eine herrliche Aussicht über den Canacari-See bei Itacoatiara.

Die **Amazon Lodge**, 80 km südlich von Manaus am Fluß **Mamori** in der Nähe der Stadt Careiro gelegen, bietet Touristen eine einfachere Unterkunft. Bei einer Drei-Tages-Tour kann man Piranhas fischen, Vögel beobachten und in der Hochwasserzeit von März bis August die Überschwemmungslandschaft der Igapó-Wälder in Kanus erforschen. Ebenfalls südlich des Solimões liegt die **Janauaca Jungle Lodge**, an einem ruhigen, aber mückengeplagten See. Wegen seines sumpfigen Wassers und der vielen Insekten ist der Solimões bei Touristen weniger beliebt als der Rio Negro.

Der **Anavilhanas Archipelago** am Rio Negro ist für längere Bootsfahrten das attraktivste Ziel. Ecological Safari bietet einen Ausflug mit sechs Übernachtungen für 805 US$ pro Person an oder für 435 US$ mit drei Nächten an Bord eines bequemen Bootes (Eigentümer sind Franzosen) mit ausgebildeten Zoologen und Videovorführungen. Dazu gehört auch ein Ausflug zum Nebenfluß Apuau. Es können auch längere Touren entlang des Solimões, Rio Negro und Branco organisiert werden. Besser und billiger ist es jedoch, sich zu einer kleinen Gruppe zusammenzutun und mit einem gemieteten Führer die Gegend abseits der Touristenpfade zu erforschen. Ruben Silva bei Wagon Lits Tur, Av. Eduardo Ribeiro,

organisiert Kanuausflüge für diejenigen, die ihre Hängematten einmal in Hütten der Flußbewohner aufhängen wollen. Wer Portugiesisch spricht, kann beim IBDF-Forstwirtschaftsinstitut in Manaus einen Ausflug zum **Jaú-Nationalpark** bei Novo Airão organisieren. Im Norden von São Gabriel de Cachoeira, per Boot oder Flugzeug von Manaus aus erreichbar, erhebt sich der **Pico da Neblina**, mit 3014 Metern Brasiliens höchster Berg. Wer viel Zeit hat, kann den Solimões bis nach Letícia an der Grenze zu Peru und Kolumbien, wo er dann Maranón heißt, entlangfahren. Von Manaus dauert diese Tour etwa acht Tage und kostet erster Klasse nur um die 50 US$. Entlang des Ufers sieht man kleine Grundstücke, wo *Caboclos* von den Erträgen ihrer winzigen Äcker, dem Fischfang und dem Verkauf von Palmherzen oder Schildkröten an vorbeifahrende Boote zu leben versuchen.

Der **Rio Branco** fließt durch Brasiliens nördlichste Region **Roraima**, deren dichte, unberührte Wälder die Flußbecken des Orinoco und des Amazonas trennen. Roraima ist das letzte unentdeckte Stück Lateinamerika und Überlieferungen zufolge die Heimat des legendären El Dorado. Der geheimnisvolle, flache Mount Roraima soll Sir Arthur Conan Doyle's Novelle *Die verlorene Welt* beeinflußt haben.

Bis 1977 von Manaus aus eine Schnellstraße erbaut wurde, war die Hauptstadt Roraimas, **Boa Vista**, von Brasilien isoliert. Dieses „Niemandsland" untersteht immer noch der Verwaltung von Brasília, wo Touristen, die die dortigen Indianerreservate besuchen wollen, eine Genehmigung einholen müssen. Der 18 000 Mann starke Indianerstamm der **Yanomami** – der größte und am wenigsten zivilisierte des Kontinents – lebt an der Grenze zwischen Brasilien und Venezuela in den Parima-Bergen, einem Gebiet schroffer, bewaldeter Gipfel und Schluchten. Das Unglück der Indianer ähnelt auch dem eines modernen El Dorado mit seltenen Mineralien, die Geschäftsleute und *Garimperios* nun unbedingt zu Geld machen wollen und so ihren „Fortschritt" in die letzte noch unberührte Ecke Brasiliens bringen.

Das Opernhaus von Manaus.

ISS, TRINK UND SEI FRÖHLICH

Die Brasilianer zählen zu den musikalischsten und heitersten Menschen der Welt. Dieser Ruf hat jahrzehntelang Touristen dorthin gezogen. Die erste Welle kam, nachdem Fred Astaire und Ginger Rogers 1933 in dem flotten Hollywood-Musical *Flying Down to Rio* die *Carioca* tanzten.

Brasiliens zahlreiche Attraktionen wie der Karneval – „Die größte Party der Erde" – sind tief verwurzelt im ethnischen und rassischen Erbe. Die Ursprünge des Karnevals liegen in Europa, doch Experten streiten sich über die Herkunft des Wortes. Die einen sagen, „Karneval" leite sich vom lateinischen Ausdruck Carrum Navalis, einem römischen Festwagen, ab. Andere behaupten, es käme vom italienischen Carne Vale, „Abschied vom Fleisch", da der Karneval die letzten Tage vor der Fastenzeit anzeigt.

Die Römer hatten das Jahr über mehr als 100 Feste, deren berühmteste die Saturnalien im Dezember waren, die eine vorübergehende Aufhebung der Klassenunterschiede kennzeichnete. Dann aßen Herren und Sklaven am selben Tisch, tranken denselben Wein und schliefen mit denselben Frauen.

Im frühen Mittelalter verschwand der Karneval, doch als er zurückkam, war er besser denn je. Und wieder herrschte die für den Karneval typische Zügellosigkeit und die Vertauschung der sozialen Rollen.

In Brasilien existieren seit der Kolonialzeit Feiertage vor der Fastenzeit. Bis zum 20. Jahrhundert jedoch legte man mehr Wert auf üble Scherze als auf das Feiern an sich. Diesen Aspekt des Karnevals nannte man *Entrudo*. Typisch dafür waren Stinkbomben, Wasserbomben und sogar Brandstiftung.

Dieser *Entrudo* war so schlimm, daß anständige Bürger sich im Karneval zu Hause einschlossen. Einer von denen, die dies nicht taten, war der Architekt Grandjean de Montigny, der 1850 an Lungenentzündung starb, nachdem er im Karneval mit Wasserballons begossen worden war. Erst um 1900 wurde durch eine Zwangskampagne dem *Entrudo* ein Ende bereitet. Das wahllose Werfen von Konfettis und Luftschlangen, was noch immer zum Karneval gehört, ist ein Rückfall in die Zeiten der Gewalt gegen Fremde.

Das Verkleiden gehörte schon im 18. Jahrhundert zu den Karnevalsfesten Europas. In Paris und Venedig gab es die besten Maskenbälle. In Rio schlugen sie 1840 mit einem gesellschaftlichen Ereignis im Hotel Italia ein. Der Ball brachte jedoch die Unkosten nicht ein, und so wurde erst 1846 ein zweiter abgehalten, und zwar im Nobelviertel São Cristovão. Es fanden immer mehr Bälle statt, bei denen immer mehr Mitglieder des Königshauses zu Gast waren. Kaiser Pedro II, in 58 Jahren Herrschaft als Lebemann bekannt, wurde in den 50er Jahren bei einem São-Cristovão-Ball in einen Brunnen gestoßen.

Der erste moderne Faschingsball fand 1908 in einem Hotel an der Copacabana statt und hieß *High Life*. Dort tanzten die Gäste Polka und Wiener Walzer. Der formelle Stadtball wurde erstmals 1932 im Teatro Municipal eröffnet. Bis dahin gab es in Rio zur Karnevalszeit an die hundert Faschingsbälle. Rios Arbeiterklasse mochte – und mag – den Karneval vor allem wegen der Musik, des Tanzens und Trinkens. Anerkennung verdient ein portugiesischer Einwanderer, José Nogueira Paredes (Zé Pereira mit Spitznamen), für die Gründung des ersten Karnevalsclubs. Eine seiner Ideen war, jedermann im Club dazu zu bringen, auf der Trommel denselben Rhythmus zu spielen, um so einen einheitlichen Klang zu erzeugen. Diese Technik wurde grundlegend für die *Bateria* oder Rhythmusgruppe der modernen Sambaschulen.

Die Clubs der Arbeiter- und Mittelklasse heißen *Blocos*, *Ranchos* oder *Cordoes* und spielten aus Europa stammende Balladen, *Choros* genannt, die zum Teil immer noch beliebt sind. Im 19. Jahrhundert hatten diese Clubs oft eine wohltätige oder, wie beim Clube dos Socialistas, eine rein politische Zielsetzung und waren auch außerhalb der Karnevalszeit aktiv. Viele dieser vorwiegend weißen Clubs gibt es heute noch, wie der Clube dos Democráticos, der jedes Jahr den Straßenkarneval mit einer Parade eröffnet.

Karnevalsparade: Einer der ersten Beiträge der Clubs zum modernen Karneval war die

---

Vorherige Seiten: Tanzende „Amazonen" auf einem Karnevalswagen. Transvestiten-Show im Karneval. Silvesterfeuerwerk in Copacabana. **Links:** Fröhlichkeit auf dem „Rot-und-Schwarz-Ball".

Parade mit prachtvollen Kostümen, Wagen und passender Musikbegleitung. Themen der Parade waren Geschichten aus der Bibel, Mythologie und Literatur. Der erste Umzug wurde 1855 von einer Gruppe organisiert, die den hochtrabenden Namen *O Congresso das Sumidades Carnevalescas* trug. Sie marschierte vor einem Elitepublikum, zu dem auch der Kaiser gehörte. Bei ihrer Darbietung sah man reich geschmückte Formationen mit Szenen aus der französischen Geschichte und aus *Don Quixote*. Von 1900 an war die jährliche Innenstadt-Parade solcher Gruppen, der *Grandes Sociedades*, der Höhepunkt des Karnevals.

Im späten 19. Jahrhundert nahmen erstmals Schwarze am Karneval teil. Dies lag zum Teil

Freizügigkeit, der bis zum Aschermittwoch über Rio herrscht.

Der Straßenkarneval lockt Tausende von Menschen an, von denen viele als Clowns, Fernsehstars oder Tiere verkleidet sind. Am häufigsten sieht man als Frauen verkleidete Männer. Der *Bloco das Piranhas* z. B. ist eine Gruppe Männer, die sich als Prostituierte verkleiden. Diese beschmieren sich mit billiger Farbe und ziehen, als Indianer oder Vagabunden verkleidet, durch die Straßen.

Zusätzlich dazu finden jedes Jahr etliche Spezialveranstaltungen statt. Bei einer von ihnen wird der Kostümpreis des Straßenkarnevals verliehen. Vor kurzem gewann eine Gruppe Männer, die sich *Die jungen Witwen*

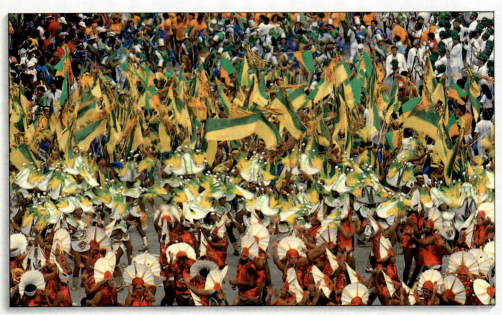

an der Dürre, die 1877 den Nordosten überfiel und viele befreite Sklaven nach Rio trieb. Um 1890 brachten diese ihre Musik- und Tanztraditionen in den Karneval mit ein.

Karneval in Rio: Heute bestehen die Karnevalsfeierlichkeiten in Rio aus drei Hauptteilen: ausgelassenen Straßenumzügen, traditionellen Clubbällen und der Sambaparade.

Die Straßenumzüge beginnen am Freitag des Karnevalwochenendes. Dann übergibt Rios Bürgermeister während einer hektischen Zeremonie an der Avenida Rio Branco im Zentrum dem *Rei Momo* einen übergroßen „Schlüssel für die Stadt". *Momo* ist der mollige König, ein Symbol für Polygamie und

nannten. Sie waren phantastisch als Frauen aus der Mittelschicht verkleidet und hatten für die Jury ein aufwendiges Tanzprogramm vorbereitet.

Die Karnevalsnächte gehören den Clubbällen. Sehr begehrt – bei *Cariocas* und Touristen – sind Feste in den Clubs Sirio-Libanes, Flamengo, Fluminense und Monte-Libano. Im letzteren steigen die heißesten Bälle, vor allem die *Nacht in Bagdad* am Karnevalsdienstag. Dieser Ball ist so beliebt, daß sogar Scheichs aus dem Mittleren Osten mit dabei sind.

Ein weiterer Höhepunkt sind die diversen Maskenprämierungen, bei denen man vom mittelalterlichen Troubadour bis zu römisch-katholischen Erzbischöfen alles sieht. Das bunteste und unbestrittene Glanzstück eines jeden Karnevals von Rio ist die große Parade der Sambaschulen. Die Sambaparade ist das „afrikanische" Ereignis des Karnevals, vor allem wegen des Samba, einer Mischung europäischer Volksmusik mit afrikanischen Rhythmen. Diese Parade ist eine Erfindung des 20. Jahrhunderts. Die erste Sambaschule hieß *Deixa Falar* (Laß' sie reden) und wurde von den schwarzen Bewohnern des Stadtteils Estácio 1928 ins Leben gerufen.

Die *Deixa Falar* nahm erstmals 1929 an der Parade teil. Damals hatte man keine festgelegte Wegstrecke, und die Organisation war schlecht. Doch sie fiel allein durch ihre Größe

Die moderne Sambamusik stammt aus dem 19. Jahrhundert, als die einfachen Klänge früherer Sklaven auf den stilisierten europäischen Sound Rios trafen. Das Wort *Samba* soll angeblich vom angolesischen *Semba* stammen, das eine Zeremonie beschreibt, bei der sich die Männer eines Stammes aus einem Kreis mit Tänzerinnen eine Partnerin aussuchen durften. In Brasilien wurde die rhythmische Musik des *Semba* sowie deren Begleittänze von den Jesuiten in der Kolonialzeit als zu erotisch verboten.

Heute werden die 14 Sambaschulen, die die Avenida Marqués de Sapucai entlangziehen, von einer von der Regierung ernannten Jury beurteilt. Die Darbietungen einer jeden Schu-

auf. Anders als andere umherziehende Gruppen präsentierte die *Deixa Falar* ausgefeilte Tanznummern. Kurz danach gründeten andere schwarze Bezirke eigene Gruppen. 1930 schon gab es fünf Gruppen und so viele Zuschauer, daß die Polizei ein bestimmtes Gebiet um die Praça Onze für ihre Parade absperren mußte. (Damals schon nannte man die an der Praça Onze auftretenden Gruppen „Schulen", da sie auf Schulgrundstücken übten.)

Links: Ein Meer von farbenprächtigen Kostümen beim Karneval in Rio. Oben: An überfüllten Tribünen vorbei defilieren aufwendig geschmückte Karnevalisten.

le müssen ein zentrales Thema, z. B. ein historisches Ereignis, eine historische Persönlichkeit oder eine brasilianische Indianerlegende, haben. Dieses Motto muß immer erkennbar sein. Die Kostüme sollten mit der nachempfundenen Zeit und dem Geschichtsort übereinstimmen. Das Sambalied muß das Thema erzählen oder entwickeln, und die riesigen Wagen, die sich die Straße entlangschieben, müssen es durch Pappmaché-Figuren und Malereien illustrieren.

Zu der Präsentation jeder Schule gehört der *Abre-Alas*, „der öffnende Flügel", bestehend aus einer Gruppe farbenprächtig kostümierter *Sambistas*, die neben einem großen Festwa-

Lebensfreude 291

gen marschieren. Der Wagen stellt ein offenes Buch dar und ist sozusagen die Titelseite des Themas der Schule. Hinter dem *Abre-Alas* marschieren formell gekleidete Herren der *Commissão de Frente*, d. h. das „Direktorium", das aufgrund seiner würdevollen Mienen ausgewählt wurde. Das eigentliche Ereignis beginnt, wenn die *Porta Bandeira* (Fahnenträgerin) und der *Mestre Sala* (Tanzmeister) erscheinen. Sie tragen eine aufwendige Abendgarderobe aus dem 18. Jahrhundert. Die *Porta Bandeira* ist eine Tänzerin, die während einer Tanznummer mit ihrem Partner die Fahne der Schule schwenkt. Ihnen folgen die gesamte Sambaschule und das Heer der Rhythmusgruppe, die *Bateria*. Sie schlagen immer den gekleidet sind. Sie ehren die frühesten Anfänge des Samba.

Zwischen die bedeutendsten *Alas* reihen sich prächtig kostümierte Menschen, die die Hauptfiguren des Themas der Schule darstellen. Sie sind *Figuras de Destaque* (prominente Gestalten), oft lokale Berühmtheiten. Dabei werden vollbusige Schauspielerinnen bevorzugt. Es gibt noch eine andere Gruppe von Tänzern, die *Passistas*. Diese temperamentvollen jungen Männer und Frauen halten oft an, um komplizierte Tanznummern vorzuführen.

Den Abschluß bilden die riesigen Karnevalswagen, die *Carros Alegôricos*, die aus Pappmaché und Styropor gemacht sind. Sie geben die Hauptmotive des Themas der Schu-

selben Takt, so daß die anderen mit dem Tempo des Sambaliedes mithalten können. Hinter der *Bateria* marschiert der Hauptteil der Sambaschule, der *Alas*. Die einzelnen Gruppen von *Sambistas* stellen durch ihre Kostümierung die verschiedenen Aspekte des Mottos der Schule dar. Basiert es auf einem Mythos des Amazonas, so ist ein Teil der *Alas*-Truppe als Indianer und ein anderer als Amazonastiere verkleidet.

Unter den *Alas* gibt es auch solche, wie die *Ala das Baianas*, die bei jeder Darbietung der Sambaschule dabeisein müssen. Diese Gruppe besteht aus Dutzenden älterer Frauen, die in das für Bahia typische weit fließende Gewand le wieder. Um beim Beispiel aus dem Amazonas zu bleiben: Diese Wagen können Ereignisse oder Charaktere aus einem Amazonas-Mythos darstellen. Die Prunkwagen sind in erster Linie ein Fest fürs Auge. Kritiker sagen, die Pappmaché-Extravaganzen lenken nur von der Musik ab, die ja der eigentliche Schwerpunkt der Parade sein sollte.

Der eigentliche Erfinder des heutigen Samba-Looks, João Zinho Trinta von der Beija-Flor-Schule, wandte sich vor ein paar Jahren mit einem berühmten Ausspruch gegen die „volkstümliche" Darbietungsform: „Intellektuelle wollen Armut, die Allgemeinheit aber nicht. Sie will den Luxus." Ferner hob er hervor, daß starke visuelle Elemente nötig seien, um ausländische Touristen und besonders die Fernsehzuschauer anzuziehen. Außer der Pracht dieser Wagen hat João Zinho Trinta eine weitere Neuerung der Parade erfunden – die Anwesenheit schöner, barbusiger junger Frauen auf den Wagen.

Die Bekanntgabe der Sieger-Schulen findet am Donnerstag nach dem Karneval statt und gehört jedes Jahr zu den großen Ereignissen in Rio de Janeiro. Die Verlierer sind natürlich selten mit dem Ergebnis zufrieden, und es wird oft von Betrug gesprochen.

Die beiden Schulen der Klasse 1-A, die bei der Wertung die wenigsten Punkte erhalten, fallen bei der Parade im nachfolgenden Jahr in

die Klasse 1-B zurück, und die zwei Schulen der Klasse 1-B, die (in einem anderen Wettbewerb) die meisten Punkte bekommen haben, rücken in die Klasse 1-A auf.

Und was passiert mit den Gewinnern der Klasse 1-A? Sie feiern in ihrem Clubhaus bis zum darauffolgenden Sonntag – oder eigentlich das ganze Jahr über, bis es wieder Karneval und eine Sambaparade gibt.

Karneval im Nordosten: Rio ist nicht die einzige Stadt Brasiliens mit einem feurigen Karnevalstrubel. Erfahrene Reisende bevorzu-

Links: Sambaschulen bei der Probe. **Oben:** Auch die Kleinen sind eifrig dabei.

gen den Karneval in den Küstenstädten des Nordostens – Salvador und Recife –, deren Höhepunkt rund um die Uhr laufende Straßenfeste sind.

Im Mittelpunkt des Karnevals in Salvador (Hauptstadt des Staates Bahia; 2,1 Mio. Einwohner) steht ein buntes Musikfestival auf Rädern, das *Trio Elétrico*. Der Anfang dieses Festes geht auf das Jahr 1950 zurück, als eine *Dodô* und *Osmar* genannte Musikgruppe mit einem zerbeulten Chevy-Cabriolet durch die Stadt fuhr und in der Faschingswoche für jeden, der stehenblieb, um Pop- und Folkmusik zuzuhören, spielte.

In den darauffolgenden Karnevalsjahren wurde das Konzept perfektioniert. Anstelle von Cabriolets benutzten die Musiker aus Bahia Tieflader-LKW's und schmückten sie mit bunten Lichtern und Luftschlangen. Sie installierten die besten Musikanlagen und nahmen einen dritten Musiker dazu. Die Grundidee aber blieb: Musiker ziehen im Triumphzug durch die ganze Stadt, gefolgt von einer schwitzenden und ausgelassenen Menge. Heute gibt es Dutzende *Trio-Elétrico*-Gruppen, die ihre Auftritte und Strecken lange planen, doch selten einhalten. Jedoch an der Praça Castro Alves, dem traditionellen Hauptquartier des Karnevals von Bahia, halten wirklich alle.

Samba, eine Tanzmusik aus dem Nordosten namens *Frevo* und eine neue, *Deboche* genannte Variante, eine Mischung zwischen traditionellen Karnevalsliedern und Rock'n'Roll, beherrschen das Repertoire eines *Trio-Elétrico*.

Der Karneval von Bahia hat noch einen anderen, eher volkstümlichen Aspekt: *Afoxé*. In fließende Satinroben gehüllt, tragen die Anhänger der afro-brasilianischen Kulte Bahias ihre Flaggen und Baldachine in unterwürfigen, ehrfurchtsvollen Prozessionen während der vier Karnevalstage. Die monotonen, oft in afrikanischen Sprachen gesungenen Gesänge des *Afoxé* sind eine unheimliche Begleitmusik.

Der *Frevo* ist die Musik des Karnevals von Recife (Hauptstadt von Pernambuco; 1,3 Mio. Einwohner). Von Volkskundlern als Neuerscheinung angesehen, ist die Bezeichnung eine Korrumpierung des portugiesischen Wortes für „kochend" (*fervura*). Der *Frevo* heizt, in anderen Worten, das Temperament seiner Zuhörer an.

Während in Bahia die Fans ihren Musikgruppen „horizontal" durch die Stadt folgen, tun sie dies in Pernambuco in vertikaler Rich-

Lebensfreude 293

tung: Die Tanzenden hüpfen auf und ab wie Ballerinen im Eiltempo. Der *Frevo* hat sich vielleicht als musikalische Begleitung zum *Capoeira* entwickelt, dem höllisch komplizierten Tanzstil des Nordostens, der zugleich eine Form der Kriegskunst ist. Nur wurde der moderne *Frevo* musikalisch vereinfacht, und die Zuhörer können ihre Tanzschritte selbst wählen. Daher kommt es, daß die Anhänger des Karnvelas von Recife eine Unzahl verdrehter Stile tanzen, von denen einige berühmt wurden und merkwürdige Spitznamen haben wie „Die Krabbe" und „Der Schraubenzieher". Geschickte *Frevo*-Tänzer nennt man *Passistas,* und obwohl sich ihre Tanzschritte unterscheiden, tragen sie dasselbe Kostüm:

Begleitern umgeben wird. In Recife ist auch ein indianisches Element gegenwärtig, denn viele Teilnehmer der Umzüge bemalen ihren Körper und tragen Federschmuck.

Weihnachten in Brasilien: Wenn auch der Karneval das anstrengendste Fest der Welt ist, so haben die Brasilianer dennoch genug Energie für die anderen wichtigen Termine des römisch-katholischen Kalenders. In diesem größten römisch-katholischen Land der Erde ist Weihnachten das wichtigste religiöse Fest.

Die meisten brasilianischen Kinder glauben, daß der Weihnachtsmann (*Papai Noel*) an Heiligabend überall auf der Welt Geschenke verteilt. Er kommt durch ein offenes Fenster und legt die Geschenke in die Schuhe, die auf dem

Knickerbocker, Strümpfe, ein weites Hemd und einen bunten Schirm. Dieses Gewand ist ein Schritt zurück in die Kolonialzeit, als der *Capoeira* aus der Kombination afrikanischer Elemente entwickelt wurde. Die Schirme sollen wohl die verzierten Baldachine sein, die die afrikanischen Könige einst benutzten.

Wie in Salvador, so hat sich in den afrobrasilianischen Kulten von Recife eine eigene Art des Karnevals parallel zu den Hauptfestlichkeiten erhalten. *Maracatu* ist wie *Afoxé* eine Prozession, die theatralische und musikalische Elemente miteinander vermischt. Im Mittelpunkt steht eine Königin, die von einem Baldachin geschützt und von reich kostümierten

Boden oder Fensterbrett stehen. Er trägt einen roten Anzug und reist in einem riesigen, von einem Elch gezogenen Schlitten. Der brasilianische Glaube an den Weihnachtsmann ähnelt sehr dem der Europäer und Nordamerikaner.

Im 19. Jahrhundert war das Weihnachtsfest in Brasilien ein religiöseres und familienbezogeneres Fest als heute. Nach einem üppigen Abendessen an Heiligabend war es Brauch, an der Mitternachtsmette und der anschließenden Prozession teilzunehmen. Anstelle eines Weihnachtsbaumes stellen die meisten Familien eine Krippe, die *Presépio,* auf.

Die moderne Form des Weihnachtsfestes in Brasilien ist von deutschen Einwanderern geprägt, die den Weihnachtsbaum, das Schenken und den Weihnachtsmann einführten. Die Kommerzialisierung, wie der Kaufhaus-Nikolaus, unterstützen diesen Trend.

Ein Aspekt des Weihnachtsfestes, der sich nicht geändert hat, ist jedoch das Abendessen am Heiligen Abend. In den brasilianischen Familien gibt es dann verschiedene Nüsse und getrocknete Früchte, wie Feigen, Maronen und Datteln. Als Hauptgericht gibt es meist Truthahn, *Rabanada* (eine Art französischer Toast) und Schinken.

Wie in vielen Ländern stärkt das weihnachtliche Essen den Geist für das Trinken an Neujahr. Brasiliens beliebteste Silvesterfeste finden in Rio de Janeiro statt. Dicht gedrängte Clubbälschenke für Iemanjá, die Meereskönigin. Wird eines der mit Geschenken beladenen Boote von der Flut hinausgetragen, bedeutet es, daß Iemanjá den Wunsch des Schenkenden erfüllen wird. Kommt das Boot mit den Geschenken wieder zurück, so wurde der Wunsch abgelehnt. (Salvador ehrt Iemanjá am 2. Februar.)

Am 1. Januar feiert Salvador das bunte Fest *Bom Jesus dos Navegantes*, bei dem eine Prozession kleiner, mit Luftschlangen und Fahnen geschmückter Schiffe eine Statue von Jesus, dem Patron der Seefahrer, vom Haupthafen an den außerhalb liegenden Strand Boa Viagem bringt. Einer Legende zufolge werden alle Seeleute, die an diesem Ereignis teilnehmen, nie ertrinken.

le, angeheizt vom Samba und der Sommerhitze, sind eine Probe für den Karneval. Um Mitternacht verspritzen kunstvolle Feuerwerke bunte Farbtupfer über den samtenen Himmel.

Am besten sieht man die Neujahrsfeierlichkeiten vom Strand aus. Hunderte von *Filhas-de-Santo*, weißgekleidete Priesterinnen aus Rios afro-brasilianischer Religion, verbrennen am Strand von Copacabana Kerzen und setzen behelfsmäßige Holzboote ins Wasser. Diese winzigen Boote sind voller Blumen und Ge-

Links: Auf diesem Karnevalsball geht es etwas gesitteter zu. Oben: Das *Trio Eléctrico* sorgt für Stimmung in den Straßen.

Mitte Januar rüstet sich Salvador für ein weiteres großes Spektakel, das typisch ist für die den Pomp und das Feiern liebende frühere Hauptstadt Brasiliens – die *Festa do Bonfim*. Mittelpunkt des Ereignisses, das in einem Vorort von Salvador stattfindet, ist das „Treppenwaschen" an der berühmten Bonfim-Kirche. Scharen von Frauen aus Bahia in ihren traditionellen fließenden Kleidern putzen die Treppen der Kirche, bis sie leuchtend weiß sind. Tausende Menschen treffen sich an der Kirche, um bei dieser anstrengenden Arbeit zuzusehen.

Besucher sollten einem der Händler am Kirchplatz bunte Bonfim-Bänder abkaufen.

Lebensfreude 295

Machen Sie es wie die Einheimischen und knüpfen Sie Knoten in das Band (jeder Knoten ist ein Wunsch), bevor Sie es um Ihr Handgelenk binden. Geht das Band kaputt (vom normalen Verschleiß), erfüllen sich die Wünsche. Das Band muß allerdings ein Geschenk sein.

Ein anderes farbenfrohes Ereignis des römisch-katholischen Kalenders ist die *Festa do Divino* vor dem Pfingstsonntag. In zwei der schönsten Kolonialstädten – Alcântara im nordöstlichen Staat Maranhão und Paraty, 250 km südlich von Rio – finden die klassischen *Festa-do-Divino*-Feierlichkeiten statt. Die Leute der Stadt tragen Kleider aus der Kolonialzeit, und viele spielen Rollen berühmter Persönlichkeiten aus Brasiliens Geschichte.

Die Feste des hl. Johannes und des hl. Peter sind jedoch fröhlicher. Das Johannisfest wird am 23. und 24. Juni gefeiert. An diesen Tagen füllen hell beleuchtete Ballons den Himmel, und die ganze Nacht hindurch brennen Feuer. Das Fest zu Ehren des hl. Peter am 28. und 29. Juni feiert man mit einem Feuerwerk, reichlich zu essen und trinken und volkstümliche Musik dürfen auch nicht fehlen. Dieser Heilige wird vor allem von Witwen verehrt, die während des Festes Kerzen vor ihrer Tür anzünden.

Die meisten Junifeste finden im Freien statt. Alle Leute, auch die Städter, ziehen sich dann wie Leute vom Land oder *Caipiras* an. Typisch für die meisten Junifeste sind Volksmusik, Tänze und Hochzeitsparodien.

Höhepunkt ist ein Besuch des Kaisers, der zu einer Prozession und Messe am Kirchplatz eintrifft. Als Geste königlicher Großherzigkeit spricht er Gefangene des Stadtgefängnisses frei. Umherziehende Musiker – die *Folias do Divino* – unterhalten die Menschen rund um die Uhr.

Die Junifeste: Kurz nach Pfingsten beginnt einer der interessantesten Festzyklen Brasiliens – die Junifeste. Die Feste der Heiligen Johannes, Antonius und Peter fallen alle in den Juni. Das Fest des hl. Antonius am 12. Juni bestimmen streng religiöse Feierlichkeiten. Der Heilige ist der Schutzpatron für alle, die etwas verloren haben, und für junge Mädchen, die einen Mann suchen.

In Osasco, einem großen Vorort São Paulos, wird in der letzten Juniwoche das größte offene Feuer Brasiliens (22 Meter hoch) entzündet. Die langen Eukalyptusscheite, mit denen allein man das Feuer schürt, sind erst nach einer Woche völlig verbrannt.

Feste im Oktober: Den ganzen Oktober über finden Feste religiösen Ursprungs statt. Drei der für Brasilien typischsten Feste werden während des ganzen Monats gefeiert. Eines davon, zu Ehren der *Nossa Senhora de Aparecido*, gipfelt am 12. Oktober in einem Nationalfeiertag.

Im Oktober des Jahres 1717 geschah in Guaratingueta, genau zwischen Rio und São

Paulo, „das Wunder von Aparecida". Damals fuhr der Kolonialgouverneur São Paulos um die Mittagszeit durch die Stadt und bat in einem Fischerhäuschen um Essen für seine Gefolgschaft. Der Fischer und zwei Freunde eilten zu ihren Booten am Fluß Paraiba, aber hatten in dem sonst fischreichen Gewässer kein Glück. Also beteten sie. Als sie ihre Netze wieder auswarfen, zogen sie eine schwarze, einen halben Meter hohe Statue der hl. Jungfrau Maria aus dem Fluß. Nachdem sie heil ins Boot gebracht war, machten sie einen Fang, der fast ihre Netze sprengte. Die Geschichte wurde bald im ganzen Umland bekannt, und 1745 erbaute man für die Statue eine schlichte Kapelle. Hauptsächlich wegen der strategisch günstigen Lage des Schreins an der Rio-São-Paulo-Schnellstraße verbreitete sich der Kult der Jungfrau von Aparecida schnell, und man errichtete ihr um die Mitte des 19. Jahrhunderts eine größere Kirche. Die kleine Kapelle steht noch immer auf dem niedrigen Hügel mit Blick auf die neue Basilika. 1931 wurde Nossa Senhora de Aparecida vom Vatikan zur Schutzheiligen Brasiliens ernannt.

Die Idee zum Bau einer dritten Kirche entstand bereits 1900, als ein vom Vatikan beschlossenes Heiliges Jahr 150 000 Pilger nach Aparecida lockte. Der Grundstein wurde 1955 gelegt, und 1978 war sie so gut wie fertiggestellt.

Die Basilika ist ein gewaltiges Bauwerk. Das einfache Heiligtum aus dem 19. Jahrhundert hätte in der neuen Kirche leicht Platz. In dem enormen Schiff und all den Kapellen und Galerien finden sich jährlich an die acht Millionen Pilger ein.

Im Vergleich dazu ist die malerische Igreja de Nossa Senhora da Penha in Rio de Janeiro ihrer Größe nach weniger imposant, jedoch genauso ungewöhnlich wie ihre Umgebung. Die auf einem kegelförmigen, 100 Meter hohen Hügel liegende Penha-Kirche ist Sitz einer der ältesten Laien-Bruderschaften.

Der Orden von Penha wurde im 17. Jahrhundert vom portugiesischen Landeigentümer Baltazar Cardoso gegründet. Dieser glaubte, er sei bei einem Jagdunfall durch göttliche Hand vom Tode errettet worden. Der Vorfall geschah unweit des Berges Penha in Portugal. Der Laienorden, den Cardoso gründete, verlegte seine Aktivitäten später nach Brasilien und fand in dem Felskegel von Penha in Rio

Eine Gruppe von „Gandhis" in den Straßen von Salvador.

eine Miniaturkopie von Cardosos europäischem Penha. Die erste, auf dem Felsen erbaute Kirche entstand 1635, die zweite 1728. In diesem Jahr begannen Mitglieder des Ordens, 365 Stufen direkt aus dem Stein zu meißeln. Dies machte die Kirche berühmt.

Der ungewöhnlichste Aspekt an dem alljährlich in Penha abgehaltenen einmonatigen Fest ist die Tortur, auf Händen und Knien die Stufen hinaufzurutschen. Tausende von Büßern nehmen jedes Jahr im Oktober diese schwere Aufgabe auf sich. Aufgrund der steigenden Anzahl von Pilgern wurde 1871 eine dritte Kirche erbaut.

Die Feierlichkeiten der Penha sind einzigartig für Rios Kirchenjahr. Denn die Gläubigen nehmen jeden Sonntag im Oktober nicht nur an religiösen Zeremonien teil, sondern auch an einem „Laienfest", das an der Esplanade am Fuße des Hügels abgehalten wird. Die weltlichen Feste sind bekannt für gutes Essen, viel Bier und Live-Musik für gute Stimmung

Amazonasfeste: Ebenfalls im Oktober werden die religiösen Bräuche des brasilianischen Amazonasgebiets, die Prozession und das Fest *Círio de Nazaré* in Belém, gepflegt. Belém lockt jährlich Zehntausende zu dieser bemerkenswerten Prozession, die sich am zweiten Oktobersonntag über eine Strecke von zehn Kilometern durch die Innenstadt wälzt. Mit Hilfe eines dicken, mehrere Häuserzeilen langen Taus wird ein bunt geschmückter Wagen mit dem Bildnis Unserer Lieben Frau von Nazareth gezogen. Diejenigen Pilger, die dieses Seil zu greifen bekommen, werden von der Heiligen dafür belohnt. Sobald das Bildnis die Basilika erreicht, beginnt ein 14tägiges, den Penha-Festen in Rio ähnlndes Fest. In der Círio-de-Nazaré-Geschichte geht es um den Jäger José de Sousa, der das meterhohe Bildnis im Wald fand. Sousa dachte, es würde ihm Glück bringen, und stellte es in eine behelfsmäßige Kapelle, wo es den kranken Nachbarn angeblich eine wunderbare Heilung brachte. Die erste Prozession mit dem Bildnis fand 1763 statt. Das Seil kam erst im 19. Jahrhundert dazu.

Feste wie Círio de Nazaré, Bom Jesus dos Navegantes und selbst der Karneval haben gemeinsame Merkmale: alle werden an wichtigen Daten des römisch-katholischen Kirchenjahres gefeiert; alle haben ein zentrales Thema mit traditionellen und volkstümlichen Elementen, und, was wohl am typischsten für Brasilien ist, die Feiernden amüsieren sich ausnahmslos prächtig.

Lebensfreude

LIEDER UND TÄNZE

Jeden Samstagabend warten alle größeren brasilianischen Städte mit einem riesigen musikalischen Angebot auf. Wollen Sie sich zu den Trommeln einer Sambaschule gesellen? Oder in einer Bar mit dem Besteck zu Sambarhythmen klopfen? Hüfte an Hüfte zum täuschend einfachen Takt des *Forro* tanzen, der von einer vierköpfigen Band – Akkordeon, Baßtrommel, Gitarre und Triangle – in einer Tanzhalle voller Leute aus dem Nordosten geklopft wird. Die tangoähnliche Ballsaal-Virtuosität der *Gafiera* kennenlernen? Sich bei der wirbelnden Musik des *Choro*, der auf Mandolinen und Bratschen gespielt wird, unterhalten? Oder sich den Dezibels einer der neuen brasilianischen Rockgruppen aussetzen? In den Nachtclubs hört man nun Jazz und die melancholischen Töne des portugiesischen *Fado* oder einen der zahlreichen, von *Samba-canção* bis *Bossa nova* singenden Interpreten. Diskotheken heizen mit The Smiths und Bob Marley, aber auch den aktuellen Hits Brasiliens auf. In den Clubs und Tanzlokalen der Arbeiterklasse herrscht die Nostalgie von *Duplas sertanejas*, Folklore-Duos, vor. Die ersten *Duplas* waren ein Ergebnis der Varietés um die Jahrhundertwende. Heute stellen sie den am schnellsten wachsenden Anteil der Unterhaltungsmusik dar und verkaufen die meisten Schallplatten. Sentimentale Strophen über einfache Liebesgeschichten nähren die Sehnsucht des Stadtmenschen nach dem einfachen Landleben. Die Botschaft ist universell: Ein beliebtes Duo, Millionário e José Rico, verkauft Riesenmengen Schallplatten – mit portugiesischen Texten – in die Volksrepublik China. Außerhalb der Städte ist volkstümliche Musik noch sehr gefragt. In Rio Grande do Sul hören sich *Gauchos* Akkordeonmusik an, so wie es ihre deutschen Vorfahren getan haben. Im an Paraguay grenzenden Mato Grosso do Sul vermischen sich Boleros mit ländlicher Musik. Nordöstliche Rhythmen wie *Baião*, *Forro* und *Maracatu* aus dem Landesinneren und der schnellere *Frevo*, der der Küste entstammt, hört man nicht nur dort, sondern überall, wohin es die Menschen aus dem Nordosten auf der Suche nach Arbeit und einem besseren Leben verschlagen hat.

Der Tänzer und seine „Partnerin" begeistern alle Umstehenden sichtlich.

Geschichte der Musik: Allein die Verschiedenartigkeit dieser Nation erklärt, wie so viele Richtungen volkstümlicher Musik gleichrangig nebeneinander bestehen können. Die aufeinanderfolgenden Einwanderungswellen hinterließen ihre Spuren. Es begann mit den portugiesischen Kolonialherren, den Missionsstationen der Jesuiten und der Zwangseinwanderung der Sklaven und ging bis zu den politischen und den Wirtschaftsflüchtlingen aus dem Europa des 19. und 20. Jahrhunderts. Dazu gehören italienische Anarchisten, polnische Katholiken, deutsche Juden und in letzter Zeit Palästinenser, Japaner, Koreaner und Christen aus dem Nahen Osten.

Das kulturell gemischte und gesellschaftlich hierarchische strukturierte Brasilien hat einen Fuß im Computer-Zeitalter und den anderen im 17. Jahrhundert. 70% der Stadtbevölkerung, allerdings der neu zugewanderten Städter, bewahren den kulturellen Bräuche des *Sertão*: eine Kultur basierend auf dem gesprochenen Wort, jedoch durch Radio und Fernsehen sämtlichen Einflüssen des Globus ausgesetzt.

Volkslieder sind trotz aller neuesten Veröffentlichungen auf Compactdisks nicht ausgestorben. Der „Sound" der Stadt – Jazz, Pop, Rock – greift neuerdings auf seine ländlichen Wurzeln zurück. In der nächsten Generation wird der Einfluß der elektronischen Medien ohne Zweifel seinen Tribut fordern. Im Augenblick ist Brasilien jedoch eine der produktivsten musikalischen Gebiete für traditionelle Volksmusik.

Der Rhythmus: Es ist ein abgedroschenes Klischee, daß Brasilien Rhythmus hat. Was es wirklich hat, sind Rhythmen, und zwar absolut im Plural. Die brasilianische Musik ist auch von Verschmelzungen gekennzeichnet. Eigentlich besteht die Geschichte brasilianischer Musik nur aus Verschmelzungen. Die erste war eine indianisch-jesuitische. 1500, als die beiden miteinander in Berührung kamen, gab es in Brasilien etwa fünf Millionen Indianer. Die Jesuiten erkannten bald, wie sehr die Indianer auf Musik ansprachen, und wie wichtig sie im Ritual war. So paßten sie zur Verkündung des Evangeliums die katholische Liturgie dem indianischen Ritualgesang und der Choreographie an. Allmählich wurde dann das gregorianische Kirchenlied von der indianischen Bevölkerung aufgenommen. 400 Jahre später – als die indianische Gesamtbevölkerung auf 250 000 geschrumpft ist – kann der gleiche Prozeß in manchen Gegenden immer noch beobachtet werden. Obwohl die katholische Kirche in jüngster Zeit dazu überging, die Kultur der Indianer zu respektieren, praktiziert man in den traditionellen Orden weiterhin die Verbreitung der Kirchenmusik. Im Nordwesten des Staates Amazonas, in der Nähe der Grenze zu Venezuela, singen Indianer des Tucano-Stammes immer noch die Credos und Glorias, die die Salesianer-Missionare ihnen beigebracht haben.

Die Musik der Indianer hat ihren Schwerpunkt im Rhythmus, nicht in der Melodie. Die Hauptinstrumente sind *Maracás*, verschiedene Rasseln, und bei manchen Indianervölkern einfache Flöten und Pan-Flöten. Die Gesänge waren so heilig, daß bei manchen Stämmen das Singen allgemein auf das Ritual beschränkt war. Im Lauf der Jahre verloren die Texte ritueller Gesänge an Bedeutung und wurden zu rein magischen Klängen. Die wichtigste Ausnahme von rituellen Gesängen scheinen Wiegenlieder gewesen zu sein, die von den Frauen leise und sanft gesungen wurden.

Bestimmte animistische Zeremonien, die bei Nicht-Indianern, wie den Catimbo im Nordosten Brasiliens und den Pajelanca im nördlichen Amazonasgebiet, gebräuchlich sind, verdanken vor allem in ihrer Choreographie mehr indianischem Ritual als den musikalisch und visuell anspruchsvolleren Afro-Zeremonien der Küstengegenden. Einige noch lebendige ländliche Volkstänze wie *Caiapos* und *Cabochlinhos* entspringen unmittelbar indianischer Inspiration.

Zum Erbe der brasilianischen Indianer in der Pop-Musik gehören Rhythmusinstrumente, eine nasale Stimmlage, das im Refrain gesungene Wort und die Gewohnheit, den Vers mit einer tieferen Note zu beenden. Laut Mário de Andrade ist es den Indianern zuzuschreiben, die Tendenz der Portugiesen, hauptsächlich Lieder über enttäuschte Liebe zu machen, integriert zu haben. Er sagt: „... für mich ist es klar, daß indianische Themen, die fast nie mit Liebe zu tun haben... uns zu einer vollständigeren lyrischen Betrachtung des Lebens verholfen haben."

400 Jahre lang jedoch stand alles unter dem Einfluß der brasilianischen Kolonialherren, der Portugiesen. Sie prägten die brasilianische Tonalität der Harmonie und führten den Vier-Schläge-Takt und die Synkopierung ein, die sich später so gut mit den afrikanischen Rhythmen vermischen sollte.

Sie brachten: *Cavaquinho* (ähnlich der Ukelele, mit Stahlsaiten), *Bandolim* (Mandoline), die portugiesische Gitarre (zehnsaitig, zu fünf Paaren gebündelt, eher wie eine große Madoline, Sitar oder griechische Bouzuki), den portugiesischen Dudelsack und Instrumente wie Flöte, Klavier, Bratsche und Harfe.

Es war jedoch nicht die portugiesische Gitarre, die das Rückgrat der brasilianischen Volksmusik werden sollte, sondern die spanische. Das gleiche passierte mit der von den Portugiesen bevorzugten italienischen Mandoline. Auch das italienische Akkordeon soll-

te in die Volksmusik, besonders die ländliche Musik, integriert werden. So ist im Nordosten der Akkordeonspieler, der von Dorf zu Dorf reist und im Juni für die traditionellen Feste des São João (hl. Johannes) heiß begehrt ist, immer noch der Mittelpunkt von Festen auf dem Land. In letzter Zeit sind *Festas Juninhos* in ganz Brasilien, sogar den Städten, wieder sehr in Mode gekommen. Dann sind plötzlich zuwenig Akkordeonspieler da und müssen durch Schallplatten ersetzt werden.

Im Laufe der Jahre entwickelten die Menschen aus dem Nordosten einen Akkordeonstil, der mit den klagenden Tönen der Europäer nichts gemein hat. Pedro Sertanejo, Besitzer eines *Forro*-Tanzlokals in São Paulo, nach einer Tournee mit seiner Musikerfamilie durch ganz Europa: „Sie schauten uns mit offenem Mund an und wunderten sich, wie wir diesen Rhythmus in das Akkordeon bekamen."

Der unumstrittene König des Akkordeons ist Luís Gonzaga, der Erfinder des *Baião*-Rhythmus, der mit seinen 70 Jahren immer noch spielt. Seine Lieder handeln fast ausschließlich vom harten Leben im Nordosten. *Asa Branca* (nach einem Vogel, dem Weißvogel), das durchdringende Klagen eines Bauern, der durch die Dürre von seinem Land vertrieben wurde, entwickelte sich zu einer inoffiziellen Landeshymne. Paradoxerweise ist der Rhythmus eher fröhlich.

Am lebendigsten sind jedoch die weltlichen Feste: die *Congadas*, eine Dramatisierung der Schlachten zwischen Mauren und Christen, und *Bumba meu Boi*, allgemein für eine Verunglimpfung der *Tourinhos* – Portugals nicht tödliche, spielerische Stierkämpfe – gehalten. Heute ist *Bumba meu Boi* ein buntes, rhythmisches Fest, vor allem mit Schwarzen, das in Pernambuco, Maranhaõ und Bahia in seiner echtesten Form aufgeführt wird.

Wenn den Portugiesen der lyrisch-poetische Rahmen und zu einem gewissen Teil der Bereich der Themen und Gefühle in der brasilianischen Volksmusik zu verdanken sind, so müssen wir uns in punkto Lebenskraft und Energie nach Afrika wenden.

Die Portugiesen schafften die Grundlage für portugiesische Volkstänze, von Ringelreihen und Maibaumtänzen bis zu dramatisierenden Tänzen, obwohl nur diejenigen überlebt haben, die den afrikanischen Rhythmus am besten einbezogen.

Die meisten Tanzaufführungen sind mit dem katholischen Kalender verknüpft. Dies sind die *Reisados* (Besuch der drei Weisen, sechs Tage nach Jesu Geburt), *Pastoris* (gesungene und getanzte Krippenspiele) und die *Festa do Divino* (an Pfingsten).

Links: Gilberto Gil im Konzert. Oben: Caetano Veloso pflegt seinen eigenen Stil.

Die Mehrheit der Sklaven Brasiliens kam von der Westküste Afrikas, vor allem aus Angola, sowie aus dem Kongo und dem Sudan. Darunter waren Nagos, Jejes, Fantis, Axantis, Gas, Txis, Fulos, Mandingos, Haussas, Tapas, Bornus, Grumanen, Calabaren und die Elite, die moslemischen Malés. Anders als in den Vereinigten Staaten, wo die Spuren afrikanischer religiöser Rituale gänzlich ausgelöscht wurden, unterdrückten brasilianische Sklavenhalter der Kolonialzeit die animistischen Rituale der Sklaven nicht gänzlich. Solange das religiöse Zeremoniell samt der Feste weitab vom Gutshaus stattfand, tolerierte man es weitgehend. Erst später, als die

Lieder und Tänze 301

Schwarzen versuchten, ihre Religion in die Städte zu tragen, wurde die Polizei auf sie gehetzt, und so blieb ihnen nur noch der Ausweg, ihre Naturgötter mit den katholischen Heiligen zu verschmelzen. Die bei christlichen und heidnischen Festen üblichen Musikinstrumente waren die Vorläufer derer, die heute in jeder Sambaband mitspielen: die *Atabaque* (Trommeln), *Ganza* (metallene Rassel), *Cuica* (in einer kleinen Trommel spannt man eine Haut, die festgezogen ein heiser krächzendes Geräusch erzeugt) und die *Agogô* (einzelne oder doppelte, kegelförmige Glocke; wird mit Stock oder Metallstab geschlagen).

Bei nicht formellen Tänzen wie den *Umbigadas* (wörtlich: Bauch-Kopf-Stöße) bildeten Jahrhundert erstmals als *Lundu* in die Salons der weißen Städter eingelassen. Er wurde durch „einen gewissen zivilisierten Schliff, der die primitive Sinnlichkeit des Batuque in ein träges Hüftschwingen verwandelt" (Oneyda Alvarenga) abgeschwächt und in Paaren zur Begleitung von Viola und Sitar getanzt.

Domingos Caldas Barbosa, der um 1740 in Rio als Sohn einer schwarzen Mutter und eines weißen Vaters geboren und vor seinem Eintritt in die Armee in einer Jesuitenschule erzogen wurde, wurde zum berühmtesten Komponisten nicht nur von *Lundus*, sondern auch der *Modinha*, einer Musikart, die sich bis in dieses Jahrhundert durchsetzen sollte (1967 komponierte der beliebte Komponist Chico

die Schwarzen einen Kreis, klatschten, sangen und schlugen Rhythmusinstrumente, während jeweils ein Tänzer in der Mitte herumwirbelte. War sein Auftritt vorbei, stellte sich der Tänzer vor jemanden im Kreis und forderte diesen mit einem *Umbigada* – einem Vorwärtswerfen der Hüfte – zum Weitertanzen auf.

Varianten der Umbigadas gibt es heute in den schwarzen Gemeinden ganz Brasiliens und heißen *Samba de roda, Jongo, Tambor-de-crioulo, Batuque* oder *Caxambu*. Man nimmt an, daß das Wort Samba vom angolanischen *Semba*, einem Synonym für *Umbigada*, kommt. Dieser von der portugiesischen Elite lange als „lasziv" verschriene Tanz wurde im späten 18.

Buarque die Modinha *Ate Pensel* und nahm sie auf Platte auf). Caldas Barbosas romantische Modinhas, denen anfänglich nachgesagt wurde, daß „sie Damen mit vornehmer Moral verführen könnten", wurden bald so populär, daß er 1775 nach Portugal eingeladen wurde.

Mitte des 19. Jahrhunderts waren *Modinhas* bei Hofe sehr beliebt und wurden zu einer einzigartigen Form fast klassischer Kammermusik mit opernähnlichen Arien veredelt. Ende des Jahrhunderts waren sie jedoch wieder auf „Straßenniveau" gesunken: Laternen-Serenaden umherziehender Gitarristen.

Wer die Titelmelodie des Films *Love Story* kennt, konnte mal an einer *Modinha* schnuppern. Diese Melodie entspricht beinahe gänzlich einer 1907 entstandenen Komposition von Pedro de Alcantaram mit dem Titel *Dores de Coração* (Herzweh), die später in ganz Brasilien bekannt wurde als *Ontem, Ao Luar* („Gestern, als der Mond schien"), gesungen von Catulo da Paixão Caerense.

In der zweiten Hälfte des 19. Jahrhunderts forderte man die Sklavenbands der Plantagen auf dem Land und der städtischen Tanzsäle auf, moderne Tanzrhythmen aus Europa, wie Polka und Mazurka, nachzuspielen. Wenn sie für sich waren, spielten sie drauf los und vermischten lebhaft hüpfende Polkas mit ihren eigenen sinnlichen Drehungen und Schwüngen. Das Ergebnis war der *Maxixe*, eine extra-

vagante, rhythmische Form des Tango. Genau wie beim *Lundu* wurde der *Maxixe* zunächst verdammt und dann langsam gesellschaftsfähig gemacht. 1907 erlitt er, bei einem komischen, aber sehr bezeichnenden Vorfall, einen Rückschlag: Bei einem Ball zu Ehren einer deutschen Militärdelegation bat der preußische Diensthabende die Musikgruppe, einen beliebten *Maxixe* zu spielen. Schockiert von der Begeisterung, mit der seine Militärkapelle sich ins Zeug legte, strich Marshall Hermes da Fonseca, der brasilianische Armeeminister,

Links: Manchmal tanzt man einfach drauf los.
Oben: Milton Nascimento bei einem Konzert.

den Tanz aus dem Repertoire aller Militärkapellen. Fünf Jahre später mußte er sich in seinem eigenen Haus geschlagen geben, als seine Frau bei einer offiziellen Party eine temperamentvolle Kostprobe eines *Maxixe* aufs Parkett legte.

Ein gescheiterter brasilianischer Zahnarzt, Lopes de Amorin Diniz, bekannt als „Duque", erntete zu Beginn des 20. Jahrhunderts als Tänzer und Lehrer des *Vrai Tango Brasilien* in Paris großen Erfolg. 1913 tanzte er vor Papst Pius X., der bemerkte, der Tanz erinnere ihn an einen italienischen Tanz aus seiner Jugend. In Brasilien wurde der *Maxixe* jedoch weiterhin von Kirchenführern bis aufs Blut bekämpft.

Als dann Fred Aistaire 1934 in dem Hollywoodfilm *Flying down to Rio* eine Version des *Maxixe* tanzte, war der Tanz in Brasilien fast ausgestorben, da die agressiveren Sambas, die sich durch Karnevalsparaden großer Beliebtheit erfreuten, Oberhand gewonnen hatten. Heute gibt es immer noch Tanzlokale, meist *Cafieras* genannt, wo man staunenden Blickes Paaren zusehen kann, wie sie Hüfte an Hüfte *Maxixes*, *Choros* und *Sambas* mit der Virtuosität eines Duque seinerzeit tanzen.

Neben dem *Maxixe* entwickelten sich dann fast gleichzeitig zwei andere Musikformen, der eher elitäre *Tango brasileiro* mit seinem Einfluß des kubanischen *Habanera*, der vom Pianisten Ernesto Nazaré verewigt wurde. Die andere ist der *Choro*, ein Instrumentalrhythmus, der mit Flöte, Gitarre und *Cavaquinho* gespielt wird.

Der Samba entstand aus den *Umbigadas* der Sklaven, aber der erste *Samba* war der berühmte *Pelo Telefone*, der bei einem Notar in Rio unter dem Namen eines *Carioca*-Komponisten namens Donga registriert ist. Das Jahr darauf war *Pelo Telefone* der Karnevalshit, und in den folgenden Jahren bereitete der neue Musikstil dem Durcheinander verschiedener Rhythmen ein Ende, die den Karneval von Rio bislang mit Polkas und *Marcharanchos* für die oberen Klassen und dem rhythmischen *Afoxé* und *Lundu* für die Schwarzen prägten.

In den nächsten 50 Jahren verbreiteten sich Variationen des *Samba*, vom reinsten *Samba do morro* nur mit Rhythmusinstrumenten bis zum *Samba enredo*, dem epischen Samba der Karnevalsparade, mit erstem Sänger und Chor, der an die Wechselgesänge der Schwarzen in den USA erinnert, bis hin zum *Samba do breque*, einem Samba, der zwischendrin plötzlich unterbrochen wird – meist für eine Einlage – und dann wieder weitergeht, und

Lieder und Tänze 303

dem *Samba-canção*, einer Art Ballade, die man den Frank Sinatra der Sambas nennen könnte.

Da heute der Musik keine Grenzen mehr gesetzt sind und sich neue Musikstile in rascher Folge ablösen, sind Verschmelzungen wie Samba-Rock, Samba-Jazz-Funk und selbst Samba-Reggae nicht aufzuhalten.

Der *Bossa Nova* wurde am 22. November 1962 berühmt, als der Pianist und Komponist Tom Jobim sein berühmtes Konzert in der Carnegie Hall, New York, gab und Klassiker wie *The Girl from Ipanema* und *Samba de uma nota só* spielte. Fünf Jahre davor war der Bossa Nova in Brasilien, genau genommen an der Copacabana, zur Welt gekommen. Seine Vorläufer waren verjazzte Sambas oder „Samba-Sessions", damals populär in den Nachtclubs von Rio, und der amerikanische Cool Jazz, die beide aus den Bebop-Sambas der 40er Jahre hervorgegangen waren. Die Schlüsselfigur bei der Entstehung des Bossa Nova war nicht der klassisch ausgebildete Tom Jobim, sondern ein junger Gitarrist aus Zentralbahia – João Gilberto. Gilbertos einzigartiger Beitrag war ein Gitarrenstil, der Jazzharmonien mit einem harten Begleitrhythmus verband.

João Gilberto wurde von einer Gruppe junger Leute, meist Studenten, die selbst mit einer kühleren Form des Samba experimentierten, bei einem Auftritt in einem Nachtclub entdeckt. So entwickelte sich der Bossa nova eher in den Wohnungen und Bars von Rios schicker Zona Sul als in den Baracken. Der Dichter und frühere Diplomat Vinicius de Moraes, ein eingefleischter Bohemien, sollte mit ausgesucht schönen Texten wie *Eu sei que vou te amar* (Ich weiß, daß ich Dich lieben werde) zum Papst dieser Bewegung werden. Oft jedoch beschränkten sich die Texte des Bossa Nova auf ein klangvolles „Pam, bim-bam, bim-bam".

Obwohl João Gilbertos Gitarrenstil eine brasilianische Musikergeneration beeinflussen sollte, traf der Bossa Nova selbst in Brasilien, so wie der Cool Jazz in den USA, den Geschmack einer Minderheit und wurde nie zum Konsumartikel der breiten Masse. Die Bossa-Nova-Gitarre zu spielen, erfordert sehr viel Geschick. Ein Musiker verglich es mit „einem langen Satz, in dem man nach jedem Wort die Sprache wechselt". Die Melodie fließt weiter, ändert jedoch alle paar Noten die Tonart.

Die nächste bedeutende Musikbewegung in Brasiliens populärer Musik war der *Tropicalism*, eine Reaktion auf die Kühle des Bossa Nova und die gesellschaftskritischen „Protest-Sambas", die dem Bossa Nova in den 60er Jahren folgten. Letzterer wurde von Literaturprofessor Walnice Nogueira Galvão passend als die Lieder vom *o dia que virá* (Der Tag der kommen wird) bezeichnet. Dies war die Zeit des Militärregimes, wachsender Zensur und Repression. 1968 wurde Geraldo Vandré, der Komponist des Anti-Militär-Protestliedes *Pra não dizer que não falei de flores* (Dies soll nicht heißen, daß ich nicht von Blumen sprach) verhaftet, gefoltert und ins Exil geschickt.

1967 schlug der *Tropicalism* vollends ein, als die Bahianer Gilberto Gil und Caetano Veloso die Lieder *Domingo no Parque* (Sonntag im Park) bzw. *Alegria, Alegria* (Freude, Freu-

de) bei einem Musikfestival in São Paulo präsentierten.

Der Tropicalism schockierte die Puristen genauso wie seinerzeit Bob Dylan, als er mit einer elektrischen Gitarre auf der Bühne erschien. Die Bahianer benutzten alle Mittel des Pop-Rock. Ihre Musik war laut, anarchistisch und respektlos und vermischte Klangbilder Brasiliens mit internationaler Sub-Kultur mittels gewagter Nebeneinanderstellungen. Als das brasilianische Publikum den Schock überwunden hatte, machte es mit bis zur Ohnmacht.

1969 verhaftete die alarmierte Militärregierung Caetano und Gil und zwang sie schließlich, nach London ins Exil zu gehen. Als sie

1972 wieder zurückkehrten, hatte sich der *Tropicalism* durchgesetzt, und jede brasilianische Musikgruppe besaß elektrische Instrumente.

20 Jahre nach dem Beginn des *Tropicalism* beherrschen drei Sänger/Komponisten jener Generation noch immer die kultivierteren Bereiche der brasilianischen Musikszene: Caetano Veloso mit seiner geschmeidig poetischen Vorstellungskraft und dem Kollektivbewußtsein immer einen Schritt voraus; Gilberto Gil, direkter, afrikanischer, rhythmischer, und Chico Buarque, ein Komponist und Intellektueller.

Viele der heutigen Talente haben auf internationaler Ebene Erfolge erzielt: Milton Nascimento (auf Schallplatte mit Wayne Shorter und Gil Evans), Hermeto Paschoal und Egberto Gismonti im Jazz, die Sänger Gal Costa und Maria Bethania (Caetano Velosos Schwester), der temperamentvolle *Nordestino* Elba Rama-Iho und Jorge Ben mit seinen ewigen, wunderbar tanzbaren Sambas. In den frühen 80er Jahren schlug der *Rock brasileiro* mit etlichen neuen Sängern und Gruppen in Brasiliens Musikszene ein. Musikalisch ist der *Rock brasileiro* meist nichts anderes als eine Kopie internationaler Strömungen. Neu daran ist die zeitgenössische Sprache: Direkt, oft humorvoll, spöttisch oder ironisch, geht sie frei mit Sex und Gefühlen um und schaut nicht durch den Schleier der Romantik und der Andeutungen, wie es Brasiliens katholisch-lyrische Tradition so liebt.

Echte musikalische Veränderungen gab es Mitte der 80er Jahre nur in Salvador, im Staat Bahia, wo eine noch nie dagewesene „Re-Afrikanisierung" eingesetzt hat. Sie begann in den späten 70er Jahren, als *Afoxés*, Tanzgruppen, die in Verbindung stehen mit dem afrobrasilianischen *Candomblé*-Kult, in der Stadt beim Karneval von Salvador Aufmerksamkeit erregten. In fließende weiße Gewänder gehüllt, paradierten sie durch die Straßen, doch nicht zu den Klängen des temperamentvollen *Trio Elétrico* oder des Samba, sondern zu den afrikanischen Rhythmen derselben *Agogôs* und Trommeln, die sonst bei religiösen Ritualen benutzt werden. Die *Afoxés* vermehrten sich stark, ihr Einfluß verbreitete sich über den Karneval hinaus. Sie wurden zu Zentren einer Bewegung schwarzen Selbstbewußtseins. Gleichzeitig fanden importierte LP's von Bob Marley ihren Weg nach Bahia. Die Identifikation mit dem Reggae folgte auf den Fuß. Gilberto Gil gab ein beeindruckendes Konzert mit dem Jamaikaner Jimmy Cliff. Bald entdeckten *Baianos* andere karibische Rhythmen und die ganz Afrikas. Jeder Karneval bringt einen neuen Tanz und ein neues einheimisches Idol hervor.

Links: Auf einem Open-air-Konzert in Rio. **Oben**: Chico Buarque auf der Bühne.

FUSSBALL

Die Brasilianer haben das Fußballspielen nicht erfunden, aber sie haben es zur höchsten Vollendung geführt. Brasilien ist auf der ganzen Welt für seine Spitzenklasse im Fußball ebenso bekannt wie für seine Kaffees oder den Karneval.

Dieses Spiel kam kurz vor Ende des 19. Jahrhunderts nach Brasilien. Ein junger, in Brasilien geborener Engländer namens Charles Miller, der es während seines Studiums in England gelernt hatte, brachte es nach São Paulo. Seine Eltern gehörten zu den ersten britischen Technikern, die im späten 19. Jahrhundert in Brasilien Eisenbahnen, Häfen und elektrische Einrichtungen bauten. Miller lernte das Spiel gut, und 1895, nach seiner Rückkehr nach Brasilien, brachte er seinen Freunden vom São Paulo Athletic Club (SPAC), einem Club der englischen Gemeinde, die Grundbegriffe bei. 1901 wurde eine Fußball-Liga gegründet, und aus dem SPAC wurde der erste Champion, der in den Jahren 1902-1904 dreimal hintereinander den Pokal gewann.

1904 jedoch wurde der Pokal zum letzten Mal von englischstämmigen Spielern gewonnen. Die Brasilianer lernten und schlugen die Engländer in ihrem eigenen Sport, als sich der Fußball wie ein Flächenbrand über das Land ausbreitete.

Fußball als Leidenschaft: Heute, 80 Jahre später, ist der Fußball viel mehr als nur der „nationaler Zeitvertreib" Brasiliens. Für Millionen von Anhängern ist er eine glühende Leidenschaft, die während der Fußball-Weltmeisterschaft alle vier Jahre einen stürmischen Höhepunkt erreicht. Es gibt Millionen Spieler und Tausende Vereine. Jede Stadt, jede Schule und jedes Viertel hat seinen eigenen Fußballplatz, der von einem leeren Grundstück bis zu einem protzigen Stadion mit Tausenden von Sitzplätzen alles sein kann. Selbst in den abgelegensten Indianerdörfern des Amazonasbeckens gibt es Fußballplätze, und dort nimmt man einfach Kokosnüsse und andere heimische Materialien als Fußbälle.

Wenn die brasilianische Nationalmannschaft bei einer Weltmeisterschaft spielt, ist das ganze Land stillgelegt wie bei einem Generalstreik. Viele Fabrikbesitzer stellen heute be-

Diese Fußballfans stehen wie ein „zwölfter Mann" hinter ihrer Mannschaft.

reits Fernsehgeräte an den Fließbändern auf – ein meist vergebliches Bemühen, den Arbeitsausfall während der Weltmeisterschaft gering zu halten. Die meisten Firmen schließen jedoch während der Spiele und der darauffolgenden Festlichkeiten – falls Brasilien gewinnt.

Futeboll gehört so sehr zu Brasilien wie der *Samba*. Dieses Spiel ist so ungeheuer beliebt, daß in Brasilien einige der größten Stadien der Welt errichtet wurden. Rios gigantisches, ovales Maracaña-Stadion kann 180 000 dichtgedrängte Menschen unterbringen. Im Morumbi-Stadion in São Paulo haben bis zu 120 000 und in fünf anderen brasilianischen Stadien zwischen 80 000 und 100 000 Zuschauer Platz. Der Hauptgrund, warum *Futebol* in Brasilien sich so großer Beliebtheit erfreut, ist wohl, weil es ein Sport ist, zu dem Jugendliche aller sozialer Schichten Zugang haben. Das Spiel hat viele junge Spieler aus den Slums angelockt, weil sie es als einen Weg aus der Armut betrachten und weil die Geschichte von armen Jungs, die als Fußballtalente Karriere gemacht haben, sie ermutigen.

König des Fußballs: Der reichste und berühmteste von allen ist Edson Arantes do Nascimento, weltweit als Pele bekannt – der König des Fußballs. Dieser zarte Junge aus dem Slum einer Kleinstadt im Staate São Paulo hatte noch nie ein Paar Schuhe besessen, als er mit 15 Jahren einen Vertrag beim Fußballclub Santos unterzeichnete. 1958, ein Jahr danach, verhalf er der Nationalmannschaft zu ihrem ersten Weltmeisterschaftstitel. Vier Jahre später errang Brasilien dank Pele und Garincha, einem zweiten Fußballhelden des Landes, zum zweiten Mal diesen Titel.

1966, bei der Fußballweltmeisterschaft in London, erlebt der brasilianische Dynamo eine schwere Kränkung, als nämlich die gegnerischen Mannschaften merkten, daß das brasilianische Team zu schlagen war, sobald Pele auf dem Feld streng bewacht wurde. Opfer einer unbarmherzigen Abwehr und vieler Fouls, mußten Pele und mit ihm sein Team den Titel abgeben. Vier Jahre später war er zurück und führte Brasilien zum Rekord des dritten Welt-

meistertitels. Man ernannte ihn zum besten Spieler des Weltcups. 1977 trat Pele, nachdem er 1300 Tore geschossen hatte, vom aktiven Sport zurück. Kein anderer Spieler hat bisher nur 1000 Tore geschafft. Der Traum von Millionen junger Männer ist es, in Peles Fußstapfen zu treten und in einem der größten Clubs Rio de Janeiros wie Flamengo, Vasco, Botafog oder Fluminense, in São Paulo in Clubs wie dem São Paulo Futebol Club, Santos, den Corintians oder Palmeiras, dem Gremio oder Internacional in Porto Alegre, dem Atletico Mineiro und Cruzeiro in Belo Horizonte und Bahia in Salvador zu spielen – all diese Vereine, die sich um den Landestitel bemühen.

Die höchste Auszeichnung für jeden Spieler ist seine Ernennung zum Nationalspieler, die durch die Vereinigung aller Berufsspieler ausgesprochen wird. Die Geschichte dieser Mannschaft – und ihrer Spieler – wird von den Fans mit Begeisterung verfolgt. Bei einem wichtigen Spiel fällt oft innerhalb weniger Sekunden die Entscheidung zwischen Ruhm oder Schande.

Die Weltmeisterschaft: Der Erfolg oder das Versagen der Nationalmannschaft bei einem wichtigen Turnier kann die ganze Stimmung im Land völlig verändern. 1970 zum Beispiel verhalf der dritte Weltmeisterschaftstitel des Nationalteams der Diktatur unter Präsident Emílio Garrastazu Medici zu einem

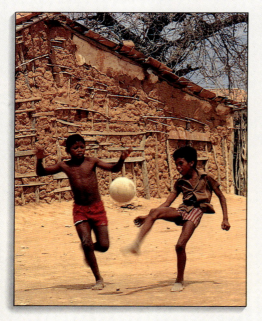

ungeheuren Popularitätszuwachs. Damals steckte die Regierung in einem scheußlichen Bürgerkrieg gegen Stadt-Guerillas. Bis heute jedoch verbindet man General Medicis Amtszeit eher mit den Siegen der Nationalmannschaft als mit seinen Regierungskünsten.

Nach Ansicht vieler renommierter Fußballkommentatoren ist das Team des Jahres 1970 das bisher beste. Fußballfans in aller Welt waren beim Weltcup in Mexiko City von der Perfektion der Stürmer, dem ausgezeichneten Ballgefühl und der Raffinesse der Brasilianer hingerissen. An so manche großartige Spieler wie Pele, Tostao, Gerson, Carlos Alberto und Jairzinho erinnert man sich noch heute wehmütig. Der Sieg war sicher der Höhepunkt für den brasilianischen Fußball, und als Krönung blieb der berühmte Jules Rinet-Pokal im Besitz des dreimaligen Fußballweltmeisters.

Seit der unvergessenen Weltmeisterschaft 1970 hat allerdings keine brasilianische Mannschaft mehr das Finale der Weltmeisterschaft erreicht, bis es 1994 dann wieder mit dem Titel klappte. Brasilien ist auch das einzige Land, das immer an der Weltmeisterschaft teilgenommen hat. Unerschütterliche Fans behaupten, Brasiliens Erfolglosigkeit bei den Weltmeisterschaften sei nicht auf mangelndes Können, sondern auf die härtere Konkurrenz und den Zank zwischen Clubbesitzern und Politikern zurückzuführen, die bei der Auswahl der Nationalmannschaft mitreden wollen. Der brasilianische Fußballstil mit seinem gekonnten Dribbeln und der unerhörten Virtuosität wird die Welt immer wieder in Erstaunen versetzen.

Die Fans: Brasilianische Fans sind grenzenlos optimistisch und in der Tat eine ganz eigene Rasse. Während Brasiliens Fußballspieler als die begabtesten der Welt gelten, spricht man von ihren Fans als den begeisterungsfähigsten der Welt. Zu einer Reise nach Brasilien gehört unbedingt der Besuch eines klassischen Spiels der Bundesliga, wie etwa Rios Flamengo gegen Fluminense im Maracañá-Stadion (ein Spiel, das man seit jeher „Fla-Flu" nennt).

Selbst wenn das Spiel langweilig sein sollte, lohnt das Spektakel der Fans den Eintrittspreis. Die Zurufe der Schlachtenbummler gehören genauso zum Spiel wie die Fußballer selbst. Die Fußballfans, das sind lauter fanatische Grüppchen, die riesige Fahnen schwingen, mit einer Energie ohnegleichen singen und tanzen und vor, während und nach dem Spiel einen Feuerwerkskörper nach dem anderen losjagen.

Am Ende der sechsmonatigen Spielzeit der brasilianischen Bundesliga, an der bis zu 44 Vereine teilnehmen, wird der letzte Spieltag zu einem buchstäblichen Feiertag. Sollten Sie die Heimatstadt des neuen Landesmeisters am Abend des Sieges besuchen, so machen Sie sich auf ein unvergeßliches Erlebnis gefaßt.

<u>Links:</u> Profi-Fußball im gigantischen Maracanã-Stadion. <u>Rechts:</u> Früh übt sich, was ein Profi werden will.

Fußball 309

KUNST UND KÜNSTLER

Brasilianische Kunst ist untrennbar mit dem brasilianischen Licht verbunden. Die volle, heiße Tropensonne erzeugt eine Grundstimmung, in der die Farben intensiver werden, Hell und Dunkel sich stärker voneinander abheben. Es heißt sogar, der Impressionismus habe seinen Anfang in Brasilien genommen, als Manet, der sich, an einer Tropenkrankheit leidend, an Bord einer französischen Fregatte im Hafen von Rio de Janeiro befand, den strahlenden, flimmernden Himmel vor der Guanabara-Bucht und die bewaldeten Berge erlebte. Die brasilianische Kunst ist eng verknüpft mit den Trends und Moden anderer Länder. Doch sind die führenden Künstler auf ihre Weise einzigartig, drücken ihre eigene Vision von der Kunst und der Welt aus.

Ist das Licht ein Charakteristikum der brasilianischen Kunst, so ist die Originalität ihrer hervorragendsten Künstler ein anderes. 1922 lösten sich die Künstler nach der Woche der Modernen Kunst in São Paulo von der akademischen Tradition Europas – ein Wendepunkt für die kulturelle Geschichte des Landes. Man gab nun einheimischen Themen den Vorrang vor europäisch beeinflußten Inhalten. Tarsila do Amaral war einer der Hauptvertreter dieser Bewegung, die parallel zu sehen ist zu der von Vicente do Rego Monteiro, Segall und Emiliano Di Cavalcanti angeführten modernistischen Richtung. Mehr als ein halbes Jahrhundert glorifizierte Cavalcanti in seinem Werk die Mulattinnen, weil sie für ihn, wie für die meisten brasilianischen Männer, der Inbegriff exotischer Schönheit waren.

Die europäische Art-Deco-Bewegung beeinflußte Monteiro und den Bildhauer Brecheret, dessen *Antlitz Christi* eine ausgeprägte innere Spannung zeigt und dessen früheres Werk *Eva* Einflüsse von Rodin und Michelangelo verrät. In Brecherets gewaltigem Denkmal für die *Bandeirantes* im Ibirapuera-Park in São Paulo verschmelzen Art-Deco und Mussolini-Stil.

Impressionismus: Machen die brasilianischen Künstler Anleihen in Europa, so tun sie es oft erst eine oder zwei Generationen später. Der Impressionismus, der sich in Frankreich im letzten Viertel des 19. Jahrhunderts entwik-

Typische naive Malerei von Norbim.

kelte, gewann in Brasilien zu Ende der ersten Hälfte des 20. Jahrhunderts an Bedeutung, beispielsweise mit Künstlern wie Manuel Santiago, der noch heute den Impressionismus auf seine eigene Weise interpretiert – mit dick aufgetragenen, kräftigen Pinselstrichen und vollen Farben.

Ein anderer Künstler, der Impressionist José Pancetti, war tuberkulosekrank, ein ehemaliger Seemann, dessen triste Landschafts- und Meeresbilder mehr seinen eigenen Gemütszustand als die heitere Szenerie rundum reflektierten. Brasiliens wahre Originalität drückte sich jedoch am deutlichsten im Werk Candido Portinaris aus, eines Malers italienischer Herkunft, dessen Familie in den Staat São Paulo kam, um auf den Kaffeeplantagen zu arbeiten. Portinari, der als der größte brasilianische Künstler des 20. Jahrhunderts gilt, malte mit hochgiftigen Farben, so daß er Krebs bekam und früh starb. Sein Fresko *Krieg und Frieden* schmückt das Gebäude der Vereinten Nationen in New York, und sein Gemälde *Entdeckung und Kolonisierung* hängt in der Kongreßbibliothek in Washington.

Betroffen von dem harten Leben der brasilianischen Landarbeiter, hob er in seinen Gemälden ihre Hände und Füße heraus, als wollte er sie ausdrücken lassen: „Sie sind das einzige Gut, das ich besitze. Wenn meine Hände und Füße nicht länger taugen, werde ich fortgeworfen wie eine ausgequetschte Orange." Den Hunger stellt er dar in *Totes Kind*: Eine aufs Skelett abgemagerte Familie weint auf einer öden Landschaft über der Leiche eines Kindes. Ob das Land dürr oder fruchtbar ist, Portinaris Bauern zeigen vor allem das schwere, leidvolle Leben der Arbeiter ohne Land – der *Retirantes*, der Wanderarbeiter. Im Gegensatz dazu sind Orlando Terluz' Landschaften von einem vollen, lehmigen Braun, und die ländlichen Bewohner dieser Gemälde sind von einer glücklichen Unschuld, wie die Gestalten auf Fulvio Pennacchis Leinwänden. Pennacchi erzählt von ländlichen Vergnügungen, Festen und Jahrmärkten. Verglichen mit Portinaris ausgehungerten Leuten sehen seine Wanderarbeiter eher wie glückliche Familien auf einer Pilgerfahrt aus. Pennacchis Bauernfamilien scheinen sich von Dorf zu Dorf zu bewegen, und die Häuser sind manchmal im

Kunst 311

brasilianischen und manchmal im Stil seiner Heimat, der Toskana, gemalt. Ein anderer nach Brasilien eingewanderter Toskaner, Alfred Volpi, ging von seinen frühen, figurativen Jahrmarktsdarstellungen über zu geometrischen Fahnen, wie sie die ländlichen Kirchenfeste schmücken, dabei einem logischen Muster gehorchend, das manchmal als Minimalismus bezeichnet wird, weil er Linien, Farben und dekorative Elemente auf ein Mindestmaß reduziert. Volpi wurde erst bekannt, als er begann, in diesem geometrischen Stil zu malen, der die Aufmerksamkeit der Kunsthändler auf sich zog. Heute schafft Volpi, inzwischen gut in den Neunzigern, Siebdrucke, die auf seinen früheren geometrischen Ölbildern basieren. Es gibt Tausende von Volpis Siebdrucken auf dem Markt. Man feiert ihn als den „großen" Exponenten der brasilianischen Kunst. Volpis Popularität stieg, als der soziale Realismus an Interesse verlor.

Soziale Einflüsse: Der soziale Realismus war eine wesentliche Bewegung der 40er und 50er Jahre. Obwohl Brasilien in den Zweiten Weltkrieg nur am Rande involviert war, änderte der Konflikt künstlerische und kulturelle Werte ganz radikal. Die Linke förderte den sozialen Realismus in der Art der mexikanischen Künstler Diego Rivera und Orozco. Portinaris sozial durchdrungene Fresken und Ölbilder gehören dieser Stilrichtung an. Carlos Scliar malte einige Zeit in dieser Manier und zeigte die Arbeitsbedingungen der Landarbeiter in Rio Grande do Sul. Allmählich jedoch eliminierte er alle sozialen Elemente aus seinen Bildern und konzentrierte sich auf Landschaften mit geometrischen Formen und Flugzeugen, Städte und Seeszenerien, Stilleben von Blumen und sein Markenzeichen – eine quadratische Teekanne in einer zweidimensionalen Perspektive unter sparsamster Verwendung von Licht und Schatten und in ausgeprägten Pastelltönen.

Parallel zum sozialen Realismus entwickelte sich ein neuer abstrakter Stil. Die erste Biennale 1951 in São Paulo half, diese Richtung zu stärken. Im Laufe der Jahre förderte diese Biennale Avantgarde-Kunst von Picas-

sos berühmter *Guernica* über den Konstruktivismus, Happenings bis hin zu Installationen. Während der 50er Jahre gab Volpi seine figurativen Malereien zugunsten seiner Flaggen und der geometrischen Bogenfenster im Kolonialstil auf. Milton da Costa vermittelte seinen Symbolismus auf geometrische Weise, während der in Bahia geborene Rubem Valentim mit halb abstrakten Zeichen und Symbolen aus den afro-brasilianischen *Macumba*- und *Candomblé*-Ritualen spielte. Zu den führenden Exponenten der abstrakten Kunst von den 60er bis in die 80er Jahre gehören die Brüder Ianelli: Thomaz, der nuancierte Brauntöne, Blau und Rosa malte, als wolle er Volpis kleine Flaggen verwischen; und Arcangelo, bemerkenswert wegen seiner Verwendung strahlend gelber Quadrate und Rechtecke, die er ineinandersetzte. Arthur Piza hob in seinen Stichen Struktur und Plastizität hervor, in einer logischen, intellektuellen Weise wie auch Sacilotto, Fernando Lemos und Ferrari. Der nach Paris ausgewanderte Cicero Dias hingegen beschwor die üppigen Farben seines Landes und die hellen Häuser – hier und da ein paar schwebende Gestalten – im Stil des magischen Surrealismus.

Die „Gruppe der 19": Einige von Brasiliens heute führenden Künstlern gehörten einer heterogenen Bewegung an, die als die „Gruppe der 19" bezeichnet wurde. Diese Künstler

Er verbrachte zehn Jahre in Rußland, wo er seine Frau Clara traf, die ihm als Modell für viele seiner Ölbilder und Stiche diente, die sie umgeben von esoterischen Zeichen und Symbolen, Schlangen und griechischen Hermaphroditen mit Hasenohren zeigen.

Ein drittes Mitglied der „Gruppe der 19", Marcelo Grassman, schuf Hunderte von Stichen von mittelalterlichen, lanzenbewehrten Rittern. Die Surrealistin Lena Milliet war eine der ersten brasilianischen Frauen, die sich Anerkennung in der Kunstwelt verschafften.

Ein jüngerer Surrealist ist Carlos Araujo: Sein Vater wollte, daß er seine Baufirma übernimmt. Doch sie ging bankrott, und er gewann damit die Freiheit, sich der Malerei zu wid-

stellten erstmals Ende der 40er Jahre in der Galerie Prestes Maia in São Paulo aus. Zwei führende Exponenten dieser Gruppe, Mario Gruber und Otavio Araujo, sind ebenfalls dem magischen Surrealismus zuzurechnen. Mario Gruber ist fasziniert von den ausdrucksvollen Gesichtern Brasiliens, der Schwarzen, der Leute des Nordostens, der Rinderhirten des dürren *Sertão*, Brasiliens nordöstlichen Binnenlandes, mit ihren typischen Lederhütten. Otavio Araujo hingegen darf man als Brasiliens bedeutendsten Surrealisten bezeichnen.

Links: Innenraum der Pampulha-Kirche.
Oben: *Fischerleute* von Di Calcacanti, 1951.

men. Seine riesigen, menschliche Gestalten darstellenden Ölbilder sind reich strukturierte, wolkenähnliche Kompositionen, wobei er bis zu neun Schichten aufträgt, um seinen vollen, leuchtenden Effekt, die *Velatura*, zu schaffen. Nora Beltran darf man ebenfalls als magische Surrealistin bezeichnen. Ihre dicken Tangotänzer, frivolen Frauen und ordensgeschmückten Generäle machen die sozialen und politischen Zustände in Lateinamerika lächerlich. Ebenfalls ironisch, ohne surrealistische Untertöne, malt Gustavo Rosa: Jungen, die Drachen steigen lassen, Katzen, Pferde, Badende, Eis- und Früchtekarren und menschliche Gestalten mit dreieckigen Augen, Hüten oder Pfeifen.

MODERNE ARCHITEKTUR

Eine Elite brasilianischer Architekten – Schöpfer einer frischen „tropischen" Ästhetik und neuer Techniken – gehört heutzutage zu den anerkanntesten Vertretern ihres Berufes.

Der Stadtplaner Lúcio Costa, Roberto Burle-Marx, der Magier tropischer Landschaftsgestaltung, und der Architekt Oscar Niemeyer haben in den großen Städten Brasiliens und auch im Ausland Dutzende von Monumenten geschaffen. Zu Niemeyers Werken gehören das aufsehenerregende Parteigebäude der Kommunistischen Partei Frankreichs in Paris, tektur. Er forderte auf zu klarem Design, zu sparsamem Verbrauch der Baumaterialien und zu offenen Räumen. Seine Vorstellungen inspirierten ein Projekt, das als das erste bedeutende Bauwerk moderner brasilianischer Architektur gilt: das Gebäude des Erziehungsministeriums in Rio.

Viele der Themen, die heute die brasilianische Architektur beherrschen, gehen auf dieses Bauwerk zurück. Eines war die Gestaltung weiter, offener Räume, einschließlich eines luftigen Patios: Man schuf ihn, indem man den

der Nationale Universitätscampus in Algerien und die Fassade des UNO-Gebäudes in New York.

Aber der Höhepunkt der modernen brasilianischen Architektur ist die überwältigende Hauptstadt Brasília, die 1960 gegründet wurde. Der Samen dazu wurde jedoch bereits 1931 gesät: In jenem Jahr lud Lúcio Costa, der designierte Direktor der Akademie der Schönen Künste, den legendären französischen Architekten Le Corbusier zu einer Reihe von Vorlesungen ein. Le Corbusier vermittelte den begierig lauschenden Studenten, unter denen sich auch Niemeyer befand, seine Auffassung vom Funktionalismus in der Archi-

Hauptbau auf Zementpfeiler, die sogenannten *Pilotis*, setzte. Die Räume wurden durch leichte Jalousien, *Bries soleil*, vor dem gleißenden Tageslicht geschützt. Im Innenbereich ließ man die einzelnen Stockwerke völlig offen, so daß jede künftige neue Verwaltung die Räume verändern konnte, indem sie die Raumteiler entfernte. Man erreichte den Eindruck von offenem Raum und einen wunderbaren Blick auf die Guanabara-Bucht, indem man die Fenster fast doppelt so groß als üblich machte. Der weite Platz vor dem Bauwerk wurde von Roberto Burle-Marx konzipiert, der gerade erst aus Deutschland gekommen war, wo Walter Gropius sein Förderer gewesen war. Juscelino Kubitschek, der Bürgermeister von Belo Horizonte, war beeindruckt von ihrer Arbeit und brachte das Team Costa-Niemeyer-Marx erneut in den 40er Jahren zusammen, um Brasiliens schönsten Wohnpark – Pampulha – zu gestalten. Mit seinem ausgedehnten Freizeitbereich rund um einen künstlichen See ist Pampulha eine einzigartige Kombination von Landschaftsgestaltung und diskret integrierten öffentlichen Gebäuden, zu denen ein Kunstmuseum gehören, ein Tanzpavillon und die römisch-katholische Kapelle São Francisco.

Fasziniert von der „Plastizität" des Betons, errichtete Niemeyer dort seine eleganten Bauwerke unter Einsatz von Kurven, Rampen und

Brasília: 1956 wurde Juscelino Kubitschek brasilianischer Regierungschef. Eine seiner ersten Taten im Amt bestand darin, das Pampulha-Team erneut für ein noch weit kühneres Projekt zusammenzubringen – eine neue Hauptstadt. Unter anderem war Brasília ein Beweis für Kubitscheks enormes Vertrauen in Costa und Niemeyer.

Man schrieb einen internationalen Wettbewerb aus, um sodann das beste Projekt für Brasiliens neue Hauptstadt auszuwählen. Doch Burle-Marx zufolge „wußten alle bereits im voraus, wer gewinnen würde". Tatsächlich war der Vorschlag, den Lúcio Costa der Jury unterbreitete, nur mit ein paar Federstrichen auf ein Notizblatt gekritzelt. Diese

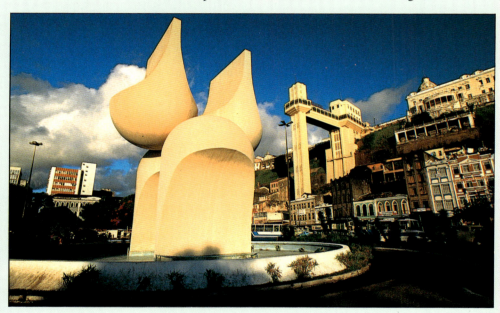

wellenförmigen Dächern. Die niedrigen Konstruktionen verfügen über ausgedehnte Patios und luftige Vorplätze – eine Architektur aus frischen, hellen Strukturen, die über den grünen Parks und dem blauen Wasser des Sees von Pampulha zu schweben scheinen.

In Pampulha, für dessen Gesamtkonzept Lúcio Costa verantwortlich zeichnet – für die Landschaftsgestaltung Roberto Burle-Marx und für die Architektur Niemeyer –, sammelte man die ersten Erfahrungen für die weitere Entwicklung der modernen brasilianischen Architektur.

Links: Der Itamaraty-Palast in Brasília. Oben: Moderne Skulptur in Salvador.

grobe Skizze reichte aus, ihm den Zuschlag zu geben. Kubitschek höchstpersönlich engagierte Niemeyer für den Entwurf der wichtigsten Bauten, und innerhalb weniger Wochen entstand Brasília auf dem Reißbrett.

Die neue Hauptstadt repräsentierte den letzten Schritt in Niemeyers Entwicklung auf eine sehr ökonomische Bauweise und ein strenges Design zu. Die gleißend weißen Mauern der wichtigsten Gebäude auf dem Platz der drei Gewalten scheinen von gleicher Beschaffenheit wie die Wolken am Himmel über Brasília. Riesige Glasflächen bewirken einen ähnlichen Effekt. Die Stadt und der Himmel scheinen eins.

Die Biennale: Die Biennale brachte São Paulo in den Mittelpunkt des lateinamerikanischen Kunstlebens. Alle zwei Jahre stellen Hunderte von Künstlern ihre Werke in einer drei Monate dauernden Veranstaltung aus, die Ausstellungen von Gemälden und Skulpturen umfaßt, Video-Shows, Installationen, Vorträge, Filme und Theateraufführungen.

Die Biennale, die auf die Initiative von Cicillo Matarazzo, den Patron der Bildenden Kunst, zurückgeht, hat einen nachhaltigen Einfluß auf die internationale Kunst ausgeübt und unter anderem große Ausstellungen von Künstlern wie Picasso, Delvaux, Tamayo und anderen gezeigt. Seltsamerweise erfahren die Künstler aus anderen Ländern hier eine stärkere Förderung als die heimischen. Die brasilianische Kunst leidet an mangelnder internationaler Werbung und Verkaufsförderung. Es scheint die weitverbreitete Meinung zu herrschen, daß man lediglich Künstler aus Europa, Japan oder den Vereinigten Staaten managen kann. Viele internationale Kunsthändler betrachten die Biennale von São Paulo mehr als eine Gelegenheit, ihrer Lieblingskünstler zu lancieren, als die Kunst des Gastlandes weiterzutragen.

Eine der großen Ausnahmen ist der aus Japan stammende Manabu Mabe, der nicht nur ein sehr eindrucksvolles Werk vorzuzeigen hat, sondern auch einen ganz ungewöhnlichen kulturellen Austausch zwischen Brasilien und dem Land seiner Geburt bewirkt hat. Mabe ist der einzige Künstler Brasiliens, der einen internationalen Markt hat. Mabe kam als Landarbeiter nach São Paulo; später stieg seine Reputation, und seine Kunst wurde abstrakter. Heute vermischt sich in seinen Farben und Formen fernöstliche Harmonie mit brasilianischem Licht und kühnen Farbtönen. Jedes von Mabes Bildern ist ein reines visuelles Vergnügen – weiße Pinselstriche explodieren in Feldern aus intensiven Rot-, Blau- und Grüntönen.

Sehr viel intellektueller und geometrischer ist Tomie Ohtake, die nur zwei oder drei Farben verwendet. Ohtake, die heute zu den talentiertesten Künstlern São Paulos gehört, begann professionell zu malen, als ihre Familie, die sich ebenfalls als Landarbeiter im *Interior* verdingt hatte (wie Mabe und Portinari), nach São Paulo zog. Ihre Bühnenbilder für *Madame Butterfly* am Stadttheater in Rio machten Geschichte in der südamerikanischen Bühnenmalerei.

Tikashi Fukushimas Sohn Takashi ist intellektueller im Stil, und seine frühen Landschaften sind leidenschaftlicheren Strichen in der Horizontal-vertikal-Dichotomie fernöstlicher Tradition gewichen.

Mabes Sohn, Hugo Mabe, begann mit expressionistischen, figurativen Landschaften, doch sind seine Gemälde inzwischen abstrakter geworden. Ähnlich beginnt Taro Kanekos Landschaftsmalerei inzwischen in abstrakte Kunst überzugehen. Rios Corcovado, der Zuckerhut, die Rundung der Guanaraba-Bucht und São Paulos Jaragua-Park sind in seinen intensiven, dickstrichigen Ölbildern mit ihren explosiven, überraschenden Farben kaum mehr erkennbar. Kanekos Meer ist rot oder golden, seine Himmel sind grün oder orange, seine Berge gelb oder schwarz. Er verwendet Farbmassen, um seinen Bildern Struktur zu geben, und häufig finden sich mondkraterähnliche Vertiefungen.

Der Maler Fang mußte China kurz nach der kommunistischen Revolution verlassen. Sein Vater hatte mit Sun Yat-Sen zusammengearbeitet, und Fang wurde in einem buddhistischen Kloster in China erzogen, wo er die traditionellen Kampfsportarten und Malerei studierte. Seine Stilleben – so die Lilien in der Vase auf einem zweidimensionalen Tisch – zeigen in Grau, Weiß und Grauweiß Ton-in-Ton-Nuancen von einer stillen Harmonie, die an den Italiener Morandi erinnert.

Kunstzentren: Zwar sind São Paulo und Rio die bedeutendsten Kunstzentren des Landes, doch haben sie kein Monopol auf die Kreativität.

So pilgern deutsche und amerikanische Kunsthändler nach Goiás auf dem Zentralplateau in der Nähe von Brasília, wo Siron Franco seine wilden Tiere mit magischer Energie und in glühenden Farben malt. Besonders liebt er Schlangen und den *Capivara*, ein einheimisches Tier mit runder Schnauze. Man vergleicht ihn manchmal mit Francis Bacon, aber seine Farben und Gestalten rühren stärker an. Seine Menschen- und Tiergesichter haben kühne, weiße, gelbe oder schillernde Linien um die Augen. (Sirons Vater, der einen kleinen Grundbesitz hatte, war so verzweifelt, als er sein Land verlor, daß er sich auf den Boden legte und in die Sonne starrte, bis er erblindete.)

Recife ist durch João Camara und Gilvan Samico vertreten. Camara erlangte Berühmtheit durch seinen Protest gegen das Militärregime: Sein *Bekenntnis* zeigt Gestalten mit gefolterten Gliedern, die der Anatomie widersprechen. Seine späteren Werke, die keinerlei sozialen Protest mehr enthalten, zeigen Gestalten mit Köpfen und Gliedern, die auf überraschende, verdrehte, manchmal sehr sexuell betonte Weise mit ihren Körpern verbunden sind.

Sein Nachbar in Olinda, Gilvan Samico, arbeitet in der volkstümlichen Holzschnitt-Tradition der Balladenbrüder oder *Literatura de Cordel*. Er gestaltete in kräftig-grobem Stil Balladen von Karl dem Großen und seinen zwölf französischen Rittern und beschrieb legendäre einheimische Gestalten wie den charismatischen Padre Cicero und berühmte Banditen wie Lampiao und Maria Bonita.

Samicos Holzschnitte sind hochgeschätzt von den Museen und liegen um einiges über der volkstümlichen Holzschnitt-Kunst des Nordostens. Reynaldo Fonseca malt im Neo-Zentralplateaus stammt GTO, dessen *Mandala*-ähnliche Holzschnitzereien Höhepunkte der volkstümlichen Skulptur darstellen. Der aus Polen stammende Babinski, Iara Tupinamba und Chico Ferreira aus Lagoa Santa haben ebenfalls zur Bereicherung der künstlerischen Tradition von Minas beigetragen.

Der in Ceará geborene Aldemir Martins malt Flora und Fauna seines heimatlichen Nordostens. Er stellt so exotische Früchte dar wie *Jenipapo*, *Jaboticaba*, Cashewnüsse und die runzlige *Maracuja*, die Passionsfrucht. Servulo Esmeraldo, ebenfalls aus Ceará, entwarf das Monument für die Meereskloake (es befördert Fortalezes Abwässer angeblich hinaus ins Meer und nicht an die Strände), das aus zwei schwarz-

Renaissance-Stil starre menschliche Gestalten, die sich – wie seine Katzen – nur durch ihre übertrieben großen und traurigen Augen voneinander unterscheiden.

Minas Gerais wird repräsentiert durch Brasiliens originellsten und kreativsten Holzschnitzer, Maurino Araujo, der der Tradition des größten brasilianischen Bildhauers Aleijadinho folgt. Maurino Araujos Spezialität sind schielende, kurzsichtige, böse blickende, einäugige Engel, Erzengel, Cherubime und Seraphime. Ebenfalls aus der Gegend des

Idilio na noite, Gemälde von Mario Gruber aus dem Jahr 1963.

weißen Abwasserrohren in Form eines „V" besteht: Zeichen für den Sieg über die Abwässer, obwohl der Geruch an den Stränden manchmal verrät, daß die Schlacht noch nicht gewonnen ist.

Brasília gewann Künstler aus vielen Ländern, die die phantastische Architektur von Oscar Niemeyer mit dekorativen Elementen bereicherten. Bruno Giorgis *Meteore* schmücken den spiegelnden See vor dem Palácio dos Arcos, Ceschiattis Bronzeskulptur zweier sitzender weiblicher, ihr Haar kämmender Gestalten den See beim Regierungspalast. Ceschiattis Engelsmobile hängt von der hohen, geschwungenen Decke der Kathedrale von Brasília.

Die Kunst Bahias: Rita Coureiro vom Amazonas malt indianische Legenden oder Überschwemmungsszenerien mit Rindern, die schon fast im Wasser ertrunken sind. Rio Grande do Sul ist bekannt für seine kraftvollen Bildhauer, insbesondere für Vasco Prado, der von kräftigen Hengsten fasziniert ist. Francisco Stockingers Krieger aus Bronze und Metall wirken mit ihren lediglich angedeuteten Gliedmaßen und Gesichtern sehr bedrohlich, während seine nackten männlichen und weiblichen Gestalten eine unverhüllte erotische Kraft ausstrahlen. Auch Beth Turkeniez' Aluminium-Skulpturen sind eine Hommage an die Kraft der Liebe.

Beste Beispiele der Kunst Bahias sind die bemerkenswerten Skulpturen von Mario Cravo, der in solchen Werken wie *Keimung I, II und III* mit Holz und gefärbtem Polyesterharz experimentiert. Sein Sohn, Mario Cravo Junior, kreiert zerknitterte Formen ohne Titel aus Polyesterharz und Fiberglas.

Emanoel Araujos abstrakte Holz- und Eisenskulpturen sind von einem ausgeprägten minimalistischen Effekt. Ganz anders die Gemälde und Stiche von Raimundo de Oliveira, dessen gepeinigtes Leben in Gegensatz zu den geometrischen Winkeln und biblischen Szenen stand. Oliveira beging 1966 Selbstmord.

Einer der führenden Künstler Paranás ist Rubens Esmanhotto, der stark von Scliar beeinflußt wurde, aber sehr früh in seiner Karriere einen Stilwechsel vollzog und nun Häuser im kühlen, tristen Licht Südbrasiliens malt, Bilder, die an Andrew Wyeth erinnern.

Die Künstler von heute: Künstler, die in anderen Ländern geboren sind, aber heute in Brasilien leben, haben einen großen Einfluß auf das kulturelle Ambiente des Landes gehabt. Einen brillanten Akzent setzt die leuchterförmige Skulptur aus Stahlstäben vor dem Hotel Mofarrej Sheraton in São Paulo, die der aus Japan stammende Toyota schuf. Einen atemberaubenden Effekt hat sein Mobile im 20 Stockwerke hohen Atrium des Maksoud Plaza Hotel.

Domenico Calabrone, ein Italo-Brasilianer, schuf Skulpturen aus Granit, rostfreiem Stahl,

Bronze und Stein für öffentliche Plätze wie die Praáa dos Franceses in São Paulo und den Petersplatz in Rom. Der in Italien geborene Beccheroni modelliert Bananenpflanzen in Bronzegüssen, während die in Ägypten geborene Dolly Moreno sich abends nach letzter Mode kleidet, aber tagsüber eine Asbestuniform und Schutzbrille anzieht und in ihrem Atelier in São Paulo mit einem Schneidbrenner ihre Stahlskulpturen schweißt. Ihre polierten Stahlschöpfungen sind an einem Ehrenplatz im Erdgeschoß des Kunstmuseums von São Paulo ausgestellt. Ganz in der Nähe steht die sehr erotische Keramik-Skulptur eines nackten Paares von dem bemerkenswerten

Tschechen Jan Trmaal aus Rio, der zuerst in Italien Film studiere, bevor er begann, sich mit Schmuck und Skulpturen auseinanderzusetzen.

Franco de Renzis sammelte interessanterweise seine ersten Erfahrungen in der Bildhauerei, als er für den Friedhof der Alliierten in Lucca in Italien Monumente für die im Zweiten Weltkrieg Gefallenen machte. In Brasilien schuf er *Unmögliches Gleichgewicht* mit Pferden, Ballettänzern und Sportlern, die die Gesetze der Schwerkraft herausfordern. Sein Werk hat ihn zu einem der am höchsten geschätzten Bildhauer der 80er Jahre gemacht. Sein italienischer Kollege Renato Brunello gestaltet geflügelte oder meteorische Skulpturen aus Holz und weißem Marmor.

Die in Tanger geborene Madeleine Colaco und ihre Tochter Concessa Colaco beziehen die Motive für ihre Wandteppiche von Flora und Fauna. Madeleine erfand einen eigenen Stil für ihre Wandteppiche, der im Internationalen Teppichmuseum in Lausanne unter der Bezeichnung „brasilianischer Stich" registriert ist. Der in Frankreich geborene Jacques Douchez und der aus São Paulo stammende Künstler Norberto Nicola modernisierten die Teppichkunst mit ihren abstrakten Designs und der Verwendung von nicht gestickten Elementen und von Hanf und anderen einheimischen Planzenfasern.

Primitive Kunst: In der primitiven Kunst beweist Brasilien jedoch mit kühnen Farben und mythischen Themen seine größte Originalität und Kraft. Chico da Silvas Monstren, oft entstanden unter reichlichem Einfluß von *Pinga*, Zuckerrohrschnaps, sind in psychedelischen Farben gemalt, während Francisco Severino Dila und Eduardo Calhado Landarbeiter zeigen.

Rodolfo Tamanini ist bekannt für seine Kunst, Stadtszenen einzufangen, wie etwa einen Fotografen bei einer kirchlichen Hochzeit oder Sonnenbadende auf Balkonen von Strandhochhäusern. Seine auf Papierfetzen gemalten Indianer sind ein Protest gegen die offiziell herrschende Meinung, daß die Indianer keine vollwertigen menschlichen Wesen seien. Iracema Arditi, Nunciata und Madalena malen die paradiesische brasilianische Vegetation, während Waldomiro de Deus Engel, Lämmer und ländliche Szenen darstellt. Er malte *Jakob mit dem Engel ringend* in einer brasilianischen Landschaft. Waldomiros Weise, Engel und biblische Szenen darzustellen, verrät seine „Rückkehr" zur Religion, die er während einer Reise nach Israel erfuhr. Ivonaldo malt schielende Zebu-Rinder, schielende Zuckerrohr-Schneider und schielende Paare in Kanus. Seltsamerweise sind Ivonaldos Visionen perfekt.

Wer sich für die naive Kunst interessiert, für den sind die **Jacques-Ardies-Galerie** in Sao Paulo und die **Jean-Jacques-Galerie** in Rio, die beide von einem eindrucksvollen Belgier mit Dali-Bart und Dali-Augen geführt werden, ein absolutes Muß.

Moderne Kunst: 1922 organisierte Paulo Prado die Woche der modernen Kunst, die die brasilianische Kunst revolutionierte. Sein Enkel, der ebenfalls Paulo Prado heißt, führt die **Galeria Paulo Prado** in São Paulo, die bedeutendste Galerie Brasiliens. Die Galerie fördert junge Künstler, bis sie Berühmtheit erlangen. Dann läßt Paulo Prado sie zu anderen Galerien abwandern, macht sich wieder auf die Suche nach neuen jungen Künstlern. São Paulo kann sich auch anderer bedeutender Galerien rühmen, wie **Arte Aplicada**, die von Sabina Libman geführt wird, **Galeria Sadala**, **Andre** und **Documenta**. Zu den bedeutendsten Galerien in Rio gehören **Ipanema** und **Bonino** und die Galerien im Gavea- und im Cassino-Atlântico-Einkaufszentrum.

Links: *Equador Nr. 2*, Gemälde von Manabu Mabe.
Oben: *São Paulo*, Gemälde von Lena Milliet, 1975.

AMAZONAS-TRÄUME

Der Amazonas, unermeßlich groß und geheimnisvoll, spricht eine universale Sprache. Sein Wortschatz kommt aus den Bereichen Wissenschaft, Profitstreben und Abenteuer. Der Amazonas ist sinnlich, gesetzlos und scheinbar endlos. Man kann sich in seine Dschungel – die legendäre Grüne Hölle – flüchten und für immer sicher sein. Man kann sein Glück machen oder in der Wildnis der Tropen untertauchen. Seinem Ruf folgten schon Generationen von Träumern und knallharten Realisten.

Heute trifft man in den großen und kleinen Städten entlang der Vielzahl von Flüssen des Amazonasgebietes Goldschürfer, Geologen und Manager von Dschungel-Projekten. Alle erzählen unterschiedliche Geschichten, und alle sind Teil einer Legende, die vor vierhundert Jahren begonnen hat.

Abenteurer des 16. Jahrhunderts, wie Francisco de Orellano, der erste Europäer, der das ganze Amazonasbecken durchquerte, waren weniger an nationalem Ruhm oder der Seelenbekehrung als am Gold von El Dorado interessiert. Orellano fand kein Gold, dafür aber einen matriarchalischen Kleinst-Staat inmitten des Dschungels, der von Indianerfrauen angeführt wurde. Orellano, eine gebieterische Persönlichkeit, war Oberkommandant von West-Ecuador. Er regierte seine Provinz in der etwas unglücklichen Verbindung mit Gonzalo Pizarro, dem kecken, jüngeren Bruder des Anden-Conquistadoren Francisco Pizarro. Beide waren ehrgeizig. Und beider Träume wurden genährt durch Gerüchte über das sagenhafte „Königreich Manoa", das von einem König regiert wurde, der seinen Körper täglich mit Goldstaub überzog. Die Spanier nannten ihn El Dorado, den Goldenen.

1540 brachen zwei getrennte Expeditionen auf der Suche nach Manoa von Ecuador auf. Pizarro reiste mit 220 Soldaten, etlichen Indianerführern, 2000 Jagdhunden und 5000 Schweinen. Orellano hatte nur 23 Soldaten und eine Handvoll Führer bei sich. Die Expeditionen trafen sich in einer abgelegenen Berggegend.

Als diese Truppe in ihren absurden Rüstungen, gefolgt von tobenden Hunden und Schweinen, mit dem Abstieg an der Ostseite der Anden begann, wurden die ziemlich ahnungslosen Ritter von Indianern angegriffen und getötet. Danach machten sich viele der Führer davon und überließen die Spanier ihrem Hunger. Orellano ging fort, um einer Jagdgesellschaft den Weg in das östliche Dschungelgebiet zu zeigen. Man sah ihn ein Jahr später wieder, nachdem er das ganze Amazonasbecken durchquert hatte. Pizarro brach schließlich die Zelte ab und kehrte mit nur 80 Soldaten voller Schande nach Quito zurück.

Orellano hatte in seinem Treck nur wenig Gepäck und befahl seinen Männern, aus Bäumen wendige, pfeilförmige Kanus wie die der Flußindianer zu bauen. Er fand nie Gold, nur endlosen Dschungel, wilde Tiere und feindliche Indianer.

Die Amazonen: Die Indianer faszinierten ihn, besonders der Stamm, den er „die Frauen, die alleine leben", nannte. Später sollten diese beachtlichen Kriegerinnen nach den Frauen der griechischen Mythologie in „Amazonen" umbenannt werden. Diese entfernten ihre rechte Brust, um besser mit Pfeil und Bogen umgehen zu können.

In der Nähe des Flusses Nhamunda traf Orellano auf Kriegerinnen. Er beschrieb diese als „sehr weiß und groß, und (sie) hatten ihr Haar geflochten und um ihren Kopf gewickelt und trugen Häute, um ihre Geschlechtsteile zu bedecken, und mit ihren Bogen und Pfeilen führten sie Krieg wie zehn Männer".

Orellano hatte einen Mann gefangengenommen, einen Indianer namens Couynco. Er sprach einen Dialekt, den einige von Orellanos Begleitern verstanden, und beschrieb die Welt der Kriegerinnen, zu der auch die gewaltsame Beherrschung abgelegener Stämme gehörte. Couynco sagte, die Frauen lebten in einem Dorf mit Behausungen aus Stein und Stroh, umgeben von einer hohen Steinmauer. Die Indianerfamilien dürften in einem anderen Dorf leben, waren jedoch Diener der Kriegerfrauen, die sich nachts in ihren privaten Bereich zurückzogen. Einmal pro Jahr luden die Frauen erwachsene Männer von Nachbarstämmen zu einem Paarungsfest ein. Männliche Sprößlinge aus diesen Verbindungen wurden in die Stämme ihrer Väter zurückgeschickt, die weiblichen jedoch von den Amazonen aufgezogen.

Ein desillusionierter Goldsucher in Serra Pelada.

Orellano berichtete nach seiner Rückkehr nach Spanien im Jahre 1543 von Couyncos Geschichte. Nichts beweist, daß Orellano mit jenen Kriegerinnen auch wirklich die Amazonen entdeckte. Spanische Gelehrte, die Orellanos Bericht über den Frauenstamm studierten, gaben dennoch dem größten Regenwald der Erde sowie dem gewaltigen Fluß den Namen *Amazonas*.

Verlorenes Manoa: Der portugiesische Seefahrer Francisco Raposo hat vielleicht zweihundert Jahre später die Ruinen von Manoa entdeckt. In seinem 1754 verfaßten Bericht beschreibt er „eine auf Felsen gebaute Stadt, die ein Gefühl endlosen Alters vermittelte", das sagenhafte Relikt einer verlorenen Kultur.

Schild in der Hand, eine Schärpe über einer Schulter und mit seinem Zeigefinger nach Norden zeigend".

In der Nähe des Platzes entdeckte Raposo weitere Mauern und Gebäude. In einige waren Hieroglyphen, in andere Bas-Reliefs gemeißelt, und es wiederholte sich das Motiv eines knienden Jünglings mit Schild. Im Inneren fand Raposo „Ratten, die wie Flöhe sprangen" und „tonnenweise Fledermauskot". Ferner entdeckte er bunte Fresken und eine Handvoll Goldmünzen.

Raposos faszinierende Stadt aus Stein wurde von niemandem mehr gesehen. Sie spukt jedoch weiter in den Köpfen neuzeitlicher Forscher herum. Der britische Abenteurer

Raposo und seine Männer fanden gepflasterte Straßen, kunstvolle Plätze und prächtige Architektur, die, wie die der Inkas, ohne Mörtel zwischen den Steinblöcken war.

Raposo schrieb: „Voller Furcht schritten wir durch die Tore und fanden uns in den Ruinen einer Stadt wieder", an gut erhaltenen Plätzen wie auch an offensichtlich „durch Erdbeben zerstörten". Und weiter: „Wir kamen an einen großen Platz, und in der Mitte des Platzes war eine Säule aus schwarzem Stein, und an deren Spitze war die Figur eines Jünglings über einem, wie es schien, großen Toreingang. Es handelte sich um eine bartlose Gestalt mit nacktem Oberkörper und einem

Colonel Percey Fawcett schrieb 1925: „Es ist sicher, daß ganz im Innern von Mato Grosso spektakuläre Ruinen alter Städte, die unvergleichlich älter als die Ägyptens sind, existieren". Fawcett war einer der großen Exzentriker unter den Amazonas-Forschern und reiste sein ganzes Leben lang. Während seiner Armeezeit sah er Hongkong, Ceylon, Bolivien, Peru und Brasilien. Dennoch schrieb er: „Ich verabscheute die Zeit bei der Armee." Die militärische Disziplin vertrug sich wohl nicht mit seinem Interesse am Okkulten, wozu für ihn auch Telepathie, Buddhismus, Reinkarnation und alte Kulturen gehörten. Eben diese Vorliebe zog Fawcett erstmals in die „Verlorene Stadt", und dies besonders, nachdem er – wie, das wurde nie klar – eine 25 Zentimeter große Statuette aus schwarzem Stein, die wahrscheinlich Francisco Rapos aus der Stadt gebracht hatte, geschenkt bekommen hatte. Fawcett schrieb darüber: „Dieser Stein besitzt etwas ganz Besonderes, das jeder fühlen kann, der ihn in der Hand hält. Es ist, als ob ein elektrischer Strom den Arm entlangläuft, der so stark ist, daß manche schon gezwungen waren, ihn wegzulegen." Fawcetts ungeheure Faszination führte ihn tief in das Innere Brasiliens.

Am 20. April 1925 begann er, 60jährig, seine letzte Reise und verließ die Hauptstadt von Mato Grosso, Cuiaba, in Begleitung seines 25jährigen Sohns Jack, dessen Freund Raleigh Rimell und einer Anzahl indianischer Führer. Die Reise wurde vom nordamerikanischen Zeitungsverband finanziert. Dieser veröffentlichte dann die Berichte, die Fawcett während seiner Reise durch Indianerführer nach Cuiaba bringen ließ.

Der letzte dieser Führer kam Mitte Juni mit Fawcetts letzter Nachricht vom 30. Mai 1925 nach Cuiaba. Fawcett hatte auch einen Brief an seinen Sohn Brian, der in Peru lebte, beigelegt. „Ich gebe Dir keine genaue Information über unseren Standort, weil ich nicht an der Tragödie einer Expedition, die unseren Spuren folgt, schuld sein will... Zum jetzigen Zeitpunkt kann niemand anderer es wagen, ohne eine Katastrophe zu erleben." Aber er fügte hinzu: „Was mich angeht, so brauchst Du keine Angst vor irgendeinem Fehlschlag zu haben."

Mehr als zehn Jahre nach seinem Verschwinden erzählten Missionare und Abenteurer Geschichten über ihn. Sie berichteten von einem humpelnden, weißbärtigen Europäer, der bei Indianern lebt, und behaupteten sogar, um das Jahr 1930 einen blassen, blonden Indianerjungen – angeblich Jack Fawcetts Sohn – in einem Indianerdorf im Mato Grosso gesehen zu haben.

Links: In mühsamer Handarbeit wird hier Erz gefördert. **Oben:** In Serra Pelada wimmelt es von menschlichen Arbeitsameisen.

Reichtum durch Kautschuk: Der eigentliche Reichtum des Amazonas war sogar noch beachtlicher als das Gold von El Dorado oder die „Ruinen alter Städte", so wie sie Raposo oder Fawcett beschrieben haben. Der Amazonashafen Manaus, mehr als tausend Kilometer vom Atlantik entfernt, war für 25 Jahre um die Jahrhundertwende eine der reichsten Städte der Welt. Sein Reichtum gründete sich auf dem schwarzen Gold des Amazonas, dem Gummi, und das System der Schuldensklaverei ermöglichte es, ihn auf einem großen Gebiet des Amazonas-Dschungels zu ernten.

In den ersten zehn Jahren des Jahrhunderts verkaufte Brasilien 88% des Welthandelsexports an Kautschuk. Die etwa hundert Gummimagnate von Manaus schickten ihre Wäsche nach Lissabon und ihre Frauen und Kinder nach Paris. Sie zündeten ihre Zigarren mit 50-Pfund-Noten an und gaben 1000 Pfund Sterling „für eine Nacht mit einer Indianerprinzessin" aus. An Premiereabenden floß in den Brunnen vor dem historischen Opernhaus von Manaus Champagner.

Die großartige Oper wurde 1896 aus Teilen errichtet, die man aus Übersee kommen ließ. Das Eisengerüst stammte aus Glasgow; die 66 000 glasierten Ziegel kamen aus Frankreich, und die Fresken malte der Italiener Domenico de Angelis. Das Projekt kostete zehn Millionen US$. Der Boom endete, als die Plantagen der Engländer in Asien vor dem Ersten Weltkrieg die Kautschukpreise des Amazonas unterboten. Innerhalb von zehn Jahren war Manaus wieder eine tote Dschungelstadt. Der amerikanische Industrielle Henry Ford, der von einem Höhenflug der Autoindustrie träumte, versuchte, mit den Engländern zu konkurrieren, indem er 1927 seine eigene Kautschukplantage im Amazonas anlegte. Er scheiterte, hauptsächlich wegen mangelnder Schädlingsbekämpfung, und verlor in 19 Jahren 80 Millionen US$. Die beiden Plantagen Fords, am Amazonas Fordlandia und Belterra, 825 Kilometer von Belém entfernt, sind noch zu sehen. Vorkriegslastwagen und Generatoren rosten in der tropischen Hitze hinter weißen Häuserreihen mit verfallenen Terrassen vor sich hin – ein weiterer unerfüllter Amazonas-Traum.

Zwei Jahrzehnte danach versuchte wieder ein amerikanischer Industrieller, der Milliardär Daniel Ludwig, im Amazonas sein Glück, indem er ein umfassendes Wald- und Landwirtschaftsprojekt anlegte. Ludwigs Erfahrung nahm ein erschreckend ähnliches Ende wie das von Ford.

1967 zahlte Ludwig, damals 70 Jahre alt, drei Millionen US$ für ein Stück Dschungel von der Größe Connecticuts, das am Fluß Jari im östlichen Amazonas lag. Der vor allem als Erfinder des Supertankers bekannte Ludwig war Inhaber der Universal Tankship Company. Sein

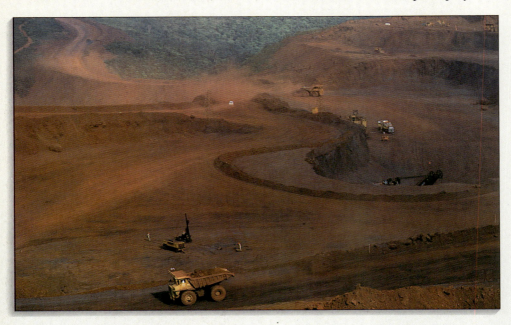

Traum war die Kombination von Waldwirtschaft und Papierindustrie. Ludwig suchte sich den Jari wegen der ganzjährigen Anbaumöglichkeiten und des scheinbar endlosen Landes.

Doch Ludwig bezwang den Dschungel trotz einer Investition von 900 Millionen US$ nicht. Die dünne Erdoberschicht des Amazonas-Regenwaldes erwies sich als ungeeignet für große Pflanzungen. Unkraut, Pilze und Ameisen beeinträchtigten zusätzlich die Ertragsfähigkeit. Ohne staatliche Unterstützung mußte Ludwig seine eigenen Straßen, Schulen und Kraftwerke bauen. 1982 überließ er das Gelände schließlich brasilianischen Interessen für 400 Millionen US$.

Die Natur im Amazonas mag auf subtile Weise rachsüchtig sein, der Mensch ist es jedoch auf primitive. „Im Amazonas gibt es nur eine Verfassung, und das ist eine Winchester 44", sagte ein Kautschukmagnat um die Jahrhundertwende.

Julio Cesar Arana, einer der berüchtigten Gummibarone, soll während seiner 20jährigen Herrschaft als „König des Flusses Putumaya" 40 000 Indianer ermordet haben. Ein anderer, Nicholas Suarez, tötete angeblich an einem einzigen Tag bei einer „Jagdexpedition" 300 Indianer.

Ein Beispiel, das den Zusammenprall zwischen dem Mythos Amazonas und dessen tödlicher Realität am besten zeigt, ist die 362 (Reisesserkrankheit), Erschöpfung und Malaria; und der Mensch in Gestalt feindlicher Indianer und nachlässiger Manager wie dem amerikanischen Unternehmer Percival Farquhar, dem Inhaber der Eisenbahnwegrechte.

Farquhar war ein klassischer Aufsteiger des Industriezeitalters. In Südbrasilien besaß er Straßenbahnlinien und Stadtwerke, und in Guatemala, Kuba und Panama baute er 25 geschäftsreiche Jahre lang Häfen, Brücken und Eisenbahnlinien. Sein Slogan lautete: „Denke in Kontinenten."

Die Einweihung der Madeira-Mamore-Eisenbahnlinie fiel mit dem Ende des Kautschukbooms zusammen. Heute sind von den 375 Kilometern nur noch neun erhalten. Wie

Kilometer lange Madeira-Mamore-Eisenbahnlinie – eine Standardstrecke im immer noch abgelegenen Staate Rondônia. Diese 1913 fertiggestellte Linie ist einem typischen Amazonas-Traum entsprungen: der Erschließung des Kontinents und gewaltiger Profite aus dem Kautschukhandel. In der Praxis erwies er sich als viel zu teuer und kostete seine Geldgeber 30 Millionen US$ und den Tod von 1500 Arbeitern. Wieder einmal verschworen sich Natur und Mensch gegen ein Amazonas-Unternehmen: die Natur in Form von *Beri-Beri*

Links: Eisenerzförderung in Carajás. **Oben**: Fischerboot im Abendlicht.

auch in Fordlandia gibt es hier Dinge, die an das unglückselige Vorhaben erinnern: verrostete Teile von Lokomotiven, vernagelte Arbeiterhütten und Unmengen von Grabsteinen am Candelaria-Friedhof, die ein Madeira-Mamore-Veteran mit einer riesigen Totenplantage verglich. Wieder ein Amazonas-Traum, der sich nicht verwirklicht hat.

Die vielleicht größte Ironie ist, daß die Realität des Amazonas genauso fantastisch ist wie seine Mythen. Der Amazonas ist der größte Regenwald der Welt, der in neun Ländern eine Fläche von vier Millionen Quadratkilometern bedeckt. Das Flußsystem ist das größte Süßwasserreservoir der Erde. Neben dem Amazonas selbst gibt es noch 1100 Zuflüsse, von denen 17 länger sind als 1612 Kilometer. An manchen Stellen ist der Amazonas 11 Kilometer breit. Vom Schiff aus kann man oft keines der Ufer sehen, was den Eindruck eines riesigen „Binnenmeeres" vermittelt.

Die Roosevelt-Rondon-Mission: Der Amazonas Regenwald ist auf dem Landweg noch nicht vollkommen erforscht. 1913 erkundete der ehemalige amerikanische Präsident Theodore Roosevelt ein Gebiet, das von einem Fluß durchquert wurde, dessen Existenz zuvor auf schierer Vermutung beruhte. Er entdeckte einen fast 2000 km langen Nebenfluß des Amazonas. Jener Fluß, der einst Fluß des Zweifels hieß, wurde in Roosevelt-Fluß umbenannt.

len, und niemand konnte sagen, was es barg. Kein zivilisierter Mensch, kein Weißer war jemals an diesem Fluß oder in diesem Gebiet gewesen, das wir durchquert haben. Alles mögliche kann da passieren." Roosevelt schrieb in sein Tagebuch: „Moskitos summten um uns herum, die giftigen Feuer-Ameisen stachen uns, die scharfen Stacheln der kleinen Palmen rissen unsere Hände auf. Danach eiterten manche Wunden."

Der schlimmste Horror war der Fluß selbst. Innerhalb weniger Tage waren die Kanus, die man über die Cerrados geschleppt und durch den Amazonas-Regenwald geschoben und gezogen hatte, an den Klippen zerschellt. Auf Rondons Anordnung wurden einfache, neue

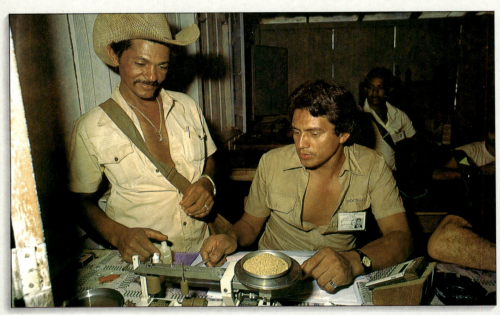

Der Ex-Präsident und der berühmte Forscher Cândido Rondson begannen ihre Reise im Dezember 1913 vom nördlichen Mato-Grosso-Gebiet aus. Rondon, ein erfahrener Händler und Erbauer von Telegraphenleitungen, war damals 48 Jahre, Roosevelt 55 Jahre alt. Bei der 59tägigen Expedition legten sie insgesamt 1451 km durch offene *Cerrados* und dichten Regenwald zurück. Die ersten elf Tage verbrachten sie in einer kaum besiedelten Zuckerrohrgegend. Während der nächsten 48 Tage marschierte die Gruppe entlang eines nirgends aufgezeichneten Dschungelpfads. Roosevelt schrieb über diese Gegend: „Wir waren bereit, uns dem Unbekannten zu stel-

Kanus aus Baumstämmen geschliffen. Einige wurden vom wilden Fluß zerschmettert, und ein brasilianischer Träger namen Simplicio ertrank, als ein Kanu im schäumenden Wasser umkippte.

Zweieinhalb Wochen nach dem Verlassen von Manaus erlitt der Präsident einen schweren Fieberanfall. Er berichtete jedoch, daß er aufgrund der ausgezeichneten ärztlichen Behandlung schon nach 48 Stunden über den Berg war.

Manche glauben allerdings, Rossevelt sei von einer ernsthaften Malaria-Attacke heimgesucht worden. Immer wieder war er im Delirium und konnte zwei Wochen lang nicht gehen. Einmal forderte Roosevelt Rondon sogar auf, ohne ihn weiterzugehen. Worauf Rondon antwortete: „Glauben Sie, Sie seien immer noch Präsident und könnten jedermann herumschicken? Erlauben Sie mir, Sie daran zu erinnern, daß diese Expedition den Namen Roosevelt-Rondon trägt und ich Sie deshalb, und nur deshalb, nicht alleine und sterben lassen kann."

Rondon ließ eine provisorische Tragbahre mit einem Baldachin aus Palmwedeln bauen. Beim Transport durch den Dschungel wurde sie gezogen und an ruhigeren Flußabschnitten auf ein Kanu geladen. Als man am Zusammenfluß des Flusses des Zweifels und des Madeira angelangt war, konnte Roosevelt sich

Rondon-Mission wurde der Aufgabe einer gründlichen Erforschung des Amazonas nicht gerecht. Die Geographie dieses Gebietes ändert sich dauernd, oft schnell. 1836 wurden fünf portugiesische Handelsschiffe, die vor Santarém lagen, von einer schwimmenden „Grasinsel", die von der starken Strömung des Amazonas entwurzelt wurde, weggespült. Selbst heute können diese „Geisterinseln" den Verlauf des Amazonas so sehr ändern, daß Navigationskarten nur etwa 20 Jahre gültig sind. Und dann kommt noch der Dschungel selbst, den die frühesten Abenteurer „Die Große Grüne Hölle" genannt haben. Dieser riesige Flecken Dunkelheit, der so überwachsen und düster ist, daß die Sammler des wertvollen

selbst anziehen und gehen. An dieser Stelle fand eine Feier statt, und Rondon stellte eine Tafel mit den Worten „Rio Roosevelt" auf.

Der ehemalige Präsident war mit Recht stolz. Er schrieb: „Wir trugen einen Fluß in die Karte ein, der zwischen dem 5. und 6. Breitengrad hindurchläuft und dessen Existenz in keiner jemals in Europa, den USA oder Brasilien veröffentlichten Karte für möglich gehalten wurde."

Die Große Grüne Hölle: Aber selbst eine so heldenhafte Expedition wie die Roosevelt-

Latex während des Kautschukbooms bei ihren Streifzügen durch den Wald oft tagsüber Laternen benutzten.

All diese Hindernisse bleiben – so auch die Träume. In den frühen 80er Jahren wurde in einer Bergkette des Amazonas, der Serra Pelada, Gold gefunden. 1985 schon kletterten über 50 000 Goldschürfer riesige Schächte rauf und runter, die sie auf der Suche nach dem großen Glück gegraben hatten. Dieses Gold lockte neue Scharen von Abenteurern an, die alle nach dem gleichen gelben Metall suchten, das den weißen Mann vor über 400 Jahren erstmals in den Amazonas gelockt hatte.

Links: Beim Goldwiegen in Serra Pelada. **Oben:** Nuggets aus der größten Goldmine der Welt.

APA GUIDES
Reisetips

FÜR LEUTE, DIE DEN WERT DER ZEIT ZU SCHÄTZEN WISSEN.

Bevor Sie sich für eine Patek Philippe *Abb. 1* entscheiden, sollten Sie ein paar grundsätzliche Dinge wissen. Anhand von Stichworten wie Präzision, Wert und Zuverlässigkeit erklären wir Ihnen, warum die Uhr, welche wir für Sie anfertigen, vollkommen anders ist als alle anderen Uhren.

"Pünktlichkeit ist die Höflichkeit der Könige", pflegte Louis XVIII. zu sagen.

Wir glauben in aller Bescheidenheit, daß wir beim Thema Pünktlichkeit auch den Ansprüchen der Könige gewachsen sind. So haben wir unter anderem ein mechanisches Laufwerk hergestellt, das in vollkommener Übereinstimmung mit dem gregorianischen Kalender die Schaltjahre der nächsten fünf Jahrhunderte berücksichtigt: Es fügt den Jahren 2000 und 2400 jeweils einen Tag hinzu, überspringt aber die Jahre 2100, 2200 und 2300 *Abb. 2*. Allerdings sollte so eine Uhr von Zeit zu Zeit neu justiert werden: Denken Sie bitte alle 3333 Jahre und 122 Tage daran, die Uhr um einen Tag vorzustellen, damit sie wieder mit der Himmels-Uhr übereinstimmt. Solche Dimensionen erreichen wir natürlich nur, weil wir bei der Herstellung jeder Uhr, also auch Ihrer, zu den absoluten physikalischen, wenn nicht metaphysischen Grenzen der Präzision und des Machbaren vorstoßen.

Fragen Sie bitte nicht "wieviel?"

Versetzen Sie sich einmal in die Welt der Sammler, die bei Auktionen Höchstpreise bieten, um eine Patek Philippe zu erwerben. Vielleicht schätzen sie die Einzigartigkeit der Feinmechanik und des Laufwerks, vielleicht die Schönheit einer Patek Philippe oder weil es eine Rarität ist. Wir glauben jedoch, daß hinter jedem Mehrgebot von US$ 500'000.– auch die Überzeugung steht, daß eine Patek Philippe, selbst wenn sie 50 Jahre oder älter ist, auch für zukünftige Generationen noch mit äußerster Präzision arbeiten wird. Falls wir nun in Ihnen den Wunsch nach einer Patek Philippe geweckt haben, versichern wir Ihnen folgendes: Die Uhr, die wir für Sie herstellen, wird besagten Sammlerstücken technisch noch überlegen sein. Schließlich ist es bei uns Tradition, daß wir laufend nach noch perfekteren mechanischen Lösungen für höchste Zuverlässigkeit und perfekte Zeitkontrolle suchen. Darum wird Ihre Patek Philippe über Neuerungen verfügen *Abb. 3*, von denen die Meisteruhrmacher, welche diese großartigen Armbanduhren vor 50 Jahren schufen, nicht einmal zu träumen wagten *Abb. 4*. Gleichzeitig sind wir natürlich bestrebt, Ihre Finanzkraft nicht über Gebühr zu strapazieren.

Besitz als Erlebnis.

Stellen Sie sich vor, heute wäre der Tag, an dem Ihnen Ihre Patek Philippe überreicht wird. Das Gehäuse birgt die Huldigung des Uhrmachers an das Geheimnis "Zeit". Er hat jedes Rädchen mit einer Kehlung versehen und es zu einem strahlenden Ring poliert. Die Platten und Brücken aus Gold und kostbaren Legierungen sind fein gerippt. Kleinste Oberflächen wurden facettiert und auf das Mikron genau geschliffen. Ganz zum Schluß, nach monate- oder jahrelanger Arbeit, prägt der Uhrmacher ein kleines Zeichen in die Hauptbrücke Ihrer Patek Philippe: das Genfer Siegel – die höchste Auszeichnung großer Uhrmacherkunst, verliehen von der Regierung des Kantons Genf *Abb. 5*.

Äußerlichkeiten, die innere Werte verheißen. *Abb. 6.*

Wenn Sie Ihre Uhr bestellen, legen Sie zweifellos Wert darauf, daß deren Äußeres die Vollendung und die Eleganz des Uhrwerks im Innern widerspiegelt. Darum ist es gut für Sie zu wissen, daß wir Ihre Patek Philippe exakt nach Ihren Wünschen künstlerisch gestalten können. Unsere Graveure sind beispielsweise in der Lage, ein subtiles Spiel von Licht und Schatten auf die goldene Rückseite unserer einzigartigen Taschenuhren zu zaubern *Abb. 7*. Wenn Sie uns Ihr Lieblingsbild bringen, fertigen unsere Emailleure davon eine Miniatur mit den feinsten Details an *Abb. 8*. Unsere Gehäusemacher sind stolz auf die perfekt guillochierte Lunette ihrer Armbanduhr und unsere Kettenschmiede auf ihr kostbares Geschmeide *Abb. 9 und 10*. Wir möchten Sie noch auf die Meisterschaft unserer Goldschmied aufmerksam machen und auf die Erfahrung unserer Edelsteinspezialisten, wenn es darum geht, die schönsten Steine auszuwählen und einzupassen *Abb. 11 und 12*.

Es gibt Dinge, die bereiten schon Freude, bevor man sie besitzt.

Sicher verstehen und schätzen Sie es, daß Uhren, wie wir sie herstellen, immer nur in begrenzter Stückzahl gefertigt werden können. (Die vier Calibre 89-Uhren, an denen wir zur Zeit arbeiten, benötigen neun Jahre bis zur Fertigstellung.) Darum wollen wir Ihnen nicht versprechen, daß wir Ihren Wunsch sofort erfüllen können. Die Zeit, während der Sie auf Ihre Patek Philippe *Abb. 13* warten, ist jedoch die schönste Gelegenheit, sich in Gedanken über die philosophischen Dimensionen der Zeit zu ergehen.

Falls Sie weitere Informationen zu einer bestimmten Patek Philippe Uhr oder zur Uhrmacherkunst im allgemeinen wünschen, würden wir uns freuen, Ihnen weiterzuhelfen. Schicken Sie uns Ihre Visiten

Abb. 1: Eine klassische Patek Philippe in ihrer dezenten Schönheit.

Abb. 4: Armbanduhren von Patek Philippe, links um 1930, rechts von 1990. Echte Uhrmacherkunst hat Tradition und Zukunft.

Abb. 5: Das Genfer Siegel wird nur Uhren verliehen, welche dem hohen Standard der Uhrmacherkunst entsprechen, wie sie in der Genfer Gesetzgebung verankert ist.

Abb. 9: Harmonie im Design als Symbiose von Schlichtheit und Perfektion an einer Calatrava Damenarmbanduhr.

Abb. 2: Eine der 33 Komplikationen der Calibre 89 ist ein Satellitenrad, das alle 400 Jahre eine Umdrehung macht.

Abb. 6: Ihre Freude am Besitz einer kostbaren Patek Philippe ist das höchste Ziel all jener, die an ihrer Entstehung mitarbeiten.

Abb. 10: Der Kettenschmied formt mit Kraft und Feingefühl das Band für eine Patek Philippe.

Abb. 7: Eine zeitlose Arabeske ziert eine zeitlose Patek Philippe.

Abb. 11: Goldene Ringe: ein Symbol für vollendete Einheit.

Abb. 3: Bis heute die fortschrittlichste mechanisch regulierte Vorrichtung: Patek Philippe Gyromax demonstriert die Äquivalenz von Einfachheit und Präzision.

Abb. 8: Vier Monate lang arbeitet ein Künstler täglich sechs Stunden, bis eine Email-Miniatur auf dem Gehäuse einer Taschenuhr vollendet ist.

Abb. 12: Daran erkennen Sie den wahren Meister des Edelsteines: Er bringt die ganze Schönheit seiner wertvollen Steine vollendet zur Geltung.

PATEK PHILIPPE
GENEVE

Abb. 13: Das diskrete Zeichen jener Leute, die den Wert der Zeit zu schätzen wissen.

mit dem Vermerk «Bücherkatalog», damit wir Ihnen ein Verzeichnis unserer Publikationen zustellen können. Patek Philippe, 41 rue du Rhône, 1204 Genf, Schweiz, Tel. +41 22/310 03 66.

Swatch.
The others just watch.

seahorse/fall winter 94-95

shockproof
splashproof
priceproof
boreproof
swiss made

swatch✚
SCUBA 200

KURZFÜHRER

Anreise
- 330 Mit dem Flugzeug
- 330 Mit dem Schiff
- 330 Auf dem Landweg

Reiseinformationen
- 330 Visa & Pässe
- 331 Geld
- 331 Gesundheit
- 331 Kleidung
- 332 Zollbestimmungen

Landeskunde
- 333 Verwaltung und Wirtschaft
- 333 Zeitzonen
- 333 Klima
- 334 Religionen
- 334 Kultur und Bräuche
- 335 Feste & Feiertage
- 336 Trinkgeld
- 336 Geschäftszeiten
- 336 Elektritität
- 336 Maße und Gewichte

Kommunikation
- 337 Medien
- 337 Post
- 338 Telefon und Telex

- 338 *Für den Notfall*

Unterwegs
- 339 Taxi
- 339 Mit dem Auto
- 340 Busse
- 340 Metro
- 340 Bootstouren
- 341 Züge
- 341 Inlandsflüge

- 341 *Unterkunft*

Essen und Trinken
- 350 Spezialitäten
- 351 Getränke

Kulturelles
- 353 Galerien
- 353 Konzerte
- 353 Kino/Theater
- 353 Museen

- 358 *Fotografieren*

Sport
- 358 Fußball
- 359 Wassersport
- 359 Fischen
- 359 Andere Sportarten
- 359 Capoeira

- 360 *Einkaufen*

- 361 *Sprache*

Nützliche Adressen
- 362 Botschaften, Konsulate
- 363 Touristeninformationen

Literaturhinweise
- 364 Bildbände
- 364 Geschichte, Land und Leute
- 364 Brasilianische Literatur

- 365 *Bildnachweis*

- 366 *Index*

ANREISE

MIT DEM FLUGZEUG

Brasilien wird von nicht weniger als 28 Fluggesellschaften auf einer Vielzahl verschiedener Routen bedient. Obwohl die meisten internationalen Flüge Rio de Janeiro zum Ziel haben, gibt es auch Direktflüge nach São Paulo und Brasília, Salvador und Recife an der nordöstlichen Küste sowie zu den im Norden des Landes gelegenen Städten Belém und Manaus am Amazonas. Direktflüge verbinden Brasilien mit allen größeren Städten Europas und Südamerikas, der Ost- und Westküste der USA, Kanadas, Japans und einigen Städten Afrikas. Die brasilianische Fluglinie Varig und die Lufthansa bieten täglich Direktflüge von Frankfurt am Main nach Rio de Janeiro und São Paulo an. Die Flugdauer liegt bei etwa 10 bis 12 Stunden. Ebenso gibt es direkte Verbindungen von Genf und Zürich nach Brasilien. Von Wien aus muß man jedoch umsteigen. Eine interessante, wenn auch etwas kostspielige Variante bietet die Air France mit der Concorde: Der Flug Paris–Rio dauert nur sieben Stunden, und aufgrund der Zeitverschiebung ist man bereits zwei Stunden nach Abflug am Ziel. Daneben gibt es von verschiedenen Fluggesellschaften ganzjährig Billigangebote. Die LTU bedient einmal wöchentlich die Route Düsseldorf/München–Recife.

Alle internationalen Flughäfen Brasiliens haben einen 24-Stunden-Service ihrer Wechselstuben und Informationsschalter, die helfen, einen Anschlußflug oder ein Taxi in die Stadt zu finden.

MIT DEM SCHIFF

Eine reizvolle und bis vor kurzem die klassische Art, nach Brasilien zu reisen, ist per Schiffspassage. Wenn es auch keinen regelmäßigen Liniendienst mehr nach Rio de Janeiro gibt, so kann man entweder im Rahmen einer Kreuzfahrt oder auch mit einem Frachtschiff nach Brasilien kommen.

Oremar und Linea C, die während des europäischen Winters Kreuzfahrten an der Atlantikküste Südamerikas im Programm haben, nehmen bei der Hin- und Rückreise über den Atlantik Passagiere mit. Einige der Kreuzfahrtschiffe, die auf Weltreise gehen, laufen brasilianische Häfen an, und man kann – falls sie nicht ausgebucht sind – eine Passage nur bis Brasilien buchen. Daneben gibt es spezielle Kreuzfahrten nach Rio während des Karnevals oder mehrtägige Exkursionen auf dem Amazonas – mit zum Teil sehr luxuriösen Schiffen.

Die Zahl der Passagierkabinen auf Frachtschiffen ist begrenzt, und die Termine sind nicht immer sicher, doch hat auch diese Art zu reisen ihre Anhänger. Man erkundige sich in einem der Spezialreisebüros für Frachtschiff-Reisen:

Reiseagentur Hamburg-Süd, Ost-West-Str. 59, 20457 Hamburg, Tel. 040/370 5591.

AUF DEM LANDWEG

Es gibt Buslinien zwischen den größeren brasilianischen Städten und den Hauptstädten der benachbarten südamerikanischen Staaten wie zum Beispiel Asuncion (Paraguay), Buenos Aires (Argentinien), Montevideo (Uruguay) oder Santiago (Chile). Wenn dies auch ohne Zweifel eine gute Gelegenheit ist, viel vom Land zu sehen, so sollte man doch bedenken, daß die Entfernungen beträchtlich sind und man mehrere Tage und Nächte im Bus verbringt.

REISEINFORMATIONEN

VISA UND PÄSSE

Bis vor einigen Jahren wurden routinemäßig Touristenvisa bei der Ankunft in Brasilien erteilt. Nun verfolgt Brasilien eine Politik der Gegenseitigkeit: Bürger eines Staates, in denen Brasilianer visumpflichtig sind, müssen nun bereits vor der Abreise in ihrem Land ein brasilianisches Visum beantragen. Bürger der USA und Frankreichs gehören dazu. Staatsangehörige Deutschlands, der Schweiz oder Österreichs brauchen – wenn sie als Touristen einreisen – kein Visum. Der Reisepaß muß mindestens sechs Monate gültig sein. Geschäftsreisende jedoch müssen ihr Visum generell vor der Einreise bei einem der brasilianischen Konsulate beantragen.

Zeitliche begrenzte Visa werden an Ausländer ausgegeben, die in Brasilien arbeiten oder auf Geschäftsreisen dort unterwegs sind. Damit ist eine längere Aufenthaltsbewilligung verbunden als mit den Touristenvisa. Wenn Sie Student, Journalist oder Forscher sind oder in einem multinationalen Konzern mitarbeiten, erkundigen Sie sich vor Ihrer Reise bei einem brasilianischen Konsulat, denn es ist

Eduard Zimmermann:

„Gestohlenes Bargeld sehen Sie nie wieder. Gestohlene American Express Reiseschecks *binnen 24 Stunden.*"

Vor Dieben im Urlaub ist niemand sicher. Keine Sorge, wenn Sie American Express Reiseschecks haben. Die werden bei Verlust oder Diebstahl ersetzt – direkt, weltweit, kostenlos. *Und schnell: in der Regel in nur 24 Stunden. Ein Anruf beim American Express Notruftelefon genügt, und Sie erhalten Ihre Ersatz-Reiseschecks an Ihrem Urlaubsort. Bestehen Sie also auf American Express Reiseschecks. Kein Geld ist sicherer.

AMERICAN EXPRESS® Reiseschecks
Das sicherste Geld der Welt.

American Express Reiseschecks gibt es bei den meisten Banken, Sparkassen, Postämtern sowie in allen American Express Reisebüros.

Was tun Sie, *wenn Ihr Partner gerade nicht auftaucht, um für Sie einen* **Reisescheck** *zu unterschreiben?*

Unterschreiben Sie ihn selbst – den neuen **American Express Reisescheck** *für Zwei.*

Erhältlich bei allen American Express Reisebüros und ausgewählten Banken, Sparkassen und Postämtern.

Auch im gemeinsamen Urlaub ist Ihr Partner vielleicht nicht immer zur Stelle, wenn Sie einen Reisescheck einlösen möchten. Doch auf sicheres Geld müssen Sie trotzdem nicht verzichten, denn es gibt jetzt die neuen **American Express Reisechecks** *für Zwei. Weil sie jeder von Ihnen mit seiner Unterschrift allein einlösen kann, sind Sie in der Nutzung der neuen Reisechecks voneinander völlig unabhängig. Und sollten Ihnen die Reisechecks abhanden kommen, sind unsere Ersatz-Reisechecks schnellstens zur Stelle – weltweit kostenlos und in der Regel innerhalb von nur 24 Stunden.*

„*Nehmen Sie American Express Reisechecks für Zwei. So sind Sie beide mit Sicherheit flexibel.*"

Eduard Zimmermann

 Reisechecks

Das sicherste Geld der Welt.

fast unmöglich, den Status eines einmal ausgestellten Visums zu verändern. Wenn Sie mit einem Touristenvisum einreisen, müssen Sie wahrscheinlich damit erst wieder ausreisen, um bei einer Rückkehr ein anderes Visum bekommen zu können.

Langfristige Aufenthaltsgenehmigungen, die es Ausländern gestatten, in Brasilien zu leben und zu arbeiten, ohne die eigene Staatsbürgerschaft deshalb aufzugeben, sind wesentlich schwieriger zu erhalten. Für detaillierte Informationen erkundige man sich am besten bei einer brasilianischen Botschaft oder einem Konsulat.

GELD

Die Währung Brasiliens ist seit Juli 1994 der *Real*. Mit seiner Einführung begann der fünfte Versuch innerhalb von acht Jahren die Geldwertstabilität herzustellen. Der sowohl als Geldschein wie auch als Münze eingeführte *Real* entsprach anfangs einem US-Dollar. Im Umlauf befinden sich außerdem 5, 10, 50 und 100 *Reais*-Scheine. Einem *Real* entsprechen 100 Centavos. Dieser Einheit begegnet man ausschließlich in Form von Münzen. Darunter fallen 1, 5, 10, 25 und 50 Centavos.

Die füheren Währungen Cruzeiro, Cruzado, Cruzado Novo oder Cruzeiro Real wurden seit dem *Real* aus dem Verkehr gezogen.

Informationen zu den aktuellen Wechselkursen für Dollars, die sicherste Barwährung in Brasilien, notieren die führenden Zeitungen – mit einer jeweils höheren Rate für den Ankauf (*compra*) und einer niederen für den Verkauf (*venda*).

Die Hotels tauschen Devisen zum offiziellen Kurs um, aber sie akzeptieren meist keine Travellerschecks, und sie wechseln Ihnen am Ende Ihrer Reise keine Real in Devisen zurück. Euroschecks werden in ganz Brasilien nicht in Zahlung genommen! Am besten nehmen Sie als Reisekasse Dollars mit – entweder in bar oder in Reiseschecks. Geldwechsler in speziellen Wechselstuben (Casa de cambio) oder in Reiseagenturen geben sowohl für den An- als auch den Verkauf von Devisen den günstigeren Parallelkurs. Einige akzeptieren auch Travellerschecks, doch berechnen sie dann meist einen etwas schlechteren Kurs als für Bargeld.

In Banken erhält man nur den offiziellen Kurs. Die meisten Bankfilialen (jedoch nicht alle) haben einen eigene Abteilung für Geldumtausch (Cambio). Auch hier gilt, daß Sie am Ende Ihres Aufenthaltes in Brasilien nicht zurücktauschen können. Die einzige Ausnahme bilden die Filialen der Banco do Brasil an den internationalen Flughäfen. Sie wechseln Ihnen bei der Ausreise 30 Prozent des Betrages, den Sie bei der Einreise in einer ihrer Flughafenfilialen getauscht haben, zum offiziellen Kurs zurück. Sie müssen dafür die Quittung des ersten Umtauschs vorweisen. Travellerschecks werden nirgendwo im Land als bare Devisen ausgezahlt.

GESUNDHEIT

Brasilien verlangt normalerweise kein Gesundheits- oder Impfzeugnis für die Einreise, noch benötigen Sie eines, wenn Sie von Brasilien kommend in ein anders Land einreisen. Sollten Sie Kinder in Ihrer Begleitung haben, ist eine Schutzimpfung gegen Kinderlähmung dringend anzuraten. Falls Sie planen, sich in den Dschungel- oder Sumpfgebieten in Amazonien oder dem Pantanal im Bundesstaat Mato Grosso aufzuhalten, ist zu Ihrer eigenen Sicherheit eine Gelbfieberimpfung zu empfehlen. Der Impfschutz besteht für die Dauer von 10 Jahren ab dem 10. Tag nach der Impfung. Außerdem sollten Sie in diesen Gebieten an Malariaprophylaxe denken. Es gibt zwar keinen Impfstoff gegen Malaria, doch einige Medikamente, die zumindest für die Dauer der Einnahme einen gewissen Schutz bewirken. Erkundigen Sie sich vor der Abreise bei Ihrem Gesundheitsamt oder bei einem der Tropeninstitute.

Trinkwasser: Trinken Sie in Brasilien nie Leitungswasser. Obwohl das Wasser in den Städten mitunter sogar stark gechlort ist, filtern auch die Brasilianer zu Hause ihr Wasser. In jedem Hotel gibt es preiswertes Mineralwasser in Flaschen, mit Kohlensäure (com gás) oder ohne (sem gás). Wenn es sehr heiß ist, sollten Sie viel trinken, um den Flüssigkeitsverlust auszugleichen. Aber trinken Sie nichts Eisgekühltes, wenn Sie überhitzt sind – das bekommt dem Magen nicht.

Sonnenschutz: Unterschätzen Sie die tropische Sonne nicht. Am Meer weht meist eine angenehme Brise, so daß man am Strand oft erst zu spät bemerkt, wie man in der Sonne röstet. Vor allem für den Reisenden, der dem Winter der Nordhalbkugel in Brasilien entkommen möchte und dessen Haut vielleicht monatelang nicht mehr der Sonne ausgesetzt war, werden Präperate angeboten. Vermeiden Sie zunächst die heißesten Stunden des Tages, und beginnen Sie mit kurzen Sonnenbädern. Achten Sie auf Ihre Haut, und cremen Sie sich nach dem Bräunen mit einer Feuchtigkeitscreme ein. Denken Sie am Strand daran, genügend zu trinken.

KLEIDUNG

Die Brasilianer sind sehr modebewußt, aber sie kleiden sich mit Vorliebe salopp. Welche Art der Kleidung Sie für Ihre Reise einpacken, hängt natürlich in erster Linie davon ab, wie Sie Ihren Urlaub gestalten wollen. In São Paulo ist man elegant, in kleineren Städten im Inneren des Landes eher konservativ. Wenn Sie in ein Quartier im Urwald gehen, sind robuste Kleider und Stiefel angebracht.

Manche Restaurants in den Geschäftsvierteln der großen Städte sehen ihre männlichen Gäste nicht gern ohne Krawatte. In anderen Restaurants gibt es keine derartigen Vorschriften. Dennoch erwartet man in exklusiven Restaurants selbstverständlich, daß die Gäste passend gekleidet sind. Doch im allgemeinen werden Sie Anzug und Krawatte selten brauchen. Je weiter Sie in den Norden Brasiliens kommen, desto unüblicher sind Anzug und Krawatte, das Gegenteil ist der Fall, je weiter sie nach Süden kommen. Nehmen Sie sich für offizielle Anlässe einfach einen leichten Sommeranzug mit.

Kurze Hosen – sowohl für Frauen als auch für Männer – sind fast überall akzeptabel, vor allem natürlich in Strandnähe, doch in der Innenstadt trägt man sie normalerweiser nicht. Lockere Bermuda-Shorts sind an heißen Tagen sehr angenehm. In den meisten Kirchen und einigen Museen hat man mit Shorts keinen Zutritt, und auch die traditionellen *Gafiera*-Tanzhallen lassen keine Kurzbehosten, vor allem Männer, ein. Jeans werden in Brasilien sehr viel getragen, doch können sie sehr warm sein.

Vergessen Sie nicht, Ihren Badeanzug einzupakken! Oder kaufen Sie einen Tanga – die winzige brasilianische Version des Bikinis – für sich selbst oder als Mitbringsel. Es gibt Geschäfte, die nur Bademoden führen. Jedes Jahr taucht eine neue Machart auf, mit anderen Mustern und Materialien, die ein anderes Körperteil zur Schau stellt. Die Bikinis scheinen von Jahr zu Jahr kleiner zu werden, doch irgendwie verschwinden sie nie ganz. Obwohl es einige Versuche gab, oben ohne am Strand sonnenzubaden, hat es sich doch nie durchgesetzt.

Wie auch immer ausländische Touristen gekleidet sein mögen, die Brasilianer haben die Gabe, sie bereits aus einem Kilometer Entfernung zu erkennen.

Wenn Sie während des Karnevals kommen, bedenken Sie, daß es sehr heiß ist und daß Sie wahrscheinlich meist inmitten einer großen Menschenmenge sind und pausenlos tanzen. Alles, was bunt ist, ist passend. Wenn Sie zu einem der großen Bälle gehen wollen, finden Sie in den Geschäften eine reiche Auswahl an Kostümen, Federschmuck für die Haare oder paillettenbesetzten Accessoires.

Wenn Sie in den Süden des Landes, in die Berge oder auch nur im Winter nach Sao Paulo reisen, kann es sehr frostig werden. Auch in Gegenden, wo es das ganze Jahr über heiß ist, brauchen Sie einen leichten Pullover, eine Jacke oder ein Sweatshirt – wenn nicht für die kühleren Abende, so doch für die klimatisierten Hotels, Restaurants und Büros! Etwas für den Regen sollte man immer dabeihaben – die Brasilianer selbst ziehen Schirme Regenmänteln vor.

Wie bei jeder Reise ist es vernünftig, ein Paar bequeme Schuhe mitzubringen – es gibt keine bessere Art, seine Umgebung zu erkunden, als *per pedes*. Oder Sie kaufen sich in Brasilien Schuhe oder Sandalen – Leder ist sehr preiswert. Sandalen sind in der Hitze angenehm, und Sandalen oder Badeschuhe brauchen Sie, um den heißen Sand zwischen Hotel und Wasser unbeschadet zu überqueren. Wenn es etwas gibt, was die Brasilianer amüsiert, so ist es ein „Gringo", der mit Schuhen und Socken an den Strand geht.

Es gibt nichts Besseres bei Hitze als Baumwolle. Da Brasilien Baumwolle anbaut und exportiert, brauchen Sie auch nur das Nötigste für Ihre Reise einpacken und sich dort mit neuer Garderobe eindecken; Kleider sind sehr preiswert. Bedenken Sie beim Einkauf, daß manche Naturfasern, obwohl die meisten Gewebe sanforisiert sind, doch beim Waschen einlaufen können.

ZOLLBESTIMMUNGEN

Bereits im Flugzeug erhalten Sie ein Formular für die Zollerklärung. In der Regel machen die Zollbeamten bei etwa 50 Prozent der ankommenden Reisenden, die „nothing to declare" (nichts zu verzollen) angegeben haben, kurze Stichproben. Für Touristen sind persönliche Gegenstände, auch Schmuck, abgabenfrei. Dazu zählen auch: ein Fotoapparat, ein Fernglas, eine Schreibmaschine und ein Radiogerät. Wie in den meisten anderen Ländern werden Nahrungsmittel tierischen Ursprungs, Pflanzen, Früchte und Samen konfisziert. Geschenke dürfen den Wert von 100 US$ nicht übersteigen. Zollfrei sind zudem: 25 Zigarren, 400 Zigaretten, 280 g Parfüm und 2 Liter alkoholischer Getränke.

Falls Sie auf Geschäftsreise in Brasilien sind, ist es das Beste, sich bei einem der Konsulate zu erkundigen, ob irgendwelche speziellen Einfuhrbeschränkungen bestehen. Brasilien hat sehr strenge Bestimmungen für die Einfuhr von Computern. Wenn Sie für Ihre Arbeit besondere Ausrüstungsgegenstände benötigen, vor allem Computer, sollten Sie vor der Abreise bei einem brasilianischen Konsulat eine schriftliche Genehmigung dafür beantragen. Bei der Einreise müssen Sie dann Ihre Geräte registrieren lassen und sie bei der Ausreise wieder vorweisen.

Elektronische Geräte, deren Wert 300 US$ nicht übersteigt, können Sie mit einem Touristenvisum ohne Registrierung ins Land einführen und dürfen Sie als Geschenke zurücklassen. Warenproben kann man zollfrei einführen, solange die Menge bei den Zollinspektoren nicht den Verdacht erregt, daß sie womöglich verkauft werden sollen.

Denken Sie auf jeden Fall daran, keine Häute wilder Tiere – Alligatoren eingeschlossen – zu kaufen. Die Jagd dieser Tiere ist in Brasilien streng verboten, und bei der Einreise ins Heimatland gelten die Bestimmungen des Artenschutzgesetzes.

APA GUIDES

APA-FARBSET-NUMMERN

Für die Sammler von Apa Guides:

Was hat das kleine Dreieck auf dem Buchrücken der Apa Guides zu bedeuten? Wenn Sie einen vollständigen Satz Apa Guides besitzen und die Bücher in der Nummernfolge 100 bis 300 nebeneinander stellen, wird Ihr Regal in den sieben Farben des Regenbogens bunt erstrahlen. Ihr Buchhändler weiß, wie Sie die Serie als ganze erwerben – Sie können sich aber auch direkt an den Verlag wenden.

Nordamerika
- 160 **A**laska
- 100 **B**oston
- 184C **C**hicago
- 243 **F**lorida
- 240 **H**awaii
- 269 **I**ndianerreservate
- 275 **K**alifornien
- 237 **K**anada
- 275A **L**os Angeles
- 243A **M**iami
- 237B **M**ontreal
- 100 **N**euengland
- 184G **N**ew Orleans
- 184F **N**ew York City
- 133 **N**ew York State
- 180 **N**ordkalifornien
- 147 **P**azifischer Nordwesten
- 184B **P**hiladelphia
- 172 **R**ocky Mountains
- 275B **S**an Francisco
- 184D **S**eattle
- 161 **S**üdkalifornien
- 186 **T**exas
- 173 **US**A Der Südwesten
- 184H **US**A Nationalparks West
- 184 **US**A Special
- 237A **V**ancouver
- 184A **W**ashington DC

Lateinamerika und Karibik
- 150 **A**mazonas
- 260 **A**rgentinien
- 188 **B**ahamas
- 292 **B**arbados
- 251 **B**elize
- 217 **B**ermuda
- 127 **B**rasilien
- 260A **B**uenos Aires
- 151 **C**hile
- 281 **C**osta Rica
- 118 **E**cuador
- 213 **J**amaika
- 162 **K**aribik
- 282 **K**uba
- 285A **M**exico City
- 285 **M**exiko
- 249 **P**eru
- 156 **P**uerto Rico
- 127A **R**io de Janeiro
- 116 **S**üdamerika
- 139 **T**rinidad & Tobago
- 198 **V**enezuela

Europa
- 158A **A**msterdam
- 220 **A**ndalusien
- 167A **A**then
- 107 **B**altische Staaten
- 219B **B**arcelona
- 109 **B**elgien
- 135B **B**erlin
- 178 **B**retagne
- 109A **B**rüssel
- 144A **B**udapest
- 213 **B**urgund
- 291 **C**ôte d'Azur
- 238 **D**änemark
- 135 **D**eutschland
- 135B **D**resden
- 142A **D**ublin
- 135F **D**üsseldorf
- 148A **E**dinburgh
- 155 **E**lsass
- 123 **F**innland
- 209B **F**lorenz
- 135C **F**rankfurt
- 154 **F**rankreich
- 148B **G**lasgow
- 279 **G**ran Canaria
- 167 **G**riechenland
- 166 **G**riechische Inseln
- 124 **G**rossbritannien
- 135G **H**amburg
- 142 **I**rland
- 256 **I**sland
- 209 **I**talien
- 141 **K**analinseln
- 122 **K**atalonien
- 135E **K**öln
- 189 **K**orsika
- 165 **K**reta
- 124A **L**issabon
- 258 **L**oiretal
- 124A **L**ondon
- 201 **M**adeira
- 219A **M**adrid
- 157 **M**allorca & Ibiza
- 117 **M**alta
- 101A **M**oskau
- 135D **M**ünchen
- 187 **N**eapel
- 158 **N**iederlande
- 111 **N**ormandie
- 120 **N**orwegen
- 263 **Ö**sterreich
- 149 **O**steuropa
- 124B **O**xford
- 154A **P**aris
- 115 **P**olen
- 202 **P**ortugal
- 114A **P**rag
- 153 **P**rovence
- 177 **R**hein, Der
- 209A **R**om
- 101 **R**ussland
- 130 **S**ardinien
- 148 **S**chottland
- 170 **S**chweden
- 232 **S**chweiz
- 261 **S**izilien
- 219 **S**panien
- 101B **S**t. Petersburg
- 264 **S**üdtirol
- 112 **T**eneriffa
- 210 **T**oskana
- 114 **T**schechische Rep. & Slowakei
- 174 **U**mbrien
- 144 **U**ngarn
- 209C **V**enedig
- 267 **W**ales
- 183 **W**asserwege in Europa
- 263A **W**ien
- 226 **Z**ypern

Naher Osten und Afrika
- 268 **Ä**gypten
- 208 **G**ambia & Senegal
- 252 **I**srael
- 236A **I**stanbul
- 215 **J**emen
- 252A **J**erusalem
- 214 **J**ordanien
- 268A **K**airo
- 270 **K**enia
- 235 **M**arokko
- 259 **N**amibia
- 265 **N**il, Der
- 204 **O**stafrika Natur
- 257 **S**üdafrika
- 113 **T**unesien
- 236 **T**ürkei
- 171 **T**ürkische Küste

Asien/Pazifik
- 272 **A**ustralien
- 206 **B**ali
- 246A **B**angkok
- 211 **B**irma
- 234 **C**hina
- 247A **D**elhi, Jaipur, Agra
- 169 **G**reat Barrier Reef
- 193 **H**imalaya, Western
- 196 **H**ongkong
- 247 **I**ndien
- 128 **I**ndien Erlebnis Natur
- 143 **I**ndonesien
- 278 **J**apan
- 266 **J**ava
- 203A **K**atmandu
- 300 **K**orea
- 145 **M**alaysia
- 272B **M**elbourne
- 203 **N**epal
- 293 **N**euseeland
- 287 **O**stasien
- 205 **P**akistan
- 234A **P**eking
- 222 **P**hilippinen
- 250 **R**ajasthan
- 159 **S**ingapur
- 105 **S**ri Lanka
- 207 **S**üdasien
- 212 **S**üdindien
- 262 **S**üdostasien
- 150 **S**üdostasien Natur
- 272 **S**ydney
- 175 **T**aiwan
- 246 **T**hailand
- 278A **T**okio
- 218 **U**nterwasserwelt Südostasiens
- 255 **V**ietnam

KLEINE LANDESKUNDE

VERWALTUNG UND WIRTSCHAFT

Brasilien ist eine föderative Republik mit 27 Bundesstaaten und einem Bundesdistrikt, von denen jeder eine eigene Legislative hat. Da die Bundesregierung eine enorme Kontrolle über die Wirtschaft ausübt, ist die politische Autonomie der einzelnen Bundesländer jedoch sehr eingeschränkt. Der Löwenanteil der Steuergelder wird zunächst im Haushalt der Bundesregierung konzentriert und dann an die Länder und Städte verteilt. An der Spitze der Regierung steht der Präsident, der große Machtbefugnisse hat und sogar eine stärkere Kontrolle über die Nation ausübt als der Präsident der Vereinigten Staaten von Amerika. Die Legislative der Bundesregierung stellt der Kongreß dar, der sich aus einem Unterhaus, der Abgeordnetenkammer, und einem Oberhaus, dem Senat, zusammensetzt. Im Februar des Jahres 1987 wurde der Bundeskongreß jedoch als Nationale Verfassungsgebende Versammlung eingeschworen, um eine neue föderative Verfassung für Brasilien zu entwerfen. Ihr Ziel sollte eine großangelegte Umgestaltung in Richtung auf ein gemischtes parlamentarisches System sein, das mit einer gleichzeitigen Reduzierung der präsidialen Macht einhergeht. Die neue Verfassung sollte darüber hinaus einige große Reformen bringen, die einen beträchtlichen Machtzuwachs für den Kongreß sowie für die Bundesländer und Städte beinhalten. Im November 1989 wurden auf dieser Basis Präsidentschaftswahlen abgehalten, der neue Präsident trat sein Amt 1990 an. Die Wahlen für den zweiten frei vom Volk bestimmten Präsidenten fanden Ende 1994 statt.

Brasiliens Hauptproblem war während des ganzen 20. Jahrhunderts die politische Instabilität. Die kommende Verfassung ist die fünfte seit 1930. In diesem Zeitraum kam es in Brasilien wiederholt zu Interventionen durch die Armee, die zur Folge hatten, daß die kurzen Demokratieversuche entweder durch einen starken Einfluß des Militärs oder durch eine Machtübernahme der Generäle abgelöst wurden. Das letzte Militärregime begann mit einem Putsch im Jahr 1964 und dauerte bis 1985, als der von einem Kollegium gewählte zivile Präsident sein Amt antrat.

Trotz seiner politischen Probleme hat Brasilien für die meisten der vergangenen 30 Jahre ausgezeichnete Wirtschaftswachstumsraten zu verzeichnen. Heute gilt das Land als führende Wirtschaftsmacht unter den Nationen der dritten Welt. Dank massiver Finanzspritzen aus dem Ausland, sei es in Form von Auslandsanleihen oder direktem Investment multinationaler Konzerne, hat Brasilien in den 60er und 70er Jahren eine rasche Industrialisierungsphase erlebt, aus der es – gemessen am Bruttosozialprodukt – als zehntgrößte Wirtschaftsnation der Welt hervorging. Brasilien ist auch das führende Exportland Südamerikas. Heute bestehen bereits 70 Prozent der Exporte aus Fabrikwaren.

ZEITZONEN

Trotz der Tatsache, daß Brasilien eine riesige Fläche bedeckt, liegen über 50 Prozent des Landes in derselben Zeitzone. Dieses Gebiet schließt die ganze Küstenlinie und die meisten der großen Städte ein. Die westlichste Ausdehnung dieser Zone beschreibt eine Nord-Süd-Linie durch das Mündungsgebiet des Amazonas, die im Norden den Bundesstaat Amapa mit einschließt und nach Süden zu entlang der Ostgrenzen der Bundesstaaten Mato Grosso und Mato Grosso do Sul verläuft. Die Südgrenze dieser Zeitzone liegt auf einer Ost-West-Linie südlich von São Paolo. Diese Zeitzone, zu der Rio de Janeiro, São Paulo, Belém und Brasilía gehören, liegt vier Stunden hinter der mitteleuropäischen Zeit (MEZ), während der Sommerzeit in Europa sogar fünf Stunden. Die Pantanal-Staaten Mato Grosso und Mato Grosso do Sul sowie der größte Teil von Brasiliens Norden differieren noch um eine Stunde zusätzlich von der MEZ. Der äußerste Westen, das Bundesland Acre und das westliche Amazonasgebiet, liegen in einer Zeitzone, die der MEZ sechs Stunden nachgeht.

In den letzten Jahren hat man in Brasilien die Sommerzeit eingeführt, wobei die Uhren, umgekehrt wie in Europa, im Oktober um eine Stunde vorgestellt und im März auf Normalzeit zurückgestellt werden.

KLIMA

Fast das ganze Territorium Brasiliens von 8,5 Mio. km^2 liegt zwischen dem Äquator und dem Wendekreis des Steinbocks. Innerhalb dieser tropischen Zone variieren Temperaturen und Niederschläge von Norden nach Süden, vom Küsteninland und Tieflandgebieten (wie dem Amazonasbecken, dem Pantanal und dem Küstengebiet) zu höhergelegenen Gebieten. Wer von der Nordhalbkugel nach Brasilien kommt, darf nicht vergessen, daß hier die Jahreszeiten umgekehrt sind. Allerdings sind sie generell in diesen Breitengraden bedeutend weniger ausgeprägt als in gemäßigteren Klimazonen.

Im Norden Brasiliens, dem Dschungelgebiet des Amazonasbeckens, ist das Klima äquatorial feucht und heiß mit heftigen Regenfällen das ganze Jahr hindurch. Obwohl es in einigen Gegenden keine eigentliche Trockenzeit gibt, bringen die Monate von Juli bis November fast überall eine kurze Atempause, so daß die Flüsse ihren Höchststand zwischen Dezember und Juni haben. Die Durchschnittstemperatur liegt bei 24° C bis 27° C.

Die östliche Atlantikküste von Rio Grande do Norte bis zum Bundesstaat São Paulo hat ebenfalls ein heißes, feucht-tropisches Klima, aber mit etwas geringeren Niederschlägen als im Norden und mit spürbaren Temperaturveränderungen von Sommer und Winter. Die nordöstliche Küste, die näher am Äquator liegt, kennt kaum jahreszeitliche Temperaturschwankungen, hat jedoch wesentlich heftigere Regenfälle im Winter, vor allem von April bis Juni. An der südöstlichen Küste Brasiliens aber regnet es im Sommer (Dezember–März) wesentlich mehr. Die mittleren Temperaturen im gesamten Küstengebiet liegen bei 21° C bis 24° C, wobei es im Nordosten gleichmäßig warm ist, während die Temperaturen in Rio je nach Jahreszeit zwischen 18° C und 40° C schwanken und im Winter kaum über 21° C steigen.

Der größte Teil des brasilianischen Binnenlandes hat ein semihumides Klima bis Ende März und einen relativ trockenen, kühleren Winter (Juni–August). Die Durchschnittstemperatur liegt bei 20° C bis 28° C. Ziemlich kühl kann es in höher gelegenen Orten werden wie São Paulo (800 m) und Brasília (1000 m) oder auch in den Bergen von Minas Gerais, und bei Temperaturen um 10° C ist es in einem ungeheizten Haus nicht gerade gemütlich.

Die Berggegenden im Südosten haben ein tropisches Hochlandklima ähnlich dem semihumiden tropischen Klima, aber die Regen- und Trockenzeiten sind ausgeprägter und die Temperaturen allgemein niedriger. Die Durchschnittstemperaturen liegen hier bei 18° C bis 23° C.

Im Nordosten Brasiliens findet man im Landesinneren teilweise ein semiarides tropisches Klima – heiß mit geringen Regenfällen. Die meisten Niederschläge fallen in den drei Monaten März–Mai, aber manchmal ist die Regenzeit kürzer oder fällt völlig aus. Die Durchschnittstemperatur liegt bei 25° C.

Brasiliens Süden, jenseits vom Wendekreis des Krebses, hat ein feuchtes subtropisches Klima. Die Niederschläge sind gleichmäßig über das ganze Jahr verteilt, und die Temperaturen variieren von 0° C bis 10° C im Winter (mit gelegentlichem Frost und Schneefällen) bis 21° C bis 32° C im Sommer.

RELIGIONEN

Die offizielle und vorherrschende Religion ist der Katholizismus, doch viele Brasilianer hängen den Religionen ihrer einstigen afrikanischen Heimat an. Die reinste Form unter diesen afrikanischen Glaubensrichtungen ist *Candomblé*, das mit Göttern (*Orixás*), Ritualen, Musik und Tänzen und sogar der Sprache dem Kult sehr ähnlich ist, der in den Gebieten Afrikas, aus denen er stammt, heute noch so praktiziert wird. *Umbanda* ist eine synkretistische Verbindung mit dem Katholizismus eingegangen, wobei jeder *Orixá* eine Entsprechung in einem katholischen Heiligen hat. Spiritismus, der ebenso weit verbreitet ist, enthält sowohl afrikanische als auch europäische Elemente.

Candomblé beschränkt sich hauptsächlich auf Bahia, während *Umbanda* und Spiritismus einen größeren Zulauf haben. Sie können es meistens durch Ihr Hotel arrangieren lassen, bei einer solchen Zeremonie zugegen zu sein – Besucher sind willkommen, solange sie den Glauben anderer respektieren. Man sollte um Erlaubnis fragen, wenn man fotografieren will.

Wenn Sie während Ihres Aufenthaltes in Brasilien eine Messe oder eine Gebetsfeier in einer Kirche Ihrer persönlichen Glaubensrichtung besuchen wollen, so werden Sie in den größeren Städten viele religiöse Gruppierungen antreffen, und neben der allgegenwärtigen katholischen Kirche gibt es viele protestantische Kirchen überall im Land. Wegen des diplomatischen Personals gibt es in Brasília eine große Vielfalt an Kirchen und Tempeln. Sowohl in Rio de Janeiro als auch in São Paulo gibt es außerdem mehrere Synagogen sowie eine Reihe von Kirchen, die ihre Messen in Fremdsprachen abhalten.

KULTUR UND BRÄUCHE

Die Umgangsformen sind in Brasilien kaum anders als in anderen „westlichen" Ländern.

Die Brasilianer können sowohl schrecklich förmlich als auch ganz entwaffnend ungezwungen sein.

Nachnamen werden so gut wie gar nicht benutzt. Doch auch wenn man sich allgemein nur mit dem Vornamen anredet, sind respektvolle Titulierungen – *Senhor* für Männer und *Dona* für Frauen – üblich. Das gilt nicht nur als Höflichkeit dem Fremden gegenüber, sondern auch als Achtungserweis für jemanden, der älter ist oder einer anderen Gesellschaftsklasse angehört.

Zwar ist es Brauch, sich die Hand zu geben, wenn man einander vorgestellt wird; doch sobald man sich einmal begegnet ist, begrüßt man auch Fremde wie Freunde und Verwandte mit Küssen und Umarmungen. Diese Art von „Gesellschaftskuß" besteht aus einem Küßchen auf beide Wangen. Männer und Frauen sowie Frauen untereinander begrüßen sich so, doch in den meisten Kreisen ziehen Männer untereinander es vor, sich die Hand zu reichen und einander auf die Schulter zu klopfen. Wenn sie sehr vertraut miteinander sind, umarmen sie sich mit einem leichten Schlag auf den Rücken.

Die Brasilianer sind großzügige Gastgeber und achten unentwegt darauf, daß das Glas, der Teller oder die Tasse ihres Gastes nie leer sind. Neben der echten Freude an Gastfreundschaft ist es für sie auch eine Frage der Ehre. Brasilianer, auch die armen, lieben es, Partys zu geben.

Obwohl die Männer in der brasilianischen Gesellschaft eindeutig dominieren, zeigt sich der *Machismo* in einer wesentlich milderen und subtileren Form als in den benachbarten lateinamerikanischen Ländern.

Während die Brasilianer allzeit höfliche und zuvorkommende Leute sind, geht mit ihnen eine erstaunliche Wandlung vor, sobald sie sich an das Steuer eines Autos setzen. Seien Sie vorsichtig, wenn Sie selbst fahren oder eine Straße überqueren, und seien Sie immer bereit, mit einem Sprung auszuweichen. Brasilianische Autofahrer erwarten von den Fußgängern, daß sie auf sich selbst aufpassen und aus dem Weg gehen.

Außer wenn Sie auf Geschäftsreise hier sind, sollten Sie davon ausgehen, daß Terminpläne flexibler sind, als man es anderswo gewöhnt ist. Es gilt keineswegs als unhöflich, zu einer Verabredung eine halbe bis eine Stunde zu spät zu kommen.

FESTE & FEIERTAGE

Seit einigen Jahren ist es Gesetz, daß nationale Feiertage immer auf den jeweils nächstliegenden Montag zu verlegen sind. Neben den Feiertagen, die man im ganzen Land begeht, gibt es zahlreiche lokale Feste, bei denen man eines religiösen oder historischen Ereignisses gedenkt. Jede Stadt feiert den Tag ihres Ortsheiligen und ihr Gründungsdatum. Einige lokale Volksfeste finden nicht an einem festgesetzten Datum statt, sondern lediglich in einem bestimmten Monat. Dabei veranstaltet jede kleine Gemeinde ihr eigenes Fest mit Musik, Tanz und Straßenständen, die traditionelle Gerichte und Getränke verkaufen. Der folgende Kalender nationaler Feiertage schließt die wichtigsten von ihnen ein:

Januar

- 1. Januar – *Neujahr*
An diesem Tag wird in Salvador das viertägige Fest Unseres Herrn Jesus von den Seefahrern mit einer Bootsparade begonnen.
- 6. Januar – Dreikönigsfest (*Epiphanias*)
Vorwiegend im Nordosten des Landes finden zahlreiche Ortsfeste statt.
- 3. Sonntag im Januar – *Festa do Bonfim*
Eines der größten Feste in Salvador.

Februar

2. Februar – *Iemanjá-Fest* in Salvador
Die afro-brasilianische Göttin des Meeres wird im Synkretismus mit dem katholischen Glauben gleichgesetzt mit der Jungfrau Maria.

Februar/März

Karneval
Die letzten drei Tage vor Aschermittwoch wird in ganz Brasilien Karneval gefeiert (in São Paulo nur am Karnevalsdienstag). Die spektakulärsten Umzüge finden in Rio, Salvador und Recife/Olinda statt.

März/April

Ostern
Karfreitag ist ein nationaler Feiertag. Ouro Preto veranstaltet eine farbenprächtige Prozession; in Nova Jerusalém wird ein Passionsspiel aufgeführt.
- 21. April – *Tiradentes-Tag*
Zu Ehren des Helden der brasilianischen Unabhängigkeit finden an diesem Nationalfeiertag vor allem in Ouro Preto und im ganzen Bundesstaat Minas Gerais Feierlichkeiten statt.

Mai/Juni

- 1. Mai – *Tag der Arbeit*
- *Fronleichnam*
- 15. – 30. Juni – *Amazonas-Volksfest* in Manaus

Juni/Juli

Festas Juninas
Im Juni und Anfang Juli feiert man eine Reihe von Straßenfesten zu Ehren der Heiligen Johannes, Petrus und Antonius mit Freudenfeuern und Tänzen.
Bumba-Meu-Boi in Maranhão
In der zweiten Junihälfte und Anfang Juli finden im ganzen Bundesstaat Maranhão Prozessionen und Umzüge statt.

September

7. September – *Unabhängigkeitstag*

Oktober

- *Oktoberfest* in Blumenau
Ein Fest, das von den Nachfahren der deutschen Einwanderer in Blumenau veranstaltet wird.
- 12. Oktober – *Nossa Senhora de Aparecida*
An diesem Nationalfeiertag wird die Schutzpatronin Brasiliens geehrt.

November

- 2. November – *Allerseelen*
- 15. November – *Tag der Proklamation der Republik*

Dezember

- 25. Dezember – *Weihnachten*
- 31. Dezember – *Silvester*
An den Stränden von Rio de Janeiro bringt man der Iemanjá Opfergaben.

TRINKGELD

Die meisten Restaurants addieren automatisch 10 Prozent Bedienungszuschlag zu Ihrer Rechnung. Wenn Sie aber darüber im Zweifel sind, fragen Sie am besten nach (*O serviço está incluido?*). Geben Sie dem Kellner ein größeres Trinkgeld für besonders zuvorkommenden Service. Auch wenn viele Kellner eine saure Miene ziehen werden, wenn Sie kein Trinkgeld geben, sind Sie nicht dazu verpflichtet. In Imbißbars sind Trinkgelder freigestellt, aber die meisten Leute lassen das Wechselgeld liegen – auch eine kleine Summe wird gern gesehen.

Auch auf Ihrer Hotelrechnung werden Sie einen Servicezuschlag von 10 % finden, doch ist diese Summe nicht notwendigerweise für das Personal bestimmt, das Sie betreut hat. Sie brauchen keine Bedenken haben, zu hohe Tringgelder zu geben. Wenn Sie so viel wie zu Hause geben, wird man das in der Tat als sehr großzügig ansehen; doch wenn Sie in Hotels zu wenig Trinkgeld geben, könnte man das als Beleidigung auffassen, und es wäre besser gewesen, gar nichts zu geben.

Es ist Ihnen freigestellt, Taxifahrern Trinkgeld zu geben; die meisten Brasilianer tun es nicht. Doch auch hier gilt: War der Fahrer besonders hilfsbereit oder hat er auf Sie gewartet, zeigen Sie sich erkenntlich! Auf alle Fälle sollte man einem Fahrer Trinkgeld geben, wenn er hilft, das Gepäck zu tragen – einige Taxichauffeure berechnen pro Tasche ca. 0.50 US$. Dasselbe sollten Sie den Kofferträgern am Flughafen geben. Es genügt, dem letzten Träger das Geld zu geben, denn es wird in einer Gemeinschaftskasse gesammelt.

In Schönheitssalons und Friseurgeschäften erwartet man ein Trinkgeld von 10 bis 20 Prozent; Schuhputzern, Tankwarten und für kleine Dienstleistungen sollten Sie etwa ein Drittel oder die Hälfte von dem geben, was Sie üblicherweise zu Hause an Trinkgeldern dafür rechnen. Jungs, die sich anbieten, auf Ihr Auto aufzupassen, erhalten bei Ihrer Rückkehr zum Wagen etwa 0,50 US$. Wenn sie von Ihnen vor einem Nachtclub oder einem Theater im voraus 1,50 US$ fordern, ist es besser zu bezahlen, oder es könnte sein, daß Sie Ihr Auto zerkratzt wiederfinden.

Wenn sie in einem Privathaus zu Gast sind, hinterlassen Sie für jeden Hausangestellten, der beispielsweise für Sie gekocht oder gewaschen hat, ein Trinkgeld. Fragen Sie Ihren Gastgeber, wieviel angemessen ist. Besonders geschätzt wird es, wenn man die Trinkgelder in Dollars gibt.

GESCHÄFTSZEITEN

Die Geschäftszeiten der Büros sind in den meisten Städten: Montag–Freitag 9.00–18.00 Uhr. Der Ausdruck „Mittagsstunden" ist häufig wörtlich aufzufassen.

Die Banken öffnen: Montag bis Freitag 10.00 bis 16.30 Uhr. Die Wechselstuben (*Casa de cambio*) arbeiten von 9.00 bis 17.00/17.30 Uhr.

Die meisten Geschäfte sind geöffnet: 9.00 bis 18.30 oder 19.00 Uhr. Abhängig von ihrem Standort können sie aber auch erst wesentlich später schließen. Die Einkaufszentren sind in der Regel Montag bis Samstag von 10.00 bis 22.00 Uhr geöffnet, wenn auch manche der einzelnen Ladenbesitzer sich nicht genau an diese Zeiten halten. Große Kaufhäuser sind wochentags von 9.00 bis 22.00 Uhr geöffnet, samstags jedoch nur von 9.00 bis 18.30 Uhr. Die meisten Supermärkte sind von 8.00 bis 20.00 Uhr geöffnet, einige schließen erst später.

Die Öffnungszeiten von Tankstellen sind unterschiedlich, doch neuerdings ist es ihnen freigestellt, die ganze Woche rund um die Uhr zu arbeiten.

Postämter sind wochentags von 9.00 bis 18.00 Uhr geöffnet, samstags von 8.00 bis 12.00 Uhr. Einige der größeren Städte haben eine Zweigstelle mit 24-Stunden-Service (siehe Stichwort: Post/Telefon).

Die Stunden des Tages werden wie in Europa üblich durchnumeriert von 0.00 bis 24.00 Uhr, doch trifft man auch auf Stundenangaben mit den Zusätzen *da manha* – morgens, *da tarde* – nachmittags, *da noite* – abends. So kann man acht Uhr abends entweder ausdrücken als *vinte horas* (wörtlich: 20 Stunden, geschrieben 20.00) oder als *oito* (8) *horas da noite*.

ELEKTRIZITÄT

Die elektrische Spannung ist nicht in ganz Brasilien einheitlich, in vielen Regionen sind 110 und 220 Volt üblich: Rio de Janeiro, São Paulo, Belém, Belo Horizonte, Corumbá, Cuiabá, Curitiba, Foz. Eine Spannung von 220 Volt hat man in: Brasília, Florianópolis, Fortaleza, Recife und São Luís. 110 Volt benutzt man in Manaus.

Wenn Sie ohne Ihren elektrischen Rasierapparat, Haarfön oder Personal Computer nicht auskommen, erkundigen Sie sich bereits bei der Reservierung des Hotels nach der Stromspannung.

EINHEITEN UND GEWICHTE

In ganz Brasilien verwendet man das metrische System für Maße und Gewichte, die Temperatur wird in Celsius angegeben. In ländlichen Gebieten sind mitunter andere Maßeinheiten in Gebrauch, doch man kennt das metrische System im allgemeinen.

KOMMUNIKATION

MEDIEN

ZEITUNGEN

Latin America Daily Post ist eine englischsprachige Tageszeitung, die in Rio de Janeiro und São Paulo erscheint. Neben brasilianischen Nachrichten bringt sie internationale Meldungen der Nachrichtenagenturen, Sport und Wirtschaftsberichte eingeschlossen. Der *Miami Herald*, die lateinamerikanische Ausgabe des *International Herald Tribune* und das *Wall Street Journal* sind an vielen Zeitungskiosken in den größeren Städten erhältlich. An größeren Zeitungsständen und in den Buchläden der Flughäfen bekommt man eine große Auswahl internationaler Publikationen, darunter deutsche, englische und französische Magazine.

Wenn Sie etwas Portugiesisch verstehen und eine brasilianische Zeitung lesen wollen, so sind die maßgebenden und angesehensten Blätter: São Paulos *Folha de São Paulo*, *Estado des São Paolo* sowie Rios *Jornal do Brasil* und *O Globo*. Es gibt keine überregionale Zeitung in Brasilien, aber diese weitverbreiteten Tageszeitungen erreichen den größten Teil des Landes.

Auch wenn Sie kein Portugiesisch können, ist es leicht, in einem Lokalblatt die nötigen Informationen über Veranstaltungen in der Stadt oder die neuesten Wechselkurse zu verstehen. Neben Musik- und Tanz-Revuen gibt es ständig amerikanische Filme in den Kinos, die in der Originalsprache mit portugiesischen Untertiteln gezeigt werden.

FERNSEHEN UND RUNDFUNK

Das brasilianische Fernsehen ist sehr anspruchsvoll – so sehr, daß es seine Programme erfolgreich nicht nur in Länder der dritten Welt, sondern auch nach Europa exportiert. Es gibt fünf nationale und drei regionale Sender, die zusammen mit einigen unabhängigen Fernsehstationen beinahe im ganzen Land ihre Programme ausstrahlen.

Nur ein Sender, das Schulfernsehen, wird von der Regierung kontrolliert. Brasiliens TV-Gigant *Globo* ist die viertgrößte kommerzielle Fernsehgesellschaft der Welt. Mit über 40 Sendestationen in einem Land mit einem hohen Prozentsatz an Analphabeten hat sie einen bedeutenden Einfluß auf die Informationen, zu denen die meisten Leute überhaupt Zugang haben.

Ein einzigartiges Phänomen ist die *Telenovela*. Zur Haupteinschaltzeit gesendet, hat die brasilianische Seifenoper nicht nur astronomische Zuschauerzahlen, sondern vermag auch die von dem Fortsetzungsdrama faszinierten Fans derart zu fesseln, daß private und sogar geschäftliche Termine so gelegt werden, daß sie keinesfalls mit den entscheidenden Folgen der Serie kollidieren. Die *Telenovelas* sind gut gemacht und ein interessanter Spiegel der Brasilianer. Sie setzen Trends in der Mode, dem Jargon und der Lebensweise. Einige Folgen sollte man gesehen haben, weil sie einen wunderbaren Einblick in das städtische Leben der brasilianischen Mittelschicht geben.

Nur etwa ein Drittel aller Fernsehbeiträge werden importiert – zumeist aus den Vereinigten Staaten. Ausländische Serien, Sondersendungen, Sportberichte und Spielfilme werden synchronisiert. Nur Spielfilme und Musicals für das Nachtprogramm sendet man mitunter in Originalsprache.

Es gibt etwa 2000 Radiostationen im ganzen Land, die brasilianische und internationale Pop-Hits spielen ebenso wie eine Vielfalt des reichen brasilianischen Musikangebots, das die regionalen Vorlieben widerspiegelt. Amerikanische Musik wird gern gehört, aber auch klassische Musik spielt eine nicht unbedeutende Rolle. In manchen Regionen wird Sonntag nachmittags immer eine Opernübertragung ausgestrahlt. Der Sender des Kulturministeriums bringt oft sehr interessante Musikprogramme.

POST

Die Postämter sind generell montags bis freitags von 8.00 bis 18.00 Uhr sowie samstags von 8.00 bis 12.00 Uhr geöffnet. An Sonn- und Feiertagen bleiben sie geschlossen. In großen Städten sind einige Postämter bis in den Abend geöffnet. Das Postamt am Flughafen von Rio de Janeiro hat rund um die Uhr Dienst. Die Postämter sind normalerweise mit einem Schild bezeichnet, auf dem „Correios" oder „ECT" steht. ECT bedeutet *Empresa de Correios e Telégrafos* – Post- und Telefongesellschaft.

Es gibt die üblichen Brief- und Paketdienste. Man kann seine Post auch per Expreß oder per Einschreiben befördern lassen. Ein Luftbrief nach Europa dauert auf normalem Weg etwa eine Woche.

Man kann sich seine Post auch ins Hotel schicken lassen. Einige ausländische Vertretungen sind zwar bereit, Post für Bürger ihres Landes aufzubewahren, doch wird im allgemeinen davon abgeraten.

Telegramme: Man kann von jedem Postamt oder Telefon (Tel.: 135) ein Telegramm aufgeben. Ihr Hotel wird das gerne für Sie arrangieren. Wenn Sie in einem Privathaus wohnen, kann Ihnen die Telefonvermittlung über die Gebühren Auskunft erteilen.

TELEFON & FAX

Für Münzfernsprecher benötigt man in Brasilien Jetons, die an Zeitungsständen, in Bars oder Geschäften rund um die öffentlichen Telefone verkauft werden. Fragen Sie nach *Fichas de telefone* (sprich: fieschas). Pro *Ficha* kann man drei Minuten telefonieren, danach wird die Leitung unterbrochen. Will man länger sprechen, ist es ratsam, gleich zu Beginn des Anrufs mehrere Jetons einzuwerfen – überzählige Jetons gibt der Apparat zurück. Den öffentlichen Münzfernsprecher, *Telefone público*, nennt man wegen der Form des Schutzgehäuses, das er anstelle einer Kabine hat, auch *Orelhão* (großes Ohr). Die gelben „Ohren" sind für Orts- und R-Gespräche, die blauen für Ferngespräche im Selbstwählverkehr innerhalb Brasiliens. Für Ferngespräche braucht man andere, teurere Jetons. An den meisten Busbahnhöfen und Flughäfen gibt es einen *Posto telefonico*, eine Station der Telefongesellschaft, wo man entweder Telefonmünzen kaufen oder ein R-Gespräch anmelden bzw. mit Kreditkarte telefonieren kann. Es ist sogar möglich, erst nach Beendigung des Anrufs die Einheiten abzurechnen und sie bar oder mit Kreditkarte zu bezahlen.

Internationale Ferngespräche: Von Brasilien aus kann man Ferngespäche in fast jedes Land der Welt führen, jedoch nicht von öffentlichen Münzfernsprechern. Die Ländervorwahlen für den Selbstwählverkehr sind auf den ersten Seiten des Telefonbuchs aufgelistet. Die Vorwahl für die Bundesrepublik Deutschland ist 0049, für Österreich 0043 und für die Schweiz 0041. Wenn Sie ein Ferngespräch ins Ausland selbst wählen wollen, beachten Sie:
1. Ländervorwahl – 2. Ortsvorwahl ohne die erste Null – 3. gewünschter Anschluß

000 333 – Auslandsauskunft
000 111 – Fernamt

Wenn Sie ein R-Gespräch oder ein Voranmeldungsgespräch führen wollen, müssen Sie dies über das Fernamt abwickeln. Die Telefonisten sprechen meist mehrere Fremdsprachen.

000 334 – Gebührenauskunft. Die Gebühren für internationale Gespräche sind täglich zwischen 20.00 und 5.00 Uhr sowie sonntags den ganzen Tag (Brasília-Zeit) um 20 Prozent ermäßigt.

Ferngespräche innerhalb Brasiliens: Wenn Sie innerhalb Brasiliens ein Ferngespräch führen wollen, finden Sie die notwendigen Ortsvorwahlen auch auf den ersten Seiten des Telefonbuchs. Für die Direktwahl gilt: Ortsvorwahl + Rufnummer. R-Gespräche im Selbstwählverkehr: 9 + Ortsvorwahl + Rufnummer.

Eine Tonbandansage fordert Sie auf, Ihren Namen und die Stadt, von der aus Sie anrufen, nach dem Pfeifton auf Band zu sprechen. Wenn der angewählte Teilnehmer Ihren Anruf nicht als R-Gespräch akzeptiert, hängt er einfach auf.

Wichtige Telefonnummern:
100 – örtliche Telefonvermittlung
101 – Inlandsfernamt für Ferngespräche innerhalb Brasiliens
102 – Auskunft
107 – Inlandsfernamt. R-Gespräch vom Münzfernsprecher können unter dieser Nummer gebührenfrei (ohne Jeton) angemeldet werden.
108 – Gebührenauskunft
130 – Zeitansage
134 – Weckdienst
135 – Telegrammdienst

Die Gebühren für Inlandsferngespräche sind täglich zwischen 23.00 und 6.00 Uhr um 75 Prozent ermäßigt. Den halben Preis bezahlt man wochentags zwischen 6.00 und 8.00 morgens und von 20.00 bis 23.00 Uhr, samstags zwischen 14.00 und 23.00 Uhr und zwischen 6.00 und 23.00 Uhr an Sonn- und Feiertagen. Zu den übrigen Zeiten gilt der Normaltarif.

Fax: Von einigen Postämtern und den meisten großen Hotels kann man ein Fax schicken. Auch wenn man nicht in diesen Hotels wohnt, kann man den Telefax-Service in Anspruch nehmen.

FÜR DEN NOTFALL

Sollten sie während Ihres Aufenthaltes in Brasilien einen Arzt benötigen, kann Ihr Hotel Ihnen zuverlässige Ärzte empfehlen, die meist mehrere Fremdsprachen beherrschen. Viele der besseren Hotels haben sogar einen eigenen Arzt im Hause. Über Ihr Konsulat können Sie eine Liste von Ärzten bekommen, die Ihre Sprache sprechen. Das **Rio Health Collective** in Rio de Janeiro hat rund um die Uhr einen lokalen Auskunftsdienst in englischer Sprache. Tel.: 021/325 9300 und 325 9344.

Es ist sinnvoll, für die Dauer der Reise eine zusätzliche private Auslandskrankenversicherung abzuschließen.

Man bekommt in der Regel alle Medikamente ohne Probleme – auch für rezeptpflichtige ist häufig kein Rezept erforderlich. Dennoch sollten Sie sich die Medikamente, die Sie regelmäßig nehmen, lieber in ausreichender Menge von zu Hause mitbringen. Mitunter sieht man in Apotheken Medikamente, die in anderen Ländern schon seit langer Zeit verboten sind. Aspirin, Verbandsmaterial, Sonnenschutz etc. sind überall zu haben. In den Drogerien wird eine Vielzahl verschiedener Kosmetika angeboten, darunter auch eine Reihe bekannter Marken.

UNTERWEGS

TAXI

Bei Ihrer Ankunft in Brasilien nehmen Sie für die Fahrt vom Flughafen in die Stadt am besten eines der speziellen Flughafentaxis. Der Preis, der sich nach Ihrem Zielort richtet, ist tariflich gebunden und wird im voraus bezahlt. Auf diese Weise gibt es weniger Verständigungsprobleme, keine Mißverständnisse in bezug auf den Fahrpreis, und auch wenn der Fahrer mit Ihnen eine „kleine Stadtrundfahrt" veranstaltet, kann er dafür nichts extra berechnen. Wenn Sie ein reguläres Taxi vorziehen, versuchen Sie, die Tarife herauszufinden, damit Sie zumindest eine Vorstellung vom normalen Fahrpreis haben.

Ein spezieller Flughafenbus bringt Sie in die Stadtmitte, und mitunter enthält die Route auch Stopps bei den größeren Hotels. Erkundigen Sie sich am Informationsschalter am Flughafen.

Taxis sind wahrscheinlich die beste Art, um in den Städten herumzukommen. Natürlich ist es einfach, als Tourist in einer fremden Stadt ein Taxi zu finden. Doch am besten nehmen Sie vor Ihrem Hotel ein Taxi, denn dort kann immer jemand den Fahrer auf portugiesisch über ihre Wünsche informieren.

Funktaxis sind etwas teurer, aber sicherer und komfortabler. Obwohl die Fahrer der gelben Taxis, die man am Straßenrand anhält, niemanden ausrauben würden, so versuchen sie doch gerne, die Touristen übers Ohr zu hauen. Versuchen Sie immer vorher den Normalpreis für die Strecke, die Sie fahren wollen, in Erfahrung zu bringen – die meisten Fahrten kosten nur wenige Dollars. Die Flughafentaxis verlangen im Vergleich zu anderen Taxis gewaltige Preise – in Rio je nach Bestimmungsort zwischen 10 und 20 US$. Doch im Vergleich mit europäischen Taxipreisen ist das immer noch niedrig.

Wegen der Inflation und den daraus resultierenden häufigen Benzinpreiserhöhungen ist es beinahe unmöglich, daß alle Taxameter immer auf den neuesten Stand geeicht sind. Die Taxifahrer müssen deshalb eine Tafel mit den aktuellen Tarifen am linken Rückfenster angebracht haben, damit der Fahrgast den Zuschlag auf den Preis des Taxameters überprüfen kann. Funktaxis berechnen darüber hinaus einen kleinen prozentualen Zuschlag. Wenn Sie ein Taxi an der Straße anhalten, vergewissern Sie sich, daß der Fahrer beim Einschalten des Taxameters den Code Nr. 1 eingeschaltet hat. Das schwarze Schildchen mit der Nummer 2 bedeutet, daß der Taxameter einen 20 Prozent höheren Preis berechnet, der unter folgenden Bedingungen gültig ist: sonn- und feiertags, nach 23.00 Uhr und bei Überschreiten der Stadtgrenze sowie bei sehr steilen Straßen. Außerdem dürfen alle Taxifahrer während des ganzen Monats Dezember ausschließlich mit Tarif Nr. 2 fahren, um sich so ihr 13. Monatsgehalt zu verdienen.

MIT DEM AUTO

In den größeren Städten haben die internationalen Autoverleihfirmen Avis und Hertz Niederlassungen. Die beiden größten brasilianischen Ketten sind Localiza und Nobre. Es gibt überall auch gute kleinere Unternehmen. Die Preise liegen je nach Fahrzeugtyp etwa zwischen 30 US$ und 85-90 US$ pro Tag – Versicherung und Steuern inklusive. Manche Firmen haben einen pauschalen Tagessatz, während andere pro Kilometer abrechnen. Die bekannten internationalen Kreditkarten werden akzeptiert. Kleinere Unternehmen verlangen einen Aufpreis, wenn Sie das Auto in einer Stadt mieten und in einer anderen wieder zurückgeben. Wenn Sie also planen, den Mietwagen nur auf einer Strecke zu benutzen, sollten Sie ihn von einer der großen Ketten mit mehr Zweigstellen mieten.

Sie können bereits am Flughafen, durch Ihr Hotel oder über Reisebüros entsprechende Mietvereinbarungen abmachen. Ein internationaler Führerschein ist nützlich, aber nicht vorgeschrieben. Für einen Zuschlag von 20 US$ kann man das Auto mit Fahrer mieten. Dieser Preis gilt für 8 Stunden, für jede weitere Stunde bezahlen Sie 4 US$ für den Fahrer.

Autofahren in Brasilien ist für Europäer das reine Chaos. Die Fahrer in Rio sind besonders berüchtigt für ihr wahnwitziges Spurenwechseln, Rasen und Mißachten von Fußgängern und anderen Autos. Fahren Sie defensiv und rechnen Sie mit allem! In den großen Städten kann es sehr schwierig sein, einen Parkplatz zu finden. Ein guter Tip für Rio ist es, das Auto an der U-Bahn-Station *Botafogo* abzustellen und von da aus mit der Metro in die Stadt zu fahren.

Es scheint, daß – wo auch immer man seinen Wagen parkt – sofort ein freiberuflicher Parkwächter aus dem Boden wächst. Er bietet Ihnen entweder an, ein Auge auf Ihr Auto zu haben, und hofft auf ein Trinkgeld, oder er fordert Sie unumwunden auf, ihn im voraus für seine (zweifelhaften) Wachdienste zu entlohnen. Der Gegenwert von 40-50 Cents ist ausreichend. Es ist besser zu bezahlen, als das Risiko einzugehen, sein Auto mit kleinen Beschädigungen wiederzufinden.

Sollten Sie vorhaben, in Brasilien häufig mit dem Auto unterwegs zu sein, kaufen Sie sich den *Quatro Rodas* (Vier Reifen). Dieser Straßenführer, der Karten und Wegbeschreibungen enthält, wird an den meisten Zeitungskiosken verkauft.

BUSSE

Da nur ein kleiner Prozentsatz der Brasilianer sich ein eigenes Auto leisten kann, werden die öffentlichen Verkehrsmittel sehr viel benutzt. In den größeren Städten gibt es Spezialbusse mit Aircondition, die zwischen den Wohngegenden und den Geschäftsvierteln im Zentrum verkehren. Zu deren Streckennetz gehören auch Verbindungen zwischen dem Flughafen, den großen Hotels und dem Stadtzentrum. Sie bekommen Ihr Ticket beim Einsteigen. Nehmen Sie Platz, der Schaffner geht im Bus herum, um das Fahrgeld zu kassieren: je nach Zielpunkt zwischen einem und zwei US$. Die Rezeption Ihres Hotels ist Ihnen mit Auskünften über Busrouten sicherlich behilflich, aber die meisten Hotels raten ihren Gästen davon ab, andere als die Spezialbusse zu nehmen. Der reguläre Stadtbus kostet etwa einen halben Dollar.

Auch bei hellem Tageslicht finden in überfüllten Bussen Diebstähle statt. Wenn Sie gerne mit den öffentlichen Bussen fahren, vermeiden Sie zumindest die Stoßzeiten. Tragen Sie keine Wertgegenstände bei sich, halten Sie Ihre Umhängetasche vor sich und lassen Sie Ihren Fotoapparat in der Tasche.

Komfortable, pünktliche Busverbindungen gibt es zwischen allen größeren Städten und sogar zu einigen anderen südamerikanischen Ländern. Bedenken Sie, daß die Entfernungen groß sind und Busfahrten deshalb auch mehrere Tage dauern können. Eine lange Reise kann man aber auch durch einen Zwischenstop unterbrechen.

Die Busse sind nicht teuer: Zum Beispiel kostet die 6stündige Fahrt zwischen Rio de Janeiro und São Paulo im Linienbus mit verstellbaren Sitzen etwa 12 US$. Der komfortable, *leito* genannte „Schlafwagen" mit breiteren und voll ausklappbaren Liegesitzen mit Fußstützen und Getränkeservice kostet etwa 25 US$. Zu Hauptverkehrszeiten wie an Feiertagen fährt auf der Route Rio–São Paulo jede Minute ein Bus ab. Auf anderen Strecken ist es vielleicht nur einer am Tag (wie zum Beispiel zwischen Rio und Belém, ca. 60 US$ für die 52stündige Fahrt) oder gar nur einer pro Woche oder alle zwei Wochen. Kaufen Sie Ihr Ticket im voraus bei einem Reisebüro oder am Busbahnhof.

Der regionale Busverkehr bringt Sie zu kleineren, abgelegeneren Orten. Damit zu fahren, läßt Sie nicht mehr daran zweifeln, daß Sie sich in einem Entwicklungsland befinden. Die fast immer überfüllten Busse holpern über dreckige Straßen, sammeln an der Straße wartende Passagiere auf, die häufig riesige Bündel für den Markt dabei haben. Diejenigen, die nur einen Stehplatz ergattert haben – oft für vier- und mehrstündige Fahrten – , zahlen den gleichen Preis wie die Passagiere auf numerierten Sitzen. Für den Besucher mag so eine Busfahrt vielleicht ein neues und einzigartiges Erlebnis sein, doch man muß die Ausdauer und Geduld der Leute bewundern, für die diese Busse das einzige Transportmittel sind.

METRO

Rio de Janeiro und São Paulo haben eine ausgezeichnete, wenn auch nicht sehr ausgedehnte Untergrundbahn mit hellen, klimatisierten Waggons. Die Metro ist für den ausländischen Besucher einer der einfachsten Wege, von einem Ort zum anderen zu gelangen, ohne sich zu verirren. Übersichtskarten an den Stationen und in jedem Waggon helfen Ihnen, sich zurechtzufinden. Die Routen führen strahlenförmig vom Zentrum weg, und das Streckennetz wird durch Busanschlüsse noch verlängert. Es gibt dafür kombinierte Bus-Bahn-Tickets. Die Buslinien, die als Erweiterung der U-Bahn dienen, sind mit der Aufschrift *Integração* versehen.

Die beiden Linien São Paulos kreuzen sich unterhalb der Praça da Sé im Herzen der Stadt und verkehren von 5.00 bis 24.00 Uhr. Die Nord-Süd-Linie verbindet Santana mit Jabaquara, die Ost-West-Linie fährt von Santa Cecilia nach Penha. Es gibt Haltestellen an den Busbahnhöfen der Überlandbusse und für den Busanschluß zum Guarulhos International Airport.

Die beiden Linien Rios verkehren zwischen dem Stadtzentrum und Botafogo. Auf der anderen Seite der Stadt ist die Endstation des Vororts Irajá im Norden (Haltestellen am Sambadrom und dem Maracaña-Fußballstadion). An beiden Endpunkten der Metro gibt es Streckenerweiterungen durch Buslinien. Die Untergrundbahn in Rio ist sonntags geschlossen und verkehrt unter der Woche zwischen 6.00 und 23.00 Uhr.

Es gibt nur einen Preis für den Einzelfahrschein (*Unitário*), auch wenn man von einer Linie auf die andere umsteigt. Daneben gibt es kombinierte Fahrscheine, die auch in Bussen gültig sind (Metro-Omnibus). Die Fahrscheine werden an den Haltestellen oder in den *Integração*-Bussen verkauft. Die Preise sind deutlich angeschrieben. (*Entrada* = Eingang, *Saída* = Ausgang).

BOOTSTOUREN

In Küstenorten oder Städten, die an einem Fluß liegen, kann man Bootstouren und Ausflüge zu Wasser unternehmen. Es gibt auch die Gelegenheit zu längeren Fahrten.

Auf dem Amazonas werden Exkursionen für ein oder zwei Tage bis hin zu einer Woche oder länger angeboten. Die Schiffskategorien rangieren von luxuriösen Hotelbooten bis zu rustikaleren Unterkünften. Auf dem São Francisco im Nordosten des Landes und in den Marschen des Panatanal in Mato Grosso, wohin viele Leute zum Angeln gehen, werden ebenfalls Bootstouren veranstaltet.

Die **Blue Star Line** nimmt Passagiere auf ihren Frachtern mit, die an mehreren Atlantikhäfen anlegen. **Linea C** und **Oremar** bieten Kreuzfahrten an, die von Rio aus nach Buenos Aires oder in die Karibik aufbrechen und entlang der brasilianischen

Küste Zwischenstopps einlegen. Wer eine längere Schiffsreise plant, sollte einige Zeit im voraus buchen.

Die Städte an der Atlantikküste und an den großen Flüssen haben Programme für Sightseeing-Touren oder Tagesausflüge per Boot. Viele Städte haben Fähren über Buchten und Flüsse zu Inseln. Man kann auch komplette Schoner und Yachten mit Crew für Exkursionen mieten.

ZÜGE

Abgesehen von den überfüllten Nahverkehrszügen sind Züge in Brasilien kein wichtiges Verkehrsmittel, und das Eisenbahnnetz ist nicht besonders ausgedehnt. Dennoch seien einige Strecken empfohlen, entweder weil sie landschaftlich reizvoll sind oder weil sie mit geradezu antiken Dampflokomotiven befahren werden.

– Die 110 km lange Curitiba-Paranaguá-Bahn im südlichen Bundesstaat.

– Der Zug nach Corumbá, das an der Grenze zu Bolivien im Bundesstaat Mato Grosso do Sul liegt, durchquert die Südspitze des Pantanal-Marschen. Es gibt eine durchgehende Zugverbindung nach São Paulo (1400 km), doch die landschaftlich schönste Strecke ist das 400 km lange Stück zwischen Campo Grande und Corumbá. Nach Campo Grande kann man auch fliegen.

– Im Amazonasgebiet kann man eine kurze Fahrt auf der historischen Strecke der Madeira-Mamoré-Eisenbahn machen. Die 16 km lange Trasse zwischen Porto Velho und Cachoeira de Teotonio im Bundesstaat Rondonia ist heute ausschließlich eine Touristenattraktion und wird nur noch sonntags befahren.

– Im Bundesstaat Minas Gerais befödern antike Dampflokomotiven samstags und sonntags die Passagiere zwischen São João del Rei und Tiradentes (12 km) und zwischen Ouro Preto und Mariana (20 km).

– Im Bundesstaat Sao Paulo klettert die Paranapiacaba-Dampflokomotive 48 km durch die Berge, wobei sie einen Teil des Weges durch eine Drahtseilbahn gezogen wird.

– Im Bundesstaat Rio de Janeiro verkehrt auf der 17 km langen Strecke zwischen Miguel Pereira und Conrado sonntags die von einer Dampflok gezogene Bergeisenbahn.

– Der Nachtzug zwischen Rio de Janeiro und São Paulo bietet die Annehmlichkeiten eines Speisewagens und des „Room Service" in den Schlafwagenabteilen; Abfahrt um 23.00 Uhr, Ankunft um 8.00 Uhr. Reservierung erforderlich: Tel.: 021/ 233 3390.

INLANDSFLÜGE

Die wichtigsten brasilianischen Fluggesellschaften für Inlandsflüge sind Transbrasil, Varig/Cruzeiro und Vasp. Daneben bedienen eine Reihe regionaler Luftlinien die kleineren Städte. Die drei großen Fluglinien haben ein ausgedehntes Streckennetz quer über das ganze Land. Ihre Verkaufsbüros sind an den Flughäfen und in den meisten Städten. Man kann die Flugscheine auch bei Reisebüros kaufen, oft sogar in Hotels. Reservierungen lassen sich auch telefonisch oder per Fax machen.

Die Preise für die verschiedenen Routen sind bei allen Gesellschaften gleich.

Von Rio de Janeiro nach ... (Stand Ende 1994)
- Belém   US$ 400
- Brasília   US$ 211
- Foz do Iguaçu   US$ 255
- Manaus   US$ 439
- Recife   US$ 331
- Salvador   US$ 252
- São Paulo   US$ 125

Für Nachtflüge (*Voo economico* oder *Voo noturno*) gibt es einen 20prozentigen Rabatt. Die Flugzeuge starten zwischen 24.00 und 6.00 Uhr. Auf den meisten Strecken hat mindestens eine der drei großen Fluglinien einen ermäßigten Nachtflug.

Varig und Lufthansa bieten ein günstiges Rundflugticket an, das allerdings nur außerhalb Brasiliens erhältlich ist. Der Varig-Brasil-Airpaß gestattet fünf Flüge innerhalb von 21 Tagen. Für US$ 440 kann jeder, der den Atlantik mit Varig oder Lufthansa überquert, einen Airpaß erwerben. Bis zu maximal vier weitere Flüge kosten je US$ 100. Alle geplanten Strecken müssen bereits beim Kauf des Airpasses aufgeführt werden.

Die großen Fluggesellschaften betreiben in Kooperation Pendeldienste zwischen Rio und São Paulo (jede halbe Stunde), Rio und Brasília Flüge pro Tag. Sie können Glück haben, aber es ist in jedem Fall besser, vorher zu reservieren.

UNTERKUNFT

An ausgezeichneten Hotels gibt es in Brasilien keinen Mangel. Vor allem in den größeren Städten und Erholungsorten gibt es Hotels der internationalen Luxuskategorie mit gut ausgebildetem, mehrsprachigem Personal. Viele Hotels betreiben gleichzeitig eigene Reisebüros. Die folgende Liste führt nur einige der besten Hotels in den wichtigsten touristischen Gebieten auf. Das Doppelzimmer mit Frühstück in einem Hotel der Luxuskategorie kostet ungefähr zwischen 100 bis 180 US$.

Die Zimmer sind im allgemeinen sauber und gepflegt, dennoch sollte man sich ein Zimmer erst zeigen lassen, bevor man es mietet. Die kleineren

Angestellten sind höflich, sprechen aber oft nur Portugiesisch.

Es ist immer gut, ein Zimmer im voraus zu reservieren. Im Karneval und zur Hauptreisezeit aber ist es absolut unumgänglich. Die Hotels sind dann mit brasilianischen Touristen und ausländischen Besuchern überfüllt. Reisende aus kälteren Klimagebieten kommen oft nach Brasilien, um dem Winter der Nordhalbkugel zu entfliehen. Gerade zu dieser Zeit reisen auch die Brasilianer selbst sehr viel, da Januar und Februar ihre Sommer- oder Ferienmonate sind. Brasilianische Winterferien sind im Juli. Sogar wenn Sie glauben, in ein Gebiet abseits der touristischen Routen zu reisen, werden Sie zahlreiche brasilianische Urlauber antreffen.

Wenn Sie sich von den üblichen Feriengebieten weg wagen, ist der Straßenführer *Guia Brasil Quatro Rodas* ein nützlicher Begleiter. Sie bekommen ihn an Zeitungsständen. Er enthält Straßenkarten und listet Hotels, Restaurants und Sehenswürdigkeiten für 820 Städte auf. Er ist zwar in portugiesischer Sprache verfaßt, doch benutzt er ein System von Symbolen, die auch in Englisch und Spanisch erklärt sind.

Wenn Sie mit dem PKW unterwegs sind, bedenken Sie, daß Motels in Brasilien vielleicht nicht das sind, was Sie erwarten: Die Zimmer – meist schrecklich möbliert und mit Spiegeln dekoriert – werden auch stundenweise für amouröse Rendezvous vermietet.

Wen Sie an Camping interessiert sind, nehmen Sie mit dem **Camping Clube do Brasil** Kontakt auf:
Rua Senador Danats 75
Rio de Janeiro

Bei der **Casa do Estudante** können Sie für ein paar Dollar eine Liste von Jugendherbergen in 10 brasilianischen Staaten, die auch im Internationalen Verband der Jugendherbergen eingetragen sind, bekommen. Es gibt keine Altersbegrenzung für die Gäste – trotz des Namens:
Casa do Estudante do Brasil, Praça Ana Amelia 9, Castelo, Rio de Janeiro.

RIO DE JANEIRO – BUNDESSTAAT

Rio De Janeiro (Stadt)

Califórnia Othon
Av. Atlantica 2616
Copacabana
Tel. 021/257 1900, Fax: 257 1900.

Caesar Park (Luxuskategorie)
Av. Vieira Souto 460
Ipanema, Tel. 021/287 3122, Fax: 521 6000.

Copacabana Palace (Luxuskategorie)
Av. Atlântica 1702
Copacabana
Tel. 021/255 7070, Fax: 235 7330.

Everest Rio (Luxuskategorie)
Rua Prudente de Morais 1117
Ipanema
Tel. 021/287 8282, Fax: 521 3198.

Glória
Rua do Russel 632
Glória
Tel. 021/205 7272, Fax: 245 1660.

Inter-Continental Rio (Luxuskategorie)
Rua Prefeito Mendes de Morais 222
São Conrado
Tel. 021/322 2200, Fax: 322 5500

Leme Othon Palace
Av. Atlântica 656
Leme
Tel. 021/275 8080, Fax: 275 8080.

Le Meridien (Luxuskategorie)
Av. Atlântica 1020
Leme
Tel. 021/275 9922, Fax: 541 6447.

Luxor Copacabana (Luxuskategorie)
Av. Atlântica 2554
Copacabana
Tel. 021/235 2245, Fax: 255 1858.

Marina Palace (Luxuskategorie)
Rua Delfim Moreira 630
Leblon
Tel. 021/259 5212, Fax259 0941.

Miramar Palace
Av. Atlântica 3668
Copacabana
Tel. 021/521 1122, Fax: 521 3294.

National Rio (Luxuskategorie)
Av. Niemeyer 769
São Conrado
Tel. 021/322 1000, Fax: 322 0058.

Praia Ipanema (Luxuskategorie)
Av. Vieira Souto 706
Ipanema
Tel. 021/239 9932, Fax: 239 6889.

Rio Palace (Luxuskategorie)
Av. Atlântica 4240
Copacabana
Tel. 021/521 3232, Fax: 247 1752.

Rio Sheraton (Luxuskategorie)
Av. Niemeyer 121
Vidigal
Tel. 021/274 112, Fax: 239 5643.

Sol Ipanema (Luxuskategorie)
Av. Vieira Souto 320
Ipanema
Tel. 021/267 0095, Fax: 521 6464.

Trocadero Othon
Av. Atlântica 2064
Copacabana
Tel. 021/257 1834, Fax: 257 1834.

Búzios

Pousada Casa Brancas
Morro do Humaitá 7128
Tel. 0247/23 1458, Fax: 23 2147.

Pousada La Chimére
Praça Eugênio Honold 36
Praia dos Ossos
Tel. 0247/23 1460, Fax: 23 1108
Reservierung in Rio: Tel. 021/220 2129.

Pousada Nas Rocas Island
Ilha Rasa
Marina Porto Búzios
Tel. 0247/29 1303, Fax: 29 1289
Reservierung in Rio: Tel. 021/253 0001.

Cabo Frio

Trópico de Capricórnio
Alto de Búzios 25
Tel.: 0247/23 6362, Fax: 23 2194.

Pousada Porto Peró
Av. dos Pescatores 2002
Tel. 0247/43 1395

Pousada Portoveleiro
Av. dos Espadartes 129
Caminho Verde, Ogiva
Tel. 0247/43 3081, Fax: 43 0042.

Itacuruçá

Elias C
Ilha de Itacuruçá
Reservierung in Rio:
Tel. 021/247 8938.

Hotel do Pierre
Ilha de Itacuruçá
Reservierung in Rio:
Tel. 021/247 8938.

Jaguanum
Ilha Jaguanum
Reservierung in Rio: Tel. 021/237 5119.

Itatiaia

Cabanas da Itatiaia
Parque Nacional 8 km
Tel. 0243/52 1328.

Hotel do Ypê
Parque Nacional 14 km
Tel. 0243/52 1453.

Simon
Parque Nacional 13 km
Tel. 0243/52 1122.

Petrópolis

Casa do Sol
Estrada Rio-Petrópolis, km 115
Quitadinha
Tel. 0242/43 5062.

Pousada da Alcobaça
Rua Agostinhó Goulão 298
Correas
Tel.: 0242/ 21 1240.

Riverside Parque
Rua Hermogêneo Silva 522
Retiro
Tel. 0242/43 2312.

SÃO PAULO – BUNDESSTAAT

São Paulo (Stadt)

Augusta Palace (Luxuskategorie)
Rua Augusta 467
Consolação
Tel. 011/256 1277, Fax: 259 9637.

Bourbon (Luxuskategorie)
Av. Vieira de Carvalho 99
Centro
Tel. 011/223 2244, 221 4076.

Bristol (Luxuskategorie)
Rua Martins Fontes 277
Centro
Tel. 011/258 0011, Fax: 231 1265.

Caesar Park (Luxuskategorie)
Rua Augusta 1508/20
Cerqueira César
Tel. 011/253 6622, Fax: 288 6146.

Eldorado Higienópolis
Rua Marques de Itu 836
Higienópolis
Tel. 011/222 3422, Fax: 222 7194.

Grand Hotel Ca'd'Oro (Luxuskategorie)
Rua Augusta 129
Centro
Tel. 011/256 8011, Fax: 231 0359.

Maksoud Plaza (Luxuskategorie)
Alameda Campinas 150
Bela Vista
Tel. 011/253 4411, Fax: 253 4544.

Sheraton Mofarrej (Luxuskategorie)
Alameda Santos 1437
Cerqueira Cesar
Tel. 011/ 253 5544, Fax: 289 8670.

Novotel São Paulo (Luxuskategorie)
Rua Min. Nélson Hungria 450
Morumbi
Tel. 011/542 1244, Fax: 844 5262.

Samambaia
Rua 7 de Abril 422
Pra Äa de Republica
Centro
Tel. 011/231 1333, Fax: 231 1333.

São Paulo Center
Largo Santa Ifigênia 40
Centro
Tel.: 011/ 228 6033, Fax: 229 0959.

São Paulo Hilton
Av. Ipiranga 165
Tel. 011/256 0033, Fax: 257 3137.

ÁGUAS DA PRATA

Ideal
Rua Gabriel Rabelo de Andrade 79
Tel. 0196/421 011.

Panorama
Rua Dr. Hernani G. Corrêa 45
Tel. 0196/421 511.

Novo Hotel São Paulo
Rua Dr. Brandão 156
Tel.: 0192/ 42 1105.

ATIBAIA

Park Hotel Atibaia
Rod. Fernão Dias, km 37
Tel. 011/781 0744.

Recanto da Paz (Hotel Fazenda)
Av. Jerônimo de Camargo
Tel. 011/36 2298.

Village Eldorado
Rod. Dom Pedro I, km 75,5
Tel. 011/781 0533, Fax: 781 0300.

CAMPOS DO JORDÃO

Orotour Garden Hotel
Rua 3, Vila Natal Jaguaribe
Tel. 0122/622 833, Fax: 622 833

Toriba (Luxuskategorie)
Av. Ernesto Diederichsen 2960
Tel. 0122/621 566.

Vila Inglesa
Rua Senador Roberto Simonsen 3500
Tel. 0122/631 955, Fax: 632 699.

CARAGUATATUBA

Guanabara
Rua Santo Antonio 75
Tel. 0124/222 533

Pousadas da Tabatinga (Luxuskategorie)
Estrada Caraguatatuba – Ubatuba
Praia Tabatinga
Tel. 0124/241 411, Fax: 241 544.

GUARUJÁ

Casa Grande (Luxuskategorie)
Av. Miguel Stéfano 999
Praia da Énseada
Tel. 0132/862 223

Delphin Hotel
Av. Miguel Stéfano 1295
Praia da Enseada
Tel. 0132/862 111

Ferrareto Guarujá Hotel
Rua Mário Ribeiro 564
Tel. 0132/862 111, Fax: 875 616.

Guarujá Inn
Av. da Saudade 170
Praia da Enseada
Tel. 0132/872 332

Jequitimar Hotel
Av. Marjory Prado 1100
Praia de Pernambuco
Tel. 0132/533 111, Fax: 532 325.

Ilhabela

Devisse
Av. Almirante Tamandaré 343
Tel. 0214/721 385
Ilhabela
Av. Pedro Paula de Morais 151
Tel. 0124/721 329.

Pousada do Capitão
Av. Almirante Tamandaré 272
Itaquanduba
Tel. 0124/721 037

Santos

Avenida Palace
Av. Presidente Wilson 10
Gonzaga
Tel. 0132/397 366, Fax: 397 008.

Fenícia Praia
Av. Presidente Wilson 184
José Menino
Tel. 0132/371 955.

Indaiá
Av. Ana Costa 431
Gonzaga
Tel. 0132/357 554.

Ubatuba

Sol e Vida
Praia da Enseada, 9 km
Tel. 0124/420 188, Fax: 420 488.

Solar das Aguas Cantantes
Praia do Lázaro
Tel. 0124/420 178, Fax: 421 238.

Wembley Inn
Praia das Toninhas, 8 km
Tel. 0124/420 198, Fax: 420 484.

PARANÁ

Foz do Iguaçu

Bourbon
Rod. das Cataratas, km 2,5
Tel. 0455/231 313, Fax: 741 110.

Carimã
Rodas das Cataratas, km 10
Tel. 0455/231 818, Fax: 743 531.

Hotel das Cataratas
Rod. das Cataratas, km 28
Tel. 0455/232 266, Fax: 741 688.

Panorama
Rod. das Cataratas, km 12
Tel. 0455/231 200, Fax: 741 490.

Salvatti
Rua Rio Branco 651
Tel. 0455/231 121, Fax: 743 674.

San Martin
Rod. das Cataratas, km 17
Tel. 0455/232 323, Fax: 743 674.

Curitiba

Auracária Palace
Rua Amintas de Barros 73
Centro
Tel. 041/224 2822, Fax: 224 2822.

Caravelle Palace
Rua Cruz Machado 282
Centro
Tel. 041/322 5757, Fax: 223 4443.

Del Rey
Rua Ermelino de Leão 18
Centro
Tel. 041/322 3242
Rua Com. Araújo 99
Centro
Tel. 041/222 4777, Fax: 222 4777.

RIO GRANDE DO SUL

Caxias do Sul

Alfred
Rua Sinimbu 2266
Tel. 054/221 8655, Fax: 221 8655.

Volpiano
Rua Ernesto Alves 1462
Tel. 054/221 4744.

Cosmos
Rua 20 de Septembro 1563
Tel. 054/221 4688.

Samuara Alfred
Estrada Caxias do Sul – Farroupilha
Tel. 054/227 2222, Fax: 227 1010.

Pousada Caxiense
BR 116 Norte, km 147,5
Tel.: 054/222 6922, Fax: 222 4597.

Gramado

Canto Verde
Av. das Hortênsias 660
Tel. 054/286 1961.

Hotel das Hortênsias
Rua Bela Vista 83
Tel. 054/286 1057, Fax: 286 3138.

Serrano
Av. das Hortênsias 1160
Tel. 054/286 1332, Fax: 286 1639.

Nova Petrópolis

Recanto Suiço
Av. 15 de Novembro 2195
Tel. 054/281 1229, Fax: 281 1229.

Veraneio dos Pinheiros
RS-235, Estrada Nova Petrópolis–
Gramado, km 3,5
Tel. 054/281 229.

Porto Alegre

Alfred Porto Alegre
Rua Senhor dos Passos 105
Centro
Tel. 051/226 2555, Fax: 226 221.

Center Park
Rua Cel. Frederico Link 25
Moinhos de Vento
Tel. 051/221 5388, Fax: 221 5320.

Continental
Largo Vespasiano Júlio Veppo 77
Centro
Tel. 051/ 225 3233, Fax: 228 5024.

Embaixador
Rua Jerônimo Coelho 354
Centro
Tel. 051/228 2211, Fax: 228 5050.

Plaza São Rafael
Av. Alberto Bins 514
Centro
Tel. 051/221 6100, Fax: 221 6883.

Santo Ángelo

Avenida II
Av. Venâncio Aires 1671
Tel. 055/312 3011, Fax: 312 6307.

Maerkli
Av. Brasil 1000
Tel. 055/312 2127, Fax: 312 2607.

Santo Ángelo Turis
Rua Antônio Manoel 726
Tel. 055/312 4055, Fax: 312 1838.

SANTA CATARINA

Blumenau

Garden Terrace
Rua Padre Jacobs 45
Tel.0473/263 544, Fax: 260 366.

Himmelblau Palace
Rua 7 de Setembro 1415
Tel.: 0473/225 800.

Florianopolis

Florianópolis Palace
Rua Artista Bittencourt 14
Centro
Tel. 0482/229 633, Fax: 230 300.

Jureré Praia
Alameda 1
Praia de Jureré
Tel. 0482/821 108.

Maria do Mar
Rod. Virgílio Várzea
Saco Grande
Tel. 0482/383 009.

Joinville

Anthurium Parque
Rua Sao José 226
Tel. 0474/226 299.

Joinville Tourist
Rua 7 de Setembro 40
Tel. 0474/221 288.

Tannenhof
Rua Visconde de Taunay 340
Tel. 0474/228 011.

Laguna

Itapirubá
BR 101, km 298
Praia de Itapirubá
Tel. 0482/440 294.

Lagoa
BR-101 Sul, km 313
Cabeçudas
Tel. 0486/440 844, Fax: 440 844.

ZENTRALBRASILIEN

Brasília

Carlton
Setor Hoteleiro Sul
Quadra 5, Bloco G
Tel. 061/224 8819, Fax: 226 8109.

Eron Brasília
Setor Hoteileiro Norte
Quadra 5, Lote A
Tel. 061/321 1777, Fax: 226 2698.

Garvey Park Hotel
Setor Hoteileiro Norte
Quadra 2, Bloco J
Tel. 061/223 9800, Fax: 233 4170.

Nacional
Setor Hoteileiro Sul
Lote 1
Tel. 061/321 7575, Fax: 223 9213.

Phenícia
Setor Hoteileiro Sul
Quadra 5, Bloco J
Tel. 061/321 4342, Fax: 225 1406.

MATO GROSSO/PANTANAL

Corumbá

Nacional
Rua América 936
Tel. 067/231 6868, Fax: 231 6202.

Pousada do Cachimbo
Rua Alan Kardec 4
Dom Bosco
Tel. 067/231 4833.

Santa Mônica
Rua Antônio Maria Coelho 345
Tel. 067/231 3001, Fax: 231 7880.

Cuiabá

Áurea Palace
General Mello 63
Centro
Tel. 065/322 3377.

Las Velas
Av. Filinto Müller 62
Aeroporto
Tel. 065/381 1422, Fax: 381 1857.

Pantanal

Botel Amazonas/ Botel Corumbá
Hotelboote
Informationen in Corumbá:
Tel. 067/231 3016

Cabana do Lontra
Estrada Miranda–Corumbá
Informationen in Aquidauana:
Tel. 067/241 2406

Hotel Cabanas do Pantanal
Fazenda Tres Barras
Porto Murtinho
Informationen in Campo Grande:
Tel. 067/382 5361

Hotel Fazenda Barranquinho
Rua Jauru, Caceres
Informationen in Cuiabá:
Tel. 065/322 0513

MINAS GERAIS

Araxá

Grande Hotel
Estância do Barreiro 8
Tel. 034/661 2011

Belo Horizonte

Belo Horizonte Othon Palace
Av. Afonso Pena 1050
Centro
Tel. 031/273 3844, Fax: 212 2318.

Hotel del Rey
Praça Afonso Arinos 60
Centro
Tel. 031/273 2211, Fax: 273 1804.

Wembley Palace
Rua Espírito Santo 201
Centro
Tel. 031/201 6966, Fax: 224 9946.

Caxambu

Glória
Av. Camilo Soares 90
Tel. 035/341 1233, Fax: 341 1552.

Grande Hotel
Rua Dr. Viotti 438
Tel. 035/341 1099, Fax: 341 1023.

Palace Hotel
Rua Dr. Viotti 567
Tel. 035/341 1044

DIAMANTINA

Tijuco Hotel
Rua Macau do Meio 211
Tel. 037/931 1022

Diamantina Palace
Av. Sílvio Felício dos Santos 1050
Tel. 031/931 1561, Fax: 931 1561.

OURO PRETO

Grande Hotel de Ouro Preto
Rua Senador Rocha Lagoa 164
Tel. 031/551 1488, Fax: 341 2121.

Luxor Pousada
Rua Dr. Alfredo Baeta 10
Tel. 031/551 2244.

BAHIA

SALVADOR

Bahia Othon Palace (Luxuskategorie)
Av. Pres. Vargas 2456
Ondina
Tel. 071/247 1044, Fax: 245 4877.

Club Mediteranée (Luxuskategorie)
Estrada Itaparica – Nazaré, km 13
Ilha de Itaparica
Tel. 071/833 7141, Fax: 833 7165
Reservierung in Salvador:
Tel. 071/247 3488

Enseada das Lages
Av. Oceânica 511
Morro do Paciência
Rio Vermelho
Tel. 071/336 1027, Fax: 336 0654.

Meridien Bahia (Luxuskategorie)
Rua Fonte do Boi 216
Rio Vermelho
Tel. 071/248 8011, Fax: 248 8902.

Salvador Praia
Av. Presidente Varga 2338
Ondina
Tel. 071/245 5033, Fax: 245 5003.

FORTALEZA

Beira Mar
Av. Beira-Mar 3130
Praia de Meireles
Tel. 085/244 9444, Fax: 261 5659.

Esplanada Praia
Av. Beira-Mar 2000
Praia de Meireles
Tel. 085/224 8555, Fax: 224 8555.

Imperial Othon Palace
Av. Beira-Mar 2500
Praia de Meireles
Tel. 085/244 9177, Fax: 224 7777.

MARANHÃO

SÃO LUÍS

Panorama Palace
Rua dos Pinheiros, QD 16
São Francisco
Tel. 098/227 0067, Fax: 227 4736.

São Francisco
Rua Dr. Luís Jerson 77
São Francisco
Tel. 098/227 1155, Fax: 235 2128.

Vila Rica
Praça Dom Pedro II. 299
Centro
Tel. 098/232 3535, Fax: 222 1251.

PARAÍBA

JOÃO PESSOA

Manaíra Praia
Av. Flávio Ribeiro 115
Praia de Manaíra
Tel. 083/246 1550, Fax:246 4200.

Tambaú
Av. Almirante Tamandaré 229
Tambaú
Tel. 083/226 3660, Fax: 226 2390.

PERNAMBUCO

OLINDA

Marolinda
Av. Min. Marcas Freire 1615
Tel. 081/429 1699.

Quatro Rodas Olinda (Luxuskategorie)
Av. José Augusto Moreira 2200
Praia de Casa Caiada
Tel. 081/431 2955, Fax: 431 0670.

Recife

Recife Palace Lucsim
Av. Boa Viagem 4070
Boa Viagem
Tel. 081/325 4044, Fax: 326 8895.

Hotel do Sol
Av. Boa Viagem 978
Praia de Pina
Tel. 081/326 7644, Fax: 326 7166.

Praia Othon
Av. Boa Viagem 9
Praia de Pina
Tel. 081/465 3722.

Park
Rua dos Navegantes 9
Boa Viagem
Tel. 081/465 4666, Fax: 465 4767.

Recife Palace (Luxuskategorie)
Av. Boa Viagem 4070
Boa Viagem
Tel. 081/325 4044

Savaroni
Av. Boa Viagem 3772
Tel. 081/465 4299, Fax: 326 4900.

Vila Rica Ideale
Av. Boa Viagem 4308
Boa Viagem
Tel. 081/326 5111, Fax: 326 5111.

RIO GRANDE DO NORTE

Natal

Jaraguá Center
Rua Santo Antonio 655
Centro
Tel. 084/221 2355, Fax: 221 2351.

Natal Mar
Av. Dinaste 8101
Praia de Ponta Negra
Tel. 084/219 2121, Fax: 219 3131.

Reis Magos
Av. Café Filho 822
Praia do Meio
Tel. 084/222 2055, Fax: 222 2146.

AMAZONAS

Manaus

Amazonas
Praça Adalberto Vale
Centro
Tel. 092/622 2233, Fax: 622 2064.

Ana Cássia
Rua dos Andradas 14
Centro
Tel. 092/622 3637, Fax: 622 4812.

Da Vince
Rua Belo Horizonte 240 A
Adrianópolis
Tel. 092/663 1213, Fax: 611 3721.

Imperial
Av. Getúlio Vargas 227
Centro
Tel. 092/622 3112, Fax: 622 1762.

Novotel
Av. Mandii 4
Distrito Imperial
Tel. 092/237 1211

Tropical Manaus (Luxuskategorie)
Praia da Ponta Negra
Tel. 092/658 5000, Fax: 658 5026.

PARÁ

Belém

Equatorial Palace
Av. Braz de Aguiar 612
Nazaré
Tel. 091/241 2000, Fax: 223 5222.

Excelsior Grão Pará
Av. Presidente Vargas 718
Centro
Tel. 091/222 3255, Fax: 224 9744.

Belém Hilton
Av. Presidente Vargas 882
Praça de República
Tel. 091/223 6500, Fax: 225 2942.

Regente
Av. Governador José Malcher 485
Tel. 091/241 1222, Fax: 224 0343.

Sagres
Av. Governador José Malcher 2927
São Brás
Tel. 091/228 3999, Fax: 226 8260.

Vila Rica
Av. Júlio César 1777
Val-de-Cans, 9km
Tel. 091/233 4222

Vanja
Rua Benjamin Constant 1164
Centro
Tel. 091/222 6688, Fax: 222 6709

Santarém

Santarém Palace
Av. Rui Barbosa 726
Tel. 091/522 5285.

Tropical
Av. Mendonça Furtado 4120
Tel. 091/522 1533

New City
Rua Francisco Corrêa 200
Tel. 091/522 4719.

Essen & Trinken

SPEZIALITÄTEN

Ein Land, das so groß und vielfältig ist wie Brasilien, hat natürlich auch seine regional unterschiedlichen kulinarischen Spezialitäten. Außerdem haben die Einwanderer die brasilianische Küche sehr beinflußt: In einigen Gebieten im Süden merkt man den deutschen Einfluß, die italienischen und japanischen Einwanderer haben die Küche von São Paulo geprägt. Einige der typischen brasilianischen Gerichte stammen aus der portugiesischen und afrikanischen Küche.

Das Mittagessen ist die umfangreichste Mahlzeit des Tages, und vielleicht werden Sie es sogar – in Anbetracht des heißen Klimas – ein wenig zu schwer finden. Zum Frühstück trinkt man Milchkaffee (*Café com leite*) und ißt Brot oder manchmal Früchte dazu. Das Abendessen wird oft sehr spät eingenommen.

Obwohl man im allgemeinen keine große Vielfalt an Kräutern benutzt, ist die brasilianische Küche wohlschmeckend gewürzt und auch nicht scharf – mit Ausnahme einiger stark gewürzter Gerichte aus Bahia. Viele Brasilianer essen gern scharfe Pfefferschoten, und die *Malagueta*-Chilis können sowohl höllisch brennen als auch angenehm prickelnd schmecken, je nachdem wie man sie zubereitet. Aber die Pfeffersauce (die meisten Restaurants bereiten sie selbst zu und hüten sorgsam ihr Rezept) wird häufig separat serviert, so daß Sie die Schärfe Ihres Essens selbst bestimmen können.

Als **Nationalgericht** Brasiliens (wenn man es auch nicht überall im Land findet) gilt die *Feijoada*, die aus schwarzen Bohnen und verschiedenen getrockneten, gesalzenen oder geräucherten Fleischstücken zubereitet wird. Ursprünglich wurde es als billiges Essen für die Sklaven aus Resten gemacht, heute kocht man es mit Schwanz, Ohren und Füßen vom Schwein. Die *Feijoada* ist in Rio de Janeiro das traditionelle Mittagessen an Samstagen. Man serviert sie *completa*, das heißt mit weißem Reis, fein geschnittenem Kohl (*couve*), in Butter gerösterem Maniokmehl (*farofa*) und Orangenscheiben.

Die exotischsten Gerichte findet man in Bahia, wo das *Dendê*-Palmöl und die Kokosnußmilch afrikanischen Einfluß verraten. Die *Baianos* lieben Cayennepfeffer, und die Grundlage vieler Gerichte sind Cashewnüsse, Garnelen und Erdnußcreme. Zu den berühmtesten Gerichten von Bahia zählen:

Vatapá – ein cremiger Brei aus frischen und getrockneten Garnelen, Fisch, Erdnußcreme, Kokosnußmilch, *Dendê*-Öl und Gewürzen

Moqueca – Fisch, Garnelen, Krabben oder eine Mischung aus Meeresfrüchten in einer Sauce aus *Dendê*-Öl und Kokosnußmilch

Xinxim de galinha – ein Hühnerfrikassee mit *Dendê*-Öl, getrockneten Garnelen und Erdnußmasse

Caruru – Garnelen und Okra-Schoten in *Dendê*-Öl gebraten

Bobó de camarão – gekochte und pürierte Maniokwurzeln mit Garnelen, *Dendê*-Öl und Kokosnußmilch

Acarajé – Pastetchen aus in *Dendê*-Öl frittierten Bohnen gefüllt mit *Vatapá*, getrockneten Garnelen und Pfefferschoten

Obwohl die Gerichte alle sehr schmackhaft sind, sollten Sie bedenken, daß Palmöl und Kokosnußmilch für den, der nicht daran gewöhnt ist, vielleicht ein wenig schwer verdaulich sind.

An der ganzen Küste gibt es Fischgerichte, doch der Nordosten ist berühmt für seine Meeresfrüchte, Krabben und Hummer. Manchmal dünstet man die Fische und Meeresfrüchte in Kokosmilch, doch machen vor allem Koriander, Limonensaft und Knoblauch die besondere Note der brasilianischen Fischgerichte aus. Versuchen Sie Peixe a Brasileiro – gedünsteten Fisch – mit Pirao – Maniokmehl mit dem Sud des Fisches zu einer Art Püree gekocht. Ein köstlicher Fisch ist mit seinem festen, weißen Fleisch auch der Seebarsch (Badejo).

Ein Lieblingsessen ausländischer Besucher ist der Churrasco. Ursprünglich stammt er aus dem Süden, wo die Gauchos das Fleisch über offenem Feuer grillten, heute ist der Churrasco in ganz Brasilien verbreitet. Die meisten Currascarias bieten den Spießbraten als Rodizio an: Zu einem festen Preis kann der Gast von mehreren Fleischsorten essen, soviel er will. Die Kellner bringen Spieße mit gegrilltem Rind- und Schweinefleisch, Hühnchen und Würsten an Ihren Tisch und schneiden die Stücke Ihrer Wahl für Sie ab.

Das kühlere Klima in Minas Gerais wird Ihnen Appetit auf die dortigen, herzhaften Bohnen- und Schweineflisch-Gerichte machen. Die *Mineiros* essen viel Schweinefleisch und machen auch sehr gute Wurst daraus. Neben dem Getreideanbau wird in diesem Bundesland viel Milchwirtschaft betrieben. Versuchen Sie einige der Spezialitäten von Minas Gerais:

Tutu – pürierte schwarze Bohnen, die mit Maniokmehl zu einem Brei verdickt sind *Linguiça* – ausgezeichnete, sehr schmackhafte Schweinswürste

Queijo Minas – frischer, milder weißer Käse

Im Amazonas-Gebiet trifft man einige exotische Gerichte an und viele Früchte, die es anderswo nicht gibt. Aus den Flüssen kommt eine große Vielfalt an Fischen, darunter auch der Riesenpiranha (Pirarucu). Flußfisch ist auch das Haupterzeugnis des Pantanal.

Unbedingt probieren sollten Sie:

Pato no tucupi – Ente mit Tucupi-Sauce, die aus Maniokblättern zubereitet wird und einen leicht betäubenden Effekt auf die Zunge hat.

Tacacá – eine Tucupi-Sauce mit Maniokstärke

Obwohl im trockenen Inland des Nordostens das Leben eher kärglich ist, gibt es dort einige köstliche Spezialitäten. Sehr gerne ißt man gegrilltes Kitz und serviert dazu Bananen, vor allem verschiedene Sorten von Kochbananen, die man nicht roh essen kann. Außerdem sollten Sie probieren:

Carne seca, auch *Carne do sol* genannt – gesalzenes Dörrfleisch, häufig mit Kürbis serviert.

Beijus – eine schneeweiße Tortilla aus Tapioka (die Stärke, die beim Mahlen der Maniokwurzel zu Mehl austritt), gefüllt mit feingeraspelter Kokosnuß

Cuscuz – ein fester Pudding aus Tapioka, geraspelter Kokosnuß und Kokosnußmilch

Zwei portugiesische Gerichte sind in ganz Brasilien sehr beliebt:

Bacalhau – Kabeljau, der als Stockfisch importiert wird und den man auf verschiedenste Art und Weise zubereitet.

Cosido – eine viel gerühmtes Gericht aus verschiedenen Fleischsorten, die zusammen mit Gemüse gekocht werden (meist Wurzelgemüsen, Kürbis und verschiedenen Kohlsorten). Als Beilage wird *Pirão* serviert.

Palmito – Palmherzen, delikat zubereitet als Salat, Suppe oder als Füllung kleiner Pasteten.

Salgadinhos – kleine Salzige – nennt man in Brasilien die Appetithäppchen, die man zu einer Runde Bier bestellt oder als Imbiß an einer Snackbar – die einheimische Alternative zu den amerikanischen Fast-food-Ketten, die ebenfalls weit verbreitet sind. Salgadinhos sind normalerweise kleine Pasteten, die mit Käse, Speck, Shrimps, Hühnchen, Rinderhack, Palmherzen oder ähnlichem gefüllt sind. Es gibt auch Fischbällchen und Fleischkroketten, panierte Shrimps und Miniatur-Quiches. Manche Bäckereien machen ausgezeichnete Salgadinhos. Man kann sie entweder mit nach Hause nehmen oder dort an der Theke mit einem Glas Saft verzehren. Andere kleine Delikatessen sind *Pão dequeijo* (eine Art Käsetasche) und *Pastel* (zwei Lagen eines dünn ausgerollten Nudelteigs mit einer Füllung, frittiert). Versuchen Sie statt Pommes frites einmal *Aipim frito* – frittierte Maniokwurzeln.

Viele brasilianische Desserts werden aus Früchten, Kokosnuß, Eigelb oder Milch gemacht. Aus Früchten, Fruchtsäften und aus Süßkartoffeln kocht man auch Kompott oder dicke Konfitüren, die zusammen mit mildem Käse oder Quark angerichtet werden. Auch Avocados verwendet man für Desserts, als Creme oder mit Zucker und Zitronensaft verfeinert. Fruchtschaumspeisen sind an heißen Tagen angenehm, vor allem die aus Passionsfrüchten. Außerdem gibt es herrliche Sorbets und Eiscremes aus tropischen Früchten. Kokosnuß erscheint auf verschiedenste Art als Nachspeise oder Bonbons – Straßenhändler verkaufen Melasse-farbene und weiße *Cocadas*. Köstlich sind auch die Eierspeisen auf portugiesische Art, vor allem *Quindim* – eine reichhaltige Kokosnuß-Eiercreme. *Doce de leite* ist eine brasilianische Version von Crème Karamel, wobei man manchmal den Karamelisierungsprozeß unterbricht, sobald die süße Masse eine Konsistenz erreicht hat, daß man sie wie eine Creme löffeln kann (gern mit Quark serviert). *Pudim de leite* ist ein süßer Pudding, der aus süßer Kondensmilch und Karamelsirup gemacht wird. *Bolo de aipim* ist trotz des Namens mehr ein Pudding als ein Kuchen (port. bolo = Kuchen), der aus den geriebenen Wurzeln und Kokosnuß zubereitet wird. Konfiserien verkaufen selbstgemachte *Docinhos* (Bonbons) und eine große Auswahl an Süßigkeiten. Ein ganz besonderes Dessert (und nach einem üppigen Essen an einem heißen Tag vielleicht das angenehmste) sind die herrlichen tropischen Früchte – zu jeder Jahreszeit stehen andere exotische Delikatessen zur Wahl.

GETRÄNKE

Brasilianer lieben es, in Gesellschaft ein Gläschen zu trinken, und sitzen bei einigen Drinks oft über Stunden mit ihren Freunden zusammen und plaudern und singen. Während der heißen Monate findet das normalerweise auf den Terrassen von Restaurants oder in Straßencafés statt, wo die meisten sich ein kühles Bier vom Faß (*Chope*) bestellen. Das brasilianische Bier ist sehr gut. Denken Sie daran, daß mit *Cerveja* (Bier) nur Flaschenbier gemeint ist.

Brasiliens ureigenstes, einzigartiges Gebräu heißt *Cachaça*, eine Art Zuckerrohrschnaps – Rum, wenn man so will, aber mit einem ganz eigenen Aroma. In der Regel ist es farblos, doch kann es auch eine bräunliche Färbung haben. Jede Region rühmt sich ihrer eigenen *Cachaça*, die man auch *Pinga, Cana* oder *Aguardente* nennt, aber die traditionellen Brennereien liegen in Minas Gerais, Rio de Janeiro, São Paulo und im Nordosten, wo Zuckerrohr seit langem angebaut wird.

Mit *Cachaça* kann man die köstlichsten Cocktails mixen, als deren Spitzenreiter die *Caipirinha*, das Nationalgetränk Brasiliens, gilt. Das Rezept ist einfach: etwas zerdrückte Limone mit Schale, Zukker, *Cachaça* und viel Eis. Abwandlungen dieses Drinks gibt es mit Wodka oder Rum, aber Sie sollten das Original probieren. Einige Bars mixen die *Caipirinha* für Ihren Geschmack vielleicht etwas zu süß – bestellen Sie sie *com pouco açucar* (mit wenig Zucker) oder *sem açucar* (ohne Zucker).

Batidas werden im Shaker gemixt und kommen in so vielen Variationen vor, wie es tropische Früchte gibt. Das Grundrezept ist Fruchtsaft mit *Cachaça*, manchmal auch mit Kondensmilch gemischt. Die Favoriten sind *Batida de Maracujá* (Passionsfrucht) und *Batida de Coco* (Kokosmilch), exotische Geschmacksrichtungen für Besucher aus kälteren Gegenden. Wenn Sie Ihre *Batida* schlürfen, vergessen Sie nicht, daß die *Cachaça* daraus einen starken Drink macht, auch wenn sie wie Fruchtsaft schmeckt.

Die einfacheren Brasilianer trinken *Cachaça* pur oder Bier in den kleinen Stehbars (*Botequim*) an der Ecke. In einigen Kneipen bekommt man *Cachaça* mit Kräutern – als Heilmittel „für alles, was einen gerade schmerzt". Das Publikum in den *Botequims* ist vorwiegend männlich; wenn man Frauen auch den Zutritt nicht verwehrt und sie in der Regel nicht belästigt, so wird man sich als einzige Frau in so einer männlichen Festung nicht unbedingt wohl fühlen. Außerdem wird man sofort als Ausländerin erkannt.

Versuchen Sie brasilianische Weine. Sie stammen aus den kühleren Südstaaten und sind sehr gut. Die Restaurants bieten eine Auswahl der besten Weine an – lassen Sie sich vom Oberkellner beraten. Tinto = rot, branco = weiß, rosé = rosé, seco = trocken, suave = lieblich. Ausgezeichnete Weine, die nicht teuer sind, werden aus Argentinien und Chile importiert.

Es gibt die übliche Vielfalt an Spirituosen, sowohl importierte (*importado*) als auch einheimische (*nacional*). Brasilianische Branntweine sind nicht zu empfehlen, und importierter Whisky ist sehr teuer. Einige der international bekannten Marken werden in Lizenz im Land hergestellt, man kann sie am Preis erkennen.

Unter den nicht alkoholischen Getränken sind die frischen Fruchtsäfte ein wahrer Genuß. In jedem Hotel oder Restaurant gibt es drei oder vier verschiedene Sorten, doch die kleinen Saftbars bieten eine erstaunliche Vielfalt an Fruchtsäften (*Suco de fruta*) an: Guaven, Mangos, Ananas, Bananen und Erdbeeren. Man preßt auch gerne eine Orange für Sie aus oder macht Ihnen ein Glas Limonade zurecht. Alle Säfte werden ganz frisch zubereitet. Köstliche Milchmixgetränke (*Vitaminas*) können eine nahrhafte Zwischenmahlzeit sein. Sehr beliebt sind auch Obstsalate (*Mista*), meist Papayas und Bananen mit einem Hauch roter Beete für die schöne Färbung. *Banana com aveia* – Bananen mit Haferflocken – oder *Abacate* – Avocados – sind auch ein leckeres Frühstück.

Falls Sie noch nie Kokosnußmilch – der farblose Saft der Kokosnuß – probiert haben, kaufen Sie sie bei einem der Straßenhändler, die oft mit ihren *Caravans* nahe am Strand stehen. Restaurants oder Bars, die *Agua de coco* führen, haben meist Kokosnüsse neben dem Eingang hängen. (Da man *Coco* so ähnlich wie Kakao ausspricht, müssen Sie explizit *Chocolate quente* bestellen, wenn Sie Kakao wollen, denn sonst bekommen Sie wahrscheinlich eine Kokosnuß.) Die Kokosnuß wird oben aufgeschnitten, und man trinkt den Saft mit einem Strohhalm. Wenn Sie sie ausgetrunken haben, bitten Sie darum, die Kokosnuß zu öffnen, damit Sie das Fruchtfleisch essen können. Ein anderer tropischer Genuß ist Zuckerrohrsaft, den man in Snackbars bekommt, die *Caldo de cana* angeschrieben haben. Die Straßenhändler benutzen eine Art Kurbelwelle, um den Saft auszupressen. Der Saft ist natursüß und hat ein angenehmes, feines Aroma.

Unter den alkoholfreien Getränken finden Sie selbstverständlich Coca-Cola und Pepsi neben einigen einheimischen Marken. Ein typisch brasilianisches Getränk ist *Guaraná*, aromatisiert mit einer kleinen Amazonas-Frucht. Sehr süß, aber gut, trinken Kinder es sehr gern.

Mineralwasser in Flaschen (*Agua mineral*) ist überall erhältlich, sowohl mit Kohlensäure (*com gás*) als auch ohne (*sem gás*). Da das Leitungswasser meist nicht gefiltert ist, sollte man sich nur an Mineralwasser halten. Die Brasilianer selbst filtern zu Hause ihr Trinkwasser, und wenn Sie bei Brasilianern zu Gast sind, können Sie sicher sein, daß man Ihnen nur gefiltertes Wasser (*Agua filtrada*) anbietet.

Wenn Sie auf Ihren morgendlichen Tee nicht verzichten können, seien Sie unbesorgt: Es gibt auch Tee in Brasilien. Viele der besseren Hotels und Restaurants führen sogar englische Marken. Versuchen Sie den in Südamerika heimischen Mate-Tee (Mate wird etwa wie moa-tschi ausgesprochen). Schwarzen Tee trinkt man als erfrischenden Eistee. Eine Gaucho-Tradition aus dem Süden des Landes ist es, grünen Tee (*Chimarrao*) durch ein silbernes Röhrchen, an dessen Ende ein Sieb angebracht ist, zu schlürfen.

Schließlich gibt es noch den herrlichen brasilianischen Kaffee. Der Kaffee wird dunkel geröstet, fein gemahlen, stark zubereitet und mit sehr viel Zucker getrunken. Kaffee mit heißer Milch (*Café com leite*) ist in ganz Brasilien das traditionelle Getränk zum Frühstück. Außer zum Frühstück wird er schwarz in kleinen Tassen und nie zusammen mit dem Essen serviert. Die Vokabel koffeinfrei existiert nicht im brasilianischen Wortschatz. Die kleinen Kaffees – *Cafezinhos* –, die dem Besucher in jedem Büro oder Privathaus angeboten werden, serviert man dampfend heiß auch in jedem Botequim. Es gibt sogar kleine Straßenstände, die nur *Cafezinhos* verkaufen. Wie immer Sie Ihren Kaffee trinken, brasilianischer Kaffee ist der ideale Abschluß eines jeden Essens.

KULTURELLES

GALERIEN

In den großen Städten, vor allem in Rio de Janeiro und São Paulo, gibt es zahlreiche Galerien für zeitgenössische Kunst. Die Kunstmuseen organisieren auch immer wieder Sonderausstellungen, die in den Zeitungen unter der Rubrik „*Exposisiáoes*" aufgelistet sind. Die Biennale in São Paulo findet in allen ungeraden Jahren von September bis Januar statt und ist Lateinamerikas größte Ausstellung zeitgenössischer Kunst.

KONZERTE

Das ist Brasiliens Stärke. Eine Vielfalt musikalischer Ausdrucksformen – häufig von Tanzdarbietungen begleitet – hat sich in den verschiedenen Regionen des Landes entwickelt. Zwar ist der brasilianische Einfluß, vor allem im Jazz, auf der ganzen Welt zu hören, doch das, was an brasilianischer Musik wirklich bekannt ist, ist lediglich die Spitze eines Eisberges.

Besuchen Sie ein Konzert eines populären Sängers oder lassen Sie sich von Ihrem Hotel einen Nachtclub mit brasilianischer Live-Musik empfehlen: *Bossa Nova, Samba, Choro* und *Seresta* sind in Rio und São Paulo beliebt – jede Region hat etwas anderes zu bieten. Wenn Sie Brasilien während des Karnevals besuchen, werden Sie überall in den Straßen Musik hören und Tänze sehen, in Rio vorwiegend *Samba* und im Nordosten *Frevo*. Es gibt das ganze Jahr über Shows, die den Touristen einen Eindruck von Musik und Tänzen Brasiliens geben.

Die klassische Musik- und Tanzsaison geht vom Karneval bis Mitte Dezember. Neben den Darbietungen einheimischer Talente sind die großen Städte (hauptsächlich Rio, São Paulo und Brasília) auch Stationen der Welttourneen internationaler Künstler. Eines der bedeutendsten klassischen Musikfestivals in Südamerika findet jedes Jahr im Juli in Campos do Jordão im Bundesstaat São Paulo statt.

KINO/THEATER

Es gibt eine Reihe sehr guter brasilianischer Filme, die auch erfolgreich nach Nordamerika und Europa exportiert wurden. Wenn man jedoch kein Portugiesisch versteht, wird man es vorziehen, sich diese Filme zu Hause synchronisiert oder mit Untertiteln anzusehen. Die meisten Filme in den brasilianischen Kinos kommen aus dem Ausland, meist aus den USA, und werden in der Originalsprache mit portugiesischen Untertiteln gezeigt. Über die Filmprogramme können Sie sich unter der Rubrik „Cinema" in den Zeitungen informieren. Außerdem findet in Rio de Janeiro alljährlich ein internationales Filmfestival, das Fest Rio, statt.

Um eine Theateraufführung wirklich genießen zu können, sind portugiesische Sprachkenntnisse unentbehrlich. Während der Theatersaison wird vor allem in Rio de Janeiro und São Paulo viel geboten. Sie beginnt nach dem Karneval und dauert bis Ende November.

MUSEEN

Die historischen Museen Brasiliens sind kaum geeignet, Höhepunkte einer Reise zu sein. Von wenigen Ausnahmen abgesehen, verfügen die Museen meist nicht über genügend Mittel für eine adäquate Pflege der Bestände oder für Neuerwerbungen. Im folgenden sind die wichtigsten Museen aufgelistet, Sonderausstellungen findet man in den Zeitungen unter dem Stichwort „*Exposições*".

RIO DE JANEIRO

Carmen Miranda Museum
(Museu Carmen Miranda)
Parque do Flamengo
gegenüber der Av. Ruy Barbosa 560
Tel. 021/551 2957
Di-Fr 11.00 – 16.00 Uhr
Sa-So und an Feiertagen 13.00 – 17.00 Uhr

Chacara do Céu Kunstmuseum
(Museu Chácara do Céu)
Rua Murtinho Nobre 93
Santa Teresa
Tel. 021/232 1386
Di-So 12.00 – 17.00 Uhr

Stadtmuseum
(Museu da Cidade)
Estrada de Santa Marinha 505
Parque da Cidada
Gávea
Tel. 021/512 2353
Di-Sa 13.00 – 17.00 Uhr

Volkskunstmuseum
(Museu do Folclore Édison Carneiro)
Rua do Catete 181
Tel. 021/285 0891
Di-Fr 11.00 – 18.00 Uhr

Indianisches Museum
(Museu do Indio)
Rua das Palmeiras 55
Botafogo
Tel. 021/286 8799
Di-Fr 10.00 – 17.00 Uhr
Sa-So 13.00 – 17.00 Uhr

H. Stern Museum
(Museu H. Stern)
Rua Visconde de Pirajá 490, 3. Stock
Ipanema
Tel. 021/259 7442
Mo-Fr 8.00 – 18.00 Uhr
Sa 8.00 – 12.30 Uhr

Bild- und Tonmuseum (Kino)
(Museu da Imagem e do Som)
Praça Rui Barbosa 1
(nahe bei der Praça 15 de Novembro)
Centro
Tel. 021/262 0309, 210 2463
Mo-Fr 13.00 – 18.00 Uhr

Museum für Moderne Kunst
(Museu de Arte Moderna)
Av. Infante Dom Henrique 85
Parque do Flamengo
Tel. 021/210 2188
Di-So 12.00 – 18.00 Uhr

Nationalhistorisches Museum
(Museu Histórico Nacional)
Praça Marechal Áncora
Tel. 021/220 2628
Di-Fr 10.00 – 17.30 Uhr
Sa-So und an Feiertagen 14.30 – 17.30 Uhr

Nationalmuseum
(Museu Nacional)
Quinta de Boa Vista
São Cristóvão
Tel. 021/264 8262
Di-So 10.00 – 16.45 Uhr

Nationalmuseum der Schönen Künste
(Museu Nacional de Belas Artes)
Av. Rio Branco 199, Centro
Tel. 021/240 1208
Di/Fr 10.00 – 18.00 Uhr
Sa-So und an Feiertagen 1.00 – 18.00 Uhr

SÃO PAULO

Anchieta Museum für Geschichte
(Casa de Anchieta)
Pátio do Colégio 2
Centro
Tel. 011/239 5722
Di-Sa 13.00 – 17.00 Uhr
So 10.00 – 17.00 Uhr

Bandeirante Museum für Geschichte
(Casa do Bandeirante)
Praça Monteiro Lobato
Butanta
Tel. 011/211 0920
Di-Fr 10.30 – 17.00 Uhr
Sa-So 12.00 – 17.00 Uhr

Volkskunstmuseum
(Museu de Folclore)
Parque do Ibirapuera
Pavilhao Lucas Nogueira Garcez
Tel. 011/544 4212
Di-So 13.00 – 17.00 Uhr

Museum für Brasilianische Kunst
(Museu de Arte Brasilieira)
Rua Alagoas 903
Hiegienópolis
Tel. 011/826 4233
Di-Fr 14.00 – 22.00 Uhr
Sa-So und an Feiertagen 13.00 – 18.00

Museum für Zeitgenössische Kunst
(Museu de Arte Contemporânea)
Parque do Ibirapuera
Pavilhao da Bienal, 3. Stock
Tel. 011/573 9932
Di-So 13.00 – 18.00 Uhr

Bild- und Tonmuseum (Kino)
(Museu da Imagem e do Som)
Av. Europa 158 – Jardim Europa
Tel. 011/852 9197
Di–Fr 14.00 – 17.00 Uhr

Museum für Moderne Kunst
(Museu de Arte Moderna)
Parque do Ibirapuera
Grande Marquise
Tel. 011/549 9688
Di-Fr 13.00 – 19.00 Uhr
Sa-So 11.00 – 19.00 Uhr

Krippenmuseum
(Museu do Presépio)
Parque do Ibirapuera
Grande Marquise
Tel. 011/544 1329

Paulista Museum für Geschichte
(Museu Paulista/Museu do Ipiranga)
Parque da Independência
Ipiranga
Tel. 011/215 4588
9.30 – 17.00 Uhr

Museum für Sakrale Kunst
(Museu de Arte Sacra)
Av. Tiradentes 676
Tel. 011/227 7694
Di-So 13.00 – 17.00 Uhr

Kunstmuseum São Paulo
(Museu de Arte de São Paulo – MASP)
Av. Paulista 1578
Cerqueira César
Tel. 011/251 5644
Di-So 11.00 – 18.00 Uhr
Do 11.00–20.00 Uhr

BELÉM

Emilio Goeldi Museum
Av. Magalhães Barata 376
Tel. 091/224 9233
Di-Do 9.00 – 12.00 und 14.00 – 17.00 Uhr
Sa, So, Feiertag 9.00–17.00 Uhr

BELO HORIZONTE

Abílio Barreto Museum für Geschichte
(Museu Histórico Abílio Barreto)
Rua Bernardo Mascarenhos
Cidade Jardim
Tel. 031/296 3896
Mi-Mo 10.00 – 17.00 Uhr

Kunstmuseum Belo Horizonte
(Museu de Arte de Belo Horizonte)
Av. Otacílio Negrão de Lima 16585
Pampulha
Tel. 031/443 4533
Di-Sa 8.00–11.30 Uhr und 14.00–18.00 Uhr

Staatsmuseum Mineiro
(Museu Mineiro)
Av. João Pinheiro 342
Centro
Tel. 031/238 4203.

Museum für Mineralogie
(Museu de Mineralogia)
Rua da Bahia 1149
Tel. 031/238 4203

Naturhistorisches Museum
(Museu de História Natural)
Rua Gustavo da Silveira 1035
(Instituto Agronomico)
Tel. 031/461 7666
Mo-Do 8.00–11.00 und 13.00–16.30 Uhr
Sa,So 8.00–16.30 Uhr

BRASÍLIA

Kunstmuseum Brasília
(Museu de Arte de Brasília – MAB)
SHTS (nahe beim Brasília Palasthotel)
Tel. 061/224 6277
Di-So 14.00 – 18.00 Uhr

Historisches Museum Brasília
(Museu Histórico de Brasília)
Praça dos Três Poderes
Di-Fr 9.00–17.00 Uhr

CURITIBA

Stadtmuseum
(Casa de Memória)
Rua 13 de Maio 571
Di-Fr 8.00 – 12.00 und 14.00 – 18.00 Uhr

David Carneiro Museum für Geschichte
(Museu David Carneiro)
Rua Com. Araújo 531
Tel. 041/222 9358
Sa 14.00 – 16.00 Uhr

Einwanderer-Museum
(Museu do Habitaçao do Imigrante)
Bosque Joao Paulo II
Mi-Mo 7.00 – 19.00 Uhr

Museum für Zeitgenössische Kunst
(Museu de Arte Contemporanea)
Rua Des. Westphalen 16
Tel. 041/222 5172
Di-So 9.00–18.30 Uhr

Parana-Museum für Geschichte
(Paranaense Museu)
Praça Generoso Marques
Tel. 041/234 3611
Di-Fr 10.00 – 18.00 Uhr
Sa-So 13.00 – 18.00 Uhr

DIAMANTINA

Diamantenmuseum
(Museu do Diamante)
Rua Direita 14
Di-Sa 12.00 – 17.30 Uhr, So 9.00–12.00 Uhr

MANAUS

Amazonas-Museum des Geographischen und Historischen Institutes
(Museu do Instituto Geográfico e Histórico do Amazonas)
Rua Bernardo Ramos 117
Tel. 092/232 7077
Mo-Fr 9.00 – 13.00 Uhr

Indianisches Museum
(Museu do Índio)
Rua Duque de Caxias 356
Tel. 092/234 1422
Mo-Fr 8.00 – 11.30, 14.00 – 16.30 Uhr

Anthropologisches Museum
(Museu do Homem do Norte)
Av. 7 de Setembro 1385
Centro
Tel. 092/232 5373
Di-Do 9.00 – 12.00, 13.00 – 18.00 Uhr
Fr 13.00–17.00 Uhr

Mineralogisches Museum
(Museu de Mineralogia)
Estrada do Aleixo 2150
Tel. 092/611 1112
Mo-Fr 8.00 – 12.00, 14.00 – 18.00 Uhr

Museum des Hafens von Manaus
(Museu do Porto de Manaus)
Boulevard Vivaldo Lima 61
Tel. 092/232 4250
Di-Sa 7.00 – 11.00, 13.00 – 16.30 Uhr

OURO PRETO

Aleijadinho Museum
(Museu Aleijadinho)
Praça de Antônio Dias
Di-Sa 8.30–11.30, 13.30–16.45 Uhr
So 12.00–17.00 Uhr

Inconfidencia-Museum für Geschichte
(Museu da Inconfidência)
Praça Tiradentes 139
Di-So 12.00 – 17.30 Uhr

Mineralogisches Museum
(Museu de Mineralogia)
Praça Tiradentes 20
Mo-Fr 12.00 – 17.00 Uhr
Sa, So 13.00–17.00 Uhr

Silbermuseum
(Museu da Prata)
Praça Mons. João Castilho Barbosa
Di-So 12.00 – 17.00 Uhr

PETRÓPOLIS

Imperial Museum
(Museu Imperial)
Rua da Imperatriz 220
Di-So 12.00 – 17.30 Uhr

Santos-Dumont-Haus
(Casa de Santos Dumont)
Rua do Encanto 124
Di-So 9.00 – 17.00 Uhr

PORTO ALEGRE

Júlio de Castilhos Museum
(Museu Júlio de Castilhos)
Rua Duque de Caxias 1231
Tel. 0512/221 3959
Di-Fr 9.00 – 17.00 Uhr
Sa, So 13.00–17.00 Uhr

Museum Porto Alegre
(Museu de Porto Alegre)
Rua João Alfredo 582
Tel. 0512/226 1731
Di-So 8.30–12.00 Uhr, 13.30–18.00 Uhr

Kunstmuseum Rio Grande do Sul
(Museu de Arte do Rio Grande do Sul)
Praça da Alfândega
Tel. 0512/221 8456
Di-So 10.00 – 17.00 Uhr

RECIFE/OLINDA

Keramikmuseum
(Museu do Barro)
Rua Floriano Peixoto, Westflügel, 3. Stock
Tel. 081/224 2084
Mo-Fr 9.00 – 12.00, 14.00 – 18.00 Uhr
Sa 9.00 – 12.00 Uhr

Franziskaner-Museum für Sakrale Kunst
(Museu Franciscano de Arte Sacra)
Rua do Imperador (Santo Antonio)
Tel. 081/224 0530
Di-Fr 9.00 – 12.00, 14.00 – 17.00 Uhr
Sa, So 14.00 – 17.00 Uhr

Museum für Zeitgenössische Kunst
(Museu de Arte Contemporanea)
Rua 13 de Maio 157
Olinda
Mo-Do 8.00 – 17.30 Uhr
Sa-So 14.00 – 17.30 Uhr

Anthropologisches Museum
(Museu do Homen do Nordeste)
Av. 17 de Agosto 2187
(Casa Forte)
Tel. 081/441 5500
Di, Fr 11.00 – 17.00 Uhr, Mi 8.00–17.00 Uhr
Sa-So und an Feiertagen 13.00 – 17.00 Uhr

Archäologisches und Historisches Museum von Pernambuco
(Museu Arqueológico e Geográfico de Pernamco)
Rua do Hospício 130
(Boa Vista)
Tel. 081/222 4952
Mo-Fr 10.00 – 12.00, 15.00 – 17.00 Uhr

Museum für Sakrale Kunst
(Museu de Arte Sacra de Pernambuco)
Rua Bispo Coutinho 726
Alto da Sé
Olinda
Di-Fr 8.00 – 14.00 Uhr

Staatsmuseum von Pernambuco
(Museu do Estado de Pernambuco)
Av. Ruy Barbosa 960
Graças
Tel. 081/222 6694
Di-Fr 8.00 – 17.00 Uhr
Sa-So 14.00 – 17.00 Uhr

Stadtmuseum Recife
(Museu da Cidade de Recife)
Forte das Cinco Pontas
São José
Tel. 081/224 8492
Mo-Fr 10.00 – 18.00 Uhr
Sa-So 13.00 – 17.00 Uhr

Eisenbahnmuseum
(Museu do Trem)
Praça Visc. de Mauá
(Estaçao Ferroviária – Bahnhof)
Santo Antonio
Tel. 081/424 2022
Di-Fr 9.00 – 12.00, 14.00 – 17.00 Uhr
Sa 9.00–12.00 Uhr, So 14.00 – 17.00 Uhr

SALVADOR

Abelardo Rodrigues-Kunstmuseum
(Museu Abelardo Rodrigues)
Rua Gregório do Mattos 45
Pelourinho
Tel. 071/321 6155
Mo-Fr 9.00–18.00 Uhr
Sa-So 13.00 – 17.00 Uhr

Afro-Brasilianisches Museum
(Museu Afro-Brasileiro)
Gebäude der alten Medizinischen Fakultät
(Antiga Faculdade de Medicina)
Terreiro de Jesús
Tel. 071/321 0383
Mo-Fr 9.00–17.00 Uhr

Museum für Archäologie und Völkerkunde
(Museu Arqueológico e Etnológico)
Gebäude der alten Medizinischen Fakultät
(Antige Faculdade de Medicina)
Terreiro de Jesús
Tel. 071/321 0383
Mo-Fr 9.00–17.00 Uhr

Kunstmuseum Bahia
(Museu de Arte de Bahia)
Av. de 7 Setembro 2340
Vitória
Tel. 071/235 9492
Di-So 14.00 – 18.00 Uhr

Carlos-Costa-Pinto-Museum
(Museu Carlos Costa Pinto)
Av. de 7 Setembro 2340
Vitória
Tel. 071/336 9450
Di-Fr 14.00 – 19.00 Uhr
Sa,So 14.30–18.30 Uhr

Museum für Geschichte
(Museu das Portas do Carmo)
Largo do Pelourinho
Tel. 071/321 5502

Museum des Karmelitenkonvents
(Museu do Carmo)
Largo do Carmo
Tel. 071/242 0182
Tägl. 9.00–18.00 Uhr, So 9.00–12.00 Uhr

Stadtmuseum
(Museu da Cidade)
Largo do Pelourinho 3
Tel. 071/242 8773
Mo-Fr 10.00–17.00 Uhr

Monsenhor Aquino Barbosa Museum für Sakrale Kunst
(Museu Arte Sacra Monsenhor Aquino Barbosa)
Basílica de N.S. da Conceição da Praia
Tel. 071/242 0545

Museum für Moderne Kunst
(Museu de Arte Moderna)
Av. do Contorno
Solar do Unhão
Tel. 071/243 6174
Di-Fr 11.00 – 17.00 Uhr
Sa-So 14.00 – 17.00 Uhr

Museum für Sakrale Kunst
(Museu de Arte Sacra)
Rua do Sodré 276
Di-Sa 12.30 – 17.30 Uhr

Museum der Stiftung des Fraueninstitutes
(Museu da Fundação do Instituto Feminino)
Rua Mons. Flaviano 2
Politeama de Cima
Tel. 071/321 7522
Mo-Fr 8.00 – 11.00, 14.00 – 16.00 Uhr

FOTOGRAFIEREN

Sie können sowohl Kodakcolor- als auch Fujicolor-Filme für Farbabzüge in Brasilien kaufen und entwickeln lassen, ebenso Ektachrome-Diafilme. Kodakchrome-Diafilme sind jedoch im ganzen Land nicht erhältlich, und man kann sie auch nicht entwickeln lassen. Die kleinen Läden in den Hotels haben Filme, und die Fachgeschäfte, die man leicht an den Werbeschildern der Filmmarken erkennt, führen Kameras mit Zubehör und entwickeln Filme. Die Arbeiten werden gut und schnell gemacht, in den großen Städten finden Sie auch einen 24-Stunden-Service (in Rio im Rio Sul-Einkaufszentrum). Zuverlässige Fotolabors schließen Kodak und Fuji ein. Erkundigen Sie sich im Hotel nach einem zuverlässigen Labor, zu dem Sie Ihre Filme bringen können.
Relevar = entwickeln, *revelaçao* = Entwicklung, *film* = Film.

Obwohl es oft einfacher ist, die Filme zu Hause entwickeln zu lassen, sollten Sie bedenken, daß die Hitze und häufiges Durchleuchten Ihres Gepäcks bei der Sicherheitsüberprüfung am Flughafen die Filme ruinieren können.

Für Touristen, die mit einer Fotoausrüstung einreisen, die ganz offensichtlich nur für Urlaubsfotos bestimmt ist, gibt es keine Zollbeschränkungen. Profi-Ausrüstungen müssen jedoch am Zoll vorübergehend registriert und bei der Ausreise vorgewiesen werden. Erkundigen Sie sich vor Ihrer Abreise bei einer brasilianischen Botschaft – es kann sein, daß Sie für gewisse Gegenstände Ihrer Ausrüstung eine schriftliche Genehmigung benötigen.

Vermeiden Sie es, mittags Aufnahmen zu machen, da dann die intensive Sonneneinstrahlung gern die Farben auswäscht. Das tropische Licht ist sehr weiß und hell, so daß es von Vorteil sein kann, entsprechende Filter zu verwenden. Die besten Zeiten zum Fotografieren sind vormittags zwischen 9.00 und 11.00 Uhr und der spätere Nachmittag.

Spazieren Sie nie mit der Kamera um den Hals oder über die Schulter gehängt herum – es gibt nichts Auffälligeres als einen Touristen mit einer Kamera – eine leichte Beute für einen Dieb. Tragen Sie sie in einer Tasche, und lassen Sie Ihre Kamera nie unbeaufsichtigt am Strand! Wenn Ihre Fotoausrüstung sehr teuer ist, sollten Sie auf alle Fälle vor der Reise eine entsprechende Reisegepäckversicherung abschließen.

SPORT

FUSSBALL

Fußball (*Futebol*) ist Brasiliens Nationalsport und eine Leidenschaft, die alle Altersgruppen und sozialen Schichten vereint. Während einer Fußballweltmeisterschaft kommt das ganze Land zum Stillstand, weil jeder die Wettkämpfe im Fernsehen verfolgt. Wenn Sie ein Fußballfan sind, sollten Sie sich von Ihrem Hotel Karten für ein Spiel besorgen lassen. Es gibt auch organisierte Gruppenausflüge zu Fußballspielen. Die stürmischen Fans zu beobachten, ist oft mindestens so spannend, wie dem Spiel zuzusehen.

Besonders aufregend sind die Spiele zwischen den rivalisierenden Spitzenteams in Rios gigantischem Maracaña-Stadion, in das sich bis zu 200 000 Besucher hineinzwängen können. Es kommt selten zu Gewalttätigkeiten, doch es ist sicher empfehlenswerter, einen reservierten Platz (5-8 US$) zu nehmen, als auf den vollgestopften, nicht überdachten Tribünen zu sitzen. Am frühen Abend oder am Wochenende kann man oft bei „Freundschaftsspielen" benachbarter Teams am Strand oder in den Stadtparks zusehen.

Private Clubs spielen eine große Rolle in Brasilien. Dort trifft sich die Mittelschicht oder die Upper Class zu Freizeit und Sport. Man kann die Clubs auch als Gast besuchen, doch bieten die meisten guten Hotels die gleichen Sportmöglichkeiten.

WASSERSPORT

Wie zu erwarten, gibt es in einem Land wie Brasilien, das eine derart lange Küste, riesige Wasserwege im Inland und ein mildes Klima hat, eine bunte Palette von Wassersportarten.

Im Ozean zu baden, ist besonders im Norden und Nordosten ein Vergnügen, weil dort die Wassertemperatur das ganze Jahr hindurch gleichbleibend angenehm ist. Viele Hotels und die privaten Clubs haben Swimmingpools, doch öffentliche Schwimmbäder gibt es in Brasilien nicht.

Segeln und Bootfahren: In fast jeder Stadt an der Küste kann man Boote, Angel- und Tauchergeräte, Surf- und Windsurfbretter mieten. Segelboote, Motorboote oder Schoner-ähnliche Schiffe (*Saveiros*) kann man komplett mit Ausrüstung und Mannschaft für Preise ab 100 US $ chartern. In Rio erkundige man sich an der Marina da Glória in der Innenstadt.

FISCHEN

Entlang der Küste, in den Flüssen und den Marschen des Pantanal gibt es einen großen Artenreichtum an Süßwasser- und an Meeresfischen. Eine Angelausrüstung kann man zusammen mit einem Boot und einem Führer mieten. Außerdem werden oft spezielle Exkursionen für Angler angeboten. Im Nordosten nehmen die Fischer manchmal einen oder zwei Passagiere auf ihren *Jangada*-Kähnen mit. Man kann Tauchausrüstungen mieten und auch Stunden bei einem Tauchlehrer nehmen. Zu den spektakulären Orten für den Tauchsport zählen die Insel Fernando de Noronha, der am nordöstlichsten Punkt der brasilianischen Küste und das Korallenriff Abrolhos vor der Küste Bahias. Leichter zu erreichen sind die Costa do Sol (Sonnenküste) östlich von Rio de Janeiro (Cabo Frio, Búzios) und die Costa Verde (Grüne Küste) zwischen Rio und São Paulo (Angra dos Reis und Paray).

ANDERE SPORTARTEN

Viele größere Hotels haben Tennisplätze. Da man Tennis meist in privaten Clubs spielt, gibt es nur wenige öffentliche Tennisanlagen.

Golf hat in Brasilien wenig Bedeutung und wird nur in der Gegend von Rio und São Paulo gespielt. Es gibt keine öffentlichen Golfplätze; wenn auch die Clubs mit einem Golfplatz sehr exklusiv sind, so ist es doch möglich, durch das Hotel ein Arrangement zu treffen, um als Gast dort spielen zu können.

Pferderennen sind beliebt, und mehrere Städte haben Rennbahnen. Das höchstdotierte Rennen Brasiliens, der *Grande Premio do Brasil*, findet in Rio de Janeiro am ersten Sonntag im August statt.

Brasilien hat auch eine Formel-1-Rennstrecke. Der Grand-Prix von Rio de Janeiro findet im März oder April statt.

Drachenfliegen ist sehr populär, vor allem in Rio, wo man mitunter einen modernen Dädalus nach seinem Sprung von den Bergen in der Luft schweben sehen kann, bevor er schließlich am Strand landet. Unerfahrene Flieger können mit einem Lehrer im Tandem fliegen.

Für Jogger gibt es in Rio einen herrlichen Ort, um sich in Form zu halten: Die Strände in der Innenstadt sind von breiten Gehwegen gesäumt und mit Kilometersteinen markiert. In São Paulo ist der Ibirapuera Park der Lieblingsplatz der Jogger. Die bedeutendsten Laufwettbewerbe sind der Rio-Marathon und das São-Silvester-Rennen in São Paulo am 31. Dezember, bei dem der Start im alten und das Ziel im neuen Jahr liegt.

Jagen ist per Gesetz in ganz Brasilien verboten.

Für Liebhaber von Bergwanderungen oder richtige Bergsteiger gibt es in Brasilien viele Berge zu besteigen. In Rio kann man sogar die Wahrzeichen der Stadt – den Zuckerhut und den Corvocado – erklimmen. Es gibt Clubs, die Ausflüge in nahegelegene Berggebiete veranstalten oder in Regionen, wo man Höhlen erforschen, Wildwasser-Kanufahrten unternehmen, Kajak fahren oder segeln kann. Floßfahrten auf Stromschnellen können Sie sich auch von Ihrem Hotel in Rio arrangieren lassen.

Wenn Sie radfahren oder campen wollen, nehmen Sie am besten Kontakt mit dem Camping Clube do Brasil auf. Er organisiert auch Trekking-Touren in abgelegene Teile Brasiliens. Wenn Sie es vorziehen, sich auf eigene Faust auf den Weg zu machen, besorgen Sie sich die Karten des IBGE (Brasilianisches Institut für Geographie und Statistik).

CAPOEIRA

Dieser einzigartige, typisch brasilianische Sport ist ein Relikt aus den Tagen der Sklaverei, als Kämpfe oder besser jegliches Kampftraining der Sklaven geheimgehalten werden mußte. Capoeira ist ein stilisierter Kampf-Tanz, begleitet von ganz eigenen Rhythmen und Musik. Die „Kämpfenden" schleudern dabei ihre Füße mit eleganter Behendigkeit gegeneinander. Diese Tradition ist vorwiegend in Rio und Salvador lebendig, wo es auch Akademien dafür gibt. Vielleicht haben Sie Gelegenheit, eine Capoeira-Vorführung auf der Straße oder am Strand zu sehen. Wenn nicht, lassen Sie es sich durch Ihr Hotel arrangieren.

EINKAUFEN

Die meisten Brasilien-Reisenden können den Edelsteinen einfach nicht widerstehen. Der größte Reiz, in Brasilien Edelsteine zu kaufen, ist – neben dem Preis – die phantastische Vielfalt, die man sonst nirgends auf der Welt findet. Es gibt Amethyste, Aquamarine, Opale, Topase, die vielfarbigen Turmaline – um nur einige der beliebtesten Kaufobjekte zu nennen –, ebenso Diamanten, Smaragde, Rubine und Saphire. Etwa 65% der farbigen Edelsteine der Welt kommen aus Brasilien, das gleichzeitig internationales Zentrum des Edelsteingeschäftes ist. Die attraktiven Preise beruhen auf der 100 %igen einheimischen Produktion: vom Abbau der Steine in den Minen, über den Schliff bis hin zum Entwurf und der Verarbeitung zu Schmuck.

Der Wert eines farbigen Edelsteins wird hauptsächlich von seiner Farbe und Qualität und weniger von seiner Größe bestimmt. Worauf Sie beim Kauf achten sollten: Farbe, Schliff, Reinheit und Preis. Je intensiver die Farbe ist, desto wertvoller ist der Stein. Zum Beispiel ist ein leuchtender blauer Aquamarin mehr wert als ein eisiger, blaßer. Der Schliff sollte die Reinheit, das innere Leuchten des Edelsteins, sein „Feuer" betonen.

Auch wenn Ihnen verlockende Angebote gemacht werden, sollten Sie (wenn Sie nicht ein ausgesprochener Experte auf diesem Gebiet sind) Ihre Einkäufe lieber bei einem vertrauenswürdigen Juwelier machen. Dort bezahlen Sie reelle Preise und können eine gute Beratung erwarten, sei es bei der Wahl eines Geschenkes, sei es, daß Sie Edelsteine als Geldanlage kaufen wollen. Die drei führenden Juweliere, die Sie in ganz Brasilien antreffen, sind H.Stern, Amsterdam Sauer und Roditi, aber es gibt auch einige kleinere, seriöse Ketten. Die Spitzenjuweliere haben Geschäfte an den Flughäfen, in Einkaufszentren und in den meisten Hotels.

Auch Lederwaren sind ein guter Kauf in Brasilien, vor allem Schuhe, Sandalen, Taschen, Brieftaschen und Gürtel. Das feinste Leder kommt aus dem Süden des Landes. Schuhe gibt es in Hülle und Fülle, handgemachte Lederwaren findet man auf Straßenmärkten.

Neben den Straßenmärkten gibt es in manchen Städten Markthallen, die mitunter vom Fremdenverkehrsamt betrieben werden. Die typischen und traditionellen Handarbeiten, die auf diesen Märkten angeboten werden, sind:

Keramik – vor allem im Nordosten, wo Tonschüsseln, Wasserkrüge etc. noch im Haushalt benutzt werden; ebenfalls aus dem Nordosten kommen primitive Tonfigürchen, die Volkshelden, Gebräuche und Feste zum Thema haben. Die Marajoara-Keramik von der Insel Marajó im Mündungsgebiet des Amazonas ist mit charakteristischen geometrischen Mustern verziert.

Handgemachte Spitzen und bestickte Kleider werden vorwiegend im Nordosten, im Bundesstaat Ceará, hergestellt. Minas Gerais ist traditionell auf handgewebte Stoffe und Wandteppiche spezialisiert.

Hängematten aus Baumwolle sind in ganz Brasilien populär, doch vor allem im Norden und Nordosten werden sie anstelle von Betten benutzt. Dort ist auch der beste Ort, sie zu kaufen – manchmal mit Spitzen oder Häkelarbeiten gesäumt.

In Brasilien gibt es schönes Holz. In den Souvenirgeschäften werden Salatschüsseln oder Tabletts verkauft; Holzschnitzarbeiten findet man in den Kunsthandwerk-Basaren. Vielleicht etwas sperrig für Ihren Koffer, aber sehr ungewöhnlich sind die grotesken Galionsfiguren (*Carranca*) der Boote auf dem Rio São Francisco.

Stroh und eine Vielzahl von Naturfasern (Bananenblätter, Palmrinde) werden vor allem im Norden zu Körben, Hüten, Taschen, Matten oder Pantoffeln verarbeitet.

Indianisches Kunsthandwerk, hauptsächlich aus dem nördlichen Amazonasgebiet, schließt Schmuck (Halsketten, Ohrringe), Gebrauchsgegenstände (Körbe), Waffen (Pfeil und Bogen, Speere) und Schlaginstrumente (wie die faszinierenden „Regenstöcke", die das Geräusch fallenden Regens erzeugen) ein. Die verwendeten Materialien sind Holz, Fasern, Dornen, Zähne, Klauen, bunte Federn, Muscheln und Samen.

In Minas Gerais werden überall Speckstein-Artikel verkauft. In den Souvenirgeschäften findet man sowohl dekorative als auch praktische Gegenstände: Kochtöpfe, Toilettensets, Buchstützen aus Quarz und Achat und Aschenbecher.

Naive Malerei ist in Brasilien sehr beliebt. Man kann solche Bilder in Galerien, auf Märkten und Basaren mit Kunsthandwerk kaufen.

Ein nettes Mitbringsel sind auch die besonderen Schlaginstrumente, die die Samba-Bands benutzen und die man überall auf den Straßenmärkten kaufen kann. Wenn Sie brasilianische Musik mögen, kaufen sie einige Schallplatten oder Kassetten. Videofilme der großen Karnevalsparade, die bereits kurz nach dem Umzug erhältlich sind, sind ebenfalls schöne Geschenke.

Wenn Sie sich für Mode interessieren, finden Sie die Boutiquen in den meisten Städten in bestimmten Stadtteilen konzentriert. Einkaufszentren machen es Ihnen möglich, in kurzer Zeit viele Geschäfte zu besuchen. Die meisten Kleidungsstücke sind aus reiner Baumwolle – vielleicht wollen Sie auch preiswerte Baumwollstoffe einkaufen. Wenn Sie etwas typisch Brasilianisches suchen, kaufen Sie etwas mit Spitze oder Stickereien aus dem Nordosten, einen winzigen Bikini oder ein Kanga-Strandtuch (ein großes, bunt bedrucktes Tuch, das man sich um den Körper schlingen kann – lassen Sie sich einige Variationen vorführen).

Geschäfte, die religiöse Artikel führen, sind sehr interessant. Zu den beliebtesten Amuletten gehören die Figa (eine geschnitzte, geballte Faust mit dem Daumen zwischen dem Zeige- und den Mittelfingern) und die Senhor-do-Bonfim-Bänder aus Salvador, die man mit drei Knoten um das Hand- oder Fußgelenk bindet.

Gemahlenen, gerösteten Kaffee gibt es in jedem Supermarkt oder in Bäckereien. Kaufen Sie ihn in einer Vakuumverpackung, dann bleibt er länger frisch. Am Flughafen wird vakuumverpackter Kaffee in handlichen Kartons angeboten.

SPRACHE

Die Landessprache ist Portugiesisch, doch in den großen Hotels und guten Restaurants versteht man selbstverständlich Englisch. Brasilianer der Oberschicht sprechen Englisch oder etwas Französisch und wenden ihre Sprachkenntnisse gerne an, doch die einfacheren Leute sprechen nur Portugiesisch. Wenn Sie Spanisch oder Italienisch können, ist es sehr nützlich. Sie werden viele ähnliche Wörter erkennen, und die meisten Brasilianer werden Sie verstehen. Über jeden Versuch eines Ausländers, die Landessprache zu erlernen, freut man sich.

Wenn Sie auf eigene Faust herumbummeln, erweist ein Taschenwörterbuch gute Dienste. Wenn Sie keines von zu Hause mitgebracht haben, bekommen Sie es auch in Brasilien am Flughafen, in den Läden der Hotels oder in Buchhandlungen. Lassen Sie sich jedoch nicht verwirren, wenn Sie auf abweichende Rechtschreibungen stoßen: Die brasilianische Schreibweise differiert mitunter von der portugiesischen, doch in guten Wörterbüchern sollten beide angegeben sein.

Bei der Anrede benutzt man in Brasilien meist den Vornamen. In vielen Situationen, in denen man im Deutschen den Nachnamen verwenden würde, sagt man in Brasilien als Form respektvoller Anrede einfach *Senhor* bei Herren (geschrieben Sr. und üblicherweiser Seu ausgesprochen) und *Senhora* bei Damen (geschrieben Sra.) oder *Dona* (dies allerdings nur in Verbindung mit dem Vornamen). Wenn also João Oliveira oder Maria da Silva Sie mit Senhor Peter und nicht mit Senhor Müller ansprechen, sollten Sie umgekehrt auch Senhor João und Dona Maria zu ihnen sagen.

Im Portugiesischen gibt es drei verschiedene Möglichkeiten, sein Gegenüber direkt anzusprechen: die Pronomen der 2. Person *Tu* (Du) und *Você* (portugiesisch: Sie, brasilianisch: Du). Mit dem Anredepartikel „o" für Männer und „a" für Frauen – also: *o Senhor* und *a Senhora* – kann man seinen Respekt für einen Angehörigen einer höheren sozialen Schicht oder einer anderen Altersgruppe ausdrücken oder einfach höflich zu einem Fremden sein. Als Ausländer werden Sie niemanden verletzen, wenn Sie die falsche Anrede wählen, aber wenn Sie lernen wollen, wie man es richtig macht, achten Sie darauf, wie Brasilianer Sie ansprechen. *Tu* wurde ursprünglich wie in Portugal als Anrede unter Freunden und Verwandten gebraucht (vergleichbar dem deutschen Du), doch ist es heute in Brasilien gleichbedeutend mit *Você*. In einigen Teilen Brasiliens, vor allem im Nordosten und im Süden, hört man häufiger *Tu*, doch wenn Sie sich an *Você* halten, können Sie nichts falsch machen.

NÜTZLICHE ADRESSEN

Als kleine Verständnishilfe bei Adressenangaben sollen Ihnen die folgenden Hinweise dienen:

Alameda (Al.) – Allee
Andar – Stockwerk
Avenida (Av.) – Avenue
Casa – Haus
Centro – Stadtzentrum
Cidade – Stadt, bezeichnet auch das Stadtzentrum
Conjunto (Cj.) – eine Suite oder eine Häusergruppe
Estrada (Estr.) – Straße, Autobahn
Fazenda – Landgut, auch Landgasthof
Largo (Lgo.) – weiter Platz
Lote – Parzelle
Praça (Pça.) – Platz
Praia – Strand
Rio – Fluß
Rodovia (Rod.) – Autobahn
Rua (R.) – Straße
Sobreloja (Sl.) – Hochparterre
Sala – Saal, Raum

Ordinalzahlen werden durch das Zeichen für Grad ° gekennzeichnet, so daß *3° andar* 3. Stockwerk bedeutet.

Die Buchstaben BR gefolgt von einer Zahl beziehen sich auf eine der großen Bundesstraßen, zum Beispiel die BR 101, die entlang der Atlantikküste verläuft.

Telefon- und Telexnummern sind mit der Ortsvorwahl angegeben. *Ramal* bedeutet Nebenstelle.

BOTSCHAFTEN & KONSULATE

In Deutschland:

Quatermarkt 5
50667 Köln
Tel. 0221/2 57 68 91 oder 2 57 68 94
Fax: 0221/2 57 68 87

Esplanade 11
13187 Berlin
Tel. 030/4 72 30 02
Fax: 030/4 72 30 24

Stephanstr. 3
60313 Frankfurt am Main
Tel. 069/2 90 70 8 oder 2 90 70 9
Fax: 069/2 90 52 1

Große Theaterstr. 42
20354 Hamburg
Tel. 040/44 06 51
Fax: 030/35 18 29

Widenmayerstr. 47
80538 München
Tel. 089/22 79 85 oder 22 79 87

In Österreich:

Am Lugeck 1/V/15
1010 Wien

In der Schweiz:

Habsburgstraße 6
3006 Bern

IN BRASILIEN

Deutsche Vertretungen:

Brasília
Avenida das Naçōes, Lote 25
Tel. 061/243-7466 oder 243-7401
Fax: 061/244-6063

Curitiba
Avenida João Gualberto 1237
Tel. 041/252-4244

Porto Alegre
Rua Prof. Annes Dias 112, 11. Stock
Tel. 0512/24-9592

Recife
Avenida Dantes Barreto 191, 4. Stock
Tel. 081/424-3488 oder 424-1840

Rio de Janeiro
Rua Presidente Carlos de Campos 417
Tel. 021/553-6777
Fax: 021/553-0184

São Paulo
Avenida Brig. Faria Lima 1383, 12. Stock
Tel. 011/814-6644
Fax. 011/815-7538

Österreichische Vertretungen:

Brasília
SES, Av. das Naçoes
lote 40
Tel. 061/243 3111

Rio de Janeiro
Av. Atlantica 3804
Copacabana
Tel. 021/227 0040

São Paulo
Al. Lorena 1271
Cerqueira Cesar
Tel. 011/282 6223

São Paulo
Av. da Liberdade 602
2 andar
Liberdade
Tel. 011/270 2555

Schweizer Vertretungen:

Brasília
SES, Av. das Naçoes
lote 41
Tel. 061/244 5500

Rio de Janeiro
Rua Candido Mendes 157
11 andar
Tel. 021/242 8035

São Paulo Av. Paulista 1754
4 andar
Cerqueira Cesar
Tel. 011/289 1033

TOURISTENINFORMATIONEN

Die nationale Tourismusbehörde Brasiliens, EMBRATUR (*Instituto Brasileiro de Turismo*), mit Sitz in Rio de Janeiro versendet Informationsmaterial auch ins Ausland. In Brasilien hat jeder Bundesstaat seine eigene Tourismusbehörde. Adressen einiger dieser Büros in den größeren Städten sind unten aufgelistet. Adressen weiterer Fremdenverkehrsämter können Sie durch EMBRATURl oder durch Ihr Hotel erhalten.

EMBRATUR
Setor Comercial Norte Quadro 02 Bloco „G"
70.710-500 Brasília DF
Tel. 061/225-9473
Fax: 061/322-2623
Telex 061/1219 oder 1335

STAATLICHE FREMDENVERKEHRSÄMTER

Rio de Janeiro

TURISRIO
Rua da Assembléia 10, 7./8. Stock
Tel. 021/551-1575/2717/2832/1922

Weitere Informationsstellen: Internationaler Flughafen Ilha do Governador, Corcovado, Zuckerhut, Busbahnhöfe, U-Bahn-Stationen Cinelândia und Glória.

Salvador - Bahia

BAHIATURSA
Centro Convençoes da Bahia
Praia Armação
Tel. 071/371-1522

Weitere Informationsstellen: Flughafen, Busbahnhof, Mercado Modelo, Porto da Barra.

São Paulo

PAULISTUR
Praça Antonio Prado 9, 6. Stock
Tel. 011/239-0094 oder 229-3011

Weitere Informationsstellen: Praça da República, Praça da Liberdade, Sé, Praça Ramos de Azevedo, Avenida Paulista (Ibirapuera-Einkaufszentrum)

Belo Horizonte - Minas Gerais

TURMINAS
Avenida Bias Fortes 50, 1. Stock
Praça Liberdade
Tel. 031/212-2133 oder 201-0835

Manaus - Amazonas

EMAMTUR
Avenida Tarumã 379
Tel. 092/233-5657 oder 234-2252

Belém - Pará

PARATUR
Praça Kennedy
Tel. 091/223-7029 oder 224-9633

Olinda - Pernambuco

EMPETUR
Complexo Rodoviária de Salgadinho
Tel. 081/241-9201 oder 241-2354

Weitere Informationsstellen in Recife: Flughafen, Busbahnhof, Casa da Cultura.

Fortaleza - Ceará

CODITUR
Rua Castro e Silva 81
Centro
Tel. 085/231-9953 oder 253-1522

Campo Grande - Mato Grosso do Sul

CODEMS
Rua Marechal Rondon 1500
Tel. 067/725-7365

Curitiba - Paraná

FESTUR
Rua Deputado Mário Barros 1290
Tel. 041/254-6933 oder 252-0533

Florianópolis - Santa Catarina

SANTUR
Rua Felipe Schmidt 21, 9. Stock
Tel. 0482/22-2669 oder 22-6300

Porto Alegre - Rio Grande do Sul

CRTUR
Av. Borges de Medeiros 1501, 17. Stock
Centro Administrativo
Tel. 051/228-6638 oder 226-3410

LITERATURHINWEISE

BILDBÄNDE

Cunha, Euclides da: *Sertoes – Licht und Finsternis*, St. Gallen, Wuppertal / Edition diá 1985
Friedel, Michael: *Rio de Janeiro*, Collection Merian, Hoffmann und Campe, Hamburg 1988
Geo Special: „*Brasilien*", Gruner + Jahr, Hamburg 1987
Merian Brasilien, Hoffmann und Campe, Hamburg 1988
Urban, Joao: *Bóias Frias – Tagelöhner im Süden Brasiliens*, St.Gallen / Wuppertal, Edition diá 1985

GESCHICHTE, LAND & LEUTE

Beck, Hanno: *Alexander von Humboldts Amerikanische Reise*, Thienemanns Verlag, Edition Erdmann, Stuttgart
Briesmeister, Dietrich; **Kohlhepp**, Gerd u.a. (Hrsg.): *Brasilien heute, Politik, Wirtschaft, Kultur*, Vervuert Verlag, Frankfurt am Main 1994
Grün, Norbert: *Christoph Columbus, Das Bordbuch 1492*, Leben und Fahrten des Entdeckers der Neuen Welt in Dokumenten und Aufzeichnungen, Thienemanns Verlag, Edition Erdmann, Stuttgart
Helbig, Jörg (Hrsg.): *Brasilianische Reise 1817-1820*, Carl Friedrich von Martius zum 200. Geburtstag, Hirmer Verlag, München
Léry, Jean de: *Unter Menschenfressern am Amazonas*, Brasilianisches Tagebuch 1556-1558, Thienemanns Verlag, Edition Erdmann, Stuttgart
Pater, Siegfried José Lutzenberger: *Das grüne Gewissen*, Lamuv Verlag, Göttingen 1994
Pogl, Johannes: *Die reiche Fracht des Pedro Álvares Cabral*, Seine Indische Fahrt und die Entdeckung Brasiliens 1500-1501, Thienemanns Verlag, Edition Erdmann, Stuttgart
Schelling-Sprengel, Cornelia von: *Brasilien, Land und Leute*, Polyglott-Verlag, München 1992
Schelsky, Detlef; **Zoller**, Rüdiger (Hrsg.):*Brasilien. Die Unordnung des Fortschritts*, Vervuert , Frankfurt 1994
Schumann, Peter B.: *Handbuch des brasilianischen Films*, Vervuert 1988
Staden, Hans: *Brasilien, Die wahrhaftige Historie der wilden, nackten und grimmigen Menschenfresser-Leute 1548-1555*, Thienemanns Verlag, Edition Erdmann , Stuttgart

BRASILIANISCHE LITERATUR

Amado, Jorge: *Die Abenteuer des Kapitäns Vasco Moscoso*, Suhrkamp, Frankfurt 1984
ders.: *Die Auswanderer vom Sao Francisco*, Wuppertal 1986
ders.: *Dona Flor und ihre zwei Ehemänner*, Piper, München 1981
ders.: *Herren des Landes*, Goldmann, München 1987
ders.: *Der gestreifte Kater und die Schwalbe Sinhá*, Bertelsmann, München 1987
ders.: *Das Land der goldenen Früchte*, Goldmann, München 1987
ders.: *Das Nachthemd und die Akademie*, Bertelsmann, München 1985
ders.: *Nächte in Bahia*, Piper, München 1986
ders.: *Tocaia Grande. Der große Hinterhalt*, Bertelsmann, München 1987
Andrade, Mário de: *Macunaíma, der Held ohne jeden Charakter*, Suhrkamp, Frankfurt 1982
Assis, Joaquim Maria de Machado: *Meistererzählungen*, Diogenes, Zürich 1987
Brandão, Ignácio de Loyola: *Kein Land wie dieses – Aufzeichnungen aus der Zukunft*, Suhrkamp, Frankfurt 1986
ders.: *Null – Prähistorischer Roman*, Suhrkamp, Frankfurt 1980
Guimarães, Bernardo: *Die Sklavin Isaura*, Edition Telenovela, Köln 1987
Jesús, Carolina Maria de: *Tagebuch der Armut – Das Leben in einer brasilianischen Favela*, 1986
Lispector, Clarice: *Der Apfel im Dunkeln*, Suhrkamp, Frankfurt 1983
dies.:*Nahe dem wilden Herzen*, Suhrkamp, Frankfurt 1981
Meyer-Clason, Curt (Hrsg.): *Lateinamerikaner über Europa*, Suhrkamp, Frankfurt 1987
Melo Neto, João Cabral de: *Tod und Leben des Severino*, St.Gallen, Wuppertal, Edition diá 1986
Paiva, Marcel Rubens: *Sprung in die Sonne – eine Jugend in Brasilien*. Suhrkamp, Frankfurt 1986
Scliar, Moacyr: *Der Zentaur im Garten*, Hoffmann und Campe, Hamburg 1985
Schreiner, Kay-Michael (Hrsg.): *Zitronengras. Neue brasilianische Erzähler*, Kiepenheur & Witsch, Köln 1982
Silva, Francisca Souza da: *Tagebuch eines brasilianischen Dienstmädchens*, Knaur, München 1986
Souza, Márcio: *Galvez, Kaiser von Amazonien*, Kiepenheuer & Witsch, Köln 1984
Strausfeld, Mechthild (Hrsg.): *Brasilianische Literatur*, Suhrkamp, Frankfurt 1984

VISUELLE BEITRÄGE

Fotografie
Seite 240, 293R, 295 **Aristides Alves (F4)**
102/103 **APA Photo Agency**
314 **Zeca Araujo (F4)**
60, 160, 167, 170 **Daniel jr. Augusto (F4)**
25L, 182, 193, 215L, 238, 239, 254, 255, **Ricardo Azoury (F4)**
312
20/21, 74, 101, 268/269 **Nair Benedicto (F4)**
56 **Cynthia Brito (F4)**
77R **Salomon Cytrynowicz (F4)**
60L, 160, 167, 170 **Augusto Daniel (F4)**
52, 53 **Paulo Friedman**
244 **Antonio Gusmão**
74L, 210/211, 212, 214L, 216R, 217, 218, **Richard House**
273R, 323
49R, 50, 51 **Jornal do Brasil**
273L **Lena**
34/35, 36/37, 68, 69L, 70R, 71L, 92, 96L, **John H. Jr. Maier**
97L, 98L, 98R, 100, 104/105, 108, 110/111,
112/113, 114, 115, 116, 117, 118, 119L,
120R, 120L, 122L, 122R, 123, 125R, 126R,
127, 130, 131L, 131R, 132, 133, 136/137,
138/139, 140, 143, 144, 145, 146L, 146R,
147L, 148, 149, 150, 151, 156, 169R,
186/187, 188L, 192L, 192R, 202R, 247, 248,
249R, 256, 257L, 258R, 260, 261, 282/283,
284/285, 286, 288, 290, 291, 292, 300R,
301, 303L, 304R, 305, 306/307, 308
14/15, 164, 278, 296, 315 **Ricardo Malta (F4)**
63 **Delfim Martins (F4)**
168, 174L, 198, 203, 205, 206L, 207, 324 **Juca Martins (F4)**
128, 129 **Claus Meyer**
38/39, 40, 42, 43, 44R, 45L, 46L, 47R, 48, **Vanja Milliet**
80/81, 82, 84, 85, 86, 87L, 161, 164, 175,
313, 317, 318, 319L
13, 16/17, 18/19, 22, 24/25, 26/27, 28/29, **Vautier de Nanxe**
32/33, 58, 61, 62, 65, 66, 72L, 73R, 85, 89,
90, 94, 95R, 152/153, 154/155, 162, 175,
180L, 181, 184, 185, 190L, 190R, 191, 194,
195, 209, 218, 222, 224R, 226, 227, 228,
229, 230R, 231, 232, 233R, 234R, 235, 236,
241, 242, 243, 244/255, 253L, 253R, 258L,
262/263, 264, 265, 266, 270, 272, 274L,
275, 276R, 277, 278, 281, 298, 302, 309L,
310, 320, 322, 326, 327, 330
286/287, 325 **João R. Ripper (F4)**
59, 96, 163, 214R, 251 **Mauricio Simonetti (F4)**
79 **Michael Small**
294 **A.G. Speranza**
54/55, 196/197, 259 **Tony Stone Worldwide**
204 **Luis Veiga**

Karten **Berndtson & Berndtson**
Illustration **Klaus Geisler**
Design Consulting **V. Barl**

REGISTER

A

Abrão, 146
Abreus, 243
Acaraú, 267
Afoxés, 224
Alagoas, 258
Alcântara, 261, 296
Aleijadinho, 183, 317
Alencar, José, 264
Almofala, 267
Alter do Chão, 275
Amado, Jorge, 223
Amaral, Tarsila do, 311
Amazonas, 210
Americano, Oscar, 167
Anavilhanas Archipelago, 280
Andrade, Mario de, 160
Andrade, Oswald de, 160
Angra dos Reis, 146
Aquidauana, 219
Aquiraz, 265
Araguaia National Park, 219
Araruama, 143
Araujo, José Soares de, 182
Araujo, Maurino, 317
Araujo, Otavio, 313
Araunã, 219
Architektur, 314
Areia Vermelha, 257
Arraial do Cabo, 144
Ataide, Manuel da Costa, 180, 181
Atibaia, 172
Aurora-Kooperative, 205
Azevedo, Francisco Ramos de, 163

B

Bagé, 208
Bahia, 223
Baia Chacororé, 216
Bandeirantes, 158
Barão de Melgaço, 216
Barbalho, 267
Barbosa, Domingos Caldas (Komponist), 302
Barockbewegung, 184
Barra do Ceará, 266
Barra dos Garças, 219
Barreira da Inferno, 257
Batista, Cicero Romão (Padre Cícero), 267
Bauru, 218
Belém, 219, 272, 278
Belo Horizonte, 177, 181

Bento Gonçalves, 204
Bertioga, 174
Blumenau, 202
Boa Vista, 280
Boa-Viagem-Fest (Neujahrsprozession), 225
Bonfim-Fest, 225
Branco, Humberto Castello (Präsident), 265
Brasília, 115, 177, 188 ff., 314
    Außenministerium, 190
    Avenida Monumental, 189
    Dom-Bosco-Sanktuar, 192
    Esplanada dos Ministerios, 190
    Fernsehturm, 189
    Justizministerium, 190
    Kubitschek-Denkmal, 189
    Museum von Brasília, 190
    National-Kongreß, 190
    Pantheon, 191
    Planalto-Palast, 190
    Pombal, 191
    Praça dos Três Poderes, 190
    Quadras, 191
Brecheret, Victor, 160, 311
Brejo Grande, 259
Brennand, Francisco, 248
Brito, Francisco Xavier de, 180
Buarque, Chico, 305
Burle-Marx, Roberto, 314
Busfahrten, 194
Búzios, 141

C

Cabo Branco, 255
Cabo Frio, 143
Cáceres, 218
Cachaça, 224, 250
Cachoeira, 234, 239
Camacari, 240
Camara, João, 191, 316
Camboriu, 203
Campanha, 208
Campo Grande, 218
Campos do Jordão, 172
Canacari-See, 280
Cananéia, 175
Candomblé, 96, 97, 223
Candomblé-Religion, 223
Canela, 207
Cangaçeiros, 240
Canoa Quebrada, 266
Capão da Canoa, 206
Capoeira, 225
Caracol (Staatlicher Park), 207
Caraguatatuba, 174
Carajás-Mine, 275
Cariri-Tal, 267
Carrapicho, 259
Caruaru, 250, 254
Casa da Pedra, 214
Cascavel, 194
Cavalcanti, Emiliano, 311
Caverna do Francés, 214
Caverna do Padre, 243
Caxias do Sul, 204
Ceará (Bundesstaat), 261, 263
Ceschiatti, Alfredo, 191

Chapada Diamantina, 240
Chapada do Araripa, 267
Chapada dos Guimaraes, 213, 214
Chico Rei, 177
Cícero, Padre, 95, 99, 267
Conceição-Lagune, 203
Congonhas do Campo, 183
Convento-Höhle, 243
Corumbá, 218
Costa do Sol, 141
Costa, Lúcio, 192, 193
Costa Manoel, Inácio da, 227
Costa, Milton da, 312
Crato, 267
Cravo, Mario, 318
Cuiabá, 210
Cuiabá (Fluß), 216
Cumbuco, 266
Cunha, 147
Curitiba, 199

D

Diamantina, 182
Dias, Cicero, 313
Dom Bosco, 192
Dom Pedro II (Kaiser), 124
Drummond de Andrade, Carlos, 177
Dumont, Alberto Santos, 168

E

Eduardo Gomes, 257
Embu, 173
Esmanhotto, Rubens, 318

F

Fazenda Nova, 250
Feijoada, 128
Feira da Santana, 239
Felícia-Leirner-Skulpturengarten, 172
Fernando do Noronha, 257
Ferradura, 141
Festas juninas, 225
Florianópolis, 203
Fortaleza, 263
Fonseca, Manuel Deodoro da (Präsident 1891), 259
Fort Orange, 249
Foz do Iguaçú, 202
Freyre, Gilberto, 248
Fußball, 307

G

Garibaldi, 204
Garincha, 308
Genipabu, 257
Geriba, 141
Gil, Gilberto, 223, 304
Gilberto, João, 223, 304
Gismonti, Egberto, 305
Glass-Wasserfall, 242
Gonzaga, Luís, 301

Graciosa-Schnellstraße, 201
Gramado, 207
Grassman, Marcelo, 313
Gravatá, 250
Gruber, Mario, 313
Grüne Küste, 144
Gruta Azul, 144
GTO (Künstler), 317
Guajará (Fluß), 274
Guanabara-Bucht, 150
Guaratingueta, 296
Guarujá, 174

I

Ianelli, Thomaz, 312
Ibotirama, 242
Icó, 267
Icoaraci, 273
Iguaçú (Fluß), 201
Iguaçú-Wasserfälle, 199, 201
Iguapa, 175, 266
Iguaraçu, 249
Ilha Camargo, 218
Ilha Bela, 174
Ilha do Banana, 219
Ilha do Farrol, 144
Ilha do Mel, 201
Ilha Grande, 146
Ilhéus, 235
Impressionismus, 311
Ipiranga, 158
Ipojuca, 249
Itacuruçá, 145
Itaimbézinho-Schlucht, 208
Itamaracá (Insel), 249
Itanhaem, 175
Itapeva, 172
Itu, 172

J

Janauri-Naturpark, 277
Jarê-Feste, 240
Jasmin, Luis, 249
Jaú-Nationalpark, 280
Jericoacoara, 263, 267
Jesuiten, 184
Joanes, 274
Jobim, Tom, 124, 304
Juazeiro, 242, 253
Juazeiro do Norte, 267

K

Karneval, 224, 289
Kubitschek, Juscelino (Präsident), 115, 177, 183, 188, 315

L

Lagoa dos Patos, 206
Lagoinha, 266
Laguna, 203
Landowsky, Paul (Bildhauer), 124

Laranjal, 206
Laranjeiras, 260
Largo dos Jesuitas, 173
Lavros do Sul, 208
Le Corbusier, 188, 314
Lençóis, 240
Lévi-Strauss, Claude, 212
Liberdade, 164
Lisboa, Antônio Francisco, 166, 179, 185

M

Mabe, Manabu, 316
Macapá, 274
Maceió, 258
Macumba, 96, 193
Malfatti, Anita, 160
Mallozzi, Yollanda, 172
Mambucaba, 146
Mamori, 280
Manaus, 275, 278, 323
Mangaratiba, 145
Marajó, 274, 278
Maranhão (Bundesstaat), 260
Marañon, 271
Marechal Deodoro, 259
Mariana, 181
Maricá, 143
Matarazzo, Cicillo, 316
Mato Grosso do Sul, 210, 299
Medici, Emilio Gorrastazu, 210
Michelangelo, 311
Milliet, Lena, 313
Minas Gerais, 177
Miranda, 218
Monserrat, 274
Monteiro, Vicente do Rego, 311
Moraes, Vinicius de, 124, 304
Morandi, 316
Morro de São Paulo, 235
Mystizismus, 223

N

Nascimento, Milton, 305
Natal, 257
Neves, Tancredo, 191
New Age, 193
Niemeyer, Oscar, 181, 188, 317, 314
Nossa Senhora dos Anjos, 143
Nova Jerusalém (Freilufttheater), 254
Nova Petrópolis, 207

O

Ohtake, Tomie, 316
Olinda, 250
Orellana, Francisco de, 271
Orós, 267
Orozco, 312
Ossos, 141
Ouro Preto, 178 ff.
   Carmo-Kirche, 179
   Casa dos Contos, 180
   Conceição de Antônio Dias, 181

Inconfidência-Museum, 178
Nossa Senhora do Rosário dos Pretos, 180
Praça Tiradentes, 178
Sammlung sakraler Kunst, 179
São-Francisco-Kapelle, 180

P

Pai Inácio (Berg), 242
Pampulha, 181, 315
Pancetti, José, 311
Pantanal, 215
Pará (Bundesstaat), 272
Parabia-Flußtal, 172
Paracuru, 266
Paraíba, 255
Paraná, 210
Paraná (Staat), 199
Paranaguá, 199, 201
Paranapiacaba, 172
Paranoá-See, 188
Parati, 145, 146, 174, 296
Parnamirim, 266
Parque Nacional das Emas, 219
Paschoal, Hermeto, 305
Pedra da Guaratiba, 132
Pedro do Sino, 150
Pedro I (Kaiser), 116
Pedro II (Kaiser), 116, 148, 289
Pele, 308
Penedo, 259
Pennacchi, Fulvio, 311
Pernambuco, 255
Peruibe, 175
Pessoa, João, 255
Petrolina, 253
Petrópolis, 147, 148
Picasso, Pablo, 312
Pico da Neblina (3014 m), 280
Planaltina, 189
Poconé, 217
Pontal do Sul, 201
Ponte Negra, 143
Portão de Inferno, 214
Portinari, Candido, 119, 181, 311
Porto Alegre, 208
Porto Cercado, 217
Porto das Dunas, 265
Porto Joffre, 217
Porto Seguro, 223, 238
Porto Velho, 212, 214
Powell, Baden, 223
Praia do Forte, 235

Q, R

Quadras, 191
Quimbanda, 96
Recife, 246, 293
Recôncavo da Bahia, 238, 240
Ribeirão da Ilha, 203
Rio de Janeiro
   Avenida Atlântica, 123, 133
   Avenida Niemeyer, 126
   Barra da Tijuca, 130
   Botanischer Garten, 126

Cantalago-Park, 126
Carioca-Aquädukts, 119
Casa Ruy Barbosa, 118
Catete, 117
Chácara do Céu-Museums, 119
Christus-Statue, 123
Copacabana, 120, 122
Corcovado, 120, 123
Cosme Velho, 123
Dois Irmãos, 125
Dona Marta Belvedere, 124
Flamengo, 119
Glória, 119
Historisches Museum, 117
Igreja da Glória do Outeiro, 184
Igreja de São Francisco de Paula, 116
Indianermuseum in Botafogo, 118
Insel Paqueta, 119
Ipanema, 120, 124
Itaipu-Strand, 119
Kapelle Nossa Senhora da Glória do Outeiro, 115
Kapelle São Francisco da Penitància, 115
Kirche Nossa Senhora do Carmo, 116
Kirche Nossa Senhora do Monte do Carmo, 116
Kloster Santo Antônio, 115
Kloster São Bento, 116
Lagoa, 126
Largo da Carioca, 115
Largo de São Francisco, 116
Leblon, 120, 124
Leme, 120
Marine- und Ozeanographiemuseum, 117
Mesa do Imperador, 124
Museum der Republik, 117
Museum der Schönen Künste, 117
Museum für Moderne Kunst, 117
Nationalmuseum, 118
Paço Imperial, 116
Parque da Cidade, 119
Petrobras-Gebäude, 118
Praça Tiradentes, 115
Praça XV de Novembro, 116
Recreio dos Bandeirantes, 132
Rocinha, 127
Rodrigo-de-Freitas-Lagune, 124
Rua Jardim Botânico, 126
Santa Teresa, 118
São Conrado, 127
Staatsbibliothek, 117
Stadttheater, 117
Strand von Barra, 130
Tijuca-Wald, 124
Urca, 120
Vidigal, 126
Visconde de Pirajá, 125
Vista Chinesa, 124
Zuckerhut, 120
Rio Branco, 280
Rio Grande do Norte (Staat), 257
Rio Grande do Sul (Staat), 199, 206, 204, 299
Rio Madeira, 214, 279
Rio Negro, 278
Rivera, Diego, 312
Rodin, 311
Rondônia (Staat), 210
Roraima (Staat), 280
Rosa, Gustavo, 313
Rosário do Sul, 208

S

Sabará, 181
Salgadeiro, 214
Salvador, 223, 226, 293
Salvaterra, 274
Samico, Gilvan, 316
San Martin, 202
Santa Catarina (Staat), 199
Santana, 243
Santana do Livramento, 208
Santarém, 275
Santiago, Manuel, 311
Santo Amaro, 234, 238
Santo Angelo, 208
Santo Antônio de Leverger, 216
Santos, 172
Santos Dumont, Albert, 150
São Conrado (Strand), 126, 127
São Cristóvão, 260
São Félix, 239
São Francisco (Fluß), 242, 252
São Gabriel, 208
São João del Rei, 177, 183
São Lourenço, 216
São Luís, 260
São Miguel (Mission), 208
São Paulo
Anchieta-Haus, 160
Bahnhof Luz, 162
Bandeirantes-Monument, 168
Bela Vista, 162
Biennale-Pavillon, 168
Bixiga, 162
Bom Retiro, 162
Brás, 162
Butantã-Institut, 168
Campos Elíseos, 161
Einkaufszentren, 171
Gonzaguinha, 175
Higienópolis, 161
Ibirapuera, 169
Ibirapurera-Park, 167
Igreja de Santo Antônio, 161
Igreja do Carmo, 160, 175
Itaim, 170
José Menino, 175
Kirche São Bento, 175
Liberdade, 162
Luftfahrtmuseum, 168
Meeresmuseum, 175
Moema, 170
Morumbi, 166
Museu de Arte Contemporânea, 168
Museu de Arte Sacra de São Paulo (MASP), 166
Museu Paulista, 167
Museum Sakraler Kunst, 175
Obelisk mit Mausoleum, 168
Oscar Americano Stiftung, 167
Pátio do Colégio, 160
Pinacoteca do Estado, 166
Pinheiros, 171
Praia Grande, 175
Roosevelt-Bahnhof, 162
Santos, 174
São Francisco, 161
São Vicente, 175
Städtisches Aquarium, 175

Städtischer Markt, 163
Zoo, 168
São Pedro d'Aldeia, 143
São Sebastiao, 174
Saquarema, 143
Scliar, Carlos, 312
Segall, 311
Sepetiba- Bucht, 145
Sergipe (Bundesstaat), 259
Serra do Mar, 159
Serra dos Orgãos (Nationalpark), 150
Serra Fluminense, 148
Serra Gaúcha, 207
Serra Norte, 275
Serra Pelada, 275
Sertão, 182, 238, 240, 245
Silva, Xica da, 182
Silves, 280
Solimões (Fluß), 271, 275
Staatlicher Park von Vila Velha, 201

T

Tabatinga, 279
Tal der Dämmerung (Planaltina), 193
Tapajós (Fluß), 275, 278
Tapes, 206
Teatro Amazonas, 276
Teles de Oliveira, Geraldo, 98
Teotônio, 215
Teresópolis, 147, 150
Terluz, Orlando, 311
Terra Nova, 280
Terra Roxa, 158
Tiradentes, 183, 191
Torres, 206
Touros, 257
Trairi, 266
Tramandaí, 206

U

Ubajara-Nationalpark, 267
Ubatuba, 174
Umanda, 95
Umbanda, 96, 97
Una (Fluß), 235
Uruguaiana, 208

V

Valença, 235
Valentim, Rubem, 312
Veloso, Caetano, 304
Vespucci, Amerigo, 223, 271
Véu-da-Noiva-Wasserfall, 216
Vila Velha, 201, 249
Vitalino (Bildhauer), 254
Vitória de Santo Antão, 250
Volpi, Alfred, 312

W, X, Y

Wasserkraftwerk Itaipú, 202
Wein, 204
Xingu-Nationalpark, 212
Yanomami, 280
Yoruba (Stamm), 223